O BRASIL
TERRITÓRIO E SOCIEDADE
NO INÍCIO DO SÉCULO XXI

MILTON SANTOS
E MARÍA LAURA SILVEIRA

O BRASIL
TERRITÓRIO E SOCIEDADE
NO INÍCIO DO SÉCULO XXI

22ª edição

EDITORA RECORD
RIO DE JANEIRO • SÃO PAULO
2021

CIP-BRASIL. CATALOGAÇÃO NA PUBLICAÇÃO
SINDICATO NACIONAL DOS EDITORES DE LIVROS, RJ

S236b   Santos, Milton
22. ed.   O Brasil: território e sociedade no século XXI / Milton Santos, María
Laura Silveira. – 22. ed. – Rio de Janeiro : Record, 2021.

Inclui bibliografia e índice
ISBN 978-65-5587-306-1

1. Geografia humana - Brasil. I. Siveira, María Laura. II. Título.

CDD: 304.20981
21-70859   CDU: 911.3(81)"20"

Leandra Felix da Cruz Candido - Bibliotecária - CRB-7/6135

Copyright © Milton Santos e María Laura Silveira, 2001

Texto revisado segundo o novo Acordo Ortográfico da Língua Portuguesa.

Direitos exclusivos desta edição reservados pela
EDITORA RECORD LTDA.
Rua Argentina, 171 – Rio de Janeiro, RJ – 20921-380 – Tel.: (21) 2585-2000.

Impresso no Brasil

ISBN 978-65-5587-306-1

Seja um leitor preferencial Record.
Cadastre-se em www.record.com.br
e receba informações sobre nossos
lançamentos e nossas promoções.

Atendimento e venda direta ao leitor:
sac@record.com.br

SUMÁRIO

SEGUNDA PARTE
O TERRITÓRIO BRASILEIRO: UM ESFORÇO DE SÍNTESE

CAPÍTULO 10
A categoria de análise não é o território em si,
mas o território utilizado   257

CAPÍTULO 11
O território brasileiro: do passado ao presente   259

ESTUDOS DE CASO

PREFÁCIO À NOVA EDIÇÃO

Milton Santos se notabilizou como o fundador da vertente mais importante da geografia crítica. Adotou, desde o início, o território como elemento central de seu modelo analítico. E, a partir desse conceito fundador, construiu uma articulada arquitetura teórica adequada à investigação empírica, sem perder a capacidade crítica. Não se trata do território do senso comum. Na visão de Santos, ele é conceito, portanto abstrato, e é vivo, com todas as vidas, todas as coisas, naturais e construídas, portanto, concreto. Quem entrar em contato, pela primeira vez, com o texto de Milton Santos pode imaginar que, ao fixar-se no território como conceito fundador, ele ficaria condicionado ao exame estático de suas manifestações concretas. Mas logo verá como ele constrói e maneja seus conceitos de forma sistêmica e dinâmica.

Milton Santos vê a realidade sempre em movimento. O que determina esse movimento é a interação das pessoas entre si e com o território. Este é passado, portanto histórico. É presente, portanto real em presença. É futuro, portanto criação objetiva das ações presentes. A ação humana no seu contexto social integral é movida pelo futuro. O território emerge, então, nesta obra, como totalidade física/material e das relações sociais, aí incluída a relação do ser humano com a natureza e o ambiente construído. Em outras palavras, com a biosfera e a intervenção humana sobre ela, para o bem e para o mal.

O território como categoria analítica central não se resume à análise geográfica da distribuição espacial dos fenômenos econômicos, sociais, técnico-científicos e políticos, que só encontram explicação pelo recurso a outras categorias analíticas. Nas análises de Milton Santos, ele é a matriz da vida social. A categoria analítica que melhor se prestaria à análise do conjunto total das relações sociais e dos seres humanos com seus artefatos, o ambiente construído e o ambiente natural.

Esse modo de olhar a sociedade humana permite a Milton Santos incorporar à sua análise tanto a sociedade (que prefiro chamar de sociosfera) como a biosfera, o que o torna particularmente apropriado ao estudo do impacto da ação humana no meio ambiente. Sua teoria permite incorporar o ambiente construído ao âmbito do território usado e, portanto, lançar o olhar sobre as mudanças na biosfera decorrentes do trabalho humano. Este é um dos marcadores da atualidade da grande teoria elaborada por um de nossos maiores pensadores sociais.

O território usado é um conceito histórico-estrutural diretamente associado aos sistemas técnicos que fundam a divisão e a distribuição do trabalho, determinando a divisão territorial do mesmo. A rica e complexa elaboração teórica que Milton Santos desenvolveu, com exemplar coerência, ao longo dos anos, transcende o campo da geografia. Ela se enquadra, mais propriamente, numa categoria de sistemas teóricos totalizantes que buscam explicar a sociedade humana no todo. Um conjunto de teorias que descende dos clássicos, como Karl Marx e Max Weber, e passa por autores significativos de várias correntes de pensamento. Uma segunda geração de precursores dessa linhagem de artífices de "grandes teorias" inclui nomes como Karl Mannheim, Georg Simmel, Norbert Elias, Herbert Marcuse, Theodor Adorno, Max Horkheimer e Jürgen Habermas, por exemplo, na vertente estruturalista e crítica, e Talcott Parsons e Robert Merton, na corrente funcionalista.

A tradição do pensamento social vem escasseando à medida que a hegemonia dos modelos especialistas restringe o escopo das teorias. As ciências sociais passaram a se dedicar a recortes da vida social, econômica e política, não raro perdendo a noção de seus fundamentos materiais e sociológicos mais gerais. É esta ambição do total que fez de Milton Santos um dos grandes pensadores brasileiros, de estatura mundial, do século XX. Pode ser surpreendente, para quem ainda não o leu, que ele consiga esse feito a partir da geografia. Mas essa impressão deriva de uma ideia da disciplina como estática e limitada ao espaço geográfico. Não é a geografia de Milton Santos. A dele lança um olhar abrangente sobre o planeta e seus lugares, sempre em movimento, uma mutação impulsionada por seu motor social e pela nova realidade de fluxos de informação em tempo real.

É interessante a trajetória de universalização do pensamento de Milton Santos, que começou seus estudos pela pesquisa no Recôncavo Baiano e, no exílio e depois, a estendeu para chegar à visão abrangente e global de sua fase madura. *O Brasil: território e sociedade no início do século XXI*, escrito com María Laura Silveira, sintetiza e lança à evolução futura o modelo geral de Santos em sua plenitude.

Que o leitor não se deixe enganar pelo Brasil no título. Embora o livro se dedique a explicar o sistema social brasileiro, a partir da sua noção abrangente de território, e o faça de forma exemplar, o modelo teórico que o sustenta é de aplicação geral. Ele se presta, muito bem, a ricas análises comparadas. O livro contém a síntese teórica madura de seu pensamento, recuperando conceitos que foram sendo desenvolvidos e amadurecidos ao longo de sua extensa obra. Milton Santos faz parte da galeria dos "intérpretes do Brasil", ao lado de nomes como Joaquim Nabuco, André Rebouças, Castro Alves, Euclides da Cunha, Machado de Assis, Sérgio Buarque de Holanda, Gilberto Freyre, Raymundo Faoro, Celso Furtado, Caio Prado Júnior e Florestan Fernandes.

Na análise da situação concreta do Brasil, ele examina amplo espectro de situações histórico-estruturais para revelar as cicatrizes e as feridas profundas e abertas da escravidão e das desigualdades sociais e estruturais. Realça a degradação do ambiente natural e os impactos da globalização. Vê, de forma pioneira, a aceleração histórica da fluidez do território, os desafios das grandes transformações tecnológicas que marcam o século XXI, desde o seu início, como uma era de macrotransições e mudanças macroestruturais.

Ciência e técnica, segundo Santos, determinam essa aceleração do presente e a fluidez do território. Cada época histórica tem a sua técnica, diz ele. No século XXI, o meio técnico-científico-informacional é a expressão geográfica da globalização. Essa ideia-chave foi exposta em livro publicado originalmente em 1994, *Técnica, espaço, tempo: globalização e meio técnico-científico informacional*. A informação é o fundamento do trabalho contemporâneo e gera impactos na sua divisão social e territorial. É o que explica a informação globalmente organizada, uma das manifestações emergentes pioneiras da grande transição do século XXI.

A virtude do sistema integral, concebido minuciosamente e com grande coerência por Milton Santos ao longo de sua vasta produção intelectual, é que ele permite ver o perto e o longínquo, o passado, o agora e o futuro, o local e o global, o primeiro plano e o horizonte aberto. Ao adotar uma perspectiva inovadora, totalizante e multidisciplinar, em muitos aspectos pioneira, Milton Santos transcende a geografia, sem negá-la ou dela de afastar.

O leitor não deve se inquietar. A complexidade está no pensamento de Milton Santos. No texto, ela se transforma em prosa fluida, que não deixa de ter cuidados técnicos, mas é expressa com a simplicidade no manejo de categorias complexas a que as grandes mentes maduras conseguem chegar. São capítulos curtos, bem escritos, em que cada frase contém flagrantes da evolução e dos desvios da sociedade brasileira ao longo do tempo. A recuperação histórica do Brasil a partir do território permitiu a Milton Santos vislumbrar, no âmbito da expansão urbano-industrial do país, muito mais do que sua heterogeneidade estrutural e suas desigualdades regionais.

Ele captura a contrariedade entre movimentos, ao constatar o rompimento "da regência do tempo natural", para dar lugar a um tempo lento para dentro do território, associado a um tempo rápido para fora. Ao tratar essa ruptura temporal, falando em mosaico de tempos distintos, a análise histórico-estrutural de Milton Santos ilumina a possibilidade de coabitação de diferentes "tempos" da vida social e econômica no mesmo território. Essa dessincronia gera processos sociais complexos e contraditórios, que se mostram difíceis de superar e contribuem para a reprodução ampliada das desigualdades. A partir da interdependência global, passa a haver um "tempo hegemônico", mas ele se manifesta em um quadro de desigualdades e descontinuidades não resolvidas.

Milton Santos também descreve e analisa em detalhes o processo de desenvolvimento brasileiro, ou o modo pelo qual o Brasil se tornou "um país subdesenvolvido industrializado". Como resultado de todo esse processo, "o território brasileiro metamorfoseia-se em meio técnico-científico--informacional", que é a "cara geográfica da globalização". Mas continua a ser um processo "desigual e combinado", que não supera, antes renova, as desigualdades.

A partir da exposição desse processo de desenvolvimento, conseguimos descortinar o muito que o país conseguiu realizar e o muito que não realizou. Cria, principalmente com os novos meios de comunicação, um movimento que se associa à produção científica e a ajuda a avançar, ampliando o conhecimento no "tempo real", e permitindo que se possa relacionar o conhecimento do lugar com o conhecimento produzido no lugar. Em termos mais gerais, Milton Santos vê na associação entre o conhecimento do lugar e o conhecimento produzido no lugar um dos fundamentos de "uma base de vida que amplie a coesão da sociedade civil, a serviço do interesse coletivo".

Nada escapa aos olhos do autor, dirigido por seu modelo abrangente, da expansão das telecomunicações e do que ocorreu com a indústria e com a agricultura ao processo de descentralização, às especializações locais e regionais, à superação de circuitos regionais de produção por circuitos espaciais, o que já aponta para o trabalho e para a cadeia de suprimentos globalizada. Chega-se, por esse caminho, à revolução nas formas de circulação do dinheiro e a novas formas de acumulação. Com as possibilidades da integração de operações em tempo real, o capital financeiro se globaliza e se torna hegemônico. Milton Santos captura com precisão a expansão das cidades médias e a natureza problemática de nossas metrópoles, que estão na base das mudanças na sociologia política do país.

Com a preponderância da economia política obsessivamente voltada para a austeridade fiscal e a mais estreita lógica do livre mercado, criam-se novas forças de concentração e dispersão. Cada época produz seu próprio padrão de forças, cuja configuração específica depende do aproveitamento de condições técnicas e políticas. O modelo "neoliberal" combina a dispersão das atividades modernas e a concentração de comando na esfera financeira. Nessas condições, o meio técnico-científico-informacional constitui o espaço da racionalidade e da globalização. A racionalidade dominante é privada e leva a uma drenagem de recursos sociais para a esfera privada.

Na parte final do livro, diferentes autores aplicam o modelo de Milton Santos em análises de caso, que ilustram vários aspectos do processo de mudança no Brasil.

Esta é uma rica obra de teoria e análise. Uma leitura de interesse para as mais variadas áreas de atividades. A teoria nos ajuda a estruturar o pensamento. A análise concreta nos auxilia na compreensão dos eventos. Com as complementações derivadas das mudanças e evoluções das últimas décadas, é uma importante contribuição para orientar análises críticas da situação atual e visões prospectivas dos rumos possíveis que a transição, ainda em curso, pode seguir. Este livro nos ajuda a entender o passado, ver criticamente o presente e buscar ativamente um futuro melhor, mais orgânico e mais solidário para o Brasil. Em um momento tão sombrio, em que lutamos contra a expansão de uma epidemia fatal e imprevisível e contra o espectro do autoritarismo e do obscurantismo em nossa terra, sua reedição é uma contribuição fundamental para aguçar nossa visão crítica e reacender a esperança na possibilidade de construção de um país melhor.

Sérgio Abranches
Sociólogo, mestre em Sociologia pela Universidade de Brasília e Ph.D. em Política Comparada pela Universidade Cornell. É autor de *Copenhague antes e depois*, *A era do imprevisto: a grande transição do século XXI*, *Presidencialismo de coalizão: raízes e evolução do modelo político brasileiro* e *O tempo dos governantes incidentais*.

Maio de 2021

INTRODUÇÃO

Escolher um caminho, um método, implica levar em conta diversas escalas de manifestação da realidade, de modo a encontrar as variáveis explicativas fundamentais. Estas comparecem como as personagens principais do enredo a estabelecer, levando sobretudo em consideração que o espaço geográfico se define como união indissolúvel de sistemas de objetos e sistemas de ações, e suas formas híbridas, as técnicas (M. Santos, 1996), que nos indicam como o território é usado: como, onde, por quem, por quê, para quê. Adotando tal ênfase nas técnicas, podemos privilegiar uma história secular do território brasileiro, delimitar períodos e redescobrir os respectivos contextos. Somente estes permitem enxergar a evolução das variáveis escolhidas dentro de uma situação, reconhecer as heranças e, ao mesmo tempo, as intencionalidades e a busca de sentido pela sociedade. A cada período podemos, assim, perguntar-nos o que é novo no espaço e como se combina com o que já existia.

Procuramos, desse modo, contar a história do território, o caminho percorrido entre etapas, um transcurso que leva do meio natural ao meio técnico e ao meio técnico-científico-informacional. O esforço central foi o de operacionalizar geograficamente a ideia de sistemas técnicos, entendidos como objetos e também como formas de fazer e de regular.

Buscamos apreender a constituição do território, a partir dos seus usos, do seu movimento conjunto e do de suas partes, reconhecendo as respectivas complementaridades. Daí falarmos em divisão territorial do trabalho e em círculos de cooperação, o que, ao mesmo tempo, permite pensar o território como ator e não apenas como um palco, isto é, o território no seu papel ativo.

Dois objetivos principais nortearam a elaboração desta obra. Julgamos importante, de um lado, levar ao leitor comum uma interpretação geográfica do Brasil e, de outro, oferecer aos estudiosos um guia de trabalho, mesmo incompleto.

Numa boa parte das teses doutorais, a escrita acadêmica teria sempre dois polos: a teoria e a empiria. Na realidade, a teoria nem sempre o é, pois amiúde aparece como um discurso em que afirmações verazes, sem chegar a constituir um sistema de conceitos, são, para o objetivo do trabalho, apenas meias verdades. Falta frequentemente um esquema aplicável de forma efetiva ao que vai ser tratado como empírico. Assim, o que é obtido como empírico corre o risco de se revelar apenas uma listagem de fatos, ignorando que o que existe é sempre unitário. Na verdade, o que dá unidade às partes é a visão de conjunto que precede e acompanha o exercício da análise.

De todo modo, a teoria maior com frequência se revela insuficiente ao ser mecanicamente adaptada aos níveis menores do real, isto é, às situações nacionais ou infranacionais. Surge, então, o problema das teorias menores. No caso vertente, torna-se necessário elaborar uma teoria menor do país e uma teoria menor do lugar, a serem situadas no plano empírico-teórico. Esse esforço não foi o único propósito desta obra, mas o de sugerir uma "teoria das mediações", na qual a escolha dos fatos e relações relevantes possa estar apoiada. Daí a utilização de nossa antiga proposta da categoria de formação socioespacial.

Uma teoria do Brasil a partir do território é, na verdade, uma generalização num segundo nível, com a ambição de ser uma teoria e um método porque utiliza materiais e relações retirados das situações reais e, por isso, aplicável a esses níveis "inferiores". Procuramos um nível de generalidade entre o teórico e o empírico, preocupados, porém, com o encontro de enfoques e conceitos dinâmicos, guiados todavia por objetivos precisos, específicos. O instrumental estatístico utilizado é sobretudo referente aos estados da Federação. A escala municipal levaria a um nível de detalhamento maior, mas escaparia ao nosso objetivo neste trabalho.

Não se trata de um catálogo enciclopédico, nem de uma compilação exaustiva do que foi feito no Brasil, mas de um retrato das novas quantidades e sobretudo das novas qualidades do território que, vistas de maneira dinâmica, oferecem, ao mesmo tempo, fundamentos para vislumbrar tendências. O território já usado pela sociedade ganha usos atuais, que se superpõem e permitem ler as descontinuidades nas feições regionais. Certas regiões são, num dado momento histórico, mais utilizadas e, em outro, o são menos. Por isso cada região não acolhe igualmente as modernizações nem seus atores dinâmicos, cristalizando usos antigos e aguardando novas racionalidades.

Essa problemática tem antecedentes antigos. Já em 1980, na reunião da AGB (Associação dos Geógrafos Brasileiros), foi apresentada e debatida a proposta de Milton Santos de entender o espaço atual como um meio técnico-científico. Diversos artigos e livros aprofundaram essa linha de teorização e pesquisa (*Espaço e método*; *Metamorfoses do espaço habitado*; *A urbanização brasileira*; *Técnica, espaço e tempo*; *A natureza do espaço*; *Técnica e tempo*; *Razão e emoção*). E, por outro lado, em suas teses de doutorado e dissertações de mestrado, defendidas na Universidade de São Paulo, Maria Angela Faggin Pereira Leite, Wilson dos Santos, Luiz Cruz Lima, Maria Cecília Nogueira Linardi, Cilene Gomes, Marita Silva Pimenta, Denise Elias, María Laura Silveira, Delfina Trinca, Sérgio Gertel, Alcindo José de Sá, Samira Pedute Kahil, Manuel da Silva Lemes Neto, Lidia Antongiovanni e Eliza Almeida, de um modo ou de outro, trataram dessa questão do meio técnico-científico-informacional. No Departamento de Geografia e no Instituto de Pesquisa e Planejamento Urbano da Universidade Federal do Rio de Janeiro, Margarete de Castro Afeche Pimenta, Luiz Fugazzola Pimenta, Leoni Mazzocchihi Frizzo e Marília Natal, entre outros, trabalharam o mesmo tema.

Apresentamos um texto em duas grandes partes e catorze capítulos. Na primeira delas, oferecemos um esforço de análise, discutindo, no primeiro capítulo, a noção que vai nortear a pesquisa, isto é, o uso do território. No segundo capítulo mostramos a transformação do Brasil do meio natural, os sucessivos meios técnicos e o advento do meio técnico-científico-informacional. Mas é no terceiro capítulo que nos debruçamos sobre a constituição desse novo meio geográfico, suas bases materiais fixas, os semoventes e os insumos ao solo. O capítulo quarto propõe discutir o papel da informação e do conhecimento nesse novo espaço geográfico. No quinto capítulo privilegiamos a reorganização produtiva do território, indicando as novas manifestações da descentralização industrial, da modernização agrícola e, sobretudo, as especializações territoriais produtivas. A presença de uma Região Concentrada fica, assim, mais evidente. No capítulo seis, a ideia de movimento ganha a cena com o desenvolvimento da categoria de círculos de cooperação. Assim, buscamos explicar as formas de abastecimento e as topologias de algumas empresas. O capítulo sétimo descreve a multiplicação de movimentos no território nacional que vem configurar uma nova geografia. Esta se completa com as novas manifestações das finanças, motor do período contemporâneo e objeto das análises do oitavo capítulo. No capítulo nove, a ênfase foi dada à dinâmica da população e da urbanização, assinalando a importância da nova cidade média, das metrópoles e dos processos de involução metropolitana. Foram outrossim exploradas as características da população segundo seu lugar de origem e de vida, a renda, o emprego e os consumos.

Já na segunda parte, que inclui os capítulos dez até catorze, oferecemos um esforço de síntese do território atual, rediscutindo, no capítulo dez, a ideia de território usado. Uma revisão da história do território brasileiro permitiu-nos, no capítulo onze, apontar as relações da dinâmica globalizadora num país de grandes extensões como o Brasil, tornado um espaço nacional da economia internacional. É a partir dessas bases que, no capítulo doze, esboçamos as bases para uma nova divisão do Brasil em quatro grandes regiões, o que permite compreender as novas desigualdades territoriais, as zonas de densidade e rarefação, os espaços da rapidez e da lentidão, os espaços que mandam e os espaços que obedecem... Retomamos, no capítulo treze, a urbanização, o papel das cidades médias como encruzilhada das verticalidades e horizontalidades e o papel da vida metropolitana. Por fim, o capítulo catorze vem propor questões como as divisões do trabalho superpostas, a constituição de um espaço corporativo a partir da lógica das empresas e, sobretudo, o uso competitivo do território, com instabilidades, desarticulações, desvalorizações e revalorizações de nova natureza no território brasileiro.

Concebido como uma unidade, o livro oferece, também, oito contribuições temáticas. Marcos Xavier discorre sobre as sucessivas modernizações dos sistemas de engenharia, analisando o caso da rede rodoviária brasileira. Essa perspectiva articula-se com a explanação das bases materiais das telecomunicações e da informática desenvolvida por Cilene Gomes. É esse arcabouço técnico e organizacional que é causa e consequência dos novos sistemas de movimento, assunto estudado por Fabio Betioli Contel. O papel que, na constituição do meio técnico-científico-informacional, cabe à nova agricultura é analisado por Soraia Ramos. Os novos serviços metropolitanos no período da globalização são a preocupação de Eliza Almeida, enquanto Lídia Antongiovanni explica a função da mídia e da publicidade nos usos atuais do território nacional. Adriana Bernardes se debruça sobre a questão da informação, da racionalidade e da nova divisão territorial do trabalho na definição do centro informacional de São Paulo. Por fim, num enfoque abrangente e comparativo, a professora doutora Maria Angela Faggin Pereira Leite nos oferece um vivo retrato da evolução e da situação atual da paisagem nas cidades do Recife, Belo Horizonte e Brasília.

Um anexo de mapas vem ilustrar igualmente alguns dos principais fenômenos tratados no texto. As tabelas incluídas neste são apenas algumas entre as que formam o numeroso banco de dados constituído para apoiar a redação.

Foi preciosa a colaboração das geógrafas Paula Borin e Flávia Grimm ao longo das diversas etapas da pesquisa bibliográfica, documental e estatística, assim como na fase da redação e de preparação do livro. Fomos, também, muito ajudados, em momentos diversos do trabalho, pelos bolsistas de iniciação científica Iara Sakitani, Gustavo Lara Goulart Nobre, Marcelo Pisetta, Edison Claudino Bicudo Júnior, Vanir de Lima Belo, Adriano Nogueira Zerbini e Ricardo Pagliuso Regatieri.

Nosso agradecimento vai também para os colegas, de diversas universidades brasileiras, Maria Adélia A. de Souza, Ana Clara Torres Ribeiro,

Leila Christina Dias, Roberto Lobato Corrêa, Rosa Ester Rossini, Armen Mamigonian, Maria Encarnação Beltrão Sposito, Eliseu Sposito, Lia Osório Machado, Hindemburgo Pires e Mónica Arroyo, cuja crítica rigorosa e oportuna ao nosso projeto foi inestimável.

O apoio da FAPESP e do CNPq foi fundamental e, no primeiro momento da pesquisa, o da FINEP, por intermédio da Associação Nacional de Pós-Graduação e Pesquisa em Planejamento Urbano e Regional (ANPUR).

Procuramos assim propor, modestamente, uma teoria do Brasil a partir do território, uma tentativa de explicação da sociedade brasileira tomando como pano de fundo o próprio espaço geográfico.

———————

O TERRITÓRIO BRASILEIRO: UM ESFORÇO DE ANÁLISE

CAPÍTULO 1

A questão: o uso do território

A linguagem cotidiana frequentemente confunde território e espaço. E a palavra *extensão*, tantas vezes utilizada por geógrafos franceses (*étendue*), não raro se instala nesse vocabulário, aumentando as ambiguidades. Uma discussão nos meios geográficos se preocupa em indicar a precedência entre essas entidades. Isso se dá em função da acepção atribuída a cada um dos vocábulos. Para uns, o território viria antes do espaço; para outros, o contrário é que é verdadeiro (André-Louis Sanguin, 1977; Claude Raffestin, 1980, 1993).

Por território entende-se geralmente a extensão apropriada e usada. Mas o sentido da palavra *territorialidade* como sinônimo de *pertencer àquilo que nos pertence...* esse sentimento de exclusividade e limite ultrapassa a raça humana e prescinde da existência de Estado. Assim, essa ideia de territorialidade se estende aos próprios animais, como sinônimo de área de vivência e de reprodução. Mas a territorialidade humana pressupõe também a preocupação com o destino, a construção do futuro, o que, entre os seres vivos, é privilégio do homem.

Num sentido mais restrito, o território é um *nome político* para o espaço de um *país*. Em outras palavras, a existência de um país supõe um território. Mas a existência de uma nação nem sempre é acompanhada da posse de um território e nem sempre supõe a existência de um Estado. Pode-se falar, portanto, de territorialidade sem Estado, mas é praticamente impossível nos referirmos a um Estado sem território.

Adotando-se essa linha, impõe-se a noção de "espaço territorial": um Estado, um espaço, mesmo que as "nações" sejam muitas. Esse espaço territorial está sujeito a transformações sucessivas, mas em qualquer momento os termos da equação permanecem os mesmos: uma ou mais nações, um Estado, um espaço.

O que interessa discutir é, então, o território usado, sinônimo de espaço geográfico. E essa categoria, território usado, aponta para a necessidade de um esforço destinado a analisar sistematicamente a constituição do território. Como se trata de uma proposta totalmente empiricizável, segue-se daí o enriquecimento da teoria.

Entretanto uma periodização é necessária, pois os usos são diferentes nos diversos momentos históricos. Cada periodização se caracteriza por extensões diversas de formas de uso, marcadas por manifestações particulares interligadas que evoluem juntas e obedecem a princípios gerais, como a história particular e a história global, o comportamento do Estado e da nação (ou nações) e, certamente, as feições regionais. Mas a evolução que se busca é a dos contextos, e assim as variáveis escolhidas são trabalhadas no interior de uma situação (M. Santos, 1996; M. L. Silveira, 1999a) que é sempre datada. Interessa-nos, em cada época, o peso diverso da novidade e das heranças.

O território, visto como unidade e diversidade, é uma questão central da história humana e de cada país e constitui o pano de fundo do estudo das suas diversas etapas e do momento atual.

Na medida em que são representativas das épocas históricas, as técnicas,[1] funcionando solidariamente em sistemas, apresentam-se assim como base para uma proposta de método. Esses sistemas técnicos incluem, de um lado, a materialidade e, de outro, seus modos de organização e regulação. Eles autorizam, a cada momento histórico, uma forma e uma distribuição do trabalho. Por isso a divisão territorial do trabalho envolve, de um lado, a repartição do trabalho vivo nos lugares e, de outro, uma distribuição do trabalho morto e dos recursos naturais. Estes têm um papel fundamental

---

1. Nossa preocupação é com a técnica e não apenas com a tecnologia, pois a primeira envolve todas as formas técnicas, com ênfase nas que hoje têm embutidas a ciência e a informação — uma técnica informacional e não a pura tecnologia.

na repartição do trabalho vivo. Por essa razão a redistribuição do processo social não é indiferente às formas herdadas, e o processo de reconstrução paralela da sociedade e do território pode ser entendido a partir da categoria de formação socioespacial (M. Santos, 1977). A divisão territorial do trabalho cria uma hierarquia entre lugares e redefine, a cada momento, a capacidade de agir das pessoas, das firmas e das instituições. Nos dias atuais, um novo conjunto de técnicas torna-se hegemônico e constitui a base material da vida da sociedade. É a ciência que, dominada por uma técnica marcadamente informacional, aparece como um complexo de variáveis que comanda o desenvolvimento do período atual. O meio técnico-científico--informacional é a expressão geográfica da globalização.

O uso do território pode ser definido não só pela implantação de infraestruturas, para as quais estamos igualmente utilizando a denominação *sistemas de engenharia*, mas também pelo dinamismo da economia e da sociedade. São os movimentos da população, a distribuição da agricultura, da indústria e dos serviços, o arcabouço normativo, incluídas a legislação civil, fiscal e financeira, que, juntamente com o alcance e a extensão da cidadania, configuram as funções do novo espaço geográfico (M. Santos, 1987; M. L. Silveira, 1997).

Debruçando-nos sobre esse novo meio geográfico, buscamos compreender o papel das formas geográficas materiais e o papel das formas sociais, jurídicas e políticas, todas impregnadas, hoje, de ciência, técnica e informação. Outro dado indispensável ao entendimento das situações ora vigentes é o estudo do povoamento, abordado sobretudo em sua associação com a ocupação econômica, assim como os sistemas de movimento de homens, capitais, produtos, mercadorias, serviços, mensagens, ordens. É também a história da fluidez do território, hoje balizada por um processo de aceleração (M. Santos, 1996). Com a instalação de um número cada vez maior de pessoas em um número cada vez menor de lugares, a urbanização significa ao mesmo tempo uma maior divisão do trabalho e uma imobilização relativa e é, também, um resultado da fluidez aumentada do território. O peso do mercado externo na vida econômica do país acaba por orientar uma boa parcela dos recursos coletivos para a criação de infraestruturas, serviços e formas de organização do trabalho voltados para o comércio exterior, uma atividade ritmada pelo imperativo da competitividade e localizada nos pontos mais aptos para desenvolver essas funções. Isso não se faz sem uma regulação política do território e sem uma regulação do território pelo mercado. É desse modo que se reconstroem os contextos da evolução das bases materiais geográficas e também da própria regulação. O resultado é a criação de regiões do mandar e regiões do fazer.

Nesse arcabouço levamos em conta tanto as técnicas que se tornaram território, com sua incorporação ao solo (rodovias, ferrovias, hidrelétricas, telecomunicações, emissoras de rádio e TV etc.), como os objetos técnicos ligados à produção (veículos, implementos) e os insumos técnico-científicos (sementes, adubos, propaganda, consultoria) destinados a aumentar a eficácia, a divisão e a especialização do trabalho nos lugares.

É nesse sentido que um território condiciona a localização dos atores, pois as ações que sobre ele se operam dependem da sua própria constituição. Uma preocupação com o entendimento das diferenciações regionais e com o novo dinamismo das suas relações tem norteado particularmente a busca de uma interpretação geográfica da sociedade brasileira.

CAPÍTULO 2

Do meio natural ao meio técnico-científico-informacional

1. Problemas da periodização

A história do território brasileiro é, a um só tempo, una e diversa, pois é também a soma e a síntese das histórias de suas regiões. Para entendê-la no seu processo e na sua realidade atual, um esforço de periodização é essencial. Trata-se de encontrar e desenvolver nexos horizontais e verticais. E esta é uma tarefa temerária, pois basta que nos equivoquemos quanto à hierarquia dos fatores em um dado momento para que o nosso edifício intelectual se mostre sem firmeza. O trabalho se complica porque o espaço acumula defasagens e superposições de divisões do trabalho — sociais e territoriais. De um ponto de vista genético, as variáveis do espaço são assincrônicas, mas em cada lugar elas funcionam sincronicamente e tendem a ser assim também quanto ao todo. Daí as descontinuidades que permitiriam explicar as diversidades regionais, aquilo que também se costuma chamar de desigualdades ou desequilíbrios regionais.

A questão é escolher as variáveis-chave que, em cada pedaço do tempo, irão comandar o sistema de variáveis, esse sistema de eventos que denominamos *período*. Eis o princípio a partir do qual podemos valorizar os processos e reconhecer as novidades da história do território.

Como um elemento não pode evoluir isoladamente, nem é capaz de se transformar sem arrastar os demais no seu movimento, o nosso problema não é o da evolução particular de um elemento, mas o da evolução global.

Não temos, porém, a preocupação de estabelecer cortes rígidos. Ao contrário, desejamos realçar sobretudo as épocas e menos os marcos que as separam. Períodos são pedaços de tempo definidos por características que interagem e asseguram o movimento do todo. Mas essa interação se faz segundo um controle que assegura uma reprodução ordenada das características gerais, isto é, segundo uma organização. É a falência desta última, açoitada por uma evolução mais brutal de um ou de diversos fatores, que desmantela a harmonia do conjunto, determina a ruptura e permite dizer que se entrou em um novo período.

Periodizações de economistas e sociólogos podem ser ricas e inspiradoras, mas com frequência são insuficientes, pois raramente tomam em consideração a materialidade e os dinamismos do território. A base das periodizações não é constituída apenas pelas relações sociais (Rebeca Scherer, 1987). Estas não bastam como dado explicativo, porque não se dão num vácuo. É preciso, então, pensar paralelamente as técnicas como formas de fazer e de regular a vida, mas ao mesmo tempo como cristalização em objetos geográficos, pois estes também têm um papel de controle devido ao seu tempo próprio, que modula os demais tempos.

Sobretudo entre os economistas e historiadores, a industrialização desponta como fundamento de uma boa parte das periodizações. Um autor como Mircea Buescu (1985, pp. 94-95) delimita quatro períodos para descrever os surtos industriais no país, a partir do comportamento do poder público e dos capitais estrangeiros: a) 1903-1913; b) 1920-1929: bom comportamento do setor externo, capacidade de importar, entrada de capitais estrangeiros, reduzida atividade investidora do governo; c) 1933-1939: retração do comércio internacional, o governo não investe muito, mas fomenta por meio do crédito especializado; d) 1946-1961: substituição de importações e processo de industrialização intensiva, ampliação do planejamento econômico. Argemiro Jacob Brum (1982, 1990) indica a existência de uma longa fase primário-exportadora (1500-1930), uma fase de tentativa de construção de um desenvolvimento nacional e autônomo baseada na industrialização via substituição de importações (1930-1964) e uma fase de desenvolvimento associado dependente (aprofundada a partir de 1964, embora seu início tenha ocorrido na segunda metade da década de 1950).

Não podemos esquecer os trabalhos de Ignácio Rangel (1981), que buscam compreender o que ele chama de dualidade brasileira, embasados na teoria dos ciclos longos (mais ou menos cinquenta anos) de Kondratieff e dos ciclos médios (dez anos) de Juglar.

Levando em conta variáveis como a ação do Estado, a indústria, a agricultura e a urbanização, José Carlos Pereira (1984) assinala alguns períodos: a industrialização brasileira até a Segunda Guerra Mundial, a do pós-guerra até a crise 1963-1965 e a passagem do desenvolvimento nacional ao desenvolvimento excludente.

Uma das periodizações mais frutuosas, do ponto de vista da história do território, talvez seja a de Caio Prado Jr. na sua obra *História econômica do Brasil*, quando ele propõe considerar oito momentos: a) preliminares (1500-1530); b) a ocupação efetiva (1530-1640), definida pelo início da agricultura e suas atividades acessórias; c) a expansão da colonização (1640-1770), marcada pela mineração e ocupação do Centro-Sul, a pecuária e o povoamento do Nordeste, a colonização do vale amazônico e a colheita florestal; d) o apogeu da Colônia (1770-1808), com o renascimento da agricultura e a incorporação do Rio Grande do Sul para a atividade pecuária; e) a era do liberalismo, entre 1808 e 1850, determinada pelo declínio do pacto colonial e o aparecimento do capitalismo industrial; f) o império escravocrata e a aurora burguesa (1850-1889), caracterizados pela evolução agrícola, um novo equilíbrio econômico, a decadência do trabalho servil e sua abolição, a imigração e a colonização; g) a república burguesa (1889-1930), com dois subperíodos — a industrialização e o imperialismo —; e, por fim, h) a crise de um sistema a partir de 1930. O livro é de 1945.

Na sua importante obra *Formação econômica do Brasil*, Celso Furtado distingue cinco etapas: a) os fundamentos econômicos da ocupação territorial (até a implantação da empresa agrícola); b) a economia escravagista da agricultura tropical (séculos XVI e XVII); c) a economia escravagista mineira (século XVIII); d) a economia de transição para o trabalho assalariado (século XIX) com a economia cafeeira, a imigração europeia, a transumância amazônica e a eliminação do trabalho escravo; e, finalmente, e) a economia de transição para um sistema industrial (século XX), com a crise do café e o deslocamento do centro dinâmico.

Dentro do que denomina período da revolução burguesa e capitalismo dependente no Brasil, Florestan Fernandes (1974, 1981, pp. 224-225) aponta três fases.

A fase de eclosão do mercado capitalista moderno é, na verdade, uma fase de transição neocolonial. Sua delimitação pode ir, *grosso modo*, da abertura dos portos até aos meados ou à sexta década do século XIX. A fase de formação e expansão do capitalismo competitivo se caracteriza pela consolidação e disseminação desse mercado e por seu funcionamento como fator de diferenciação do sistema econômico. Ela compreende, pois, tanto o período de consolidação da economia urbano-comercial quanto a primeira transição industrial verdadeiramente; e vai, *grosso modo*, da sexta década ou do último quartel do século XIX até a década de 50, no século XX. A fase de irrupção do capitalismo monopolista se caracteriza pela reorganização do mercado e do sistema de produção, por meio das operações comerciais, financeiras e industriais da "grande corporação" (predominantemente estrangeira, mas também estatal ou mista). Embora as tendências para essa evolução sejam anteriores, ela só se acentua no fim da década de 1950 e só adquire caráter estrutural posteriormente à "Revolução de 1964".

A árdua tarefa de contar a história do território é empreendida também por Nestor Goulart Reis Filho (1968, p. 16), quando ele critica as tentativas, até então feitas, de generalizar a história urbana do Brasil sem distinguir etapas no desenvolvimento brasileiro ou diversidades regionais, constituindo "um excesso de unidade para séculos de história, e em território tão vasto, com atividades econômicas tão diversas, como o foram a agroindústria do açúcar, o bandeirismo, a pecuária extensiva e a mineração".

A periodização em ciclos — pau-brasil, açúcar, ouro e diamantes, algodão etc. —, proposta e discutida por vários historiadores, não é realista, diz Manuel Correia de Andrade (1995, p. 43), pois a exportação de um produto continuava no ciclo seguinte como um produto menos expressivo. E esse geógrafo, que tampouco concorda com o esquema dos modos de produção, propõe interpretar a história brasileira usando conceitos ligados à formação econômico-social.

A busca de uma periodização do território brasileiro é um partido essencial para um projeto ambicioso: fazer falar a nação pelo território. Assim como a economia foi considerada a fala privilegiada da nação por Celso Furtado, o povo por Darcy Ribeiro e a cultura por Florestan Fernandes, pretendemos considerar o território a fala privilegiada da nação.

Nosso propósito aqui é apresentar a sucessão de meios geográficos no Brasil. Assim, ao longo da história da organização do território brasileiro, três grandes momentos poderiam, *grosso modo*, ser identificados: os meios "naturais", os meios técnicos e o meio técnico-científico-informacional. Por intermédio de suas técnicas diversas no tempo e nos lugares, a sociedade foi construindo uma história dos usos do território nacional.

O primeiro período é marcado pelos tempos lentos da natureza comandando as ações humanas de diversos grupos indígenas e pela instalação dos europeus, empenhados todos, cada qual a seu modo, em amansar esses ritmos. A unidade, então, era dada pela natureza, e a presença humana buscava adaptar-se aos sistemas naturais. Num período pré-técnico, a escassez era a dos instrumentos artificiais necessários ao domínio desse mundo natural.

Uma segunda grande fase é a dos diversos meios técnicos, que gradualmente buscam atenuar o império da natureza. A mecanização seletiva desse verdadeiro conjunto de "ilhas" que era o território exige que se identifiquem subperíodos. As técnicas pré-máquina e, depois, as técnicas da máquina — mas apenas na produção — definem o Brasil como um arquipélago da mecanização incompleta. Mais tarde, com a incorporação das máquinas ao território (ferrovias, portos, telégrafo), estaríamos autorizados a apontar um meio técnico da circulação mecanizada e da industrialização balbuciante, caracterizado também pelos primórdios da urbanização interior e pela formação da Região Concentrada.[1] No pós-guerra sobrevém a integração nacional,

---

1. Essa denominação — Região Concentrada — foi introduzida na literatura geográfica com as pesquisas dirigidas, no Rio de Janeiro, por Milton Santos e Ana Clara Torres Ribeiro (*O conceito de Região Concentrada*, 1979). Essa região estaria constituída pelos estados do Rio de Janeiro, Espírito Santo, Minas Gerais, São Paulo, Paraná, Santa Catarina e Rio Grande do Sul.

graças à construção de estradas de rodagem, à continuação do estabelecimento das ferrovias e a uma nova industrialização. Dá-se uma integração do território e do mercado, com uma significativa hegemonia paulista.

O terceiro grande período é a construção e a difusão do meio técnico-científico-informacional. Cabe, todavia, diferenciar uma primeira fase, um período técnico-científico que, no Brasil dos anos 1970, se caracterizou, entre outros aspectos, por uma revolução das telecomunicações. É sobretudo nesse momento que, ultrapassando o seu estágio de pontos e manchas, o meio técnico realmente se difunde. Mas o novo meio geográfico (técnico--científico-informacional) permanece circunscrito a algumas áreas. Já com a globalização, informação e finanças passam a configurar a nova geografia, distinguindo os lugares segundo a presença ou a escassez das novas variáveis-chave. Com o meio técnico-científico-informacional, agravam-se as diferenças regionais e aumenta a importância da Região Concentrada com a hegemonia paulista, mas também a partir da ocupação de áreas periféricas com produções modernas.

2. A sucessão dos meios geográficos no Brasil

2.1. Os meios "naturais"

Os pedaços da crosta terrestre utilizados pelos grupos humanos para desenvolver sua base material nos primórdios da história constituem o que estamos chamando de meio natural (ou pré-técnico?). Todavia a presença do homem já atribui um valor às coisas, que, assim, passam a conter um dado social. Por outra parte, como toda ação supõe uma técnica, a ideia de meio geográfico não pode ser desvinculada dessa noção de técnica. Daí o relativismo de denominações como "natural" e "pré-técnico".

Como porém denominar esse meio que era, de um lado, ocupado por uma vasta e quase impenetrável floresta e, de outro, constituía o domínio do cerrado e da caatinga e onde a vida humana ocupava apenas os interstícios? Uma floresta de 1 milhão de quilômetros quadrados, a Mata

Atlântica, associava-se a outra muito maior, a floresta amazônica (Warren Dean, 1995; 1997, pp. 24-25). Durante milhares de anos habitaram nelas caçadores-coletores e, depois, grupos que se alimentavam unicamente de ostras, sem desenvolver objetos e sem deixar outro vestígio além dos sambaquis (W. Dean, 1995, pp. 41 e ss.).[2]

Diversos instrumentos de trabalho e formas de fazer, lentamente elaborados, terão concorrido para a realização, aqui, de uma fase basilar da história do homem, isto é, a domesticação de plantas e animais. O despontar da agricultura foi também sinônimo de desmatamento. Todavia, esse processo não significou a implantação de próteses nos lugares, mas a imposição à natureza de um primeiro esboço de presença técnica, pois ritmos e regras humanas buscavam sobrepor-se às leis naturais. Todavia a natureza comandava, direta ou indiretamente, as ações humanas. A precariedade ou a pobreza das técnicas disponíveis constituía o corpo do homem como principal agente de transformação tanto na produção como no enfrentamento das distâncias, e ainda aqui a natureza triunfa e o homem se adapta. Era um período de acomodação e morosidade na relação com o meio, pois permitia-se que a floresta voltasse a crescer durante algumas décadas, antes de o plantio recomeçar num mesmo lugar.

Grupos étnicos diferentes, num desenvolvimento endógeno, criaram objetos dotados de eventual semelhança com técnicas de outros povos. Tratava-se talvez daquilo que André Leroi-Gourhan (1945) chamou de universalidade das técnicas, nascidas espontaneamente em lugares diferentes, e não de difusão técnica devida a contatos — a lei da imitação de Gabriel Tarde (1921) —, pois a maior parte das tribos vivia isolada.

Constituindo dezenas de grupos tribais que moravam em aldeias de trezentos a 2 mil habitantes, a matriz tupi somava provavelmente 1 milhão de índios (F. Fernandes, 1949). Os tupis, que desalojaram os primeiros

---

2. Nas áreas litorâneas, recifes ou bancos de areia permitiam a formação de estuários de maré. Os grupos encontravam pântanos de mangues e ostras de mangue. Coletavam os moluscos, alimentavam-se deles e atiravam as conchas por cima dos ombros. Essas acumulações de conchas foram denominadas *sambaquis* e testemunham um modo de vida que durou pelo menos 7 mil anos (W. Dean, 1995; 1997, pp. 42-43).

agricultores das áreas litorâneas, eram capazes de navegar os rios e cultivar a terra, produzindo excedentes e estocando-os. Habitavam amplas áreas da floresta amazônica e da floresta tropical, a maior parte do litoral e ainda parte do cerrado e da caatinga. Darcy Ribeiro, para quem os índios teriam sido vários milhões, explica (1995, 1997, p. 29) que eles "falavam dialetos de uma mesma língua, cada um dos quais, ao crescer, se bipartia, fazendo dois povos que começavam a se diferenciar e logo se desconheciam e se hostilizavam".

A floresta amazônica era ainda povoada por outros grupos indígenas: caribas, tucanos, aruaques e panos. O grupo jê alcançava uma ampla área do cerrado, da caatinga e da área mais meridional da Mata Atlântica, enquanto o grupo cariri circunscrevia-se à caatinga. Nos campos do Sul, na atual vizinhança com o Uruguai, habitavam os charruas.

Os assentamentos humanos fundavam-se assim nas ofertas da natureza (Maria do Carmo C. Galvão, 1992), e as localizações econômicas resultavam da combinação entre as necessidades de cada produto e as condições naturais preexistentes. O caso do Recôncavo Baiano e do Nordeste (também açucareiro) ilustra esse tipo de relações nos séculos XVI, XVII e XVIII. Poder-se-ia dizer que o reino da necessidade balizava a reprodução harmoniosa da natureza.

Era, desse modo, um território caracterizado pelos tempos lentos, onde as diferenciações enraizavam-se na natureza e um tempo humano buscava timidamente ocupar os alvéolos de um tempo "natural".

2.2. Os sucessivos meios técnicos

Na sua evolução, como lembra o filósofo Alfred Whitehead (1919), a natureza diversifica-se e se faz outra porque mudam seus elementos e ela própria como um todo. Analogamente, o movimento da sociedade e a transformação dos conteúdos e funções dos lugares podem ser entendidos pelas sucessivas divisões territoriais do trabalho (M. Santos, 1996, p. 105). A produção em cada lugar é o motor do processo, porque transforma as relações do todo e cria novas vinculações entre as áreas. Distribuído no território ao sabor do trabalho morto, isto é, dos lugares já organizados para uma dada produção, o trabalho vivo organiza-se sob novas formas de produção e circulação, e desse modo uma nova divisão territorial do trabalho se impõe à preexistente.

Mais tarde, a invenção e difusão das máquinas e a elaboração de formas de organização mais complexas permitiram outros usos do território. Novas geografias desenham-se, sobretudo a partir da utilização de prolongamentos não apenas do corpo do homem, mas do próprio território, constituindo verdadeiras próteses. O período técnico testemunha a emergência do espaço mecanizado. São as lógicas e os tempos humanos impondo-se à natureza, situações em que as possibilidades técnicas presentes denotam os conflitos resultantes da emergência de sucessivos meios geográficos, todos incompletamente realizados, todos incompletamente difundidos.

Poderíamos assim reconhecer diversos momentos em um processo de evolução que é permanente. No primeiro podemos falar do território brasileiro como um arquipélago, contendo um subsistema que seria o arquipélago mecanizado, isto é, o conjunto de manchas ou pontos do território onde se realiza uma produção mecanizada. Depois, a própria circulação se mecaniza e a industrialização se manifesta. É somente num terceiro momento que esses pontos e manchas são ligados pelas extensões das ferrovias e pela implantação de rodovias nacionais, criando-se as bases para uma integração do mercado e do território. Essa integração revela a heterogeneidade do espaço nacional e de certo modo a agrava, já que as disparidades regionais tendem, assim, a tornar-se estruturais.

2.2.1. O Brasil arquipélago: a mecanização incompleta

Relacionadas com a demanda do exterior, formam-se zonas econômicas e criam-se verdadeiras famílias e gerações de cidades (M. Santos, 1971) testemunhando uma sucessão de divisões territoriais do trabalho fundadas em graus diversos de tecnificação. Em um primeiro momento, as aglomerações resultaram da instalação dos serviços de governo (Maurício de A.

Abreu, 1997), começando pela fiscalização das atividades rentáveis tanto na agricultura como na mineração. Cidades do ouro e cidades do diamante, cidades de estradas de ferro, cidades de passagem, bocas de sertão e cidades planejadas pelas companhias de colonização são os tipos principais a partir dos quais Pierre Deffontaines (1944) assinala o dinamismo da urbanização brasileira. O desenvolvimento urbano era uma consequência imediata da combinação de dois fatores principais: a localização do poder político-administrativo e a centralização correspondente dos agentes e das atividades econômicas. É o caso, entre outros, de Salvador e do Recife e também do Rio de Janeiro, capital do Vice-reino do Brasil em 1763 (Lysia Bernardes e Maria Theresinha de Segadas Soares, 1987).

Todavia o governo geral instalado em Salvador em 1549 e, depois, o vice-reinado no Rio de Janeiro, a transferência da cabeça do Império português em 1808 e a Independência em 1822 foram, para a história do país, fatos marcantes mas incapazes de criar, no domínio da economia, fluxos verdadeiramente nacionais. A máquina de Estado servia para preservar e ampliar as fronteiras, manter o regime e a ordem, assegurar a coleta de impostos e, com a ajuda da Igreja, unificar a língua. A unidade política e linguística se dava ao mesmo tempo que as diversas regiões, produzindo para o mercado externo, a este se ligavam praticamente sem intermediário, de modo que sua evolução espacial e econômica era ditada por relações quase diretas. Daí a imagem de um vasto arquipélago formado, na verdade, por um conjunto de "penínsulas" da Europa.

Escravidão e domínio são outros termos para contar a história colonial do território brasileiro. Homens, plantas e animais de três continentes, sob o império dos europeus, encontraram-se e, no seu convívio obrigatório, criaram uma nova geografia nessa porção do planeta.

A cultura da cana-de-açúcar, baseada no desmatamento da floresta,[3] ajuda a fundar uma série de pequenos centros na Zona da Mata nordesti-

---

3. "Pode-se calcular que até 1700 — cerca de 150 anos após a exportação do açúcar alcançar escala comercial — os campos de cana teriam eliminado uns mil km² da Mata Atlântica, supondo-se um crescimento quase constante e os campos de cana 'cansados' sendo abandonados para a agricultura de subsistência ou pastagens após uma média de quinze anos" (W. Dean, 1995; 1997, p. 96).

na e no Recôncavo Baiano (Thales de Azevedo, 1955; Maria de Azevedo Brandão, 1988; Pedro de A. Vasconcelos, 1997, Maria Auxiliadora da Silva, 1972). Responsáveis pela escravidão de africanos nessas terras, os engenhos constituíram uma manifestação precoce da mecanização. Foi a principal razão da importância de Salvador e Recife no começo da época colonial (Josué de Castro, 1957; Gilberto Freyre, 1933, 1998). Esses engenhos, explica Sérgio Buarque de Holanda (1936, 1995, p. 80), constituíam organismos completos, fornecendo alimentos, ensino e religião aos seus moradores. Mas no Nordeste semiárido, aponta Manuel Corrêa de Andrade (1995, p. 47), formou-se "uma sociedade pecuarista dominada por grandes latifúndios cujos detentores quase sempre viviam em Olinda ou Salvador".

A interiorização do povoamento foi devida, de um lado, à mineração e, de outro, à criação de gado nas fazendas. A exploração dos diamantes e do ouro foi responsável pela existência de inúmeros núcleos de vida urbana no interior dos estados de Minas Gerais, Bahia, Goiás e Mato Grosso. Três áreas principais de criação de gado despontavam nos albores do século XIX: os sertões do Norte e do Nordeste, que abasteciam a zona agrícola do litoral, a zona de mineração, Minas Gerais, que contava com melhores condições técnicas, e os campos do Sul, que serviram à produção de couro e charque (Caio Prado Jr., 1945, pp. 185, 192, 198). Esse avanço para o coração do continente não retirou, porém, a importância demográfica do litoral, pois, conforme esse autor (pp. 30 e 33), de uma população de 3 milhões de habitantes no começo do século XIX, 60% concentravam-se nas áreas litorâneas.

Os portos, lugar de solidariedade entre navios, rotas de navegação e zonas produtivas, as ferrovias, as primeiras estradas de rodagem e usinas de eletricidade permitiram a constituição dos primeiros sistemas de engenharia no território brasileiro. Todavia, em enormes pedaços do território, como a Amazônia, impunha-se o meio natural, com significativos estorvos à exploração e à posse. A produção e o comércio da borracha, baseados na possibilidade do investimento público, permitiram o crescimento de Belém e Manaus. Ao café devem São Paulo e Santos a sua fortuna. O cacau criou uma rede de cidades, assim como o porto de Ilhéus.

As primeiras linhas regulares de navegação entre o Brasil e o Velho Mundo, a partir de 1850, convidam à construção de cais nos portos do Rio de Janeiro, Bahia, São Luís do Maranhão, Recife, Cabedelo e as docas em Belém do Pará, que até então operavam como pontos de um precário desembarque. No Rio de Janeiro, as novas infraestruturas portuárias nascem em solidariedade com as primeiras estradas de ferro, como a Pedro II.

Ainda que existissem, no final do século XIX, alguns caminhos de terra, sem drenagem e com escassas pontes para atravessar os rios, eles permitiam apenas o tráfego de animais e não se encadeavam em sistemas com os portos. Todavia, no Sudeste e no Sul já existiam algumas estradas que, embora permitindo a circulação de diligências, não foram eficientes na concorrência com as ferrovias para escoar as produções (Milton Vargas, 1994a, p. 140).

O crescimento das cidades, entretanto, foi desigual devido às oscilações das economias regionais ou de seu papel político (Pedro P. Geiger, 1963; Murilo Marx, 1991). Formavam-se verdadeiros circuitos interiores, cada qual dominando uma dada extensão do território com os meios limitados de que dispunham. A inexistência de transportes rápidos nos interiores era responsável por um isolamento quebrado apenas pelos transportes marítimos. Como essas aglomerações viviam sobretudo do comércio, a hierarquia entre elas dependia das relações com o estrangeiro. Mas ainda não havia uma integração.

Daí a inexistência de uma rede urbana verdadeiramente nacional. Não se podia tampouco falar de uma metrópole nacional, salvo no que diz respeito, até certo ponto, aos aspectos político e cultural. Os intercâmbios, conquanto limitados, não ocultavam um caráter hierárquico. Este estava essencialmente realizado no domínio da administração, que foi completamente centralizada até a República de 1889. No entanto, essa centralização permaneceu, graças à distribuição constitucional dos impostos, cuja arrecadação rendia grandes somas de dinheiro ao governo federal.

As maiores cidades formaram-se no litoral ou nos seus arredores (Antonio Carlos Robert Moraes, 1991; 1999). Pode-se até afirmar que, exceto para as cidades do ouro, a vida urbana praticamente não existia fora das zonas litorâneas e sublitorâneas. As metrópoles coloniais eram igualmente portos, ao passo que, na região interior mais próxima, centros intermediários se formavam, destinados a servir mais diretamente às zonas de produção. Formando um conjunto funcional com o porto de Santos, o caso de São Paulo é diferente, pois corresponde a uma expansão da produção do café (Vale do Paraíba, Campinas, Ribeirão Preto) (Ari França, 1956; Maria Irene de Q. Szmrecsányi, 1983). Mas, até meados do século XIX, Santos foi o porto do açúcar, para converter-se depois em porto do café, com a "formação do verdadeiro binômio São Paulo-Santos" (José R. Araújo Filho, 1969, p. 55).

Em todos os casos, as maiores cidades presidem a uma economia de produção voltada para o estrangeiro. É a explicação desse urbanismo de fachada que reflete a condição de dependência da economia nacional. À exceção das cidades criadas (Belo Horizonte, Goiânia, Aracaju), a organização urbana do Brasil era uma herança direta da colonização.

Durante quatro séculos vagarosos, o território brasileiro, mas sobretudo algumas áreas, como a Bahia, foram a base de uma produção fundada na criação de um meio técnico muito mais dependente do trabalho direto e concreto do homem do que da incorporação de capital à natureza. Esta, de certo modo, teve ao longo do tempo um papel relevante na seleção das produções e dos homens.

A partir da segunda metade do século XIX, a produção (é o caso do açúcar) e, depois, o território se mecanizam, mediante a instalação de usinas açucareiras e, mais tarde, da navegação a vapor e das estradas de ferro. Às técnicas da máquina circunscritas à produção sucedem as técnicas da máquina incluídas no território.

Contudo, as primeiras indústrias brasileiras não eram obrigatoriamente urbanas. Algumas dependiam diretamente de matérias-primas — como o algodão cultivado em áreas da Bahia, Rio de Janeiro, Pernambuco e Maranhão — ou de fontes de energia que se encontravam fora das cidades.

Em 1881 existiam 44 estabelecimentos industriais têxteis brasileiros, dos quais a região da Bahia possuía o maior número. Todavia a maior parte da produção correspondia ao estado do Rio de Janeiro, onde seis estabelecimentos forneciam 8,8 milhões de metros de tecidos, enquanto na Bahia se produziam 3,559 milhões de metros. Já São Paulo, apesar de contar com nove estabelecimentos, produzia apenas 1,97 milhão de metros. Em Minas Gerais, oito estabelecimentos produziam somente 361 mil metros de tecido.

Um fato, porém, é importante e deve ser ressaltado: a localização da produção mostra claramente o papel preponderante da população. É por essa razão que das 636 fábricas existentes no Brasil em 1890, e que empregavam 54.169 operários, as mais numerosas e importantes estavam no Rio de Janeiro. São Paulo, cuja população era de apenas 50 mil habitantes, tinha somente 3.600 operários.

Em 1907, o então Distrito Federal, atual município do Rio de Janeiro, detinha ainda o primeiro lugar, com 33,1% da produção industrial, 24% do total de operários e 20% do conjunto de estabelecimentos do país. São Paulo assegurava 16% da produção total, enquanto o Rio Grande do Sul ficava com 15% e o estado do Rio de Janeiro, com 7%. Nenhum outro estado chegava a 5%.[4] Mas em 1920, enquanto o Rio de Janeiro produz 20,8%, São Paulo já alcança 31,5% do total nacional.

Nos estados de Rio Grande do Sul, Santa Catarina e Paraná, a política oficial de imigração e colonização assinalou a forma de povoamento e de trabalho. E, sobretudo em São Paulo, parte da imigração constituía uma mão de obra qualificada, os imigrantes eram também portadores de um modelo de consumo que conheceram ou almejavam obter nos países de origem. Isso ajuda a explicar o desenvolvimento industrial.

São Paulo conseguiu uma expansão máxima da produção de café numa fase em que havia mercado para esse produto, porque o nível de vida estava em elevação na Europa e nos Estados Unidos. Os recursos obtidos permitiram uma realização econômica diversificada na área cafeeira. Como os preços eram favoráveis e o volume da produção crescia rapidamente, parte do salário podia ser liberada para um consumo mais amplo. Ao mesmo tempo,

---

4. Mas a indústria paulista conhecia então um ritmo de expansão muito rápido. Em 1885 São Paulo, com os seus 3.172 operários, produzia um montante de Cr$ 20.598.000 de produtos industriais. Em 1905 o número de operários multiplicava-se por treze (39.159), e o valor da produção, por doze (Cr$ 242 milhões). O ritmo de crescimento já era superior ao do Rio de Janeiro, ultrapassado em 1910. Em 1920 o estado de São Paulo possuía 83.998 operários, isto é, 30% do total da população ativa do país.

a industrialização nascente se fez numa fase em que os progressos técnicos eram menos rápidos, de sorte que o tempo de vida de uma fábrica era maior e a cada necessidade de aumentar a produção uma outra fábrica era agregada. A economia era de certo modo concorrencial, e por isso mesmo criavam-se mais empregos e o salário fabril servia, juntamente com o rural, para encorajar o nascimento de outras fábricas.

2.2.2. O meio técnico da circulação mecanizada e dos inícios da industrialização

Uma transição pode ser observada entre o período anterior, herança da época colonial pré-mecânica, e a verdadeira integração nacional.

Esse período de transição teve, regionalmente, expressão e duração diferentes. Mas, para o conjunto do país, pode-se situá-lo entre o começo do século XX e a década de 1940. É então que se estabelece uma rede brasileira de cidades, com uma hierarquia nacional e com os primórdios da precedência do urbanismo interior sobre o urbanismo de fachada. É, simultaneamente, um começo de integração nacional e um início da hegemonia de São Paulo, com o crescimento industrial do país e a formação de um esboço de mercado territorial localizado no Centro-Sul. Paralelamente, aumenta de forma acelerada a população global do país, mas de um modo geral permanecem as velhas estruturas sociais.

O aparelhamento dos portos, a construção de estradas de ferro e as novas formas de participação do país na fase industrial do modo de produção capitalista permitiram às cidades beneficiárias aumentar seu comando sobre o espaço regional, enquanto a navegação, muito mais importante para o exterior, apenas ensejava um mínimo de contatos entre as diversas capitais regionais, assim como entre os portos de importância. Rompia-se, desse modo, a regência do tempo "natural" para ceder lugar a um novo mosaico: um tempo lento para dentro do território que se associava com um tempo rápido para fora. Este se encarnava nos portos, nas ferrovias, no telégrafo e na produção mecanizada.

E assim, usando os termos de Georges Friedmann (1966, 1977, pp. 7-8), poderíamos dizer que "máquinas de produção e máquinas de circulação" se espalham no território brasileiro, consolidando as áreas de mineração e contribuindo para criar áreas de monocultura de exportação, unidas aos portos litorâneos por estradas e ferrovias. A produção e a distribuição de energia, até o início do século XX, circunscreviam-se aos centros urbanos[5] e a essas áreas de maior espessura da divisão do trabalho. É o caso de Minas Gerais, com a construção das usinas Ribeirão do Inferno (Diamantina), vinculada à exploração de diamantes, Macacos (Nova Lima) e Marmelos I e II (Juiz de Fora).[6] As possibilidades técnicas de transmissão eram circunscritas ao lugar. Em 1901 foi implantada a usina de Santana do Parnaíba no estado de São Paulo, sobre o rio Tietê, capaz de gerar 16 mil quilowatts.

Entre 1900 e 1935 iniciaram suas operações no Brasil 13 portos fluviais e marítimos, correspondendo cinco à região Nordeste, três à região Sudeste, três à região Sul e dois à região Norte. Dentre estes, Manaus, cujo cais foi construído em 1903, possibilitou o escoamento de um bem altamente apreciado nos mercados mundiais: a borracha amazônica. O porto de Belém foi planejado como um sistema de engenharia que envolvia cais, avenidas, armazéns, linhas férreas, casas de máquinas e outros edifícios complementares.

Pode-se dizer que esse é o momento da mecanização do território brasileiro e também da sua motorização, com a extensão, em sistema com os portos, de linhas ferroviárias. Até a década de 1940, a expansão da rede aumenta num ritmo importante, porém com profundas diferenças regionais. Contando com 16.782 quilômetros de estradas de ferro em 1905, o Brasil atinge, em 1940, 108.594 quilômetros. É a região Sudeste — sobretudo Minas Gerais e São Paulo — que apresenta as maiores expansões e representa, no último desses anos, 37,27% do total da rede nacional. Desde o século XX a exportação de café foi um fator decisivo nesse processo, incor-

---

5. A primeira instalação de iluminação elétrica no país foi feita na cidade do Rio de Janeiro em 1879.

6. Todas eram usinas térmicas e hidráulicas, construídas na década de 1880 para auxiliar os trabalhos de mineração.

porando áreas tributárias como o Triângulo Mineiro e o norte do Paraná. Uma topologia marcada por desconexões decorre, sobretudo, de uma vida circunscrita às regiões, embora orientada para satisfazer a necessidades de matérias-primas além dos mares. É nesses anos que o porto de Paranaguá (PR) começa a ganhar importância na exportação de café (José R. Araújo Filho, 1969, p. 158). As especializações regionais em matérias-primas de exportação garantiam sua vinculação aos portos e ao mundo. Mas a busca da integração nacional não era ainda um imperativo da construção dessas redes.

Paralelamente, o processo de urbanização aumentava as demandas de eletricidade, com a difusão dos bondes elétricos, da iluminação pública e das primeiras indústrias. Entre 1901 e 1910 iniciaram operações 77 usinas, e em 1920 o seu número se elevava a 343, distribuídas fundamentalmente entre os estados do Sudeste, do Sul e o nordestino Pernambuco. A uma multiplicidade de sistemas técnicos, independentes e abastecedores de suas áreas contíguas, correspondia uma multiplicidade de empresas que os administravam.[7]

Já entre meados dos anos 1930 e o final da década de 1960 foram inaugurados nove portos, cinco dos quais na região Sul do país. Nesses anos, uma reforma da lei vigente possibilitou concessões para a construção e administração, em nível estadual, de alguns portos. Esse foi o contexto da construção de Niterói, Angra dos Reis[8] e São Sebastião.

A industrialização balbuciante leva à construção de uma constelação de usinas elétricas em todas as regiões do país, que passam de 1.208 em 1930 para 1.883 em 1940. Inicia-se, segundo Paulo Cesar Peiter (1994), um processo de interligações e de padronização das linhas de transmissão

---

7. Em 1920, Minas Gerais contava com 91 usinas (em mãos de 72 empresas), São Paulo com 78 (66 empresas), Rio Grande do Sul com 41 usinas (quarenta empresas), Paraná com vinte usinas (vinte empresas), Rio de Janeiro com 18 usinas (17 empresas), Pernambuco com 16 usinas (15 empresas).

8. Antes da construção do porto, exportava-se por Angra dos Reis o café do Vale do Paraíba. Em 1932, foram concluídas as obras que permitiram importar carvão e madeira. A partir de 1970, Angra dos Reis passou a escoar a produção da Companhia Siderúrgica Nacional e a importar trigo.

e distribuição, que foi acompanhado por uma centralização estatal das empresas elétricas.

O desenvolvimento das comunicações internas reforça a presença do Estado nacional, mas também a dos governos provinciais, enquanto o cabo submarino facilita ainda mais as relações externas, localizando-as de maneira mais restrita. O telégrafo, inovação técnica presente no Brasil desde 1852, ganha enorme difusão, sobretudo a partir das expedições do marechal Rondon. Em bela narrativa, Amílcar Magalhães (1946, p. 16) refere-se à integração efetiva de Mato Grosso ao país após a construção da linha telegráfica pelo marechal Cândido Rondon. O marechal foi responsável pela construção de 5.500 quilômetros de linhas telegráficas, entre elas a linha Cuiabá–Corumbá, com ramificações para Aquidauana e Forte de Coimbra (1904), sul do Mato Grosso até Nioac, Porto Murtinho, Margarida e Bela Vista na fronteira com Paraguai (1906), Cuiabá–Santo Antônio do Madeira e três ramais unindo os territórios do Amazonas, Acre, Alto Purus e Alto Juruá ao Rio de Janeiro (1915), Aquidauana–Ponta Porã (1922), várias delas acompanhadas da construção de estradas de rodagem (Rondon, 1916; E. Roquette-Pinto, 1950; D. Ribeiro, 1958; C. Ricardo, 1970). Pode-se dizer que os trabalhos do marechal Rondon constituíram uma forma de expansão do meio técnico europeizado nas áreas onde grupos indígenas ainda agiam entre os misteriosos desígnios da natureza.[9]

A população brasileira aumentou continuamente no decorrer dos últimos decênios. A luta contra a morte, levada paralelamente a um combate menos eficaz contra o analfabetismo e pela educação, deu como resultado uma enorme elevação do índice de efetivos. Mesmo nas cidades, o aumento natural da população é significativo. A população brasileira, que era de 30 milhões em 1920, é de perto de 83 milhões em 1965. O incremento demográfico teve como consequência não somente o aumento dos efetivos em cada região, mas também a redistribuição da população. Essa redistribuição manifestou-se por um novo equilíbrio demográfico regional e um abandono

---

9. Segundo Cassiano Ricardo (1970), Rondon, "o pacificador do gentio", encontrou, além dos seus ancestrais — os terenas —, os guaicurus, quiniquinais, ofaiés, guanás, laianas, inimás, bororos, umatinas, carajás, javaés, chambicás, caiapós, gerotirês, gaviões, djorés, anaucuás, naravutes, cuicutis, suiás, cajabis, mundurucus, parecis, iranches, tapanhumas, nhambiquaras.

do campo, com o aumento do número das cidades e de sua população. O Nordeste e o Norte representavam mais de um terço (34,39%) da população global em 1872. Em 1960, e como que ilustrando um resultado da evolução anteriormente descrita, essas duas regiões só representavam um quarto (25,76%) dos totais brasileiros, ainda que seus índices de natalidade fossem mais fortes que no resto do país. Grande parte dos brasileiros do Norte e do Nordeste trocaram essas regiões pelas cidades do Sul.

De modo geral, foram as cidades que mais ganharam com o crescimento da população brasileira. Entre 1940 e 1950, enquanto a população global aumentava 24%, a população urbana crescia 30%. No período compreendido entre 1950 e 1960, o fenômeno é ainda mais nítido. O índice global foi de 39%, mas o aumento urbano é de 54%. O crescimento da população rural fica estacionário nesses dois decênios, com a mesma tabela de 16%. Essa tabela é inferior à do crescimento vegetativo e resulta do êxodo rural, devido muito menos à existência de emprego nas cidades que à persistência de uma estrutura agrária defeituosa na maior parte do território brasileiro (Ver no encarte de mapas: Cidades com mais de 20 mil habitantes — 1940 e 1950, p. XL; Cidades com mais de 100 mil habitantes — 1940 e 1950, p. XLVI e XLVII; Difusão das cidades com mais de 500 mil habitantes — 1940 e 1950, p. L e LI; Difusão do fenômeno cidades milionárias — 1940 e 1950, p. LV).

Se consideramos as cifras globais para o Brasil em 1960, 89,39% dos estabelecimentos rurais com menos de 100 hectares representavam 20,2% das superfícies e 44,62% com menos de 10 hectares reuniam 2,23% das superfícies. Por outro lado, 0,98% das propriedades com mais de 1.000 hectares reunia 47,29% da superfície total. Assim, 32.825 proprietários possuíam quase a metade da superfície das propriedades agrícolas brasileiras, enquanto os outros 3.316.599 dispunham apenas de 52,71%.

Semelhante estrutura da propriedade favorece ao mesmo tempo a persistência da pobreza e o abandono do campo. Os excedentes de população, cada ano mais numerosos, encontram um refúgio nas cidades. Isso explica um crescimento urbano superior a 10% anuais em vários centros regionais e de 6% nas grandes metrópoles, enquanto o número de empregados e subempregados aumenta num ritmo ainda maior.

O deslocamento desses milhares de indivíduos para as cidades responde, quase sempre, a uma preocupação pela melhoria das condições de vida. Os novos meios de comunicação são em grande parte responsáveis por essa revolução. A estrada, o avião, aproximando as áreas de crescimento, facilitam os contatos e a propagação das novidades. O rádio teve um papel muito importante, pois o conhecimento da existência de outros lugares com melhores condições de vida fica ao alcance dos iletrados. O transistor veio concluir essa evolução nas regiões onde a eletricidade ainda não se havia difundido.

Os albores da industrialização no Sul são contemporâneos de uma ausência de relações mais estreitas entre as diversas áreas importantes do país. Reforçavam-se, paralelamente, as relações intrarregionais, dentro de uma verdadeira "bacia urbana", na expressão usada por Bernard Kayser (1966) para indicar, na França, as relações privilegiadas entre uma cidade e sua área de influência.

Num período anterior, a configuração de uma bacia urbana havia sido possível graças às condições naturais. É o caso de Salvador e do Recôncavo, a primeira rede urbana estruturada nas Américas. Foi a revolução dos transportes que beneficiou a região do Recôncavo e que também, mais tarde, possibilitou à região de São Paulo assentar as bases de um ativo intercâmbio que lhe permitiria, junto a outros fatores regionais, não apenas aumentar rapidamente o volume da produção industrial, mas também diversificá-la (Armen Mamigonian, 1976a). Com essas condições regionalmente propícias a uma divisão do trabalho mais extensa e complexa, a indústria paulista ganhou ímpeto.

2.2.2.1. A formação da Região Concentrada e a urbanização interior

A partir da década de 1930, encontra-se no Sul uma indústria importante. São Paulo tornou-se uma grande metrópole industrial, onde estavam presentes todos os tipos de fabricação. Chamado a acompanhar esse despertar industrial, o país inteiro conheceu uma quantidade de solicitações e sobretudo foi impregnado pela necessidade de concretizar a integração nacional.

Essa indústria em desenvolvimento, particularmente a partir da revolução de 1932, precisava ampliar o seu mercado. A extinção das barreiras à circulação de mercadorias entre os estados da União marcou um avanço fundamental no processo de integração econômica do espaço nacional. Faltavam porém outras variáveis de sustentação, entre elas uma rede nacional de transportes. Essa integração começou pela região circunvizinha ao estado de São Paulo, pois as relações comerciais eram facilitadas pela existência de um embrião de transportes modernos em rede e a relativa proximidade dos mercados permitia um tráfego marítimo mais intenso (Ver no encarte de mapas: Extensão da rede rodoviária por 1.000 km², p. II; Extensão da rede rodoviária por 1.000 habitantes, p. IV).

O estado de São Paulo começa a atrair migrantes de todo o país, mas sobretudo do Nordeste. Entre 1935 e 1939, 37,5% dos migrantes provinham dos estados da Bahia, 23,5% de Minas Gerais, 12,7% de Pernambuco, seguidos pelos estados nordestinos de Alagoas, Ceará e Sergipe (Jorge Calmon, 1998). Somente na década de 1930 é que o número de imigrantes brasileiros para o estado de São Paulo ultrapassa o de estrangeiros.

Criavam-se, então, as condições de formação do que é hoje a região polarizada do país. Foi um momento preliminar da integração territorial, dado por uma integração regional do Sudeste e do Sul.

2.2.3. A integração nacional

A partir de 1945 e 1950 a indústria brasileira ganha novo ímpeto, e São Paulo se afirma como a grande metrópole fabril do país. É o que Milton Braga Furtado (1980) chama de crescimento industrial intencional, para diferenciá-lo do crescimento industrial não intencional dos anos 1930.

Mas a indústria do Sul e, sobretudo, a indústria paulista tiveram de solicitar certos produtos agrícolas, como o algodão, a mamona e o sisal, aos longínquos estados do Nordeste. As necessidades alimentares de uma população cujo nível de vida aumentava trabalharam no mesmo sentido. As estradas favoreceram os intercâmbios, e no estado de São Paulo a agricultura obteve níveis de eficácia compatíveis com a civilização industrial.

É um momento de consolidação da hegemonia paulista, com um aumento acelerado dos investimentos. Henrique Rattner (1972, p. 151) indica que, em 1954, São Paulo concentrava 35,4% dos investimentos do Brasil, enquanto em 1958 a proporção era de 62,2%. E o mesmo autor chama a atenção para a forte e constante drenagem que o sistema bancário e financeiro, situado sobretudo nas áreas metropolitanas de Rio de Janeiro e São Paulo, fazia de zonas pobres e subdesenvolvidas em benefício dessas mesmas áreas metropolitanas. O novo discurso político-econômico do Nordeste no fim dos anos 1950 era baseado nessas perdas e resultou na criação da Sudene (Celso Furtado, 1989).

Registravam-se no Brasil, em 1950, 71.027 estabelecimentos industriais e 1.295.286 pessoas ocupadas. Era uma época em que as firmas micro e de pequeno porte representavam 96,7% dos estabelecimentos e eram responsáveis por 42,3% dos empregos no setor. Com 3 milhões de habitantes, São Paulo concentrava 32,4% dos estabelecimentos industriais e 34,6% do emprego industrial do país, o que evidencia também o crescimento da região do ABC na Grande São Paulo (Adriana Bernardes e Eliza Almeida, 1997, pp. 18-19, 24).

Tais questões só podem ser analisadas conjuntamente dentro dos quadros nacional e internacional: a política cambial que favorece a indústria em detrimento das demais atividades econômicas, a modernização do aparelho estatal indispensável à modernização da economia nacional, sua melhor inserção na economia internacional e as facilidades abertas à entrada do capital estrangeiro.

A modernização do país, já iniciada sob o regime de Getúlio Vargas, facilitara a concentração econômica e espacial. A rápida expansão da indústria no "centro" passava a exigir mais mercados, não apenas fora mas também dentro do país.

Tanto para atender as necessidades de uma população de maior nível de vida quanto para dirigir a colheita de produtos exportáveis, surgem inúmeras cidades e outras se desenvolvem. Até então, as cidades maiores situavam-se no litoral ou em áreas próximas. É o caso de Manaus, até onde a navegação marítima podia chegar, ou da São Paulo do café, com seu desdobramento do porto de Santos. É num Brasil integrado pelos transportes e pelas necessidades advindas da industrialização que vão nascer importantes cidades no interior. Estas decorrem do crescimento populacional, da elevação dos níveis de vida e da demanda de serviços em número e frequência maiores que anteriormente.

Novas formas de relação entre metrópole econômica e centros regionais se estabelecem por intermédio do caminhão. As mercadorias exportadas do Rio de Janeiro pela estrada representavam, já em 1954, 79% do peso e 84% do valor.

O Rio fora larga e longamente beneficiado pela sua função política. Capital do país durante quase dois séculos, pôde tornar-se uma metrópole política e econômica. Mas o desenvolvimento industrial de São Paulo fez nascer uma nova metrópole econômica para o Brasil, uma metrópole de outra natureza.

No período anterior à unificação do mercado interno, tanto a força "própria" como a força regional do núcleo industrializado dependiam de fatores regionais (estrutura de propriedade, estrutura do consumo, níveis de renda total e *per capita*, organização dos transportes, das comunicações e do crédito, distância física e virtual entre cidade e região de influência — contiguidade ou não, maior ou menor contiguidade). Mas quando da primeira unificação do mercado, já mencionada, a região mais avantajada, em comparação com as demais, passava também a dispor de condições para competir com as outras regiões na própria zona de influência destas últimas.

Há, de um lado, mudança estrutural no esquema produtivo e, de outro, maior seletividade geográfica da produção industrial mediante uma polarização mais clara e mais forte. Os dois fenômenos são interligados, pois é a localização em São Paulo das indústrias mais dinâmicas (Wilson Cano, 1977; 1981) que reduz a importância relativa do Rio de Janeiro, impedindo, então, admitir que ainda existam no país duas metrópoles. A função metropolitana cabe, doravante, a São Paulo. O desequilíbrio entre a estrutura industrial do Rio e a de São Paulo afirma-se realmente quando a indústria paulista conhece uma diversificação e a do Rio de Janeiro deixa de seguir esse caminho. A formação de capital na região de São Paulo é um dos fatores dessa diversificação.[10]

Se os transportes marítimos sempre reforçaram a dependência em relação ao estrangeiro, os novos transportes terrestres, a partir da Segunda Guerra Mundial, beneficiam São Paulo, a metrópole industrial do país. As dificuldades financeiras para o equipamento dos navios e o fato de várias ferrovias terem sido levadas a tornar-se antieconômicas aceleraram a instalação do império do caminhão. O traçado dessas estradas obedecia às novas exigências da indústria e do comércio, e assim acabou por reforçar a posição de São Paulo como centro produtor e, ao mesmo tempo, de distribuição primária. A criação de uma indústria automobilística e a construção de Brasília confluíram também para favorecer São Paulo e aumentar o desequilíbrio econômico. Constitui-se nessa cidade um parque de numerosas indústrias de base, cujo enorme mercado é dado pelo esforço de equipamento de todo o território e mesmo pelo abastecimento normal da população brasileira.

A construção de Brasília foi um passo importante, pois a rede de estradas, indispensável à afirmação do Estado sobre o conjunto do território, também era imprescindível para a expansão do consumo do que era produzido internamente. Aliás, a própria construção de Brasília teria sido impossível se a indústria já não se houvesse desenvolvido em São Paulo. Como resultado, cada um desses movimentos reforça os demais, e enquanto a economia e a sociedade se renovam, levando o país a crises políticas sucessivas, as bases materiais também se transformam, mediante a possibilidade de circular mais depressa e através de uma superfície muito maior que no período anterior. O asfaltamento da estrada de rodagem Rio–Bahia, no início dos anos 1960, e o início da construção da Belém–Brasília e da Brasília–Acre são desse período, assim como o asfaltamento e a melhoria de outras rodovias, inclusive na própria área *core* do país. O golpe de Estado de 1964

---

10. Em 1940 a mão de obra industrial do Rio de Janeiro tinha uma importância muito semelhante à de São Paulo, mas a estrutura das duas indústrias era diferente. Em 1958 São Paulo e Rio de Janeiro reuniam dois terços da mão de obra de todo o Sudeste brasileiro: São Paulo detinha 57% do total da mão de obra, enquanto ao Rio cabia 43%.

pode ser considerado um novo passo na internacionalização da economia brasileira, com a influência explícita da guerra fria e os acordos assinados para tornar mais segura a entrada de capitais.

As antigas metrópoles costeiras foram, desse modo, reduzindo a sua polarização frente às suas áreas tradicionais de influência, pois de um lado o novo sistema de transporte induzia os deslocamentos para São Paulo e o Rio de Janeiro e, de outro, essas metrópoles regionais litorâneas tornaram--se incapazes de fornecer bens e serviços às suas regiões. Por essa razão os núcleos urbanos mais recentes ligaram-se diretamente a São Paulo. O antigo tipo de hierarquia desmoronou para dar origem a novas formas de dependência entre São Paulo e esses centros regionais e metrópoles incompletas.

A industrialização e a produção agrícola mais moderna — concentradas no Sudeste — e o consumo — mais difuso que a produção, mas também concentrado — constituem o conteúdo mais visível do novo processo territorial. Acelera-se a tendência à disparidade estrutural de um espaço nacional já diferenciado, com a produção de uma situação em que se torna mais clara a existência de uma periferia e de um polo (a "Região Concentrada"). Nesta, o fato paulista, que é único em todo o mundo subdesenvolvido, com a contiguidade entre a metrópole econômica e a área agrícola mais tecnificada e dinâmica, ainda mais facilita o desenvolvimento do conjunto e aumenta ainda mais a força da cidade de São Paulo. Num período de ativa integração nacional, as desigualdades assim instaladas tendem a agravar-se cada vez mais.

2.3. Meio técnico-científico-informacional

2.3.1. O período técnico-científico

A Segunda Guerra Mundial mostrara as enormes dificuldades que a ausência de uma rede nacional de transportes acarretava para um país de dimensões continentais.

A ideologia do consumo, do crescimento econômico e do planejamento foram os grandes instrumentos políticos e os grandes provedores das ideias que iriam guiar a reconstrução ou a remodelação dos espaços nacionais, juntamente com a da economia, da sociedade e, portanto, da política. Para realizar qualquer desses desígnios impunha-se equipar o território, integrá-lo mediante recursos modernos. O caminho da integração do território e da economia apontado para todos os países era tanto mais facilitado e tanto mais rápido quanto maior o número de opções a atingir e a organizar. É o caso do Brasil.

O fim da guerra marca também o início de uma nova era dentro do percurso capitalista, com as perspectivas abertas pela revolução científico--técnica. Era o momento de lançar a semente da dominação do mundo pelas firmas multinacionais, preparando assim todos os espaços mundiais para uma nova aventura que, na escala mundial, só iria frutificar plenamente trinta anos depois.

Entre os países subdesenvolvidos, as defesas próprias eram frágeis: o peso da ideologia do crescimento, a correspondente atração pelo desenvolvimento industrial, apontada como panaceia, as necessidades do consumo interno, o imperativo de afirmar o Estado sobre a nação (ou as nações, ou as tribos) e a indispensabilidade de um comando eficaz sobre o território eram argumentos de peso, embora muitos deles fossem exclusivamente ideológicos. Sobre esse pano de fundo, a adaptação ao modelo capitalista internacional torna-se mais requintada, e a respectiva ideologia de racionalidade e modernização a qualquer preço ultrapassa o domínio industrial, impõe-se ao setor público e invade áreas até então não tocadas ou alcançadas só indiretamente, como por exemplo a manipulação da mídia, a organização e o conteúdo do ensino em todos os seus graus, a vida religiosa, a profissionalização, as relações de trabalho etc.

Segundo Armen Mamigonian (1992, p. 10),

a industrialização dependente havia criado mais problemas do que os existentes anteriormente, pois com um exército industrial de reserva numeroso e o uso de tecnologia sofisticada importada a criação de empregos tinha sido pequena, a produtividade havia aumentado e os salários haviam caído, ocorrendo uma superexploração do trabalho e lucros extraordinários, situação que exigia a presença de ditaduras militares colonial-fascistas. A dependência, que se tornou crescentemente interna à economia brasileira, se manifestava agora pelo crescimento das remessas de lucros e *royalties*, pagamento dos empréstimos externos etc., não dando margem à apropriação interna do excedente econômico.

Enquanto isso, o exército de reserva aumentava, levando à intensificação das migrações para o estado de São Paulo. Como sempre, Bahia, Minas Gerais e Pernambuco eram os principais estados de origem dos contingentes, com 25,3%, 34,3% e 12,7% do total, respectivamente. Esse período cria as condições para reativar o processo de enfraquecimento de todas as periferias, enquanto o país parecia refluir para o seu centro: capitais privados, investimentos públicos, população, crescimento e pobreza.

Esse ciclo deverá durar até fins dos anos 1970, quando a necessidade de novas orientações para a totalidade do corpo social virá manifestar-se também no terreno político. A diminuição da atividade econômica que afetava o país como um todo parecia, então, uma ameaça à continuidade do modelo. Para mantê-lo, era indispensável retomar a atividade, ao preço de investimentos públicos mais numerosos e mais injeção de recursos para promover a exportação, mais proteção ao grande capital, menor retribuição ao trabalho, ao preço de uma política social ainda menos generosa e, necessariamente, de uma ordem ainda maior no campo político-social.

Uma nova divisão territorial do trabalho esboça-se no Brasil a partir da necessidade de transformar os minérios, de produzir derivados do petróleo e, a um só tempo, de substituir esse recurso em alguns setores da circulação. É o momento de implantação de complexos e polos industriais em diversas regiões do país: o Complexo Petroquímico de Camaçari na Bahia, o Complexo Siderúrgico de Itaqui no Maranhão, o Projeto Carajás, a indústria de derivados de cloro em Alagoas, o complexo eletrometalúrgico de Tucuruí. Paralelamente, o Programa Nacional do Álcool (Proálcool) muda a geografia do interior paulista a partir de 1975, com o ingresso maciço da cultura da cana-de-açúcar (Adriana Bernardes e Eliza Almeida, 1997, p. 29). Equipamentos de circulação e especializações industriais no estado de São Paulo permitem, como assinala Maria Adélia de Souza (1976), identificar três eixos: São Paulo–Campinas–Piracicaba (indústria têxtil, perfumaria e velas, indústria química ao longo da via Anhanguera), São Paulo–Sorocaba (indústria têxtil e minerais não metálicos acompanhando a ferrovia Sorocabana) e o Vale do Paraíba (química, material de transporte, borracha, têxtil, mecânica, papel e papelão, alimentos no percurso da rodovia Presidente Dutra).

Ampliam-se as redes de transporte, que se tornam mais densas e mais modernas; e, graças à modernização das comunicações, criam-se as condições de fluidez do território, uma fluidez potencial, representada pela presença das infraestruturas, e uma fluidez efetiva, significada pelo seu uso (Ver no encarte de mapas: Extensão da rede rodoviária por 1.000 km^2, p. II; Extensão da rede rodoviária por 1.000 habitantes, p. IV). Constitui-se uma rede de aeroportos no território nacional, entre os anos de 1949 e 1970, como resposta à necessidade de intercâmbios velozes. Dentre os aeroportos administrados pela Infraero contam-se 16 no Sudeste, 13 no Nordeste, 11 no Norte, nove no Sul e seis no Centro-Oeste. À revolução dos transportes, testemunhada no Brasil nas décadas de 1950 e 1960, segue-se, nos anos 1970, uma revolução das telecomunicações, para a qual Leila Dias (1989, pp. 36-37) propõe uma periodização: até 1969, os meios técnicos do sistema de telecomunicações eram apenas as ondas curtas e os cabos submarinos de baixa capacidade de transmissão; entre 1969 e 1973 instala-se um sistema nacional de telecomunicações por rede hertziana; de 1974 a 1984 incorpora-se ao sistema o satélite INTELSAT e por fim, entre 1985 e 1988, há o desenvolvimento dos satélites brasileiros Brasilsat I e II.

Os anos 1970 são também um marco na modernização da agricultura, no desenvolvimento do capitalismo agrário, na expansão das fronteiras agrícolas e na intensificação dos movimentos dos trabalhadores volantes — os boias-frias. Segundo Rosa Ester Rossini (1988), o volante é parcialmente liberado pela agricultura, convidado a participar das atividades principalmente nos momentos de "pico" dos trabalhos agrícolas enquanto o resto do ano se refugia no trabalho do setor terciário. Todavia, na opinião de Arthur Soffiati (1987, pp. 68-69) haveria certa tendência a transformar o trabalhador rural em volante, com "a ampliação da área plantada, a modernização da agricultura, o desejo de ampliar a margem de lucro no setor agroindustrial", o que cria "uma massa de camponeses volantes, desapegados da terra, subassalariados, desorganizados, sobre-explorados e vendendo partículas de sua vida dia a dia [...]".

Estados como Paraná, Rio Grande do Sul, Santa Catarina, Minas Gerais e Bahia apresentam, entre 1950 e 1980, altas taxas de emigração líquida. Áreas que haviam sido atrativas em outros momentos transformaram-se, nos anos 1970, em expulsoras de uma população cujo destino eram as metrópoles ou que incursionava em novas frentes pioneiras, como a Amazônia.[11]

Daí por diante o que ocorre é a reprodução ampliada do que fora feito no lapso de tempo imediatamente anterior, de modo que tudo cresce ainda mais, porém no mesmo sentido: uma produção industrial extrovertida, um maior endividamento, maior penetração de firmas estrangeiras, para as quais tudo é facilitado, ampliação das facilidades de circulação dentro do país e para os canais de exportação. Paralelamente, agrava-se a tendência à concentração e à centralização da economia, assim como à concentração geográfica e à concentração da renda. Em 1971, 60% da produção industrial brasileira estava localizada no estado de São Paulo (*Anuário estatístico do Brasil*, 1971).

Os intercâmbios aumentam e, em decorrência, também aumenta o terciário, pois há maior necessidade de organização, de serviços públicos e privados, de transportes e de bancos. Gesta-se, a um só tempo, uma grande especialização territorial, com tendência à concentração da produção de bens e serviços mais "nobres" e escassos em alguns pontos do Sudeste e do Sul. Como o aparato produtivo se torna dependente de recursos exógenos,

---

11. O Paraná (urbano e rural) perde cerca de 1,1 milhão habitantes na década de 1970. Desse número total, 590 mil, ou seja, 53%, vão para São Paulo, enquanto 112 mil se dirigem a Mato Grosso, 107 mil a Mato Grosso do Sul e 116 mil a Rondônia, Acre, Roraima e Amapá. Desse contingente, 82% estavam no estado do Paraná havia menos de cinco anos (*Folha de S.Paulo*, 24.3.1982).

e como os recursos nacionais — incluída a população — são menos utilizados, o terciário e a urbanização tendem a aumentar. Trata-se certamente de uma internacionalização dos processos de produção.

O Brasil viveu um período em que as indústrias podiam ser instaladas com uma tecnologia superada — não raro máquinas que haviam sido usadas antes em países industrializados mais avançados —, buscando a substituição de importações. A produção satisfazia às necessidades domésticas de consumo. Mais tarde, a industrialização nacional foi determinada pelo nível de aglomeração polarizadora mais importante do país ou, em outras palavras, pelo complexo industrial de mais alto nível. Como esse complexo, de um lado, é capaz de suprir a mesma faixa de produtos industrializados que o mundo desenvolvido e, de outro, oferecer ao país bens de consumo ao mesmo tempo que bens de capital, pode-se dizer que o Brasil é um país subdesenvolvido industrializado (M. Santos, 1972-1973, 1975). Autores como Lúcio Kowarick (1985) preferem falar de um "subdesenvolvimento industrializado", enquanto L. Bresser Pereira (1975, 1977, 1981) reproduz a denominação de M. Santos.

Concomitantemente, apesar da industrialização, o país conserva uma série de condições de subdesenvolvimento, muitas vezes agravadas pelo crescimento econômico, a saber, disparidades regionais pronunciadas, enormes desigualdades de renda e uma crescente tendência ao empobrecimento das classes subprivilegiadas, a despeito do aumento do Produto Nacional Bruto e do Produto Nacional *per capita*.

Dado que a expansão da indústria dinâmica é acompanhada simultaneamente pela redução absoluta ou relativa do poder aquisitivo das massas, a economia vê-se forçada a procurar mercados em outros lugares ou a reduzir o seu próprio crescimento. Os investimentos dirigem-se aos setores onde há possibilidade de exportação, isto é, produção de bens para os quais existem compradores estrangeiros potenciais. Essa orientação exige uma constante modernização do equipamento industrial a fim de poder concorrer internacionalmente. Isso agrava a dependência frente aos centros mais avançados do sistema mundial. Por outro lado, a necessidade de importação exige uma política de exportação agressiva.

A política de crescimento estimula progressivamente a produção de bens de capital, para os quais não existe mercado interno. O Estado é, portanto, compelido a adotar uma política de grande potência, favorecendo as maiores empresas sem consideração pelas massas cada vez mais empobrecidas. Nesse período ocorre uma grande ruptura. Importantes capitais fixos são adicionados ao território, em dissociação com o meio ambiente e com a produção. O capital comanda o território, e o trabalho, tornado abstrato, representa um papel indireto. Por isso as diferenças regionais passam a ser diferenças sociais e não mais naturais.

Uma autonomia relativa entre lugares é substituída por uma interdependência crescente e sobretudo a interdependência "local" entre sociedade regional e natureza, fundada em circuitos locais, é rompida por circuitos mais amplos, em mãos de poucos produtores. Tal evolução é geral, embora a superposição de nexos múltiplos, diferentes segundo os lugares, defina as diversidades regionais. Graças à propaganda, à industrialização, ao crédito e à urbanização, amplia-se o consumo ao mesmo tempo que há uma transformação mais rápida de valores de uso em valores de troca, acelerada pela especialização territorial da produção, pelo novo patamar de urbanização e pela valorização da terra. É uma fase de nova integração, mas com especialização geográfica da produção material e imaterial (Ver no encarte de mapas: Cidades com mais de 20 mil habitantes – 1960 e 1970, p. XLI e XLII; Difusão das cidades com mais de 500 mil habitantes – 1960 e 1970, p. LII e LIII; Difusão do fenômeno das cidades milionárias – 1970, p. LVI).

De um tempo lento, diferenciado segundo as regiões, passamos a um tempo rápido, um tempo hegemônico único, influenciado pelo dado internacional: os tempos do Estado e das multinacionais.

2.3.2. O meio técnico-científico-informacional com a globalização

A união entre ciência e técnica que, a partir dos anos 1970, havia transformado o território brasileiro revigora-se com os novos e portentosos recursos da informação, a partir do período da globalização e sob a égide do mercado. E o mercado, graças exatamente à ciência, à técnica e à informação, torna-se um mercado global. O território ganha novos conteúdos e impõe novos comportamentos, graças às enormes possibilidades da produção e, sobretudo, da circulação dos insumos, dos produtos, do dinheiro, das ideias e informações, das ordens e dos homens. É a irradiação do meio técnico--científico-informacional (M. Santos, 1985, 1994b, 1996) que se instala sobre o território, em áreas contínuas no Sudeste e no Sul ou constituindo manchas e pontos no resto do país.

A questão da fluidez do espaço apresenta-se agora em outros termos. Como a informação e as finanças passam a ser dados importantes, se não fundamentais, na arquitetura da vida social, o espaço total de um país, isto é, o seu território enquanto suporte da produção em todas as suas instâncias, equivale ao mercado. Desse ponto de vista distinguem-se, no país, áreas onde a informação e as finanças têm maior ou menor influência, da mesma maneira que antes a questão se colocava quanto aos produtos e à mão de obra. Embora as estatísticas por elas mesmas não o digam, definem-se agora densidades diferentes, novos usos e uma nova escassez.

CAPÍTULO 3

A constituição do meio técnico-científico-informacional e a renovação da materialidade no território

1. Introdução

Nos últimos decênios, o território conhece grandes mudanças em função de acréscimos técnicos que renovam a sua materialidade, como resultado e condição, ao mesmo tempo, dos processos econômicos e sociais em curso. Destacamos, aqui, as infraestruturas de irrigação e as barragens, os portos e aeroportos, as ferrovias, rodovias e hidrovias, as instalações ligadas à energia elétrica, refinarias e dutos, as bases materiais das telecomunicações, além de semoventes e insumos ao solo.

2. Construções, irrigação e barragens

Em meados do século XX, as transformações na escala de produção agrícola e a importância de estocá-la à espera da comercialização levaram à necessidade de construir depósitos, paióis e silos no campo. Torna-se mais nítida a predominância das regiões Sudeste e Sul, que já era marcante em 1940 com 51,44% e 37,30%, respectivamente, do total do Brasil. São Paulo, Rio Grande do Sul e Minas Gerais concentravam o maior número de construções.

A superfície irrigada com 3.121.642 hectares em 1996 multiplicou-se cerca de sete vezes, desde 1960. Outra vez, a região Sudeste é proeminente, com 25,2% das terras regadas, presentes sobretudo em São Paulo e Minas Gerais. Desde cedo, o Sul incorpora técnicas a uma agricultura que desse modo já não era inteiramente dependente dos fatores climáticos e naturais.

A construção de barragens tem possibilitado o aumento de terras irrigadas. No Nordeste, representavam 24,08% em 1996 do total nacional e eram somente 14,6% em 1970, ano em que a Bahia e o Ceará já contavam, juntos, com 34.493 hectares beneficiados, o que significava 65,4% das terras irrigadas do Nordeste. Paralelamente aos progressos da biotecnologia, à função da Embrapa e a todo um leque de manifestações da mecanização, da informatização e da quimização, as técnicas de regadio tiveram papel fundamental na transformação de áreas quase desertas em zonas de agricultura de exportação marcadas sobretudo pela presença da soja. É o caso da região Centro-Oeste (com 1,8% das terras irrigadas do país em 1970 e 8,35% em 1996) e dos cerrados baianos nas décadas de 1970 e 1980 (em 1996 a Bahia representava 6,71% do total nacional das terras irrigadas).

Quanto à construção de barragens, dois programas têm sido as suas bases organizacionais, desde os albores do século XX. Trata-se da Açudagem pública do Departamento Nacional de Obras de Contenção da Seca e da Açudagem em cooperação com agentes privados. O poder público, malgrado suas insuficiências, foi responsável pelas obras de maior porte, embora em número inferior ao das infraestruturas em cooperação. Em 1970 as obras públicas forneciam uma capacidade cerca de dez vezes maior do que as barragens mistas, e vinte anos depois essa relação era de 48 vezes. Ceará, Rio Grande do Norte, Paraíba, Pernambuco e Bahia são os estados com barragens de maior escala, seguindo-se Piauí, Minas Gerais, Alagoas e Sergipe.

3. Aeroportos e portos

Foi a partir da década de 1970 e, ainda mais, nos anos 1980 que se construíram novos aeroportos, como os internacionais de Guarulhos, em São

Paulo, e Tancredo Neves em Belo Horizonte. O critério de classificação da Infraero leva em consideração a infraestrutura física (medidas das pistas, dos pátios e dos terminais de passageiros e de cargas), a chamada infraestrutura operacional (Instrument Landing System — ILS, Sistema Informativo de Uso — SIU e emergência médica) e a estrutura administrativa. Conforme esses critérios, a região Sudeste possui os dois únicos aeroportos especiais, Guarulhos, em São Paulo, e Galeão, no Rio de Janeiro, e, além desses, a maior concentração de aeroportos da hierarquia consecutiva, os aeroportos internacionais Tancredo Neves e Viracopos e o aeroporto de Congonhas (São Paulo) (categoria 1), e os aeroportos de Belo Horizonte, Santos Dumont (Rio de Janeiro), Macaé, Jacarepaguá e São José dos Campos (categoria 2). São as regiões Sul, Nordeste e Norte que possuem o maior número de aeroportos da menor classificação (categoria 4) (Ver no encarte de mapas: Sistemas de engenharia, p. I).

Nesse processo de construção de aeroportos, é importante destacar também os administrados por órgãos estaduais e municipais. Dentre os primeiros foram implantados, na Bahia, 22 aeroportos entre 1949 e 1970 e mais sete na década de 1980; no Rio Grande do Sul, sete entre 1949 e 1953; e em São Paulo, 27. A esses dados devem acrescentar-se os municipais: oito na região Norte, nove no Nordeste, 16 no Sudeste, 44 no Sul e seis no Centro-Oeste. Essa concentração no Sul e no Sudeste vincula-se, de um lado, ao desenvolvimento de uma agricultura moderna, que exige deslocamentos rápidos, controles aéreos da safra, aplicação de pesticidas e, de outro, ao crescimento industrial em geral e da agroindústria em particular. Esses objetos acabam por conferir valor às atividades que deles se utilizam, como subespaços de superposição de redes — que incluem redes principais e redes afluentes ou tributárias —, verdadeiras constelações de pontos interligados. Se a primeira metade do século XX foi a época da expansão ferroviária, a partir dos anos 1950 o rearranjo da configuração territorial é, em grande parte, devido à expansão rodoviária e ao desenvolvimento do transporte aéreo, que criam modalidades de nova qualidade.

Despontam paralelamente nas grandes cidades as empresas destinadas ao transporte de passageiros mediante helicópteros. Assim, São Paulo e Rio de Janeiro veem seus centros financeiros e empresariais e, também, certos hotéis de luxo e bairros de alta renda povoar-se de heliportos. Em 1997 a frota brasileira alcançava 560 helicópteros, dos quais cerca de duzentos operavam no Campo de Marte e em mais de 60 heliportos da capital paulista.[1] São sobretudo as grandes corporações, as empresas de táxi aéreo, como a Civil Air e a LRC, e os serviços médicos das firmas Unimed, Amil e Unicor, que se utilizam desses aparelhos. Dentro da mesma aglomeração, cria-se um circuito de transporte privilegiado e o tempo social conhece uma nova escala, superposta às já existentes. Enquanto a maioria da população é quase imóvel, alguns privilegiados se tornam ainda mais fluidos. Às preocupações com a segurança dos altos executivos somam-se as dificuldades da circulação de automóvel, em ruas e avenidas engarrafadas.

Como consequência dos imperativos de escoamento de produtos e da difusão no território dos produtos importados, 14 novos portos iniciam suas operações. A exportação de soja, milho e minério de ferro a granel e produtos industrializados, assim como a importação de trigo e petróleo a granel, conduziu à construção de terminais especializados dentro dos portos. O desenvolvimento das telecomunicações amplia, outrossim, as possibilidades da navegação, aumentando a necessidade de infraestruturas portuárias.

É o poder público que comanda em grande parte esse processo de modernização, por intermédio do Ministério dos Transportes, criando, já em 1964, a Comissão Especial para Coordenação dos Serviços Portuários de Santos (Coseps). Buscava-se sobretudo a fluidez da circulação e a redução dos custos de operação. Na segunda metade da década de 1960, Santos ganha infraestruturas especializadas, configurando um sistema de portos. Nesse processo, é de salientar a participação da Companhia Siderúrgica Paulista (Cosipa), responsável pelos movimentos de ferro, carvão e produtos siderúrgicos.

Mais tarde, a metamorfose de um campo tecnificado da cafeicultura em um campo cientificizado, globalizado e orientado, sobretudo, para a

---

1. Em São Paulo há heliportos em bairros como Alphaville e Tamboré, em hotéis como o Meliá, em bancos como o Real da Avenida Paulista e o Banespa do centro antigo da cidade, no Palácio dos Bandeirantes etc.

produção de cítricos e cana-de-açúcar aumenta as importações de insumos e as necessidades de uma exportação fluida no estado de São Paulo. Paralelamente, uma avultada vaga imigratória e a crescente urbanização da população multiplicam as demandas de alimentos. Esses fatores concorrem para que, em meados da década de 1970, Santos, principal porto de exportação de café no início e em meados do século, seja reequipado com silos e descarregadores de trigo, um terminal de fertilizantes (Conceiçãozinha), o reaparelhamento do cais de Saboo para carga e descarga de granéis sólidos, a construção do terminal de Alemoa para granéis líquidos, um terminal de grãos na Ponta de Praia e armazéns (M. Vargas, 1994b). Um maior número de objetos, bem mais especializados, é implantado para cumprir eficientemente as diversas funções. Em meados da década de 1990, inovações técnicas concorrem para garantir a fluidez dos intercâmbios. A informatização do controle aduaneiro das cargas desembarcadas e destinadas aos terminais retroportuários alfandegados aperfeiçoa a fiscalização sobre os fluxos e elimina viscosidades burocráticas.

Implantam-se portos fluviais, como o de Macapá (Amapá), assegurando a saída de matérias-primas e insumos e o ingresso dos produtos em regiões cuja densidade rodoviária ainda é muito baixa ou em áreas onde o transporte fluvial vem substituir uma estrada de ferro vagarosa, já envelhecida.[2] Construíram-se também portos especializados em minérios: Icoms, no Amapá, para manganês, e o da Siderurgia do Amazonas (Siderama), no rio Negro, para ferro. O porto de Vila do Conde, construído em 1985, veio aprimorar um moderno sistema de engenharia constituído pelo complexo industrial da Albrás/Alunorte (M. A. A. Lobo, 1996) e pelo complexo rodoviário e portuário para a exportação do alumínio. Por outro lado, novas funções são destinadas a velhos portos: em Recife cria-se um terminal automatizado para escoar açúcar, enquanto Areia Branca ganha infraestruturas para exportar sal. Os portos do estado do Espírito Santo, além de escoar as produções locais, complementam a função do Rio de Janeiro ao constituir

---

2. É o caso de Porto Velho, cuja construção, iniciada em 1973, visava a substituir as antigas rampas implantadas pela Estrada de Ferro Madeira–Mamoré na década de 1920.

um corredor a serviço de Minas Gerais. É nos anos 1970 que a Companhia Vale do Rio Doce implanta o porto de Tubarão, especializado em minérios, e em Vitória, as infraestruturas necessárias ao carvão. Outro porto do sistema Vitória foi construído pela Usiminas para minério e carvão, enquanto Sepetiba destinou-se ao escoamento do minério de ferro de Minas Gerais.

Se os portos da região Sul, como Imbituba e Charqueadas, foram criados, no início do século XX, para o escoamento do carvão das minas próximas ao rio Jacuí, os portos mais modernos respondem aos desígnios das novas hierarquias mundiais de produção e consumo. Assim, Estrela, localizado numa área de alta densidade técnica, em razão da existência de ferrovias, estradas e portos, destina-se à exportação de trigo e soja. Na região Centro-Oeste, um porto fluvial como Cáceres, historicamente ligado ao escoamento do arroz, milho e madeira de Mato Grosso e ao desembarque de cimento e derivados do petróleo, foi recentemente reequipado para o escoamento de soja, que corresponde a 90% do total movimentado. Já em Ladário são embarcados minério de ferro e manganês.

O desenvolvimento da produção petrolífera acabou por criar uma rede comandada pela empresa Petrobras. Terminais de função exclusiva povoaram os portos de Carmópolis (Paraná), Madre de Deus (baía de Todos os Santos), Almirante Tamandaré (baía de Guanabara), Almirante Barroso (São Sebastião), Almirante Soares Dutra (Tramandaí, Rio Grande do Sul), São Francisco do Sul (Santa Catarina), Tebig (baía de Ilha Grande), Ilhéus, Cabo Frio, Tubarão e Paranaguá (M. Vargas, 1994b, p. 80).

Segundo a qualificação dos equipamentos portuários, a sua função e o ano de início de operações, podemos diferenciar portos monofuncionais e polifuncionais. Em geral, diríamos que os portos da região Norte de idade recente aparecem com funções precisas e uma limitada quantidade de objetos técnicos. Assim, eles possuem não mais que dois tipos de construções de estocagem: armazéns (Macapá), armazém e frigorífico (Porto Velho), armazéns e tanques de combustível (Santarém). Os portos polifuncionais concentram três ou mais construções de estocagem, e sua datação nos indica que correspondem a um mosaico de funções de idades superpostas. Eis o exemplo de Belém, na região Norte, que opera desde 1909 e concentra armazéns, silos para cereal e tanques para combustível. São sobretudo os portos das regiões Sudeste e Sul, mas também do Nordeste, construídos em começos do século XX, que revelam uma justaposição histórica de funções, materializada em um leque maior de equipamentos (armazéns, silos para cereais, tanques para combustível, frigoríficos). Alguns exemplos são Natal, Cabedelo, Maceió, Recife, Vitória, Rio Grande, Porto Alegre, Santos, Paranaguá.

Em alguns casos, o sistema de portos ganha uma clara especialização. Veja-se o exemplo do porto de Suape, implantado em 1986 para operar produtos combustíveis e cereais a granel, em substituição ao porto de Recife. Em outras situações, autorizou-se a construção de terminais de uso privativo, como os da Usina Siderúrgica da Bahia S. A. (Usiba), na Ponta da Sapoca, na baía de Todos os Santos, em 1975. Essa implantação de terminais portuários de função específica é outro dado do período. Itajaí é um porto especializado na exportação de congelados. São Francisco do Sul, vinculado a ferrovias e estradas, também está preparado para acolher cargas que demandam frigoríficos. Paranaguá acrescenta ao seu terminal graneleiro, principal função atual, um terminal de veículos e contêineres destinado às montadoras recentemente instaladas no estado, entre elas a Volkswagen. O porto privatizado do Rio Grande do Sul, cuja especialização é a exportação de grãos e calçados e a importação de adubos e outros insumos agrícolas, ganha um novo papel com a construção de um terminal preparado para os novos fluxos de autopeças e automóveis vinculados à instalação da General Motors e da Ford no estado. Como essas empresas recebem peças, mas também, e sobretudo, veículos acabados de diversos países, seus terminais portuários exigem a construção de pátios de estacionamento adjacentes, que oscilam entre 30 mil e 180 mil metros quadrados. A Ford, por exemplo, iria beneficiar-se duplamente: construindo para seu próprio uso esses pátios que, considerados melhoras para o porto, lhe redundariam em abatimentos na tarifa portuária. Mas esse alto consumo de superfícies aumenta o tamanho dos portos e seus custos e, ao mesmo tempo, os torna altamente monofuncionais. O sistema de engenharia é reorganizado em função dessas grandes empresas, que escolhem localizações de modo a contar com portos quase privativos, ao mesmo tempo que obtêm benefícios fiscais e lucram com o aumento da circulação material e imaterial entre suas filiais mundiais. O custo para o país como um todo é grande, mas o benefício é monopolizado por umas poucas empresas. Não será esse, do ponto de vista social, o caso de uma produção e uma circulação "desnecessárias"?

4. Ferrovias, rodovias, hidrovias

Com desenhos mais ou menos retilíneos interior-litoral nos estados nordestinos do Maranhão, Ceará, Rio Grande do Norte, Paraíba, Pernambuco, Alagoas, Sergipe e Bahia, algumas ferrovias se complementam com trechos que, mais ou menos paralelos à costa marítima, unem as cidades-sede de funções portuárias, políticas e econômicas. A exploração e o rápido escoamento de minérios no Norte e no Nordeste exigiram sistemas de engenharia eficientes e especializados, ligando os portos regionais com a ferrovia do Amapá, construída na década de 1970 e destinada ao transporte de manganês, com a Estrada de Ferro Carajás (889,34 quilômetros), em funcionamento desde 1985, que liga a mina de Carajás, no Pará, ao porto de Itaqui, em São Luís do Maranhão (Maria Célia Nunes Coelho, 1997, p. 51), e à Ferrovia do Aço (J. R. Katinsky, 1994). Já, Aziz Ab'Sáber (1987; 1996, p. 102) alertava sobre a devastação associada à construção dessa ferrovia e sobre os processos de exploração predatória da madeira e de especulação fundiária.

Por outro lado, no Sudeste e no Sul o desenho é predominantemente concêntrico e conflui nos portos de Vitória, Rio de Janeiro, Niterói, Angra dos Reis, Santos, Paranaguá, São Francisco do Sul, Porto Alegre e Rio Grande. Salientam-se as ferrovias Minas–Vitória e Central do Brasil, especializadas no transporte de ferro para o porto de Sepetiba.[3] Esse sistema de engenharia ganha uma nova camada técnico-geográfica na década de

3. Esse porto foi instalado em 1973 para atender principalmente o complexo industrial de Santa Cruz (RJ).

1960, quando da construção dos portos fluviais de Panorama e Presidente Epitácio, no rio Paraná. Procurava-se aumentar o *hinterland* portuário e a aceleração do transporte via estradas de ferro.

Destarte, as estradas de ferro, até então sem integração na maior parte do país, passam a ser interligadas graças a novos trechos, mas sobretudo às novas solidariedades com uma malha rodoviária em expansão, uma vez que a extensão da rede ferroviária, em 1992, havia caído para 30.282 quilômetros. Esse retrocesso é dado, notadamente, pela desativação de vários ramais da região Sudeste, vinculada, em grande parte, às políticas de fomento do sistema rodoviário e aos interesses do negócio petroleiro. Dois grandes projetos acabaram por não ser concretizados. O mais antigo referia-se à construção da "ferrovia da soja", que iria unir o oeste paranaense ao porto de Paranaguá, abrangendo assim a área de produção agrícola do Paraná e de Mato Grosso do Sul.[4] A Estrada de Ferro Curitiba–Paranaguá, de 110 quilômetros, desativada durante algum tempo, foi privatizada em 1997 e agora é explorada turisticamente. O segundo, nascido em fins dos anos 1980 e de iniciativa particular, era o da Ferrovia Leste–Oeste, que ligaria Cuiabá a Santa Fé do Sul (SP) e, mais tarde, Cuiabá a Porto Velho e Santarém. Seu objetivo era o escoamento das safras de arroz, milho e soja. Apesar dessas situações, e graças à construção de estradas, a integração do território torna-se agora um dado do período.

A ferrovia da região Sul, cujo concessionário é a empresa Ferrovia Sul Atlântico, com 6.300 quilômetros, destina-se ao transporte de grãos, derivados de soja, fertilizantes e outros insumos agrícolas, óleo diesel, areia e cimento. É utilizada por empresas agroalimentares, como a Moinho Brasil, de Encantado, no Rio Grande do Sul, para importar trigo argentino, e a Perdigão, para o transporte de congelados de Herval d'Oeste e Videira para o porto de São Francisco do Sul e para o seu provimento em milho. Responsável pelo transporte de carvão de Criciúma a Imbituba, a Estrada

---

4. Pretendia-se exportar a soja com menores custos de transporte e, ao mesmo tempo, solucionar os problemas de congestionamento da rede rodoviária regional. Esse projeto data de 1979. Hoje, a Ferroeste S. A., empresa estatal do Paraná, pretende construir esses 176 quilômetros de ferrovia.

de Ferro Teresa Cristina é hoje comandada pelo concessionário Montagem de Projetos Especiais e abastece o complexo termelétrico de Jorge Lacerda (Capivari de Baixo), de propriedade da Gerasul. Mas, além dessa função, busca-se atender o nascente polo cerâmico catarinense. No Paraná, duas linhas sobressaem. A Ferroeste, que une Guarapuava a Cascavel e é administrada pelo consórcio Ferropar S. A., e o trecho Guarapuava–Paranaguá, que foi dado em concessão à Ferrovia Sul Atlântico.

Nas áreas metropolitanas, os trens urbanos eletrificados foram construídos a partir de 1970 e, sobretudo, de 1985. O deslocamento de uma mão de obra é indispensável ao processo de industrialização e também a um leque de terciários qualificados e banais. A vida metropolitana ganha, assim, novas relações e velocidades.

A trama dos sistemas de engenharia perfaz-se com a construção de rodovias modernas. Se outrora havia a necessidade de implantar sistemas de objetos que assegurassem a produção e, por conseguinte, seu escoamento para o estrangeiro, hoje os sistemas de engenharia devem garantir primeiro a circulação fluida dos produtos, para possibilitar a produção em escala comercial. É a circulação, em sentido amplo, que viabiliza a criação e a continuidade das áreas de produção. Mas a densificação da malha rodoviária responde outrossim a uma demanda de rápido deslocamento no território nacional, criada pela unificação dos mercados, que se acompanha de maior abrangência de ação das firmas. Estas desenham suas novas topologias fundadas em suportes territoriais como estradas, ferrovias, hidrovias, portos e aeroportos, não apenas de uso público mas também graças à construção dos seus próprios nós materiais.

No passado, o litoral e as grandes bacias fluviais eram as vias francas onde, em pontos adequados e em função de suas virtualidades, podiam localizar-se certas atividades econômicas dependentes de um comércio longínquo. Em nossos dias, e para atender as exigências dos tempos modernos, o país é cortado por estradas de rodagem grandes e bem construídas, de interesse nacional e internacional, mais do que regional e local. É o caso também das rodovias ligadas aos países vizinhos, voltadas ao desenvolvimento da integração comercial. Veja-se o exemplo da estrada de rodagem que une o Brasil à Venezuela e das que estão vinculadas ao desenvolvimento do Mercosul.

Os vastos espaços que tais rodovias irrigam se diferenciam, entre outras razões, pela carga de capital constante, fixo, deliberadamente instituído neste ou naquele ponto e que faz do lugar assim privilegiado um espaço produtivo. Desse modo as virtualidades do lugar são criadas artificialmente, e torna-se possível utilizar, em terras longínquas e com fins produtivos, pontos afastados uns dos outros e distanciados também dos centros de consumo intermediário ou final.

Na segunda metade do século XX, a construção de diversas infraestruturas de circulação contribui para ligar as diversas regiões entre si e com a Região Concentrada do país. É assim que a extensão da rede rodoviária brasileira passa de 302.147 quilômetros em 1952 para 1.657.769 quilômetros em 1995, sendo seu maior crescimento na década de 1970. Todavia, somente 8,94% da rede rodoviária nacional são pavimentados, correspondendo sobretudo às regiões Sudeste, Nordeste e Sul. A pavimentação dos principais eixos rodoviários, Rio de Janeiro–São Paulo, Rio de Janeiro–Bahia, Belo Horizonte–São Paulo, São Paulo–Curitiba–Porto Alegre, não se concretizou senão entre as décadas de 1950 e 1970. É também o momento da pavimentação dos eixos que unem Brasília a São Paulo, Belo Horizonte a Belém, e da entrada em cena de grandes pedaços de Mato Grosso, Mato Grosso do Sul e Goiás ao serviço de uma agricultura cientificizada. A rede rodoviária de Mato Grosso, por exemplo, cresceu de 38.861 quilômetros em 1981 para 82.004 quilômetros em 1991, permanecendo depois praticamente estagnada.

No entanto, a rede nacional de estradas de rodagem apresenta densidades diversas. As regiões Sul e Sudeste despontam como o espaço de maior espessura de caminhos por unidade de superfície, com 814,9 e 585,8 quilômetros de estradas por 1.000 quilômetros quadrados, respectivamente, em 1995. O Nordeste, muito mais longe, apresenta 255, e o Centro-Oeste, 187,6. A região Norte, com uma alta rarefação, expressa em 37,7 quilômetros de rodovias por 1.000 quilômetros quadrados, indica, por um lado, uma vida de relações mais restrita, mas por outro evidencia o uso de outros meios de deslocamento: barcaças, navios e, em alguns casos, ferrovias, como a mencionada Carajás. Contudo, o projeto de integração nacional e regional, que buscava atingir as regiões mais isoladas, levou à construção, em meados da década de 1970, das rodovias Transamazônica, Cuiabá–Santarém e Cuiabá–Porto Velho (veja-se o trabalho de Marcos Xavier neste livro) (Ver no encarte de mapas: Extensão da rede rodoviária por 1.000 km², p. II).

Mais recentemente, os sistemas de engenharia da região Norte ganham complexidade a partir da especialização das hidrovias. É o caso da Hidrovia Madeira–Amazonas, que une os 1.115 quilômetros que separam Porto Velho das imediações de Manaus. Trata-se de um sistema de engenharia que inclui estradas, hidrovias e portos especializados. Os caminhões transportam a soja produzida em Mato Grosso e Rondônia por uma estrada de terra e, depois, por uma estrada pavimentada; em Porto Velho a carga é depositada em barcaças que transitam pela hidrovia e, nos terminais graneleiros do porto de Itacoatiara, em navios de grande calado que navegam pelo rio Amazonas até o Atlântico. A produção de soja do Acre e do Amazonas também é escoada por essa hidrovia.[5]

Nas regiões Sudeste e Sul existem também hidrovias que permitem escoar as produções interioranas e desembarcar, a fretes mais reduzidos, os materiais necessários a um projeto de ocupação e modernização territorial. O rio Tietê é um exemplo. Os progressos técnicos na construção de barcaças e navios, o equipamento de portos e terminais especializados e as reformas normativas que vieram garantir às empresas particulares direitos de circulação e exploração do transporte fluvial convergiram para intensificar o uso e artificializar ainda mais esses pedaços do território. As solidariedades entre um conhecimento relativamente estático do território, fundado na teledetecção, e um conhecimento mais dinâmico, baseado nas telecomunicações, permitem contar com retratos dos rios que indicam as possibilidades e limitações da navegação a partir das técnicas atuais, assim como acompanhar o itinerário das embarcações. Esse é o contexto da criação do porto de Pirapora, em Minas Gerais. Seu objetivo principal

5. Até 1996 essa produção era transportada por terra, ao longo de mais de 2.500 quilômetros, para ser exportada pelos portos de Santos e Paranaguá.

é movimentar granéis sólidos, principalmente o desembarque de gipsita do Nordeste e o embarque de matérias-primas de Minas Gerais e Goiás, transportadas por rodovias e pelas hidrovias de São Francisco e Tocantins.

Os condicionadores da navegabilidade nas cheias fazem com que uma região como a Amazônia permaneça, ainda hoje, submetida a alguns dados da natureza. Fundamentos materiais do seu espaço de fluxos, essas características climáticas e hidrológicas, num certo contexto de desenvolvimento técnico, impõem um ritmo, uma velocidade e uma escala à vida na região, onde o recuo da natureza ainda está, poder-se-ia dizer, em processo de realização. No Centro-Oeste e no Sul haveria, embora menos acentuada, uma relação entre cheias e navegabilidade. Todavia o peso desse dado nos sistemas de engenharia não é tão marcante, uma vez que as densidades das outras vias de circulação são consideravelmente superiores. E assim as acelerações decorrem de um meio com alto conteúdo de artifício.

Do porto de Cáceres, em Mato Grosso do Sul, até o porto de Nueva Palmira, no Uruguai, estende-se a chamada Hidrovia do Mercosul. Passando por Assunção, a hidrovia tem uma extensão de 3.442 quilômetros e sua função é transportar minério de ferro, manganês e soja a jusante e petróleo, trigo e mercadorias em geral a montante.[6]

Quanto à densidade de rodovias pavimentadas (calculada sobre 1.000 quilômetros quadrados), a Região Concentrada salienta-se, de novo, com densidades por estado que variam de 31,37 para Minas Gerais a 101,94 para São Paulo e 118,11 para o Rio de Janeiro em 1995. São os polos da rede rodoviária. Na outra extremidade, encontra-se o estado do Amazonas, onde a densidade corresponde a 0,87 quilômetro de rodovias pavimentadas para 1.000 quilômetros quadrados em 1995. A preocupação essencial, em anos recentes, foi a de asfaltar os grandes eixos que servem sobretudo às

6. Transportam-se soja e farinha de portos bolivianos, soja dos portos de Cáceres e Ladário, minério de ferro e manganês de Corumbá com destino a Barranqueras, San Nicolás, Villa Constitución (Argentina) e Nueva Palmira (Uruguai), soja de portos paraguaios, petróleo cru e derivados para Argentina, Paraguai e Bolívia, trigo e gesso argentino, mercadorias em geral, azeite vegetal, madeiras e maquinários.

relações interestaduais e às exportações (Ver no encarte de mapas: Extensão da rede rodoviária pavimentada por 1.000 km², p. III).

É sobretudo na Região Concentrada que encontramos rodovias federais e estaduais duplicadas, testemunhas do peso dos fluxos nessa área de alta divisão do trabalho e de comando das atividades regionais e nacionais. São os eixos São Paulo–Rio de Janeiro, com ramificações para Juiz de Fora, em Minas Gerais, e Manilha, no Rio de Janeiro, e as vias de penetração nas áreas paulistas de agricultura moderna e de desconcentração industrial: São Paulo–Campinas–Limeira–Itirapina–Araraquara–Matão–São José do Rio Preto, Campinas–Mogi Mirim, Limeira–Ribeirão Preto, Bebedouro–Barretos, Ribeirão Preto–Igarapava, São Paulo–Boituva–imediações de Bauru. Há, todavia, alguns projetos de duplicação de estradas em outras áreas do país, como a da BR-101 na região Sul.

O ritmo de construção de rodovias desenvolvido pela União foi acompanhado e mesmo ultrapassado, durante os anos 1960 e 1970, pelas políticas públicas do estado de São Paulo. Vários governos estaduais deram sua contribuição para a difusão de rodovias de boa qualidade. As densidades de estradas de rodagem para cada mil habitantes mostravam, em 1995, a região Centro-Oeste com 21,42, seguida da região Sul (19,58), da região Nordeste (8,86), da região Norte (8,54) e da região Sudeste (7,15). Quanto às densidades de rodovias pavimentadas, é a região Norte que apresenta os menores valores (Ver no encarte de mapas: Extensão da rede rodoviária por 1.000 habitantes, p. IV; Extensão da rede rodoviária pavimentada por 1.000 habitantes, p. V).

No intuito de vincular as áreas de agricultura e pecuária modernas e as agroindústrias aos centros de consumo nacional e às vias de exportação, uma trama espessa de caminhos vicinais espalha-se nos estados do Sudeste, notadamente em São Paulo e Minas Gerais. Essa região participa com 33,19% na extensão da rede rodoviária municipal, enquanto cabem ao Nordeste 26%, e ao Norte, 4%. O estado da Bahia, com 99.606 quilômetros de caminhos municipais, reúne cerca de 30,54% do total regional do Nordeste, resultado, talvez, da grande extensão territorial e do antigo povoamento. Mas é sobretudo o governo federal que constrói e administra a rede rodoviária no Norte e no Nordeste, cuja extensão ultrapassa a da rede federal do Sul e do Centro-Oeste.

Uma alta densidade de rodovias municipais no estado de São Paulo vincula-se, de um lado, a áreas agrícolas, como em São José do Rio Preto, Barretos, Marília e Franca, e, de outro, a áreas de alto desenvolvimento industrial, como Campinas e São José dos Campos. Área de uma urbanização mais intensa, o Sudeste revela-se também a porção do território nacional onde a financeirização, o consumo e a circulação dos homens e das empresas são mais significativos.

No estado de São Paulo, o constante aprimoramento da rede vicinal de estradas acaba por fortalecer, em certos casos, as tendências à concentração urbana. Wilson Santos (1989, p. 4) explica como "a circulação e o transporte moderno levam a produção primária diretamente aos grandes centros" e as exigências do campo moderno nem sempre encontram respostas nas cidadezinhas, esvaziando os pequenos municípios em favor das áreas de maior urbanização.

5. Energia elétrica

A difusão da energia elétrica no território nacional leva, num primeiro momento, à construção de sistemas técnicos independentes, chamados a atender às necessidades locais. Mais tarde, a ocupação e a urbanização do território, o processo de industrialização, o aperfeiçoamento das técnicas de geração e transmissão e a organização centralizada do setor em torno da Eletrobras[7] convergem para interligar boa parte dos sistemas isolados. Essa vocação para a unificação decorre também de uma tendência à unicidade das técnicas no período contemporâneo (M. Santos, 1996). Graças à difusão de objetos e formas de fazer análogos, torna-se possível comunicar as linhas por meio de interfaces e subestações de conversão. Constituem-se, portanto, dois grandes subsistemas no território nacional: Norte/Nordeste e Sul/Sudeste/Centro-Oeste. O primeiro iniciou-se com a Usina Paulo Afonso em 1955, atingindo

---

7. A Eletrobras foi criada em abril de 1961 sob a organização de uma autarquia, na qual coexistem empresas geradoras e distribuidoras e empresas somente distribuidoras.

Salvador, Recife e Fortaleza em 1966. Em 1981 entra em operação a linha de transmissão que une Sobradinho, Imperatriz, Tucuruí, Vila do Conde e Belém, e em 1984 começa a funcionar a Usina Tucuruí. O segundo subsistema, mais denso, foi interligado a partir de 1963, com a Usina de Furnas no Rio Grande e a interconexão do Rio de Janeiro, São Paulo e Minas Gerais. Verifica-se, assim, uma expansão das linhas de transmissão no Brasil, passando de 4.513,3 quilômetros em 1955 para 159.291,6 quilômetros em 1995.

Nesse quadro, a região Sudeste apresenta, em 1995, 50,35% do total das linhas de transmissão em operação (80.170,9 quilômetros) e 55,49% do total nacional da capacidade instalada das subestações. A participação regional no total da energia consumida equivale a 60,5% nesse mesmo ano. Em relação aos usos da energia elétrica, os dados de 1992 apontavam que 57,5% do consumo residencial, 61% do consumo comercial, 62,7% do consumo industrial e 41,8% do consumo rural do país concentravam-se na região Sudeste.

Permanecem, todavia, alguns sistemas isolados que vêm satisfazer o consumo energético de 310 localidades, sobretudo na região Norte e em Mato Grosso (P. C. Peiter, 1994, p. 139). Pequenas hidrelétricas abastecem Porto Velho e Manaus, enquanto o resto das demandas regionais é atendido por geração termelétrica à base de óleo diesel e óleo combustível.

As primeiras famílias de técnicas destinadas à produção de energia possibilitaram um leque de funções de escala regional e desse modo contribuíram para criar uma organização solidária nos lugares. Mais tarde, os grandes sistemas técnicos, apresentados frequentemente como projetos de uso múltiplo, são chamados a cumprir funções específicas, impondo uma rigidez ao uso do território. Esses objetos modernos, em cujo seio se identificam intencionalidades mundiais e nacionais, tornam-se incapazes de criar uma confluência entre essas racionalidades e as autênticas necessidades regionais. Sua rigidez não permite destiná-los a outros usos, sob o risco de comprometer a eficiência das funções principais (M. L. Silveira, 1996, 1999b).

Preparados para cumprir somente a função para a qual foram planejados, os objetos técnicos atuais são dotados de hipertelia, termo devido a G. Simondon (1958, 1989) para significar excesso de finalidade. O mesmo poderia ser dito dos Grandes Projetos de Usos Múltiplos, que, como assinalam Carlos Vainer e Frederico de Araújo (1992, p. 47), respondem a uma lógica setorial, na qual o que se impõe é o uso prioritário. É o exemplo do complexo de Tucuruí, destinado a produzir energia abundante e barata para as grandes fábricas de alumínio do Pará e do Maranhão, onde as eclusas que iriam viabilizar a navegação não foram construídas (C. Vainer e F. de Araújo, 1992, p. 81).

Reunindo o mais completo equipamento em subestações e a maior densidade de linhas de alta-tensão, o Sudeste comanda as interconexões e participa ativamente da unificação do sistema técnico. Tal como assevera Dominique Foray (1992, pp. 65-66), o processo de difusão de uma técnica suscita a difusão de técnicas afluentes que aumentam o seu desempenho, e esse é o fator essencial da concentração temporal das inovações. São os estados da Bahia, Minas Gerais, São Paulo, Paraná e Maranhão que abrigam a maior extensão das redes troncais do sistema (500 quilovolts), enquanto Bahia, Minas Gerais, Rio de Janeiro, São Paulo e Paraná concentram a maior capacidade instalada das subestações. São Paulo detém a primazia, agrupando as infraestruturas específicas da circulação da energia produzida, isto é, estações abaixadoras, subestações de distribuição, elevadoras-usinas, elevadoras-abaixadoras, subestações de manobra, inversoras e conversoras. Veja-se o exemplo das subestações de distribuição: com 863 unidades, esse estado representa 46,17 % do total da União.

A forte demanda energética no Sudeste e no Sul, causada por uma industrialização acelerada, e ao mesmo tempo a chegada invasora dos modelos globais de aproveitamento hidrelétrico e a crise do petróleo nos anos 1970 foram decisivos para assegurar o processo de substituição da energia térmica pela hidreletricidade.[8] Os macrossistemas técnicos que possibilitam a produção hidrelétrica em grande escala implantam-se primeiro no Sudeste, onde a capacidade instalada aumenta de 1.427.083 quilowatts em 1950 para 22.042 milhões de quilowatts em 1992 e, por último, na região Norte. O complexo

---

8. Na década de 1920, a geração hidráulica de energia (turbinas e rodas-d'água) já era majoritária nos estados do Rio de Janeiro, São Paulo, Minas Gerais, Bahia, Goiás, Mato Grosso, Santa Catarina e Espírito Santo. Nos demais estados, a eletricidade era produzida, na sua maior parte, por geradores térmicos (máquinas a vapor e combustão interna). O estado de Minas Gerais foi precursor na instalação de usinas hidrelétricas.

binacional Itaipu contribui com 5,98% da capacidade nacional instalada das subestações e alimenta as regiões Sul e Sudeste. A dependência da geração hidrelétrica é hoje relevante, uma vez que esse tipo de energia abastece 96% do consumo nacional. Françoise Conac (1992, p. 981) aponta que 85% das 36.327 hidrelétricas do mundo foram construídas nos últimos 35 anos.

Ainda nos anos 1970, a difusão da eletrificação rural era embrionária, pois atingia somente 0,38% dos estabelecimentos. Eram 18.701 estabelecimentos rurais com eletricidade, dos quais 88,49% correspondiam às regiões Sul e Sudeste. A expansão dessa técnica espera cerca de 15 anos (17,4% do total de estabelecimentos rurais do país tinham energia elétrica em 1985), com a liderança do Sul e do Sudeste, enquanto o Nordeste é ultrapassado pelas novas frentes agrícolas do Centro-Oeste. Já em 1995 observam-se os efeitos de um esforço de equipamento em áreas agrícolas e pecuárias de São Paulo, Bahia, Mato Grosso e Minas Gerais, que, juntos, reúnem 63,27% do total do Brasil. Mas, diante dos limites das infraestruturas existentes, inicia-se, de um lado, a renovação dos geradores nas usinas e, de outro, a importação de mil megawatts da Argentina, o equivalente a 5% do consumo no Sudeste, no Sul e no Centro-Oeste. O sistema técnico integra-se além das fronteiras, apoiado nas possibilidades de interconexões materiais e na semelhança das políticas nacionais.

Graças às novas bases materiais, o sistema elétrico nacional torna-se progressivamente integrado, e ao mesmo tempo o seu comando político e uma parcela do seu comando técnico separam-se dos lugares aptos para a produção. Essa desterritorialização dos comandos opõe-se às necessidades das populações regionais, circunscritas ao uso local do território e alheias aos imperativos de funcionamento dos grandes sistemas técnicos.

6. Refinarias e dutos

A configuração do equipamento petrolífero brasileiro revela claramente, nas suas camadas técnicas e nas suas localizações, as especificidades da sua política para o setor. Nas regiões Sul e Sudeste do país, e com predomínio de localizações litorâneas, as refinarias foram construídas, em grande parte, para realizar o processamento final de um petróleo que era importado da Venezuela e do Peru, da União Soviética e dos países árabes. Definida durante o governo Vargas, essa política visava a diminuir a importação de produtos acabados derivados do petróleo, num país que praticamente não havia descoberto reservas no seu território. Daí que, tendo precedido à exploração, as refinarias se localizem longe das áreas hoje em produção. No entanto, as refinarias construídas após a década de 1960, uma vez descobertas várias das jazidas do litoral entre Maranhão e Rio de Janeiro, imitaram o antigo padrão, pois preferiram a proximidade do *core* industrial do país. O refinamento antecedeu à exploração.

É a partir da década de 1950 que se desenha a rede de oleodutos no território. Entre 1951 e 1970, 19 foram construídos no país, dos quais 11 em São Paulo (oito deles partindo da refinaria de Cubatão) e quatro em Sergipe, dois na Bahia e um no Rio Grande do Sul. A partir de 1970 implantaram-se 58 oleodutos, dos quais 21 (36,2% do total) percorrem exclusivamente o estado de São Paulo a partir das suas quatro refinarias (Paulínia, São José dos Campos, Cubatão e Capuava) localizadas em área industrial. Seguem-se, em ordem de importância, o estado do Rio de Janeiro, onde nove dutos circundam a bacia mais rica do país, e a Bahia, que conta com sete oleodutos.

A rede de gasodutos, construída sobretudo a partir de 1970, concentra-se nas regiões Nordeste e Sudeste. Dos 86 dutos que a compõem, 64 correspondem à primeira, e 22, à segunda. O estado da Bahia possui 32 gasodutos inteiramente no seu território, correspondendo a 37,2% do total nacional (Ver no encarte de mapas: Sistemas de engenharia, p. I).

Finalmente, como parte do sistema de engenharia necessário à mineração, os estados de Minas Gerais e Goiás contam com dois minerodutos.

7. Bases materiais das telecomunicações

A revolução das telecomunicações, iniciada no Brasil dos anos 1970, foi um marco no processo de reticulação do território. Novos recortes espaciais, estruturados a partir de forças centrípetas e centrífugas, decorriam de uma nova ordem, de uma divisão territorial do trabalho em processo de realização. Do telégrafo ao telefone e ao telex, do fax e do computador ao satélite, à fibra óptica e à Internet, o desenvolvimento das telecomunicações participou vigorosamente do jogo entre separação material das atividades e unificação organizacional dos comandos.

As redes acabam sendo unitárias, mas são formadas por pedaços com características diversas, instalados em diversos momentos, diferentemente datados. No território, cada substituição se opera na hora adequada, quando o movimento social exige uma mudança técnica (M. Santos, 1996, p. 209). Houve, desde tempos remotos, o sonho e a necessidade da comunicação a distância entre os homens. Uma primeira resposta técnica foi o telégrafo, que permitia a transmissão (diferida) de palavras codificadas. Mais tarde, a grande inovação da transmissão instantânea da voz através do telefone permitiu, depois, desenvolver o telex. A palavra escrita podia, assim, circular com maior velocidade, assegurando certamente um impulso às operações comerciais.

De grande relevância para os negócios, o telex chega ao Brasil em 1957 operado em centrais manuais. Em 1973 a Embratel implanta a Rede Nacional de Telex, envolvendo mil terminais em São Paulo e 855 no Rio de Janeiro. Um ano mais tarde, essa inovação difundia-se nas principais capitais, entre elas Fortaleza. Em 1975 eram cinquenta localidades atendidas pelo serviço, e já em 1986 o número se havia multiplicado por 37 vezes (1.848 localidades). Nesse mesmo intervalo, o número de terminais é sete vezes maior (de 11.850 para 79.343), evidenciando "uma maior extensão do que densificação da rede" preexistente (H. K. Cordeiro, 1989, p. 11). Depois de um primeiro momento de concentração nas regiões metropolitanas, o telex espalha-se pelo território. Segundo essa mesma autora (1988, p. 20), em 1980 as regiões metropolitanas e Brasília detinham 51,9% dos terminais (21.535), que perfaziam 42,3% (26.532) em 1986. Essa expansão, originada sobretudo pela demanda das empresas, resulta da "sua segurança e rapidez na transmissão de informação a longa distância, além do barateamento dos custos de transmissão" (H. K. Cordeiro, 1989, p. 5). Esse investimento público da Embratel, que permitia a comunicação com 145 países, mostra uma concentração na Região Metropolitana de São Paulo, que, em 1986, detinha 70% do total da demanda do estado, 40% em relação ao Sudeste e 23% em relação ao país. Na década de 1990, o número de terminais instalados diminui, com a adesão das empresas a formas mais modernas de telecomunicação, como o fax, a comunicação de dados e, mais tarde, o correio eletrônico e a Internet. Desativam-se 64.410 terminais de telex entre 1992 e 1996, o que significa uma queda de 68,6%. Malgrado essa redução, a distribuição regional permanece, mostrando talvez que, ao contrário das inovações cuja difusão é por vezes viscosa, certas "exnovações" — para utilizar a expressão de M. Angeles Díaz Muñoz, (1991, p.146) — são fluidas e tendem a igualar sua velocidade perpassando as regiões brasileiras. São Paulo e Rio de Janeiro reúnem, tanto em 1992 quanto em 1996, cerca da metade do parque de telex (47,8% e 47,5%, respectivamente), só que em números absolutos as duas cidades juntas passaram de 44.897 telex em 1992 para 13.989 em 1996. A substituição de uma técnica por outra está em marcha...

Em meados da década de 1980, as principais metrópoles litorâneas do país, e sobretudo a Região Concentrada, dispunham de bases materiais que lhes possibilitavam uma comunicação rápida e eficiente entre elas e para o estrangeiro. Desde 1974, por intermédio do aluguel do sistema de transmissão *transponder* (canais de comunicação) do Intelsat e de mais de vinte estações de pequeno porte, basicamente em cidades das regiões Norte e Centro-Oeste, interligadas à estação Tanguá 3, o Brasil passa a contar com o uso de satélite para os serviços internos de telecomunicações. Todavia, se a interiorização do povoamento e dos suportes de uma relativa circulação material já haviam colonizado uma região como a Amazônia, a interiorização das telecomunicações nessa área só irá ocorrer com a utilização do primeiro satélite Brasilsat.[9] Em 1980, o país ingressa no Sistema Mundial de Comunicações Marítimas via Satélite (Inmarsat), obtendo facilidades para comunicações móveis em terra, no mar ou no ar.

---

9. Cada satélite Brasilsat tem capacidade para 12 mil ligações simultâneas ou mais de 28 mil transmissões de telex.

O sistema básico de telecomunicações inclui ainda uma Rede Nacional de Radiomonitoragem (Renar), uma Rede Nacional de Estações Costeiras (RNEC) e uma Rede Nacional de Televisão. Com oito estações fixas e 17 estações móveis, a função da primeira é acompanhar a radiodifusão e as telecomunicações nacionais e estrangeiras.[10] Quanto à RNEC, a comunicação terra-navio é realizada a partir de um conjunto de estações de alcance diverso, e os suportes da rede de televisão são os centros nas diversas regiões do país e nas transmissões via satélite na Amazônia. Até meados dos anos 1980, poucas redes de televisão comercial, como a Bandeirantes e a TV Globo, tinham cobertura nacional. Foi nesses anos que se constituiu o Sistema Brasileiro de Televisão (SBT), graças à utilização de um *transponder* do Brasilsat 2. O caminho para a densificação das redes nacionais de emissoras de televisão no país estava aberto.

Mais jovem, na escala mundial e local, do que o telégrafo, o telefone tornou-se porém, durante algumas décadas, seu contemporâneo nos sistemas de engenharia. Em 1907, eram 15.203 telefones no Brasil, dos quais 22,13% estavam no Rio de Janeiro e 35,51% no estado de São Paulo; no Sul, destacava-se Rio Grande do Sul (18,51%), e no Nordeste, Pernambuco e Bahia reuniam juntos 7,79% do total dos telefones do país. Com uma densidade nacional de um telefone para 1.619,31 habitantes e para 558,16 quilômetros quadrados, as disparidades regionais retratavam uma difusão ainda vacilante (menos de setecentos habitantes por telefone no Rio Grande do Sul, São Paulo e Rio de Janeiro, cerca de 5 mil no Nordeste e mais de 20 mil no Espírito Santo). Entre 1950 e 1961 o aumento foi de 47,04% para o Brasil, dobrando a quantidade de telefones nos estados do Amazonas e do Pará, nas regiões Sudeste e Sul, em quase todos os estados do Nordeste (menos na Bahia e em Pernambuco, que sofrem uma relativa estagnação), mas triplicando no Ceará. Com menos heranças materiais (a telefonia chega depois de 1940), os estados de Mato Grosso

---

10. As estações fixas estão localizadas em Benevides (PA), Boa Vista (RR), Brasília, Cascavel (PR), Cuiabá (MT), Feira de Santana (BA), Gravataí (RS) e Itaboraí (RJ), e as estações móveis em veículos especiais distribuem-se nessas cidades e mais em Manaus e São Paulo.

e Goiás acolhem velozmente a chegada das inovações: nessa década suas redes telefônicas crescem, respectivamente, 7,65 e 12,3 e, entre 1961 e 1969, 2,7 e 2,93 vezes.

Ainda que em ritmo insuficiente para atender as demandas econômicas e sociais (entre 1969 e 1980, o número total de telefones cresce 4,15 vezes), a rede telefônica conheceu uma expansão e uma densificação ainda que em velocidade menor nas décadas mais recentes. Novos pontos do território nacional são alcançados pelo serviço telefônico, passando de 3.685 localidades em 1980 para 22.249 em 1996 (um incremento de pouco mais de seis vezes).[11] Nesse último ano, na região Sudeste eram 7.235 localidades, no Nordeste, 7.188, e o Sul reunia 5.254 localidades. As regiões Norte e Centro-Oeste, com menor número de cidades, tinham mais de mil pontos da rede telefônica (Ver no encarte de mapas: Localidades atendidas pelo serviço telefônico no Brasil — 1996, p. VIII).

Entre 1980 e 1996 o número de telefones aumenta 2,64 vezes (passando de 7.417.527 para 19.552.481). As densidades de telefones em relação à superfície e à população aumentam com dinamismos regionais diversos, mas no sentido de aplanar as enormes diferenças existentes até a revolução das telecomunicações em 1970. O Brasil, cuja relação em 1980 era de um telefone para 16,33 habitantes, atinge em 1996 uma densidade de um telefone para 8,03 habitantes. No mesmo período, a participação das regiões Norte e Nordeste no equipamento do território brasileiro é marcante, pois suas densidades passam, respectivamente, de um telefone a serviço de 43,57 habitantes para 14,46 e de um telefone a cada 49,93 habitantes para 14,57. Também o Sul e o Centro-Oeste aumentam o número de linhas. O equipamento telefônico da região Sudeste, o mais espesso e complexo do país, não cresce, porém, à mesma velocidade (10,38 habitantes por telefone em 1980 e 6,20 em 1996). Contudo, e com exceção do Distrito Federal, é, mais uma vez, a Região

---

11. A automatização das chamadas telefônicas nacionais e internacionais, que não era ainda completamente difundida nos anos 1980, aumenta aceleradamente: em 1985 eram 1.737 localidades que contavam com o serviço DDI (Discagem Direta Internacional), e dois anos mais tarde eram 2.038 cidades.

Concentrada e alguns estados do Centro-Oeste, como Mato Grosso do Sul, Goiás e Mato Grosso, que revelam altas densidades técnicas, com valores próximos a um telefone para cada oito habitantes. Os estados de Roraima e Amapá, os menos povoados do país, mas com boa parte da população aglomerada, apresentam, respectivamente, densidades de um telefone para cada 7,59 e 8,03 habitantes (Ver no encarte de mapas: Terminais telefônicos em serviço no Brasil — 1996, p. VIII).

A concentração de telefones de uso público é outro indicador que permite mostrar a constituição e as diferenças das regiões. Em 1980 eram unicamente Brasília e os estados do Rio de Janeiro, São Paulo e Paraná que apresentavam densidades superiores à média nacional de um telefone público para cada 2.291,13 habitantes. Já em 1996 a média do Brasil de um telefone público para cada 465,72 habitantes era ultrapassada pelo Distrito Federal e pelos estados de São Paulo, Santa Catarina, Paraná, Rio de Janeiro e Goiás, mostrando a expansão da fronteira dos equipamentos para as regiões Sul e Centro-Oeste.

Entretanto, se uma solução técnica possibilita resolver alguns entraves, cria, ao mesmo tempo, novas necessidades ao movimento social. A comunicação de dados e, sobretudo, a demanda de velocidade por parte das empresas exigiram novas respostas que, paralelamente, foram substituindo as técnicas anteriores. Mais uma vez, na história do território, a aceleração constitui mais um dado da política do que, propriamente, da técnica.

Na década de 1980, a Embratel passa a oferecer sistemas de comunicação de dados de uso público e de uso privativo das empresas. Dentre os públicos, a Renpac utiliza a técnica de comutação de pacotes a partir de centros localizados em São Paulo, Rio de Janeiro, Belo Horizonte, Curitiba e Brasília, que servem ao país via telefone. Baseada nos mesmos instrumentos técnicos, a Interdata está orientada para o intercâmbio de informações entre alguns pontos do Brasil e o estrangeiro; e, finalmente, o sistema Findata permite o acesso ao banco de dados financeiros da agência Reuters.

Quanto aos serviços privativos, o sistema Transdata, que atendia 518 localidades em 1985 e 1.028 em 1987, possibilita a comunicação de dados dentro das empresas no país e desse modo permite novas formas de dispersão-concentração territorial das instâncias da produção, da distribuição e da gestão.[12] Graças a outros serviços oferecidos às empresas, a Embratel acabou por liderar um processo de informatização do território, acelerando o ingresso do país no período da globalização. Vejam-se os exemplos do Airdata, antecessor nacional do sistema Amadeus, destinado ao tráfego administrativo e às reservas de passagens das companhias aéreas; o Interbank, que realiza a comunicação de dados entre bancos no Brasil e no exterior, e por último os albores da automação bancária, com a transferência eletrônica e instantânea de fundos entre comércios e bancos a partir de cartões magnéticos. Pioneiros no aluguel de *transponder* do Brasilsat 2 e com participação em empresas de equipamento informático,[13] o Bradesco, o Itaú e o Bamerindus avançaram rumo à creditização do território, à integração financeira do país e, em decorrência, a uma nova fase de integração do mercado agora mundializado.

Novas conquistas técnicas têm sido acrescentadas, a partir de 1996, para aumentar a capacidade e a economia da transmissão de dados: um novo centro da Multirrede Digital, uma nova estação terrena para o serviço Datasat Bi (comunicação de dados via satélite Brasilsat) e, ainda, um serviço de comunicação digital com tecnologia Frame Relay.

O aspecto político dessa distinção técnica entre redes públicas e privadas na comunicação de dados é questionado por Leila Christina Dias (1995, p. 100), quando explica que, ao contrário da Renpac, a Transdata "foi criada em resposta a uma demanda já existente dos setores financeiros, industriais, mas também de serviços governamentais de processamento de dados". A demanda das firmas por uma comunicação em tempo real e os objetivos governamentais de "integração nacional" por intermédio das telecomunicações, ligando as cidades e desenvolvendo programas de tecnologia de

---

12. Leila C. Dias (1995, p. 143 e ss.) discute a hierarquia dos fluxos que circulam pela rede Transdata, mostrando o comando de São Paulo e Rio de Janeiro.

13. Já em 1988 o Bradesco possuía a Digilab, sua empresa de informática, e, ao mesmo tempo, tinha participação na Victori Comunicações (representante da norte-americana Contel).

satélites, convergiram, segundo essa autora (L. C. Dias, 1995, pp. 100-101), para uma modernização que exclui a maioria da população.

Hoje, em todo o país, a Embratel dispõe de três satélites de comunicações domésticas: os Brasilsat B1 e B2, lançados em 1994 e 1995, e o A2 (remanescente da primeira geração tecnológica) e mais 72 estações terrenas que formam o sistema de telecomunicações via satélite.[14] Há, porém, complementações em andamento. É o caso do projeto Ecco de satélites de baixa altitude, da prestação de serviços por intermédio dos satélites Brasilsat e Nahuel, assim como o lançamento do Brasilsat 3.[15]

Na área de telefonia, os processos de unicidade técnica acompanham-se de uma tendência a outra unicidade, a organizacional, já que as 862 entidades telefônicas existentes em 1975 foram reduzidas para 133 em 1985. Esse fato tem sido ainda mais marcante nos estados de Minas Gerais, Rio Grande do Sul, Goiás e Rio Grande do Norte. Marco dessa nova política de regulação, a criação da *holding* Telebras em 1972 permitiu um controle federal centralizado.

À substituição parcialmente realizada da tecnologia eletromecânica pela tecnologia eletrônica analógica, bases materiais da telefonia internacional nos anos 1980,[16] acrescenta-se agora a tecnologia digital, vinculada à telefonia fixa e celular. Permitindo unicamente a transmissão de voz, o sistema analógico obrigava a utilizar redes separadas ou equipamentos de conversão para a comunicação de textos e dados de computador e, ao contrário, o

---

14. O complexo de Tanguá compreende sete antenas de comunicações utilizando satélites das organizações Intelsat e Inmarsat e cinco antenas para controle e monitoração de satélites dessas organizações e do sistema Brasilsat (A1, A2, B1 e B2).

15. Em 1994, por intermédio de uma *joint venture* formada pela Telebras, a Bell Atlantic International e a Constellation Communications, o projeto Ecco permitiria aumentar a capacidade para 300 mil linhas no Brasil. Em 1996 um acordo comercial foi assinado entre a Embratel e a argentina Telintar para prestação de serviços por meio de satélites de ambos os países.

16. Três eram os sistemas de cabos submarinos coaxiais (analógicos) que operavam as conexões transatlânticas das telecomunicações: do Brasil para a Europa (ilhas Canárias), o Bracan I (1973); para os Estados Unidos, o Brus (1980); e, para a África, o Atlantis (1982), sendo que os dois primeiros foram desativados em 1996. Resta o Atlantis, que também interliga o Brasil diretamente à Europa.

sistema digital despontava como a possibilidade de unificar as transmissões, ganhando em velocidade e eficiência.[17] Os anos 1990 foram o marco dessa transformação e, em 1995, de 13,4 milhões de linhas de acesso em serviço, 46,7% já estavam ligadas a centrais digitais.

A incorporação das fibras ópticas[18] aos sistemas técnicos nacionais, a partir dos projetos de interligação do planeta, ampliou a participação do Brasil na globalização das telecomunicações. Sistemas analógicos de cabos submarinos, satélites, micro-ondas terrestres e cabos coaxiais são peças do sistema internacional de telecomunicações que, agora, se completa com os cabos de fibras ópticas Unisur (une Porto Alegre ao restante do Brasil e à Argentina e ao Uruguai), o Américas I (Fortaleza a Venezuela, Caribe e Estados Unidos) e o Columbus II (Fortaleza a México, Estados Unidos e Europa).

Integrada a esse sistema mundial, a Rede Nacional de Fibras Ópticas comunica, de Fortaleza a Porto Alegre, as capitais dos estados e outras cidades litorâneas. A exceção é o cabo que vai do Rio de Janeiro a Belo Horizonte, Brasília e Goiânia, verdadeiro eixo da Região Concentrada. O estado de São Paulo, em 1995, reunia 48% dos 300 mil quilômetros de fibras ópticas do Brasil. Inovação fundamental nos sistemas de engenharia, a fibra óptica estende-se, nos seus segmentos terrestres, ao longo de rodovias, ferrovias e dutos, enquanto os cabos aéreos de sua rede são solidários com as linhas de eletricidade, de São Paulo ao sul do país. Pode-se dizer, com Durand, Lévy e Retaillé (1992, p. 21), que com as redes não se busca a "ocupação de áreas", mas "ativar pontos [...] e linhas, ou criar novos" (Ver no encarte de mapas: Sistema básico de telecomunicações — 1997, p. VI).

O desenvolvimento das telecomunicações não teria sido possível sem avanços paralelos da informatização do território. A regulação pelo poder

---

17. Outro dos aspectos da convergência entre telecomunicações e informática, as centrais de comutação inteiramente eletrônicas realizam a conversão das chamadas através de microprocessadores. São as centrais de comutação de programa armazenado temporais (CPA-T) ou centrais digitais.

18. Comparado aos cabos coaxiais de cobre ou alumínio e da comunicação por rádio, o cabo de fibras ópticas oferece maior capacidade e confiabilidade na transmissão, exige menos amplificação e, em consequência, diminui os custos do serviço.

público foi o motor desses processos, com a criação da Empresa Brasileira de Telecomunicações S. A. (Embratel), em 1965, e da Telecomunicações Brasileiras S. A. (Telebras), em 1972, visando também, no ramo da informática e da alta tecnologia, a uma produção nacional, com a instauração, em 1974, das empresas Computadores e Sistemas Brasileiros S. A. (Cobra) e Empresa Digital Brasileira (Digibras) (veja-se o trabalho de Cilene Gomes neste livro).

A produção de equipamentos informáticos e de programas de computador, na década de 1980, acrescentou uma nova divisão territorial do trabalho à já existente. Graças à modernização tecnológica inelutável, à reserva de mercado (Sheila Vieira, 1996) e à lei 7.646 de *software*,[19] o setor conhece um crescimento importante. O número total de empresas de informática passou de 12, em 1974, para 71 em 1984. Tais condições iriam convocar os capitais nacionais para a produção de minicomputadores e microcomputadores, cujo mercado era ocupado pelas pequenas e médias empresas e pelas demandas domésticas, ao tempo que as transnacionais comandavam a produção de grandes computadores orientados para as empresas estatais, os grandes bancos e as firmas poderosas em processo de modernização. Foram esses grandes computadores[20] as bases materiais da implantação, no Brasil, das redes de reservas das companhias aéreas, da informatização dos processos bancários e da vinculação entre agências e, em decorrência, da creditização do território, da automação dos processos industriais, do progresso das telecomunicações. Se as normas de proteção ao setor obrigavam a IBM, Burroughs, Hewlett Packard, Olivetti e Texas, entre outras, a fabricar, nas suas subsidiárias em território nacional, tais equipamentos,

19. A lei 7.646 de 18 de dezembro de 1987, que dispunha quanto à proteção da propriedade intelectual sobre programas de computador e sua comercialização no país, incentivava a utilização de programas de computador desenvolvidos no Brasil por empresas privadas nacionais. No seu artigo 32 se estabelece que "Os órgãos e entidades da Administração Pública Direta ou Indireta, Fundações, instituídas ou mantidas pelo Poder Público darão preferência, em igualdade de condições, na utilização de programas de computador desenvolvidos no País por empresas privadas nacionais [...]". Já na lei 9.609 de 19 de fevereiro de 1998, que vem revogar a lei de 1987, elimina-se essa proteção à indústria privada nacional.

20. Em 1988, o parque de grandes computadores (2.237 unidades) repartia-se do seguinte modo: IBM, 1.362; Unisys, 556; ABC Bull, 144; Digital, 112; Fujitsu, 48; e Data General, 15.

também acabavam por garantir-lhes a exclusividade desse mercado. Os interstícios, porém, podiam ser ainda ocupados com êxito pelas pequenas firmas. Em todos os casos a produção e a utilização dos equipamentos eram fortemente concentradas no Sudeste do país. Perfazia-se, assim, uma divisão do trabalho de produção informática entre agentes hegemônicos e não hegemônicos no território brasileiro.

No seu trabalho sobre sistemas orbitais e uso do território, Ricardo Castillo (1999, pp. 192-194) assevera que a rigidez do sistema VSAT, que permite apenas a comunicação entre o local e a sede da empresa, majoritariamente em São Paulo, reafirma o corporativismo do uso do território brasileiro. Algumas das firmas que utilizam o sistema são a Volkswagen, o Bradesco, a Brahma, a Multibras, a Fiat, a General Motors, a Gillette, a Parmalat, a Gradiente, a Grendene, a TAM e a Antarctica. Para o autor (R. Castillo, 1999, p. 119), "cada empresa estabelece hierarquias de lugares no território, valorizando pontualmente os recursos. Todas elas obedecem, no entanto, à mesma lógica: aquela da mais-valia global". E, nessa lógica, a Região Concentrada aumenta as suas densidades técnicas e informacionais.

A automação industrial é outra manifestação da modernização dos sistemas técnicos no país. É nos anos 1980 que aumentam os investimentos com a instalação, por exemplo, de Sistemas Digitais de Controle Distribuído (SDCD), de Controladores Programáveis (CP) e de controladores de processo nas empresas estatais e nas empresas privadas de papel e celulose, calçados e manufaturas.

Os supermercados incorporaram os códigos de barra, que, com leitores ópticos, tornam mais rápidas as vendas e atualizam, em tempo real, os estoques e as ordens de compra. Todavia, se as grandes cadeias (Pão de Açúcar, Carrefour, Walmart,[21] entre outras) estão prestes a completar a sua automatização, os pequenos supermercados ainda não introduziram essa inovação. Em 1999, somente 25,5% das 5.762 lojas existentes em São Paulo eram automatizadas.

---

21. A cadeia Walmart utiliza a técnica *Cross Docking*, que interliga — *just in time* — os fornecedores aos pontos de venda e permite programar pedidos e entregas.

A informatização bancária foi crescente. Nos anos 1980, algumas empresas passaram a ter acesso direto a suas contas via computador, e dez anos mais tarde essa interligação tinha-se estendido aos clientes individuais. A Interchange, rede do Citibank, Unibanco e Banco Real, interligava, em 1996, 8.435 empresas e 84 bancos (J. Pizysieznig Filho, 1996, p. 55). Mas, além disso, bancos públicos aderem aos novos sistemas técnicos. O Banco do Brasil utiliza uma rede de comunicação de dados que interliga 40 mil terminais e dez centros de processamento via satélite (R. Castillo, 1999, p. 176). Periodizando os processos financeiros no Brasil, Hindemburgo Pires (1997) assinala a gênese da automação bancária a partir de 1964, um segundo momento que corresponde à sua dispersão oligopolizada e confinada (1974 a 1986) e, por fim, a sua reestruturação inovativa e desregulamentadora.

Menos dependente de linhas e mais de pontos-suporte, outra inovação técnica integra-se aos sistemas de engenharia. A telefonia móvel celular chega ao Rio de Janeiro em 1990 e, três anos mais tarde, a São Paulo. A partir desses dois estados, o telefone celular foi irradiando para outras cidades e, desse modo, passou de 6.700 linhas em 1991 para 1.260.400 em 1995. Neste último ano a densidade atingia 9,1 telefones celulares para cada mil habitantes. O crescimento recente foi explosivo: 2,74 milhões de telefones em 1996, 6 milhões em 1997 e 9,1 milhões em 1998. Agora seriam cerca de 58 aparelhos móveis para cada mil habitantes. Esse processo é atribuído, em grande parte, aos movimentos de privatização das telecomunicações. Para tanto, o poder público compartimentou o território nacional em áreas mais ou menos atrativas para os capitais, submetidas a leilões.

Em 1998 a rede de telefonia móvel atendia 1.231 localidades em todo o território nacional. Estende-se pelo litoral do norte ao sul do país, e sua interiorização corresponde aos estados que compõem a Região Concentrada. A região Norte caracteriza-se por uma alta dispersão da telefonia celular, pois o serviço existe nas capitais de estado e em poucas outras cidades (duas em Roraima, duas no Amazonas, três no Amapá e sete em Rondônia). Mas no Pará, além de Belém e cidades vizinhas, o interior é também colonizado pela telefonia celular (trinta localidades). Uma mancha central em Mato

Grosso, que se torna mais densa na divisa com Goiás e Mato Grosso do Sul, as porções oriental e meridional de Mato Grosso do Sul e os eixos em direção a Belo Horizonte e São Paulo e as cidades de Goiás próximas à capital federal desenham as áreas atendidas pela telefonia celular no Centro-Oeste e coincidem com o desenvolvimento de uma agricultura moderna e com os eixos de expansão da Região Concentrada. São 17 localidades em Mato Grosso do Sul, 49 em Goiás e trinta em Mato Grosso.

Na região Nordeste são, basicamente, as cidades litorâneas que contam com esse serviço. Maranhão (18 localidades) e Piauí (28 localidades), porém, mostram maior interiorização, e o Ceará (83 localidades) não apresenta praticamente rarefações. Não é o caso da Bahia, onde a telefonia celular praticamente se circunscreve ao litoral e ao sul (são 25 municípios). A cobertura na região Sudeste é densificada, especialmente no Espírito Santo, no sul do Rio de Janeiro (25 localidades no estado), no sul e no oeste de Minas Gerais (97 localidades no estado) e em todo o estado de São Paulo (158 municípios), com ênfase nos eixos de interiorização das indústrias, das rodovias modernas, das universidades e centros de pesquisa e da agropecuária moderna. Poucos interstícios aparecem também na região Sul, especialmente no Rio Grande do Sul, no litoral de Santa Catarina, no noroeste e no litoral do Paraná. Esses estados possuem, respectivamente, 158, 81 e 55 municípios atendidos (Ver no encarte de mapas: Municípios cobertos por telefonia celular — Brasil — 1997, p. VII).

Atividades econômicas mais ou menos modernas, níveis de renda, densidades de população urbana e rural, padrões de consumo, demandas não atendidas de telefonia fixa e existência de bases materiais confluem, entre outros fatores, para uma participação bastante desigual das regiões brasileiras na distribuição das linhas de telefonia móvel: em 1998 o Sudeste representava 56,7% do total, o Nordeste, 15,1%, o Sul, 14,1%, o Centro-Oeste, 7,7%, e o Norte, 6,4%. Nesse mesmo ano, os estados de São Paulo e Rio de Janeiro reuniam, respectivamente, 33,6% e 11,5% das linhas do país.

De idade mais recente, o telefone celular via satélite, operacionalizado planetariamente por intermédio do Projeto Iridium, conta já com estações terrestres no Rio de Janeiro. Ele permite cobrir as lacunas do telefone celular convencional e foi criado para funcionar em solidariedade com a telefonia fixa e celular existente. Satélites, fibra óptica, rede telefônica e computadores são os suportes materiais e solidários que possibilitaram, a partir de 1995, a conexão com a rede mundial de computadores. O processo é basicamente comandado pela Embratel e pela Rede Nacional de Pesquisa (RNP), que compreendem um *backbone,* ou conjunto de circuitos de transmissão de abrangência internacional e nacional.[22] Por outra parte, a Rede Nacional de Pesquisa também compõe uma espinha dorsal — um *backbone* — de abrangência nacional, que liga universidades e centros de pesquisa do país à Internet.[23] Participam ainda desse novo sistema técnico os provedores de acesso, que possibilitam a conexão do equipamento informático dos usuários com a rede, e os provedores de informações. Dos 446 provedores de acesso à Internet, em 1996, 231 deles (51,8%) concentravam-se na região Sudeste, mas fundamentalmente em São Paulo (124), no Rio de Janeiro (57) e em Minas Gerais (42), e 19,7% na região Sul. E o número de usuários da Internet passou de 250 mil em 1995 para 2,2 milhões três anos depois.

A ampliação do parque de computadores nas grandes e médias empresas no Brasil (1,2 milhão em 1988 e 7 milhões em 1998) tem sido, a um só tempo, causa e consequência da expansão das redes informáticas, que no primeiro desses anos interligavam apenas 5% dos micros e 81% dez anos mais tarde.[24]

---

22. Como ele tem sua base de roteamento nos Estados Unidos, todos os países são obrigados a pagar às empresas americanas sua conexão com o *backbone* internacional. Os equipamentos da Embratel são roteadores cuja função é definir a rota do tráfego segundo o endereço e os concentradores, que reúnem o tráfego local e o direcionam para o roteador mais próximo.

23. Nove capitais de estado (Belo Horizonte, Brasília, Curitiba, Fortaleza, Florianópolis, Porto Alegre, Recife, Rio de Janeiro, São Paulo) estão ligadas à RNP, desenvolvendo uma velocidade de 2 Mbps, enquanto as outras capitais são ligadas a uma velocidade de 64 a 128 Kbps. Duas linhas de 2 Mbps, partindo de Brasília e do Rio de Janeiro, ligam a RNP à Internet mundial, via Estados Unidos.

24. Em 1988 eram vinte funcionários por computador no universo das médias e grandes empresas brasileiras, e em 1998 essa relação havia caído para três funcionários por micro.

No entanto, rigorosamente, tais redes não são propriamente redes, nem tampouco virtuais. Na realidade, trata-se de um conjunto de pontos cujos suportes estão, de um lado, vinculados ao domínio de forças naturais, como o espectro eletromagnético, e, de outro, à utilização das forças elaboradas pela inteligência e contidas nos objetos técnicos, como o computador (M. Santos, 1996, pp. 210-211).

Empreende-se um programa de investimentos em infraestruturas para oferecer as condições materiais necessárias ao processo de transformação do território nacional em um espaço da economia global, paralelamente a um arsenal financeiro, fiscal e monetário que serve como base das novas relações sociais.

8. Semoventes e insumos ao solo

A difusão pelo campo brasileiro de tratores, arados, grades, semeadeiras, cultivadores, ceifadores e colhedeiras de tração mecânica, incipiente nos anos 1920, vai se tornando generalizada nos dias de hoje. Nas primeiras décadas do século XX, a região Sul ostentava as manchas de um meio técnico parcialmente espalhado tanto nos seus acréscimos fixos como nos semoventes. Essa região reunia 59,03% dos tratores e mais de 70% das grades e semeadeiras do país em 1920, mostrando sua precoce vocação para uma agricultura mecanizada. O estado de São Paulo, sobretudo a partir da década de 1940, com a maquinização das suas principais culturas, aumenta suas densidades de semoventes. Até os anos 1970, 88,7% da frota nacional de tratores irão concentrar-se em ambas as regiões.

No período da globalização, após os anos 1980, re-hierarquizam-se as áreas de cultura no país, a partir, sobretudo, da expansão da fronteira agrícola. A região Centro-Oeste inicia uma produção de caráter capitalista. Há, portanto, uma queda relativa da participação do Sul e do Sudeste no total de máquinas agrícolas do país, uma vez que o Centro-Oeste passa de 1,06% da frota nacional de tratores, em 1970, para 14,24% em 1996. Nessa região, mas também no Sul-Sudeste, os tratores mais utilizados são os de 50 a 100 cavalos-vapor, mostrando que a mecanização em zonas orientadas para a produção em grande escala só se faz com objetos técnicos potentes. São Paulo, Rio Grande do Sul, Paraná, Minas Gerais, Santa Catarina, Goiás, Mato Grosso do Sul, Minas Gerais, Bahia e Espírito Santo conhecem as maiores densidades técnicas nas suas áreas agrícolas. Todavia, essa difusão do meio técnico no país parece por vezes concretizar-se com técnicas cuja idade é a do próprio meio técnico, pois em 1998 cerca de 22% da frota brasileira de tratores tinha entre 19 e 28 anos, e cerca de 15% das colhedoras, entre 16 e 25 anos.

Mesmo espalhado muito além da Região Concentrada, esse meio técnico apresenta disparidades ainda enormes. Observando as densidades de tratores em relação à população agrícola em 1996, vemos que à presença de um trator para cada 148 habitantes agrícolas no Nordeste opõe-se uma relação de um trator para cada 8,8 no Centro-Oeste.[25] Com populações agrícolas de tamanho semelhante, Pernambuco e São Paulo mostram situações opostas: num é a força do trabalho humano no campo; noutro, a força do capital no campo. São 172,65 habitantes agrícolas por trator no primeiro e 5,36 no segundo em 1996, e em 1985 eram 271,1 habitantes agrícolas por trator em Pernambuco e 8,5 habitantes agrícolas por trator em São Paulo. Situação semelhante registra-se com os maquinários agrícolas em São Paulo, onde à mecanização da cultura de cana-de-açúcar acrescentam-se, hoje, a do café e a colheita de laranja.

Nessa configuração territorial detectam-se hoje pontos de concentração de tecnologias de ponta. É o caso da chamada agricultura de precisão. Nos pomares paulistas começou a ser utilizada uma máquina, de origem norte--americana, capaz de colher cem pés de laranja por hora, sob o controle de computadores. Por outra parte, três empresas no interior de São Paulo e o grupo Algar, em Uberlândia, utilizam um novo sistema técnico, constituído de computadores, sensores e satélites para aplicar em dose exata fertilizantes, defensivos e água, determinar o momento da colheita da cana-de-açúcar, do

---

25. Onze anos antes, a primeira região tinha um trator para cada 250,2 habitantes agrícolas, e a segunda dessas regiões, um trator para cada 17,2 habitantes agrícolas.

café e dos grãos e controlar os rebanhos.[26] É a difusão por pontos e manchas de um novo meio geográfico, caracterizado pelos seus conteúdos de técnica, ciência e informação. Muda a composição técnica das áreas rurais e muda, ao mesmo tempo, a sua composição orgânica graças às novas químicas e às biotecnologias. É no período atual que o homem realiza o seu antigo anseio de inventar a natureza.

Na década de 1940, a adubação no Brasil era sobretudo mineral, ainda que também se utilizassem corretivos e adubos de origem animal. Manchas de uma agricultura mais moderna, São Paulo e Rio Grande do Sul eram os maiores consumidores de adubos, embora o segundo desses estados atingisse pouco mais de um décimo de São Paulo quanto aos adubos de origem mineral, metade dos corretivos e um terço dos de origem animal. Em meados do século XX, os estados produtores de adubos de origem animal coincidem com os da Região Concentrada, e de novo São Paulo e Rio Grande do Sul salientam-se amplamente, agora como produtores. Destacam-se, porém, Mato Grosso e Goiás, cuja participação na produção e no uso era quase insignificante pouco antes. Nos anos 1970, o emprego de fertilizantes continua a se concentrar nas regiões Sul e Sudeste, onde a tendência, tal como em todo o país, já indica preferência pelo uso de adubação química sobre a adubação orgânica. São tempos de ingresso das firmas globais da agroalimentação, e o campo se torna um ator fundamental na busca da eficiência e da produtividade. Essa invenção da fertilidade irá ter um alto custo, pois aumentará a dependência em relação às monoculturas de exportação, a deterioração dos solos e da água e, doravante, a vulnerabilidade às oscilações do mercado mundial.

---

26. A partir do Global Positioning System (GPS), formado por 24 satélites, de computadores e Sistemas de Informação Geográfica (SIG) e de um receptor na colhedora ou no trator, é possível elaborar mapas de colheita de cada lavoura para cada safra, de indicadores de fertilidade do solo, de plantas daninhas, doenças e pragas. Os aviões pulverizadores têm computadores que podem ler essas informações. Essa nova família de técnicas é utilizada nos 13 mil hectares cultivados com grãos do Grupo Algar em Uberlândia. Há também formas de controle dos rebanhos, a partir de um *chip* colocado nos animais. Essa questão foi estudada também por Ricardo Castillo (1999).

Timidamente, os cerrados do Centro-Oeste vão se incorporando aos consumos de uma agricultura insaciável. Rio Grande do Sul e São Paulo, mas também Minas Gerais, Santa Catarina, Bahia, Pernambuco, Goiás e Rio de Janeiro, atingem os maiores níveis de consumo de fertilizantes do país. Cria-se a necessidade de uma multiplicidade de defensivos para cumprir, com sucesso, as etapas programadas da agricultura científica. Inseticidas, acaricidas, fungicidas, herbicidas, antibrotantes, reguladores de crescimento, espalhantes adesivos, entre outros produtos químicos, configuram uma tipologia complexa de um consumo que não se esgota nele próprio. É o consumo produtivo, induzido pelas políticas das firmas globais com forte presença no setor de fertilizantes e defensivos.

Na década de 1990 aumentaram, a um só tempo, a produção nacional e a importação de fertilizantes, que passaram de 1,862 milhão de toneladas em 1990 para 2,417 milhões em 1997 e de 1,43 milhão para 3,510 milhões, respectivamente. Somadas as quantidades produzidas e importadas, o aumento foi de cerca de 80% em sete anos. As vendas de defensivos agrícolas no mercado interno sobem de 1.084.400 em 1990 para 2.180.800 em 1997, crescimento determinado sobretudo pelo aumento das vendas de herbicidas, que nesse período cresceram mais de duas vezes. Esses produtos são talvez os melhores indicadores da cientificização da agricultura, uma vez que realizam quimicamente a seleção entre culturas e pragas. As áreas de cultura de soja e algodão da região Centro-Oeste são, em grande parte, responsáveis por esses aumentos.

A Região Concentrada desponta como um berço dessa quimização do campo. As regiões Sudeste e Sul somavam, em 1970, 93,6% do uso dos meios químicos e 62% dos meios orgânicos do total nacional. A partir dos anos 1980, a incorporação do Centro-Oeste à agricultura moderna marca uma redistribuição desses consumos produtivos. Em 1995 a região Sudeste reunia 43,93% do consumo de fertilizantes, o Sul, 28,45%, e o Centro-Oeste, 17,92% do total do Brasil, evidenciando o que Pierre George (1974, p. 25) já havia anunciado: a química concorre com a biologia para criar um "meio" próprio, garantindo segurança aos empreendimentos agrícolas.

Áreas agrícolas mais antigas nos estados do Rio Grande do Sul, Santa Catarina, Paraná, São Paulo e Minas Gerais, e também as mais novas (Mato Grosso do Sul, Goiás e Mato Grosso), acolhem a produção de sementes melhoradas de algodão, arroz, feijão, milho, soja e trigo.

9. Geografia da pesquisa e da tecnologia

Há, entretanto, outros fatores que tornam mais complexa essa incorporação de insumos ao solo. A localização de serviços técnicos, escolas de agronomia, institutos e centros de pesquisa obriga a reconhecer o papel de um poder público que ora precede, ora acompanha, sucede ou busca compensar a ação das empresas no território nacional e, assim, participa mais ou menos ativamente na construção de especializações territoriais. Já nas primeiras décadas do século XX, havia a preocupação de criar apoios técnicos e institutos de experimentação agropecuária. Em união indissolúvel com a hierarquia produtiva mundial própria de cada momento histórico, criam-se no Brasil serviços técnicos para a cultura de algodão (1915), defesa animal (1920), florestal (1921), café (1933) e, a partir dos anos 1940, institutos orientados para o desenvolvimento regional (Amazônia, Centro-Oeste, Bahia, Recife). O mercado mundial demandava com força crescente carne e leite, café, madeira e derivados e insumos para a indústria têxtil. Bahia, Rio de Janeiro e São Paulo eram também grandes consumidores de algodão, pois já vinham desenvolvendo a manufatura têxtil desde o século XIX. Desse modo, surgem, aqui e ali, embriões do que iria constituir, na década de 1970, uma verdadeira rede de centros de investigação em território brasileiro, sobretudo com a criação da Embrapa, em 1972, sem esquecer organizações anteriores, como o Departamento de Pesquisas e Experimentação Agropecuária (DPEA), com sede no Rio de Janeiro. Mas a criação da Embrapa inicia o funcionamento de uma estrutura unificadora, que irá desenvolver novos centros e acompanhar as novas exigências de qualidade (Ver no encarte de mapas: Distribuição dos centros de pesquisa da Embrapa — 1996, p. IX).

Dentre as vicissitudes históricas das relações entre o Estado e o mercado, na "invenção" de sementes destaca-se, em certos casos, uma separação territorial entre a pesquisa científica de origem pública e a produção das empresas. Enquanto as maiores produções de sementes melhoradas de algodão desenvolvem-se em São Paulo, Paraná e Goiás, é em Campina Grande (PB) que a Embrapa localiza o seu centro especializado. Essa situação verifica-se também no caso das sementes melhoradas de arroz e feijão, cujos maiores volumes de produção se obtêm no Rio Grande do Sul para o primeiro e em São Paulo e Minas Gerais no segundo caso, enquanto o centro de investigação tem sede em Goiânia (GO).

O poder público reforça as especializações territoriais criadas, sobretudo, pelas firmas, na produção e pesquisa das sementes de milho (Minas Gerais alcança os maiores volumes, e Sete Lagoas é a sede do centro da Embrapa), da soja (com o predomínio do Paraná e do Rio Grande do Sul e a sede da Embrapa em Londrina, PR) e, relativamente, para o trigo (a Embrapa localiza-se em Passo Fundo, RS, e as maiores produções de sementes melhoradas correspondem ao Paraná e ao Rio Grande do Sul).

Enquanto a capital federal lidera o número de projetos de pesquisa em biotecnologia, por abrigar, além da sede da Embrapa, os centros de recursos genéticos e de biotecnologia, de produção de informação, de hortaliças e de sementes básicas, os estados dessa mesma região Centro-Oeste acolhem sobretudo as pesquisas ligadas à pecuária nessa paisagem (Gado de Corte em Campo Grande, Agropecuária Oeste em Dourados, Pantanal em Corumbá, Cerrados em Planaltina).

Áreas urbanizadas e de vocação para a pesquisa tecnológica também participam dos projetos dessa província do saber: São Carlos, Jaguariúna e Campinas (instrumentação agropecuária, informática agropecuária, monitoramento por satélite etc.), Itaguaí e Rio de Janeiro (agroindústria, solos, agroindústria de alimentos). Minas Gerais sedia os centros de gado de leite (Coronel Pacheco) e milho e sorgo (Sete Lagoas). Os estados de São Paulo, Rio de Janeiro e Minas Gerais reuniam, em 1996, 22,40% dos projetos de pesquisa agropecuária do país.

O trabalho da Embrapa é relativamente descentralizado. O perfil da pesquisa apresenta frequentemente uma relação direta com as demandas produtivas locais. Daí, talvez, o perfil agroflorestal dos centros da Embrapa em Manaus, Rio Branco, Macapá, Porto Velho, Boa Vista e Belém. Em áreas da região Sul, o trabalho de pesquisa agropecuária se especializa, confundindo-se com as áreas produtivas: florestas em Colombo, soja em Londrina, suínos e aves em Concórdia, trigo em Passo Fundo, uva e vinho em Bento Gonçalves, culturas de clima temperado em Pelotas, pecuária em Bagé. O Rio Grande do Sul reunia, em 1996, 10,32% dos projetos de pesquisa do setor do país.

Configurando uma situação intermediária, a região Nordeste denota as preocupações públicas e privadas com a transformação da natureza. A Embrapa localizou centros de Mandioca e Fruticultura em Cruz das Almas, de Agroindústria Tropical em Fortaleza, Meio-Norte em Teresina, Tabuleiros Costeiros em Aracaju, Semiárido em Petrolina, Caprinos em Sobral e Algodão em Campina Grande.

É no domínio da criação de espécies vegetais que se pode observar, com maior clareza, a verdadeira reinvenção da natureza. A Embrapa Sete Lagoas criou o milho "saracura", apto para o plantio em várzea. Esse milho aquático é uma alternativa para a rotação de cultura na entressafra dos produtores de arroz. Também foi inventado o milho híbrido 2121, de alta qualidade proteica, de maior resistência e ciclo precoce. Por outra parte, a Embrapa Campina Grande criou o algodão 7 MH, que, apto para a região semiárida nordestina, além de ser mais produtivo, tem um ciclo mais longo e degrada menos o solo.

Quanto às tão controversas plantas transgênicas, caracterizadas por receberem genes de outras para serem mais produtivas ou resistentes a doenças, são objeto de pesquisa na Novartis, na Monsanto e na Copersucar. Mas a Embrapa já produziu plantas transgênicas graças à introdução de genes de resistência a viroses em cultivares tropicais de soja, milho, feijão, batata e trigo. Criaram-se assim plantas vacinadas. E na pecuária a Embrapa realizou a transferência de embriões, que permite obter 12 bezerros por ano de uma mesma doadora.

Aumentam desse modo os capitais fixos — as próteses —, mas também os capitais constantes — os semoventes e os insumos ao solo —, e em decorrência desse território altamente equipado incrementa-se a necessidade de movimento, pois o trabalho é mais especializado e as formas de cooperação e complementaridade se impõem, sobretudo entre cidades chamadas a oferecer respostas a esse consumo produtivo.

CAPÍTULO 4

A constituição do meio técnico-científico-informacional, a informação e o conhecimento

1. O conhecimento do território

Hoje, conforme já apontamos, o território é usado a partir de seus acréscimos de ciência e técnica, e tais características o definem como um novo meio geográfico. Tanto sua constituição como seu uso exigem, todavia, parcelas volumosas de informação que se distribuem segundo métricas diversas. A natureza dessa informação e sua presença desigual entre as pessoas e os lugares tampouco é alheia a esses conteúdos científico-técnicos. Estaríamos autorizados, por isso, a entender a informação como um recurso, com áreas de abundâncias e áreas de carências.

Haveria, assim, diversas existências paralelas: um território bem-informado, um território pouco informado e um número infinito de situações intermediárias. Daí a necessidade de compreender as qualidades da informação, reconhecer os seus produtores e possuidores, decifrar os seus usos. Banal ou secreta, de abrangência global ou local, verticalizada por ser tributária de técnicas como os satélites ou horizontal por ser construída na copresença: eis sua qualidade. Mas são os seus produtores e possuidores — empresas, Estado, sociedade — que vão decidir dos seus usos. Cabe, então, considerar a relação entre duas potencialidades: a do conhecimento técnico e a da ação, isto é, a política, mediante os usos da informação, ora voltada para a busca de maior lucro, ora para a defesa da soberania, para a conservação dos recursos naturais etc.

Interessam-nos aqui as informações sobre a terra e sobre o tempo. Antes dos radares, dos satélites, dos computadores e dos SIGs, assim como antes das possibilidades do seu uso interligado, essas informações trilhavam caminhos mais ou menos independentes e seus efeitos eram também circunscritos. De um lado produziam-se mapas e, de outro, instalavam-se estações meteorológicas sem maior comunicação.

Após a Segunda Guerra Mundial, dois terços do território brasileiro haviam sido fotografados, e buscava-se então completar o mapeamento das regiões mais ignotas do país, o Norte e o Centro-Oeste. Nos anos 1960 estava concluída a carta do Brasil ao milionésimo, e o Instituto Brasileiro de Geografia e Estatística (IBGE), a Diretoria de Serviço Geográfico, a Sudene e a Petrobras iniciaram a produção de cartas em escalas diversas (1:50.000, 1:100.000 e 1:250.000). É na década de 1970 que, em virtude do sistema Radam, começa a ser elaborada uma cartografia sobre a Amazônia. E mais tarde amplia-se o mapa de mapas, com cartas nas escalas 1:10.000, 1:5.000 e 1:2.000.

A preocupação com a meteorologia e com as necessidades do mundo rural foi precoce no Brasil. Na primeira década do século XX, criou-se a Diretoria de Meteorologia e Astronomia, e em 1933 o Instituto de Meteorologia, Hidrometria e Ecologia Agrícola. Uma década mais tarde, haviam-se unificado os serviços meteorológicos.

A convergência das técnicas para um sistema unificado, novidade do período atual, significa, outrossim, a utilização combinada de modernos objetos técnicos na produção de uma informação sobre a terra e sobre o tempo. São formas revolucionárias de controle do território a partir de novos sistemas técnicos que, como o Sistema de Vigilância da Amazônia Legal (Sivam), convertem áreas antes esquecidas em alvo de conhecimento. Abrangendo uma superfície de 5,2 milhões de quilômetros quadrados, o Sivam foi concebido para monitorar o tráfego aéreo e terrestre, as queimadas, a meteorologia, a mineração ilegal, a devastação ambiental e o narcotráfico, assim como para elaborar uma cartografia das bacias hidrográficas, das jazidas de minérios e das plantas medicinais, além de inventariar outros recursos naturais. Suas bases materiais, implementadas pela Raytheon,[1] decorrem da solidariedade técnica entre 17 radares fixos na Amazônia, seis radares móveis, oito aviões Brasília com sensores, quatro aviões laboratório HS 800, trezentas plataformas de coletas de dados e duzentos sistemas de radiolocalizadores operados por um sistema organizacional cuja coordenação geral sedia-se em Brasília, tendo seus centros regionais de vigilância em Porto Velho, Manaus e Belém[2] (Ver no encarte de mapas: Sivam e Estações meteorológicas, p. X).

O zoneamento agropedoclimático, que resulta da confluência de técnicas de geoprocessamento, sistemas de informação geográfica, dados sobre clima e solo (José P. Queiroz Neto, 1973) e informações agrossocioeconômicas, serve para orientar as decisões sobre o uso de recursos naturais e agricultura. O mapeamento geomorfológico mantém sua atualidade (Jurandyr S. Ross e Isabel C. Moroz, 1995).

A especialização dos lugares, que é também uma manifestação da divisão territorial do trabalho, exige a produção e a circulação de torrentes de informação, que ao mesmo tempo a retroalimentam. Por isso a informação constitui uma nova forma de trabalho, é um fundamento do trabalho contemporâneo e também um dado relevante da divisão social e territorial do trabalho. Há hoje uma informação globalmente organizada, que se constrói e se difunde com instrumentos de trabalho específicos, isto é, sistemas técnicos sofisticados, exigentes de informação e produtores de informação sobre o território. É o caso dos satélites, que retratam a face do planeta a intervalos regulares e, nesse ritmo, permitem verificar a evolução do território. Ricardo Castillo (1999) explica como as sucessivas inovações técnicas

1. A Raytheon, empresa global com sede em Massachusetts e especializada em equipamentos de defesa, foi selecionada para a implementação do Sivam com o favor do governo dos Estados Unidos. Para sua construção, o Eximbank concedeu um empréstimo.

2. O Sivam deverá estar funcionando em 2001. Atualmente, existe um único radar, em São Gabriel da Cachoeira, norte do Amazonas. [O Sivam foi inaugurado em 25 de julho de 2002. (*N. do E.*)]

nesse campo conduziram a um conhecimento cada vez mais detalhado do território. Em 1974 as imagens do satélite americano Landsat, recebidas em Cuiabá (MT), possibilitaram trabalhar em escalas de até 1:100.000 e, na década de 1980, as imagens do satélite francês Spot, na mesma estação brasileira, aumentaram as escalas para 1:30.000 (R. Castillo, 1999, p. 149). Novas formas técnicas, próprias dos anos 1990, como a Rede Associada de Sensoriamento Remoto do Instituto Brasileiro do Meio Ambiente (IBA-MA), a Rede Brasileira de Monitoramento Contínuo (RBMC) do IBGE e a Rede Geodésica do Estado de São Paulo, baseadas no uso dos satélites, tornaram o território mais bem conhecido e permitiriam falar de uma "segunda integração territorial" (R. Castillo, 1999, p. 148). Os satélites também permitem monitorar os fluxos rodoviários de cargas. Cinco empresas instalam diversos sistemas de rastreamento: a Prosat Comunicação, que comercializa o Cargosat, e a Schahin Cury Administração e Informática, que vende o Rodosat, ambas em São Paulo, a Avibras Telecom (São José dos Campos, SP), com o sistema Logiq, a Trucksat Systems (Uberaba, MG) e a Autorac (Brasília), com o Omnisat. Elas eram responsáveis, em 1996, por 3.877 sistemas no Brasil.

Um território bem-informado, a partir de uma organização globalizada, é também resultado da ação do Instituto Nacional de Meteorologia (Inmet), com sede em Brasília e ligado ao serviço de Vigilância Meteorológica Mundial (VMM) por meio do Sistema Global de Telecomunicações. Criou-se em 1987, no seio do Instituto Nacional de Pesquisas Espaciais (INPE), o Centro de Previsão de Tempo e Estudos Climáticos (CPTEC). De menor escopo territorial, os sistemas paulista, nordestino, paranaense, mineiro e gaúcho perfazem a rede com a elaboração das denominadas meteorologias de mesoescala. E, finalmente, as estações meteorológicas, que em 1996 eram 293, transferem as suas informações para os centros de previsão e estações auxiliares (Ver no encarte de mapas: Estações meteorológicas do Brasil, p. XI).

Os radares meteorológicos, hoje mais precisos e poderosos, permitem realizar previsões em pequenos intervalos, aumentando a eficiência das atividades agrícolas. A partir da detecção dos fenômenos meteorológicos que estão acontecendo, é possível calcular a intensidade das precipitações e a velocidade e direção do vento. Esse discreto alcance temporal é, porém, sua principal limitação. Mas, sendo suas informações utilizáveis na escala das cidades, a rede de radares meteorológicos de Bauru, Presidente Prudente e Ponte Nova–Salesópolis[3] proporciona dados essenciais para a vida urbana e rural do estado. Os próprios microclimas urbanos são objeto de detecção e análise (Carlos Augusto F. Monteiro, 1976; Magda A. Lombardo, 1985). Previsões de enchentes e ventos fortes são consideradas fundamentais para as operações aeroportuárias da região na organização das Centrais Elétricas de São Paulo (CESP) e para a programação imediata das tarefas agrícolas da cana-de-açúcar (queimadas, aplicação de pesticidas, colheita). Todavia, nessas áreas onde tecnicamente o conhecimento é possível, como nos *umland* de 450 quilômetros dos radares de Bauru e Presidente Prudente,[4] as empresas têm diferentes capacidades de utilização das informações, que se transmitem via Renpac e de *software* específico. Além do Instituto Nacional de Pesquisas Espaciais (INPE), do Departamento de Águas e Energia Elétrica (DAEE), da Defesa Civil, do Instituto Agronômico de Campinas (IAC) e das universidades públicas do estado, setenta firmas se beneficiam regularmente da presença de ambos os radares. São empresas de comunicação, cooperativas e empreendimentos agrícolas, usinas de cana-de-açúcar e construtoras. Dentre

---

3. Os radares de Bauru e Presidente Prudente são operados pela UNESP (o primeiro foi implantado em 1974 com o apoio da FAPESP), e o de Ponte Nova–Salesópolis, pelo Departamento de Águas e Energia Elétrica (DAEE). Além desses radares, o sistema de previsão do estado de São Paulo completa-se com 35 estações de superfície, três estações de radiossonda, uma unidade de controle e gerenciamento de dados no Instituto Agronômico e Astrofísico da USP e o centro de recepção de dados de satélite instalado no Centro de Ensino e Pesquisa em Agricultura da Unicamp.

4. Os radares de Bauru e Presidente Prudente operam na banda S e com processamento Doppler. É esta última técnica que permite estimar, além da precipitação, os ventos. O radar de Ponte Nova–Salesópolis não possui Doppler. A cobertura decorre dos modos pelos quais o radar é operado. Nos primeiros, o raio é de 450 quilômetros para o modo vigilância (indica a presença de chuvas), de 240 quilômetros para o modo varredura em volume (quantifica a chuva) e de 30 a 60 quilômetros para o modo ar claro (estima o vento em dias de céu claro). O radar Ponte Nova–Salesópolis opera em modo de quantificação de chuva num raio de até 240 quilômetros.

os usuários do radar Ponte Nova destacam-se a Prefeitura Municipal de São Paulo, a Eletropaulo, o Climatempo, rádios e televisões. Aos três radares paulistas acrescentam-se outros três, de idade mais recente, na região Sul, implantados pela Universidade Federal de Pelotas, pela Associação dos Fruticultores de Fraiburgo e pelo Sistema Meteorológico do Paraná. Suas coberturas, em alguns casos, atingem 480 quilômetros. Numa época em que todas as etapas do trabalho são planejadas com antecedência e rigor, a superposição na região concentrada de áreas conhecidas pelos diferentes radares garante-lhe uma alta densidade informacional.[5]

Na região Nordeste, a Fundação Cearense de Meteorologia e Recursos Hídricos (Funceme) comanda um sistema integrado de informações em tempo real que atinge também outros estados, com informações sobre precipitações e nível de água no solo. Essas previsões, fundamentais para a agricultura, são utilizadas pelas atividades turísticas. Outra rede de informação agrometeorológica, o Programa de Estações de Avisos Fitossanitários, implantado nos anos 1980 em Fraiburgo, São Joaquim, São José e Urupema, em Santa Catarina, Guarapuava, no Paraná, São José do Rio Claro, em Mato Grosso, e Pelotas e Bento Gonçalves, no Rio Grande do Sul, permite a previsão de doenças e pragas das culturas e coincide, certamente, com as áreas meridionais de tradição agrícola.

O mundo de hoje é o cenário do chamado "tempo real", porque a informação se pode transmitir instantaneamente. Desse modo, as ações se concretizam não apenas no lugar escolhido, mas também na hora adequada, conferindo maior eficácia, maior produtividade e maior rentabilidade aos propósitos daqueles que as controlam. Graças à informatização, que, segundo Olivier Pastré (1983, p. 9), é um novo modo dominante de organização do trabalho, as redes aprimoram-se e a informação circula por elas fluidamente. Promovidas pelo poder público, pelas associações empresariais, por formas mistas ou internas às firmas, as redes de informação têm hoje um papel decisivo. Veja-se o caso da Rede Antares, que busca integrar todos os Sis-

---

5. O Ministério da Aeronáutica opera radares para segurança de voo em São Roque (SP), Pico de Couto (RJ) e Gama (DF).

temas Estaduais de Informação e fornece dados de ciência e tecnologia, como, por exemplo, controle biológico, microbiologia, culturas tropicais etc. Por outra parte, a Confederação Nacional da Indústria oferece aos empresários o CINData, que são bases de dados on-line sobre indicadores econômicos, acompanhamento de negociações coletivas, comércio exterior e terminologia padronizada.

Esse modo dominante de organização do trabalho imprime ao território novos usos e, portanto, novas dinâmicas. Pelo Sistema de Informação para Suporte ao Comércio Exterior (Siscomex), a entrada de cargas nos portos foi automatizada graças à interligação eletrônica entre companhias aéreas, agentes de carga e transportadores, que rastreiam o material transportado em cada etapa do transporte e também se comunicam com todos os mercados mundiais (Maria Rita P. A. Alves, 1996, p. 89).

Em nossos dias, a informação, sobretudo nas grandes firmas, poderia ser contabilizada como capital orgânico, imprescindível para a criação e reprodução de mais-valia e exigente, a cada dia, de atualização. Sem essa permanente realimentação, os bancos de dados se tornariam inúteis e a empresa pagaria o preço da descapitalização. Entre inúmeros exemplos, a Binswanger Brasil, filial da Chesterton Blumenauer Binswanger (CBB),[6] investidora e consultora, possui um banco de dados sobre o setor imobiliário nos centros mais importantes da Região Concentrada: São Paulo, Rio de Janeiro, Belo Horizonte, Curitiba, Porto Alegre e Campinas. Mas essa é também a situação dos bancos de dados de revistas como *Exame* e *Visão* e de jornais como a *Gazeta Mercantil*, a *Folha de S.Paulo* e *O Estado de S. Paulo*.

Há também as empresas de informação em tempo real via satélite, como Reuters, CMA, Agência Estado/Broadcast, entre outras, que fornecem dados às firmas que pagam o ingresso na rede. Graças aos computadores e à sua integração às redes, a mobilidade de notícias, normas e comandos torna-se uma realidade, assegurando aos centros de decisão um real poder sobre os

---

6. A CBB possui 160 escritórios em oitenta países, e na América Latina são 11 subsidiárias. A Binswanger Brasil participou da instalação da fábrica da Motorola em Jaguariúna (SP), da sede da Kodak em São Paulo e da construção do teleporto do Rio de Janeiro, além de prestar consultoria sobretudo a outras firmas globais que chegam ao Brasil.

outros pontos do espaço. As cotações da Bolsa de Mercadorias de Chicago para produtos como milho e soja, antes desconhecidas, agora fazem parte *just in time* do cotidiano de agricultores e empresários.

Todos esses novos instrumentos de trabalho colonizam o território de forma seletiva, de tal modo que os pedaços de maior densidade técnica acabam por oferecer mais possibilidades do que os menos dotados desses recursos de conhecimento. Essa crescente instrumentalização do território agrava as disparidades entre quem pode conhecer o território e quem é menos favorecido para fazê-lo. Por isso e paralelamente criam-se áreas mais informadas e menos informadas.

Quanto à pesquisa científica, dado basilar do período, embora se alastre pelo país, verifica-se uma presença maciça das maiores universidades e institutos de investigação na Região Concentrada. Além das grandes universidades, mencionam-se o Instituto de Economia Agrícola, o Instituto de Pesquisas Espaciais, o Centro de Previsão de Tempo e Estudos Climáticos e o Instituto Agronômico de Campinas, cujo Centro de Produção de Material Propagativo cria sementes e mudas, o que contribui para a modernização das áreas agrícolas. Essa densidade informacional, derivada em parte da mencionada densidade técnica, indica o grau de exterioridade da área *core* do país e, ao mesmo tempo, suas virtualidades para que alguns dos respectivos atores mantenham fluidas relações com outros lugares dentro e fora do território nacional (M. Santos, 1996, p. 205).

Mas é preciso relacionar o conhecimento do lugar com o conhecimento produzido no lugar. Essa informação endógena nutre-se da força da contiguidade territorial e da energia de um acontecer homólogo, e constitui uma possibilidade de dinamizar, pela base, a economia. Ela também fundamenta a divisão territorial do trabalho. Famílias de técnicas consideradas obsoletas e organizações locais são, com frequência, as bases desse trabalho de produzir e distribuir informação no lugar. Rádios e jornais comunitários por vezes rotulados de "piratas", sindicatos, associações de agricultores, a Casa da Lavoura, formas de propaganda local, o Sebrae, o pioneirismo das organizações comunitárias num estado como o Rio Grande do Sul, o Movimento dos Trabalhadores Rurais Sem-Terra (MST) surgem como produtores de um saber local. Veja-se o caso da Cooperativa dos Agricultores Assentados (Cooperal), em Hulha Negra, no Rio Grande do Sul, que produz sementes agroecológicas Bionatur para criar alternativas à pequena propriedade familiar, ou o da parceria entre o MST e a Universidade Estadual do Mato Grosso para ministrar um curso de Pedagogia. Por outra parte, a Confederação Nacional dos Trabalhadores na Agricultura (Contag) e a Embrapa criaram o Banco Nacional da Agricultura Familiar (BNAF), destinado a munir de recursos tecnológicos os produtores organizados em cooperativas, associações, sindicatos etc.

Esse conhecimento pode ser um dos pilares para criar "uma base de vida que amplie a coesão da sociedade civil, a serviço do interesse coletivo" (M. Santos, 1996, p. 228). Sem dúvida, haverá sempre o risco de uma ação tornada funcional para a ordem global. Mas, como o trabalho comum no lugar precisa e cria informação sobre a produção e sobre o mercado, descobrem-se, acima dos conflitos, interesses comuns que podem conduzir a uma consciência política, na base de uma densidade comunicacional dinâmica e transformadora.

2. A constituição recente do meio técnico-científico--informacional

Resultado de um trabalho permanente e, sobretudo, da progressiva incorporação de capitais fixos e constantes, com ênfase em certos pontos, o território brasileiro metamorfoseia-se em meio técnico-científico-informacional. Este é a cara geográfica da globalização. Os mencionados acréscimos de ciência, tecnologia e informação ao território são, ao mesmo tempo, produto e condição para o desenvolvimento de um trabalho material e de um trabalho intelectual, este tornado indispensável, já que antecede a produção.

Em períodos anteriores, os sistemas de engenharia eram imaginados para responder às necessidades do lugar e, de fato, assim funcionavam. Sua escala de projeto era mais frequentemente regional. Quando eles passavam a autorizar uma cooperação estendida, em lugar da cooperação com base local que antes permitiam, acabavam por constituir sistemas integrados e interdependentes entre si. É o caso do sistema hidrelétrico brasileiro. Nos dias de hoje, os sistemas de engenharia são projetados e construídos em forma integrada, na intenção de promover a convergência de certos agentes e de certas regiões. Esses grandes sistemas técnicos fornecem as condições para que outras técnicas funcionem. Alguns preferem denominá-los macrossistemas técnicos (B. Joerges, 1988; T. Hughes e R. Maynz, 1988; I. Braun e B. Joerges, 1992; A. Gras, 1992 e 1993). São as grandes barragens, aeroportos, vias rápidas de transportes, suportes de diversas espécies, responsáveis pela criação de situações nas quais há uma solidariedade entre técnicas de telecomunicações, teledetecção, informática e burótica, entre outras, que povoam o território através de redes materiais e imateriais.

As firmas e bancos globais, verdadeiras redes, estimulam a permanente renovação dos sistemas de engenharia, a partir da alocação de capitais sob a forma de créditos e empréstimos de diversas espécies. Essas novas próteses são veículos de fluxos multidirecionais, cuja escala se alarga até tornar-se global. Por meio desses fluxos, mobilizam capitais e cumprem o desígnio da sua criação. A equação entre capital e emprego torna-se, progressiva ou brutalmente, desfavorável a este último.

A rarefação relativa dos sistemas de engenharia, característica de antigas divisões territoriais do trabalho, não estimulava a presença de outros capitais, fixos ou especulativos, em certas regiões. Uma divisão territorial do trabalho globalizada exige uma trama densa e complexa de sistemas de engenharia, o que leva à difusão dos capitais fixos e constantes e à circulação veloz dos capitais especulativos.

Os sistemas de engenharia que antes eram praticamente subordinados às condições locais são, cada vez mais, tributários de relações mais amplas. De um controle pulverizado à escala de comunidades isoladas, passaram a depender de um controle unificado que preside a um jogo complexo, social e economicamente, que, hoje, caracteriza a utilização de infraestruturas instaladas segundo regras científicas e técnicas estritas. Constituídos por capitais indivisíveis, esses macrossistemas técnicos exigem, para sua operação eficaz, uma acentuada unicidade de direção. O uso do território é marcado, de um lado, por uma maior fluidez, com menos fricções e rugosidades, e, de outro, pela fixidez, dada por objetos maciços e grandes e também pelos micro-objetos da eletrônica e da informática, cujas localizações devem ser adequadas e precisas. A expansão desse meio técnico-científico-informacional é seletiva, com o reforço de algumas regiões e o enfraquecimento relativo de outras.

3. Diferenças do meio técnico-científico-informacional no território brasileiro

Num movimento desigual e combinado, cria-se uma nova geografia do Brasil, caracterizada, quanto à nova tecnosfera, por uma Região Concentrada e por manchas e pontos, enquanto há uma tendência à generalização da nova psicosfera, característica do presente período histórico. Existem, contudo, modos de resistência à homogeneização dessa psicosfera, fundados em formas regionais de viver e de fazer convivendo com os novos padrões de comportamento e de gosto, típicos da globalização. Exemplos podem ser encontrados na educação, nas tradições, nas emissoras de rádio e televisão. Tanto as misturas de sabores culinários dos negros, índios e portugueses, que caracterizam ainda hoje a culinária nordestina, como a influência indígena na alimentação nortista (José Arbex Jr. e M. Helena V. Senise, 1998) constituem empecilhos à maior propagação de cadeias globais de comida rápida.

Nas regiões Sudeste e Sul, a urbanização, a cientificização da agricultura, a presença de centros de pesquisa e ensino superior, a maior densidade de rodovias, ferrovias e bases materiais das telecomunicações e da teledetecção como que reduzem, na produção, a ação direta sobre a natureza, substituída em larga proporção pela ação do trabalho sobre o trabalho, isto é, do trabalho vivo sobre o trabalho morto. Com maior intensidade que em outras áreas do país, a esfera técnico-científica espalha-se, substituindo os escassos interstícios de um meio natural e as amplas manchas dos sucessivos meios técnicos. Dentro dessa área são possíveis fluxos multilaterais que o resto do território é incapaz de suscitar. A Região Concentrada é, por definição, uma área onde o espaço é fluido, podendo os diversos fatores de produção deslocar-se de um ponto a outro sem perda da eficiência da economia dominante. Mas essa difusão do meio técnico-científico-informacional deve muito ao paralelismo da nova psicosfera, levando ao alastramento de novas racionalidades e, como afirma Ana Clara Torres Ribeiro (1994, p. 150), a "uma espécie de 'naturalização' da modernidade que isentaria os atuais projetos de modernização — em sua capacidade de selecionar ângulos da realidade social e privilegiar segmentos — das principais críticas dirigidas a outros projetos de modernização historicamente concebidos [...] para a sociedade brasileira".

O meio técnico-científico-informacional não se impõe igualmente sobre o território. Vejamos os casos do Centro-Oeste, do Nordeste e da Amazônia. Representando cerca de 20% da área total cultivada no Brasil, 25% da produção de grãos e 43% do rebanho nacional, os cerrados aparecem como a mais produtiva das regiões brasileiras para a produção agropecuária capitalista. O meio técnico precedente era parcamente presente e a enormidade dos vazios diminuiu as resistências à inovação, permitindo a chegada brutal da nova tecnosfera e da nova racionalidade econômica. Já no Nordeste, o peso das heranças materiais e culturais é muito forte, agindo como freio e resistência. Assim, as novas técnicas e as novas formas de fazer apenas ocupam os interstícios de um trabalho vivo e de um trabalho morto próprios de épocas anteriores. Na Amazônia, são sobretudo formas "externas", como satélites e radares do SIVAM, que buscam cientificizar a natureza, certamente depois de conhecê-la. Como se torna um espaço informado para os agentes hegemônicos, as ações são pontuais, precisas e pragmáticas, utilizando estradas, hidrovias e sistemas de informação, enquanto a maior parte da sociedade continua a viver em tempos mais lentos.

CAPÍTULO 5

Uma reorganização produtiva do território

1. Introdução

Graças aos progressos da ciência e da técnica e à circulação acelerada de informações, geram-se as condições materiais e imateriais para aumentar a especialização do trabalho nos lugares. Cada ponto do território modernizado é chamado a oferecer aptidões específicas à produção. É uma nova divisão territorial, fundada na ocupação de áreas até então periféricas e na remodelação de regiões já ocupadas.

Amplia-se a descentralização industrial, despontam *belts* modernos e novos *fronts* na agricultura e especializações comerciais e de serviços se desenvolvem em porções do país que apenas no período atual puderam acolher vetores da modernidade. Torna-se mais densa a divisão territorial do trabalho, que se aprofunda ainda mais nas áreas já portadoras de densidades técnicas. É o caso da Região Concentrada do Brasil.

Além de condicionar a construção de especializações, essa nova estruturação segmenta o território. Os compartimentos mais ativos são aqueles mais aptos aos produtos exigidos pelo chamado mercado mundial. Porque é preciso ligar num único processo as parcelas do trabalho desenvolvidas em lugares distantes, impõe-se mais cooperação entre pontos do território e a circulação ganha um novo ímpeto. Alargam-se os contextos ao mesmo tempo que as regiões perdem o comando sobre o que nelas acontece, contribuindo para uma verdadeira fragmentação territorial. As novas vocações regionais são amiúde produtoras de alienação, pela pressão da ordem global sobre as populações locais.

2. A "descentralização" industrial

A partir dos anos 1970, impõe-se um movimento de desconcentração da produção industrial, uma das manifestações do desdobramento da divisão territorial do trabalho no Brasil.

Entre 1970 e 1980, o número de estabelecimentos industriais no Brasil cresceu 184,52%, enquanto o valor da transformação industrial aumentou 537,70%, e o pessoal ocupado, 98,39%. Todavia, a partir dos anos 1980 há um decréscimo do número de estabelecimentos industriais (-11,84% entre 1980 e 1990), graças, em boa parte, ao processo de concentração da propriedade industrial (agravado pelos progressos da automação) e a uma desaceleração no crescimento do valor da transformação industrial. Eram 69.871 estabelecimentos industriais em 1970, que empregavam 2.421.745 pessoas e rendiam 11.464.204.629 dólares, 201.813 estabelecimentos em 1980, com 4.804.409 empregados e 73.107.204.076 dólares e 177.915 estabelecimentos em 1990, com 6.907.993 pessoas e 94.336.610.047 dólares. O planejamento econômico e regional estimulou a instalação de polos de fabricação mediante fortes incentivos governamentais, como é o caso dos tecnopolos (Luiz Cruz Lima, 1994).

A produção industrial torna-se mais complexa, estendendo-se sobretudo para novas áreas do Sul e para alguns pontos do Centro-Oeste, do Nordeste e do Norte (Manaus). Paralelamente, as áreas industriais já consolidadas ganham dinamismos diferentes dos que definiram a industrialização em períodos anteriores.

Número de estabelecimentos, pessoas ocupadas e valor da transformação industrial apontam alguns indícios do fenômeno de desconcentração. Reunindo 62,32% dos estabelecimentos da indústria de transformação do país em 1970, a região Sudeste passou, dez anos mais tarde, a ter 48,75% do total. Todavia, se a participação relativa do Sudeste quanto ao número de estabelecimentos aumenta após 1980 (60,26% do total nacional em 1990), o valor da transformação industrial mantém a tendência à queda relativa já mostrada na década de 1970 (80,97% do total em 1970 e 71,14% do total em 1990). A participação do Sudeste em relação ao total de pessoas ocupadas na indústria do país cai de 71,02% em 1970 para 49,75% em 1990.

O Sul desponta como a região ganhadora nesse rearranjo do trabalho industrial no Brasil, pois aumenta, entre 1970 e 1990, o número de estabelecimentos (de 14.534 para 43.969), o número de pessoal ocupado (de 358.100 para 2.520.493) e o valor da transformação industrial (de 1.343.666.303 dólares para 15.299.863.312 dólares). Em 1970, enquanto essa região acolhia apenas 14,79% do pessoal ocupado do país, São Paulo concentrava 50,97%. Vinte anos depois, São Paulo reunia 35,35% do emprego industrial e a região Sul, que já havia ultrapassado esse umbral, ostentava 36,49% do total nacional.

A região Centro-Oeste começa a ter um papel no quadro industrial, abrigando várias etapas da cadeia produtiva das mais poderosas agroindústrias sulistas e evidenciando também a alta concentração de capitais e a automação dos processos produtivos. Em 1970 ela reunia apenas 2,86% dos estabelecimentos industriais do Brasil para, depois de um aumento nos anos 1980, decrescer em 1990, registrando 4,55% do total nacional. No entanto, se o número de pessoas empregadas na indústria dessa região é o menor do Brasil, os valores de transformação industrial apontam para um extraordinário crescimento nesses vinte anos (mais de 14 vezes entre 1970 e 1980 e quase três vezes entre 1980 e 1990).

Apesar da evolução positiva dos números absolutos, o Nordeste, onde se instalam muitas indústrias modernas, mostra uma queda na repartição de estabelecimentos industriais no país (20,36% do total nacional em 1980 e 8,54% em 1990), na distribuição nacional do emprego industrial (13,35% do país em 1980 e 9,64% dez anos depois) e uma estagnação no seu valor de transformação industrial em relação às outras regiões. Esse valor correspondia, em 1990, a cerca de 11% do valor do Sudeste e era quase equivalente ao do estado do Rio de Janeiro.

A região Norte mostra recentemente uma diminuição do número de estabelecimentos (1.442 em 1970, 7.097 em 1980 e 3.460 em 1990) e um crescimento do número de pessoas ocupadas (passa de 35.262 em 1970 para 124.776 em 1980 e 155.695 em 1990) e, também, do valor de transformação industrial. Sua participação relativa, no conjunto do Brasil, manteve-se baixa quanto aos mencionados indicadores nessas duas décadas.

A desconcentração industrial deve ser analisada com especial atenção no estado de São Paulo (Sandra Lencioni, 1991). Entre 1970 e 1990, o número de estabelecimentos e o valor da transformação industrial crescem significativamente no interior do estado. Enquanto em 1970 a Região Metropolitana reunia 36,09%, o município de São Paulo, 28,94%, e o interior, apenas 6,95% do total nacional de estabelecimentos industriais, duas décadas mais tarde as participações eram, respectivamente, de 21,95%, 9,23% e 15,26%. Situação semelhante é a do valor de transformação industrial. Nesse mesmo intervalo, a participação da Região Metropolitana de São Paulo caiu de 45,29% para 31,13%, e a do município passou de 28,39% para 16,01%, ao tempo que a do interior aumentou de 13,13% para 21,70%. Todavia, quanto às pessoas ocupadas na indústria, diminui substancialmente a participação relativa do estado de São Paulo no total nacional, como também a da Região Metropolitana, do município e do interior do estado.

Em virtude da modernização dos equipamentos e da remodelação dos arcabouços normativos (impostos, isenções, sindicatos etc.), dados técnicos e dados políticos articulam-se para determinar a instalação de fábricas no interior do estado de São Paulo, muitas delas vinculadas ao desenvolvimento de uma agricultura moderna (Olga L. C. de F. Firkowski e Silvia S. Sampaio, 1992). Todavia, embora tecnologicamente mais avançadas, as indústrias interioranas acabam por oferecer menos emprego.

A nova divisão do trabalho industrial é acompanhada de uma nova repartição geográfica. Em ramos como metalúrgica, mecânica, material elétrico e comunicação, transportes, papel e papelão, indústria química e produtos de materiais plásticos, a maior concentração dos estabelecimentos é, ainda, na região Sudeste, seguida pela região Sul. A indústria da madeira revela sua mais forte presença nas regiões Sul e Norte, seguidas pelo Sudeste, enquanto os setores farmacêutico e veterinário localizam-se, sobretudo, no Sudeste e no Nordeste. Considerando-se o total dos grandes estabelecimentos do país entre 1970 e 1994, o Sul aumentou sua participação relativa nos gêneros de papel e papelão, mecânica, material elétrico e comunicação, transportes, madeira e produtos de materiais plásticos.

Evidenciando a reorganização industrial na Região Concentrada, os estados sulinos e o interior do estado de São Paulo ganham com a emigração de estabelecimentos da Região Metropolitana de São Paulo, com a criação de novas indústrias e, paralelamente, com a concentração-dispersão do valor da transformação industrial. A automação industrial é, outrossim, responsável pela queda do emprego industrial, sobretudo nas indústrias que nascem modernas nessas "fronteiras internas" da área *core* do país. Por outra parte, as fronteiras agropecuárias modernas do Centro-Oeste tornam-se agora novas fronteiras industriais, "externas" à Região Concentrada, e abrigam um número pequeno de poderosas indústrias.

Com a globalização, o país busca tornar-se viável ao enraizamento dos grandes capitais. Adaptam-se as condições de regulação da economia e do território e, paralelamente, dá-se um esforço para reequipar algumas áreas. Assim, *holdings* nacionais e globais irão desenhar suas topologias no território brasileiro, mantendo, porém, seus centros de comando nas regiões Sudeste e Sul do país e, por vezes, também na Bahia. Em 1996, 263 (52,6%) das quinhentas maiores empresas privadas do Brasil localizavam suas sedes em São Paulo, 59 (11,8%) no Rio de Janeiro e as demais no Rio Grande do Sul, Minas Gerais, Bahia, Santa Catarina e Paraná.

Considerando as sedes das quinhentas empresas líderes, verifica-se também, entre 1974 e 1996, uma queda relativa dos estados de São Paulo (64,4% para 52,6%) e Rio de Janeiro (16,4% para 11,8%), em favor de um aumento da participação de Rio Grande do Sul, Minas Gerais, Paraná, Santa Catarina e Bahia. Aqui, trata-se menos de uma deslocalização dos escritórios das grandes empresas e mais de uma re-hierarquização dessas firmas em função de suas vendas.

O crescimento de indústrias de alimentos como Sadia e Ceval, que não estavam entre as maiores em 1974, torna a região Sul um *locus* de grandes empresas. Por outra parte, as novas políticas territoriais da indústria automobilística são responsáveis também pela difusão das sedes empresariais dentro da Região Concentrada: Fiat Automóveis em Minas Gerais, Volvo do Brasil no Paraná e, no Rio Grande do Sul, Randon, Marcopolo e Albarus. Minas Gerais surge, historicamente, como o lugar da siderurgia, com Usiminas, Alcoa, Acesita, Açominas, Belgo-Mineira, Mannesmann, e da mineração, pois abriga seis das vinte maiores empresas do ramo, entre elas a Magnesita, a Samarco Mineração e a CBMM. Goiás salienta-se neste último setor com as firmas SAMA e Codemin. O Sul destaca-se também pelas confecções, com empresas como Azaleia, Grendene, Dakota, Brochier e Calçados Ortopé, no Rio Grande do Sul, e Hering Têxtil S. A., Marisol e Sulfabril em Santa Catarina.

Contando somente com seis empresas líderes em 1974, a Bahia passa a acolher 23 em 1996. O desenvolvimento do setor petroquímico, a partir das novas possibilidades técnicas e das novas regulamentações para a exploração, é certamente um dos fatores que permitem explicar esse crescimento. Esse estado é sede de firmas do setor, como Copene e CPC. O estado do Amazonas, que passou de três localizações em 1974 para 13 em 1996, caracteriza-se pela polarização das empresas eletroeletrônicas na Zona Franca de Manaus.

Corporações vinculadas ao turismo e empresas do setor têxtil e confecções, graças a incentivos fiscais, localizam-se em várias cidades nordestinas. As grandes redes de supermercados, como o Carrefour e o Pão de Açúcar, espalham-se pelo país todo, evidenciando a difusão de um novo padrão de consumo que se entrelaça com um novo padrão de produção e comercialização de alimentos.

Em processo de privatização, mais ou menos completo segundo os lugares, as maiores empresas fornecedoras de serviços públicos distribuem-se pelos estados mais densamente povoados: Rio de Janeiro, São Paulo, Minas Gerais, Paraná, Rio Grande do Sul, Santa Catarina, Bahia e, certamente, o Distrito Federal, mas também Ceará e Goiás. São, sobretudo, as empresas de energia elétrica, petroquímica e telecomunicações.

O Rio de Janeiro reserva-se o comando de várias das mais importantes corporações do Brasil, como a Companhia Vale do Rio Doce, a IBM do

Brasil e, no setor de exploração e distribuição de petróleo, a Petrobras, a Shell, a Ipiranga, a Texaco e a Esso. No ramo de bebidas e fumo, essa cidade acolhe a Souza Cruz e a Coca-Cola, e, no setor de confecções, De Millus, Du Loren e Triumph International. As principais indústrias farmacêuticas, quase todas de controle acionário estrangeiro, repartem-se entre Rio de Janeiro e São Paulo.

A diversificação da estrutura industrial paulista observa-se, igualmente, nas empresas líderes. Poderíamos mencionar algumas firmas no setor de automóveis e peças: Volkswagen, GM, Mercedes-Benz, Ford, Bosch, Scania, Iochpe-Maxion, Cofap, Toyota, ZF, BMW, TRW, Metal Leve, Freios Varga e Cummins Brasil; no gênero de alimentos: Nestlé, Copersucar, Santista Alimentos, Cargill, Perdigão, Parmalat, RMB, Kibon, Leite Paulista, Quaker, Lacta, Danone e J.B. Duarte; em bebidas e fumo: Philip Morris, Coca-Cola/Spal, Antarctica Paulista, Kaiser, Schincariol, Antarctica Niger, Brahma/Astra, Heublein e Coca-Cola/Ipiranga; em eletroeletrônica: Multibras, Philips, NEC, FIC, Pirelli Cabos, Ericsson, Siemens, Microlite, Arno, Singer, BS Continental e Alcatel; mecânica: ABB, Indústrias Villares, Voith, General Electric, Krones e Romi; e química e petroquímica: Basf, Hoescht, Rhodia, Bayer, Kodak Brasileira, Petroquímica União, 3M do Brasil, Ciba e DuPont. E em ramos de alta tecnologia, como a computação, o estado de São Paulo sedia a Compaq, Hewlett Packard Brasil, Personal Computer Company, SID, IVIX, ABC Bull, CPM Computadores, Procomp Eletrônica, Ner, Dismac, Microtec, Fujitsu, AT&T, Itec, Sisco e Daruma. Das vinte maiores do setor, 17 localizam-se na capital paulista. Segundo pesquisa feita pela Secretaria de Política de Informática e Automação em 1997, para uma amostra de 589 empresas de *software* no Brasil, 116 (19,7%) tinham sua matriz no estado de São Paulo e 83 (14,1%) em Minas Gerais, e em terceiro lugar vinham Rio de Janeiro, Paraná e Santa Catarina. A partir das ofertas dessas empresas, podem-se observar a especialização e a informatização do trabalho global, nacional e local nas áreas financeira, de administração, contabilidade, automação comercial, industrial e de escritórios, administração de recursos humanos, gerenciamento de informações, banco de dados, comunicação de dados, saúde e educação, multimídia e controle de qualidade e de processos, agropecuária, construção, telecomunicações, lazer, geoprocessamento e marketing, entre outros.

3. "Guerra fiscal", guerra dos lugares

As mudanças de localização de atividades industriais são às vezes precedidas de uma acirrada competição entre estados e municípios pela instalação de novas fábricas e, mesmo, pela transferência das já existentes. A indústria do automóvel e das peças é emblemática de tal situação.

A política territorial das corporações automobilísticas, que até recentemente buscava as benesses das localizações metropolitanas, a estas acrescenta hoje ações de descentralização industrial e coloniza novas porções do território. A Volkswagen possui cinco fábricas, três no estado de São Paulo, nos municípios de São Bernardo do Campo, Taubaté e São Carlos, uma em Resende (RJ) e a mais recentemente instalada em São José dos Pinhais, na Região Metropolitana de Curitiba. A Ford possui três fábricas, localizadas nos municípios de São Paulo, São Bernardo do Campo e Taubaté. Também a General Motors-Chevrolet preferiu produzir em São Caetano do Sul e São José dos Campos, no estado de São Paulo. Quanto à Fiat, optou por sediar suas duas fábricas nos municípios mineiros de Betim e Contagem, na Região Metropolitana de Belo Horizonte.

No período da globalização, a velocidade com que os pedaços do território são valorizados e desvalorizados, determinando mudanças de usos, é temerária. E as novas políticas das montadoras, no Brasil, parecem ser um exemplo paradigmático. Para produzir modernamente, essas indústrias convocam outros atores a participar de suas ações hegemônicas, levados, desse modo, a agir segundo uma lógica subordinada à da firma global. No plano da produção, conflitos se eliminam e a modernidade se instala... à custa das empresas tributárias. Mas o conflito não pode ser suprimido da história do território. Nos lugares escolhidos, o restante dos objetos, o restante das ações, e, enfim, o restante do espaço, tudo isso é, assim, chamado a colaborar na instalação da montadora; e tudo é permeado por um discurso eficaz sobre o desenvolvimento, a criação de empregos diretos e indiretos, as indústrias de autopeças, a exportação. Nada se fala sobre a robotização do setor, a drenagem dos cofres públicos para o subsídio das atividades, a monofuncionalidade dos portos e de outras infraestruturas, os *royalties* e o aumento da dívida externa, a importação de peças e de veículos completos.[1] E o território passa a ser organizado e usado com a lógica exclusiva dessa produção, ou melhor, dessa possibilidade de produção, pois em muitos casos não há ainda a implantação das indústrias. Desse modo, e em função da política territorial de uma empresa e da promessa de objetos modernos que chegarão, os lugares entram em guerra. Um combate por oferecer os melhores dados técnicos e políticos às firmas. A Mercedes-Benz, que irá instalar-se em Juiz de Fora, obterá, dos diversos níveis do governo, o terreno e as infraestruturas, a isenção de impostos e taxas municipais durante dez anos, um pagamento do município sobre a receita da unidade, créditos para capital de giro e para o financiamento de máquinas e equipamentos, além de empréstimos sobre o faturamento. A firma vai investir 820 milhões de dólares e criar 1.500 empregos diretos.

A Região Metropolitana de Curitiba disputa com veemência os novos investimentos das empresas e, por vezes, das associações *ad hoc* de rivais. É o caso da parceria Volkswagen-Audi, empresa que busca instalar-se em São José dos Pinhais e promete investimentos de 750 milhões de dólares e 3 mil empregos diretos. Implantada ali recentemente, a Renault também pretende criar uma rede de concessionárias e beneficiou-se de ações governamentais, como a duplicação das estradas, a ampliação do Aeroporto Afonso Pena e do porto de Paranaguá, a doação do terreno e a isenção de impostos municipais por dez anos. Além disso, a norte-americana Detroit Corporation pretende produzir motores para automóveis e caminhões nessa metrópole. A Chrysler busca alocar uma fábrica de veículos em Campo Largo e, em parceria com a BMW, vai instalar no estado uma fábrica de motores. Ambas as indústrias criariam 2.200 empregos. Em outro verdadeiro leilão de cidades, Paranaguá disputa com Quatro Barras (SC) a instalação de uma fábrica da General Motors.

---

1. O governo e as empresas, na negociação dos regimes automotivos, trabalham com o chamado índice de nacionalização, que é o volume de peças nacionais usadas no veículo.

O Rio Grande do Sul é igualmente alvo dessas novas políticas territoriais. Localização tradicional de indústrias mecânicas e de fábricas de caminhões e tratores (conta com quatro das 11 indústrias existentes no Brasil), o estado cultiva uma base material e um saber-fazer específicos. A General Motors projetava estabelecer-se em Gravataí, criando 1.300 empregos diretos e beneficiando-se de ações públicas, como a construção de infraestruturas, empréstimos para sua instalação, financiamento do capital de giro e empréstimo de 9% do faturamento durante os primeiros anos. Por outra parte, a Ford especula a possibilidade de enraizar-se nas cidades de Eldorado do Sul ou Guaíba.

Jaraguá do Sul, em Santa Catarina, vai acolher uma fábrica de caminhões da empresa tcheca Skoda, que criará 650 empregos diretos. A Tatra, da mesma *holding*, busca implantar em Aratu, na Bahia, uma fábrica de veículos para mineração. A Bahia tem conseguido participar dessa guerra fiscal graças à norma do regime automotivo diferenciado para as regiões Norte, Nordeste e Centro-Oeste,[2] que, entre outras isenções, reduz os impostos de importação de bens de capital e de insumos e do Imposto sobre Produtos Industrializados (IPI).[3] Essa intenção governamental de homogeneizar o valor do território para os grandes capitais defronta-se, como no caso da coreana Asia Motors, no Polo Petroquímico de Camaçari (BA), com o descumprimento das obrigações empresariais. Usufruindo essa nova regulamentação, a Honda, a Tianjing do Brasil e a Kurim pretendem montar fábricas de motocicletas em Goiás, assim como a Huanheng Motors do Brasil, a Vitoy e a Marleste Navegação, de tratores e empilhadeiras. A Mitsubishi localizou-se em Catalão.

---

2. Esse regime automotivo diferenciado e paralelo ao nacional (este data de 1995 e concedeu incentivos para a instalação de montadoras no país) estará vigente até 2010, quando começará a vigorar o regime automotivo do Mercosul.

3. O regime automotivo prevê a redução de 100% do Imposto de Importação de Bens de Capital, de 90% do Imposto de Importação de Insumos, de 50% do Imposto de Importação de Veículos, isenção de Imposto sobre Produtos Industrializados incidente na aquisição de bens de capital, redução de 45% do IPI incidente na aquisição de insumos, isenção do adicional ao frete para renovação da Marinha Mercante, isenção do Imposto sobre Operações Financeiras (IOF) nas operações de câmbio para pagamento de bens importados, isenção do Imposto de Renda (IR) sobre o lucro do empreendimento, crédito presumido de IPI, como ressarcimento de contribuições, como a Contribuição para o Financiamento da Seguridade Social.

Buscando os benefícios regionais, diversas empresas procuraram estados nortistas e nordestinos. As fábricas de tratores e empilhadeiras instalaram-se em Tocantins (International Automotores do Tocantins), Piauí (Cimi) e Pernambuco (International Automotores de Pernambuco e Emei), enquanto na Paraíba implantou-se uma indústria de motocicletas (Speed Cross). Firmas de automóveis, utilitários e caminhões, favorecidas por esse regime, estabeleceram-se no Acre (Zam Automotrizes), em Tocantins (Araguaia), no Ceará (Troller e Taquari da Subaru) e na Paraíba (Inpavel).

Já estados de tradição na indústria automobilística, como Minas Gerais e São Paulo, participam também, com regras novas, da concorrência pelos investimentos. A coreana Hyundai pretende instalar-se em Minas Gerais com financiamento público a juros subsidiados. E a Iveco,[4] fabricante de caminhões do grupo Fiat, escolheu a cidade mineira de Ouro Branco graças às concessões da Açominas: um terreno, infraestrutura e a possibilidade de compartilhar o complexo portuário em Praia Mole, serviços, bases materiais e mão de obra. Essa indústria vem agregar-se às seis fábricas de caminhões e tratores arraigadas em São Paulo. Não esqueçamos tampouco a disputa entre Minas Gerais e Rio de Janeiro para atrair a localização da Peugeot, que, afinal, optou pelo município fluminense de Porto Real. Em São Paulo, é o interior que participa dessa "guerra fiscal", com a instalação da Toyota em Indaiatuba, graças às facilidades de infraestrutura e comunicação, da Asia Motors, do grupo Kia, em Itu, e da Honda em Sumaré. Com a promessa de criar quinhentos empregos diretos, esta obteve do poder público um terreno, a isenção de impostos municipais durante dez anos, infraestruturas (obras viárias, pátio ferroviário, condições favoráveis ao fornecimento de energia) e um centro profissionalizante. Em Valinhos, a norte-americana Eaton Truck Components Ltda. projeta ampliar sua fábrica e criar trezentos empregos diretos.

É a busca pela edificação de uma densidade técnica nos lugares — por meio de rodovias, ferrovias, portos, aeroportos, geração de energia, terrenos preparados — para torná-los aptos à fabricação de automóveis, caminhões

---

4. A fábrica da Iveco iria instalar-se na cidade argentina de Córdoba, mas os incentivos fiscais brasileiros e as exigências dos sindicatos de trabalhadores de Córdoba mudaram a decisão dessa firma global.

e veículos em geral. Todavia, para progredir nessa contenda é preciso também construir uma densidade normativa (M. L. Silveira, 1996, 1999b) que conceda e combine satisfatoriamente proteções e atrativos legais. Aqui, os três níveis do Estado — federal, estadual e municipal — cooperam e concorrem, em situações únicas em cada cidade, para aumentar o valor dessa porção do território e, enfim, para construir uma produtividade espacial apta à produção de automóveis.

Mas, quando analisamos as condições técnicas e normativas criadas, entendemos que esse processo de criação de valor acaba tendo, para a sociedade como um todo, um alto custo e produz uma alienação advinda da extrema especialização urbana e regional numa produção exclusiva. Mais tarde, a cidade descobre que essa produtividade espacial, esforçadamente criada, não é duradoura e, quando envelhece, o lugar é chamado a criar novos atrativos para o capital. Mas as empresas também convocam o resto do território a trabalhar para seus fins egoístas, mas também inconstantes, de modo a assegurar um enraizamento do capital que é sempre provisório. E, como um capital globalmente comandado não tem fidelidade ao lugar, este é continuamente extorquido. O lugar deve, a cada dia, conceder mais privilégios, criar permanentemente vantagens para reter as atividades das empresas, sob ameaça de um deslocamento.

4. Zona Franca de Manaus

Em 1957 foi estabelecido em Manaus um porto livre, e dez anos depois criou-se a Zona Franca, com centro nessa cidade e uma área de 10 mil quilômetros quadrados. Mas em 1968 ampliava-se o território regulado por essas condições a todo o estado do Amazonas, Acre, Rondônia e Roraima. Com 2.191.522 quilômetros quadrados, a Zona Franca de Manaus acaba por incluir 25% do território nacional. O comércio de mercadorias importadas foi a função central até os anos 1980, momento em que se induziu o crescimento de quatro polos produtivos: eletroeletrônico, relojoeiro, óptico e veículos de duas rodas.

Para gerar essa densidade normativa na região convergiram ações federais, estaduais e municipais. Dentre as primeiras, mencionamos a isenção dos impostos incidentes sobre importação, exportação e produtos industrializados, e nos outros dois níveis salientam-se a redução da base de cálculo do ICMS, o crédito fiscal para mercadorias de origem nacional, a restituição integral no caso das empresas que produzem bens de interesse do Estado, incentivos para a aquisição de grandes áreas de terra no Distrito Industrial e isenção ou dedução do Imposto de Renda por dez anos. Nessa mancha no Norte do país articulam-se dois suportes conflitantes da globalização da economia e do território: a abertura comercial e os protecionismos de diversas espécies.

Criou-se assim uma especialização territorial, surgida de um processo de desconcentração industrial sob o amparo de normas. Trata-se sobretudo da fixação de indústrias eletroeletrônicas, que representam cerca de 64% do faturamento total da Zona Franca, onde, em 1974, nenhuma empresa se achava no conjunto das cinquenta maiores do país. Já a partir de 1995 a quinquagésima firma do grupo das maiores em vendas é a CCE da Amazônia. Das vinte maiores empresas do setor eletroeletrônico, seis encontram-se no estado do Amazonas. Em certos casos, como a Philips da Amazônia, firmas com sede em São Paulo criaram outra empresa na região Norte. Além destas destacam-se: Itautec Philco, Semp Toshiba Amazonas, Sharp do Brasil, Gradiente Eletrônica, entre outras. Estas e outras menores, implantadas na região, já certificaram as normas ISO 9000.

O nível de emprego industrial na Zona Franca conheceu uma evolução negativa, pois de 60.669 pessoas ocupadas em 1988 passou a 48.090 pessoas em 1996. Quase todos os ramos participaram dessa queda, mas especialmente o metalúrgico, madeireiro, têxtil e óptico. Em 1990 eram 76.798 empregos industriais, que representavam cerca da metade do total da região Norte (49,33%), embora fossem apenas 1,11% do total do Brasil.

Mas, diante da concorrência externa dos produtos industrializados, foram instituídas áreas de livre comércio[5] nas diversas fronteiras e incentivos

---

5. Os Regimes Aduaneiros Especiais (RAE) que funcionam na Amazônia são a Zona Franca de Manaus (criada em 1967), as Áreas de Livre Comércio do Acre, do Amapá, do Amazonas, de Roraima e de Rondônia (criadas entre 1991 e 1994) e as Zonas de Processamento de Exportação de Barbacena (PA) e de Araguaína (TO) (criadas em 1989) (J. Porto e M. Costa, 1999, pp. 36-39).

ao turismo como um modo de impedir a desvalorização do lugar. Jadson Porto e Manoel Costa (1999) mostram as atividades permitidas (comercialização e indústrias beneficiadoras de matérias-primas regionais) na Área de Livre Comércio de Macapá e Santana.

5. A modernização da agricultura

Inovações técnicas e organizacionais na agricultura concorrem para criar um novo uso do tempo e um novo uso da terra. O aproveitamento de momentos vagos no calendário agrícola ou o encurtamento dos ciclos vegetais, a velocidade da circulação de produtos e de informações, a disponibilidade de crédito e a preeminência dada à exportação constituem, certamente, dados que vão permitir reinventar a natureza, modificando solos, criando sementes e até buscando, embora pontualmente, impor leis ao clima. Eis o novo uso agrícola do território no período técnico-científico-informacional.

Daí decorrem solidariedades materiais e organizacionais de uma nova espécie: sementes, fertilizantes e herbicidas, culturas de entressafra (soja e trigo num mesmo campo, com calendários agrícolas complementares), bancos de germoplasma, créditos públicos específicos para soja e para milho nos cerrados, que apontam o Estado como um agente ativo na globalização da agricultura brasileira.

Depois de várias reformulações, em 1966 institucionalizou-se o Sistema Nacional de Crédito Rural, que oferecia créditos subsidiados e orientados, com assistência técnica obrigatória.[6] Assim, exigia-se um projeto técnico para a concessão do crédito, que impunha a compra de semoventes e insumos modernos. Aumentando 2,3 vezes entre 1970 e 1980, o número de financiamentos concedidos a produtores e cooperativas conhece um declínio em todas as regiões nos anos 1990 (em 1995 o número foi 3,8 vezes menor que em 1980). A participação da região Sul, tanto em número quanto em

---

6. Em 1974 foi criada a Empresa Brasileira de Assistência Técnica e Extensão Rural (Embrater), que unificava sistemas anteriores realizando o apoio técnico à agricultura em todo o país.

valor, no total de financiamentos do país tem sido, nos últimos anos, a mais relevante (veja-se o trabalho de Soraia Ramos neste livro).

Às ações públicas de épocas anteriores, como o Polocentro (Programa de Desenvolvimento dos Cerrados) e o Polonorte, acrescentam-se o Proine (Programa de Irrigação do Nordeste), o Pronar (Programa de Ocupação Econômica de Novas Áreas), o PAPP (Programa de Apoio ao Pequeno Produtor Rural), o Programa Grande Carajás e o Planvasf (Plano Diretor para o Desenvolvimento do Vale do São Francisco).

Criaram-se outras densidades normativas, como o porto seco em Brasília, que é a Estação Aduaneira de Interior responsável pela tributação e liberação de produtos importados e exportados que serão escoados pela ferrovia até o porto de Vitória, no Espírito Santo. Esses nexos modernos e tantos outros buscam criar monofuncionalidades no uso da terra, dos transportes, dos portos e, assim, acabam por negar a possibilidade de um uso plural do território.

Trata-se, assim, da produção de uma nova geografia feita de *belts* modernos e de novos *fronts* no Brasil. Esses *belts* são, por vezes, heranças e cristalizações de *fronts* próprios de uma divisão territorial do trabalho anterior; áreas que, ocupadas em outro momento, hoje se densificam e se tecnificam. Neles amadurecem as inovações de ontem e chegam outras, próprias do período, para criar novos arranjos, com a resistência e a cooperação das rugosidades do lugar. Constitucionalmente integradas a sistemas de engenharia complexos, essas terras ganham novas valorizações que acabam por "expulsar" certos produtos para áreas ainda não utilizadas.

São os novos *fronts*, que nascem tecnificados, cientificizados, informacionalizados. Eles encarnam uma situação: a da difusão de inovações em meio "vazio". Se o movimento pioneiro de São Paulo, magistralmente descrito por Pierre Monbeig (1953, p. 27; 1952, 1984) e Ari França (1956), teve o comando dos grandes plantadores, capazes de construir estradas de ferro, atrair imigrantes e incorporar um maquinismo moderno, hoje as frentes pioneiras são abertas sobretudo pelas grandes empresas, com a cooperação do poder público. Como adverte Ruy Moreira (1986, pp. 12,

15), é o processo de modernização que explica a "fronteira agrícola", e não o contrário, e essa modernização significa, entre outras coisas, a introdução maciça de maquinários e produtos químicos de firmas como Ford, Massey Ferguson, Shell, Ciba-Geigy, Bayer, Dow-Chemical, Agroceres e Cargill.

Com a instalação de uma nova divisão territorial do trabalho, essa ocupação periférica é bem-sucedida, pois é o resultado de um labor intelectual precedente. Beneficiada pelo valor relativamente baixo da terra, ela busca também diminuir seus custos de trabalho com altos graus de capitalização em fixos e fluxos. Todavia o Estado participa generosamente do financiamento necessário à criação de novos sistemas de engenharia e de novos sistemas de movimento. É uma produção de alimentos que se dá a grandes distâncias, hoje franqueáveis, sob a demanda das firmas globais com sede na Região Concentrada, mesmo que os mecanismos de comando sejam pouco visíveis. É o caso, já mencionado, dos cerrados.

Trata-se de uma modernização em manchas. No campo nordestino desenvolvem-se áreas descontínuas e especializadas (frutas, legumes industrializáveis, soja, laranja), cuja expansão é limitada pela posição subordinada da produção local nos circuitos comerciais ou industriais (Ana Fernandes, Milton Santos Filho, Paulo H. de Almeida, 1988, p. 63).

Hoje, tanto os cinturões quanto as frentes pioneiras revelam que o território brasileiro tem incorporado muitas das características da chamada revolução agrícola, mas especialmente nas culturas de exportação, aquelas que consolidam a divisão territorial do trabalho mundial. Assim, esses produtos acabaram por invadir, com velocidade cada vez maior, áreas antes destinadas às produções domésticas. Houve uma desvalorização das agriculturas alimentares básicas e de tradição nacional (como arroz, feijão e mandioca), e isto se dá com a colaboração do crédito público, da informação, da propaganda e dos novos consumos. O conflito velado entre agricultura de exportação e agricultura para o mercado interno também é apontado por Carlos Walter P. Gonçalves (1985, p. 331). Acrescenta-se a isso a perda de produtividade espacial para certos produtos, diante de novos ou antigos produtores mundiais. Este talvez seja o caso do café brasileiro, pois das 4.169.586 toneladas produzidas em 1960 se passa a 2.122.391 em 1980 e a

2.685.641 em 1996.[7] Ao contrário, produtos como soja, milho, cana-de-
-açúcar e laranja veem crescer rapidamente as suas produções depois de 1960.

A criação de um mercado unificado, que interessa sobretudo às produções hegemônicas, leva à fragilização das atividades agrícolas periféricas
ou marginais do ponto de vista do uso do capital e das tecnologias mais
avançadas. Os estabelecimentos agrícolas que não puderam adotar as novas
possibilidades técnicas, financeiras ou organizacionais tornaram-se mais
vulneráveis às oscilações de preço, crédito e demanda e às novas formas
organizacionais do trabalho, o que frequentemente é fatal aos empresários
isolados. Todavia a agricultura familiar é hoje responsável por cerca de 30%
do volume da produção agropecuária do Brasil.

Estudando as fronteiras agrícolas da segunda metade do século XX,
Lia Osório Machado (1995, pp. 192-197) assinala a sua vinculação com a
expansão das vias de circulação, os movimentos espontâneos de imigração
e a colonização oficial e privada, a especialização em arroz, soja ou trigo
em policultura ou pecuária e a diferença quanto ao grau de tecnificação.
Assim, a autora diferencia as modernas frentes pioneiras das savanas e dos
campos (Barreiras, Rodovia Belém–Brasília, Sorriso, Sinop–Alta Floresta,
Rodovia Cuiabá–Porto Velho) e as frentes pioneiras extensivas da floresta
tropical (Rodovia Araguaia–Xingoara, Marabá, Rodovia Transamazônica,
Estrada Cuiabá–Santarém, Rondônia, Acre, Humaitá).

No entanto, *belts* e *fronts* articulam-se e por vezes se confundem ao
caracterizar as produções agrícolas no país. Se algumas culturas devem
ocupar áreas dentro das regiões polarizadas, trata-se, de um lado, de produtos perecíveis e mais sensíveis às oscilações dos mercados metropolitanos
e, de outro, dos que mais adequadamente se incluiriam entre as culturas
industriais. O desenvolvimento acentuado dos transportes permite jogar
mais para longe a atividade agropastoril. Quanto às atividades agrícolas,
as condições de infraestrutura, que facilitam a circulação e a estocagem,
e as próprias condições da comercialização justificam a sua realização em

---

7. Considerando-se a produtividade média da cafeicultura em 1992, o Brasil ficava abaixo de países como Costa Rica, Colômbia, Quênia, El Salvador e Indonésia. (Marita Silva
Pimenta, 1995, p. 327.)

caráter extensivo, pois a mais-valia auferida resulta muito menos do processo imediato da produção e se dá muito mais na esfera da circulação e da distribuição. Mais uma vez, consolidam-se divisões territoriais do trabalho e outras novas vêm superpor-se às antigas.

É o exemplo do café, que, em escalas diversas, é cultivado em quase todas as unidades da Federação. Todavia a sua área de cultura não foi indiferente à volubilidade do mercado mundial. Desde os anos 1940, a área *core* do café estava restrita a São Paulo,[8] Minas Gerais, Espírito Santo, Rio de Janeiro e Paraná. Juntos, esses estados concentravam 96,13% dos hectares destinados ao produto no país. Entre 1940 e 1960, a produção aumentou extraordinariamente, mudando a hierarquia dos estados produtores no interior da região polarizada. Encarnando a expansão da cafeicultura paulista, o norte do Paraná contribuiu para um crescimento da área de produção do estado, que nesses vinte anos aumentou dez vezes e, assim, em vez de 5,27%, passou a representar 30,22% da área total do país. O caso da Colônia Esperança, em Arapongas (PR), foi estudado por Yoshie Yamashita (1976).

Os demais estados mencionados expandem sua área cafeeira a uma velocidade menor, enquanto a Bahia, o Ceará e Pernambuco aumentam a sua participação relativa. O decréscimo, iniciado nos anos 1960, não conhece interrupções até os anos 1990, quando existiam mais de 2 milhões de hectares. Nessa evolução, o Paraná destaca-se outra vez pela velocidade das transformações territoriais, mas agora pela diminuição da sua área plantada (6,76% do total nacional em 1996) em favor de outros produtos. Assim, esse estado tinha em 1996 apenas 10,1% da área cafeeira que ostentava em 1960. Representando cerca da metade da produção total nacional nos anos 1960, o Paraná reúne hoje apenas 5,72% da produção brasileira (que, por sua vez, corresponde a 8% do volume de 1960). É também o caso de São Paulo, que hoje possui 14,45% do que era sua própria área em 1960. Contudo, importantes empresas do setor mantêm suas localizações no Sul do país, como a Café Damasco em Curitiba e a Cacique de Café Solúvel

---

8. O deslocamento da fronteira agrícola em direção ao oeste de São Paulo significou que o capital cafeeiro se apropriara da terra, que era o meio de produção fundamental desde a segunda metade do século XIX (Ana Célia Castro et al., 1979).

em Londrina.[9] Mais uma vez observa-se o dinamismo do uso do território, pois as faixas de café são, no período atual, invadidas por *fronts* e novos *belts* de soja e trigo no Paraná e de laranja em São Paulo.

Por outro lado, Minas Gerais, ainda que com flutuações, alcança hoje valores superiores a suas médias históricas, com cerca de 900 mil hectares de café, que correspondem a 42,83% da área nacional cultivada e a 46,62% da quantidade produzida no Brasil. Estado de menor extensão, o Espírito Santo conhece uma trajetória semelhante. Sem mostrar-se alheia às vicissitudes do pós-1960, a Bahia mostra uma razoável recuperação, que a leva a contar com quase 100 mil hectares plantados (5% da área total e 2,55% da quantidade produzida no país).

A novidade do período é certamente Rondônia, uma frente pioneira que com 148.062 hectares representava, em 1996, 7,42% da área cafeeira nacional e 5,61% da produção. Técnicas modernas instalam-se numa região que não havia sido marcada de forma indelével pelas épocas anteriores. Um indicador dessa ocupação periférica pode ser encontrado no grau de mecanização atingido entre 1985 e 1996: de um trator para cada 279,2 habitantes agrícolas passa-se a um para cada 99,5; de um arado para cada 493 habitantes agrícolas passa-se a um para cada 190,7 habitantes agrícolas. Relações semelhantes podem ser estabelecidas para máquinas de plantio e de colheita. Todavia esse pioneirismo tem sido seletivamente modernizador.[10]

Apesar da diminuição da área plantada de café e da expansão da fronteira para áreas mais afastadas das grandes metrópoles, a faixa agrícola dentro da Região Concentrada — incluída aqui a Bahia — se mantém. E, paralelamente, outras frentes pioneiras, como o oeste da Bahia, os municípios próximos à Transamazônica no Pará e algumas áreas de Mato Grosso e Goiás, incorporam-se à produção. Dado político que torna um lugar produtivo para a cultura de café, o financiamento do Fundo de Desenvolvimento

---

9. A Companhia Cacique de Café Solúvel tem em Londrina uma indústria de café solúvel pelo sistema *freezy-dry* (seco por congelamento), que, ao contrário do sistema *spray-dry* (seco a calor), é preferido pelo mercado externo por manter mais as características do café.

10. Foi desenvolvido em Rondônia um projeto de núcleos urbanos de apoio rural (Silvio B. Sawaya, 1982).

da Lavoura Cafeeira (Funcafé) permite, no Pará, a recente produção da variedade *conillon*, utilizada na elaboração de cafés solúveis e de grande demanda internacional. Essa variedade é cultivada sobretudo no Espírito Santo, mas também nas áreas da Amazônia que foram incorporadas à agricultura (Marita Pimenta, 1995, p. 297). Pernambuco, buscando recuperar sua posição na hierarquia nacional, organiza um projeto de capacitação e treinamento de agricultores, sobretudo na variedade arábica catuaí. No oeste baiano, a região de Barreiras, cujas plantações mais antigas datam de 1994, oferece como dados técnicos da sua produtividade espacial as infraestruturas de irrigação e, em 1998, já respondia por 11% da produção do estado. Energia, estradas e linhas de crédito específicas do Desenbanco são cacifes do governo estadual na transformação do cerrado. De clima propício e terras aptas para a mecanização e menos custosas, o novo *front* é atrativo para vários grupos mineiros. Dentre eles, o Café do Cerrado da Bahia S. A. já iniciou as suas atividades.

O cacau, historicamente concentrado na Bahia, viveu uma expansão nos anos 1950 (M. Santos, 1955, 1957) e, a partir de então, mostrou um crescimento discreto. A Bahia de 1940 concentrava 95,24% da área cultivada do país e 96,06% da quantidade produzida. Duas pequenas ilhas contribuem para a produção nacional e foram aumentando sua importância relativa: Pará e Espírito Santo. Também em Rondônia o cacau foi plantado (M. Santos, 1982). Contudo a primazia continua sendo baiana, com 83,57% da área cultivada do país e 79,52% da produção nacional de cacau em 1996.

O arroz, produto tradicional de alta demanda no mercado interno, é cultivado em todos os estados do país. Há um importante crescimento da área destinada ao plantio a partir de 1940, mas a tendência é revertida nos anos 1980, paralelamente à entrada maciça de produtos de exportação como a soja. A área plantada aumenta 2,25 vezes entre 1940 e 1950 e 1,5 vez entre este último ano e 1960; 1,7 vez no decênio seguinte e 1,3 vez entre 1970 e 1980. As necessidades alimentares criadas por uma urbanização crescente, a possibilidade de ampliar as fronteiras agrícolas e de mecanizar as produções, a unificação do mercado nacional com novos transportes e normas confluem, entre outros fatores, para determinar essa majoração. Em

Roraima, a recente introdução de sistemas de irrigação permitiu incorporar mais terras e, sobretudo, aumentar a produtividade da lavoura de arroz. Entre 1980 e 1996, a área total cultivada de arroz decresce cerca de 36%. Graças às novas sementes, aos produtos químicos e aos maquinários, a produção bruta cresce 2,1% entre 1980 e 1996.

Apesar da relativa ubiquidade da lavoura de arroz no Brasil, uma área descontínua em Minas Gerais, São Paulo, Rio Grande do Sul e Goiás correspondia, nos anos 1940 e 50, à maior área de produção. Desde cedo, o Maranhão foi uma frente arrozeira que de 1,13% da área cultivada no país em 1940 passa para 8,94% vinte anos mais tarde. Entre os anos 1960 e 80 consolida-se, com alguns deslocamentos, um cinturão que abrange sobretudo Minas Gerais, São Paulo (este com participação decrescente), Paraná, Rio Grande do Sul e, notadamente, Goiás e Mato Grosso, além do Maranhão (que representava 15,84% do total nacional de hectares destinados ao arroz em 1980).

Já em 1996 a invasão de novas frentes agrícolas sobre os *belts* tradicionais parece circunscrever o cultivo de arroz ao Rio Grande do Sul (21,24% da área cultivada do país e 41,85% da quantidade produzida), Mato Grosso, Goiás, Tocantins e Minas Gerais, ao passo que no Nordeste outros estados se acrescentam ao Maranhão. Enquanto a especialidade gaúcha é o arroz agulhinha, a Embrapa criou as variedades maravilha, canastra e confiança para os cerrados.

O feijão também é tradicionalmente produzido em todo o território nacional. Deslocado de diversos lugares pelas lavouras modernas, o feijão desenha uma faixa que, correspondendo a cerca de 60% da área destinada a esse produto no país e com 63,6% da produção nacional, agrupa Santa Catarina, Paraná, São Paulo, Minas Gerais, Bahia e Ceará. Nos interstícios e mais para o interior se instalam outros *belts* de menor extensão e de menor produção. Amplamente difundida pela preferência nacional, a espécie carioquinha não resiste a muito tempo de estocagem.

Quanto ao fumo, especialização agrícola antiga da Bahia, foi migrando para Rio Grande do Sul e Santa Catarina. Ainda em 1940, a Bahia representava 38,70% da área cultivada de fumo do país e 33,62% da produção nacional, caindo para 14,73% da área e 9,21% da produção em 1980 e, mais ainda em 1996, com apenas 5,49% da área e 2,74% da produção. Rio Grande do Sul e Santa Catarina foram aumentando sua participação, passando de 35,33% da área cultivada do país em 1940 para 72,82% em 1996. Em termos de quantidade produzida, ambos os estados aumentaram sua participação: eram cerca de 40% do total nacional em 1940 e pouco mais de 78% em 1996.

O algodão é outra das culturas antigas do país cuja expansão esteve determinada pela exportação e, depois, pelas demandas de uma precoce indústria têxtil enraizada na Bahia, no Rio de Janeiro e em São Paulo. Desde cedo um cinturão nasceu na região Nordeste (Paraíba, Ceará, Rio Grande do Norte, Pernambuco, mas também Alagoas e Sergipe), ainda que cerca de 60% da área cultivada em 1940 correspondessem a São Paulo. Mas a decadência do algodão em São Paulo é também antiga, pois já nos anos 1950 e 60 a área destinada a essa cultura se havia reduzido à metade e hoje representa menos de 15% do total nacional.

O algodão sofreu oscilações em relação aos volumes de produção, mas sobretudo quanto à área destinada ao plantio. Mas, apesar das vicissitudes, consolidaram-se a um só tempo o *belt* nordestino, o *belt* do Centro-Oeste e o *belt* paranaense. Densidades técnicas, dadas pelas possibilidades de mecanização, e densidades normativas, advindas do Proalmat, convergem no sentido de tornar os cerrados atrativos para a lavoura de algodão em pluma. O programa de incentivos à expansão da produção em Mato Grosso permite a isenção de até 75% do imposto relativo à venda de algodão em pluma. O Nordeste e o Sul são regiões que se tornaram importantes polos da indústria têxtil e de confecções, que demandam diversas variedades de algodão.

Se a exploração da borracha no passado permitiu à Amazônia adquirir uma vida de relações, hoje ela é produzida nas áreas dotadas de infraestrutura moderna. É o caso de São Paulo (que em 1994 representava quase a metade da produção nacional, com 24,78% da área cultivada), da Bahia (com 17,50% da produção e 27,04% da área cultivada do país) e de Mato Grosso (33,03% da área e 21,69% da produção). Os rendimentos atingidos em São Paulo são muito superiores aos das outras áreas produtoras.

Ilha mais importante do velho Brasil arquipélago, a Zona da Mata nordestina (incluído o Recôncavo, onde tudo começou) foi a mais antiga das áreas canavieiras e manteve sua preeminência até o século XX. Ainda em 1950, quando a cana se havia propagado por quase todo o território nacional, os estados de Pernambuco, Alagoas e Bahia reuniam cerca de 30% da área cultivada e da produção do país. Rio de Janeiro, Minas Gerais e São Paulo já mostravam essa vocação, contando, no mesmo ano, com 43,24% da superfície nacional destinada ao produto e 47,48% da quantidade produzida no Brasil. A criação do Instituto do Açúcar e do Álcool (IAA), nos anos 1940, deu impulso à área canavieira fluminense e às regiões agrícolas de Piracicaba, Ribeirão Preto e Araraquara. Na década de 1970 o grau de mecanização era ascendente, da mata nordestina ao cinturão fluminense e ao *belt* paulista.

A instauração do Programa Nacional do Álcool (Proálcool) em 1975 (Tamás Szmrecsányi, 1979), perante a crise mundial do petróleo, provocou uma expansão para o vale do Paranapanema e para as regiões de Araçatuba e Bauru no oeste paulista. As plantações do estado de São Paulo passaram de 621.000 hectares em 1975 para 1.008.184 hectares em 1980 (aumento de 1,6 vez), e para 2.493.180 hectares em 1994 (2,5 vezes). Mas foi a região de Ribeirão Preto (especialmente os municípios de Jabuticabal, Ribeirão Preto, Araraquara, Sertãozinho e Pontal) que atingiu os maiores volumes de produção e os melhores rendimentos (Denise Elias, 1996, pp. 51-55).

Não houve propriamente um abandono dos *belts* históricos da cana-de--açúcar do Nordeste, mas o surgimento de faixas dessa cultura organizadas graças a abundantes contribuições de ciência, técnica e informação em São Paulo. Sozinho, esse estado representava em 1996 metade da área cultivada do país e cerca de 60% da quantidade produzida. Mesmo perdendo sua importância relativa, Minas Gerais e Rio de Janeiro constituem, junto com Paraná, Goiás e Mato Grosso, uma segunda grande zona canavieira que cinge, ou quase, o estado de São Paulo. Mais afastada, uma terceira faixa, herdeira da época colonial, agrupa Alagoas, Pernambuco, Bahia e Paraíba, com 22,93% da área cultivada nacional e cerca de 16% da produção do país.

MILTON SANTOS E MARÍA LAURA SILVEIRA

A cientificização da agricultura brasileira tem talvez um dos seus melhores exemplos na produção de laranja no estado de São Paulo. Tanto a área destinada à lavoura como as quantidades produzidas aumentaram ao longo deste meio século, e se esse estado representava 32,51% da área total cultivada e 33,04% da produção no país em 1940, já em 1980 concentrava, respectivamente, 74,34% e 77,88%. Em 1994 os indicadores eram semelhantes: 74,3% da área cultivada do país e 79,13% da quantidade produzida. A safra paulista de 1996 alcançou 340,2 milhões de caixas, superando a safra do mesmo ano nos Estados Unidos (272 milhões de caixas). Rio de Janeiro, Minas Gerais e Bahia circundam o *belt* principal, com uma área cultivada que, em 1996, era 5,5 vezes menor que a área paulista.

Partindo de Limeira nos anos 1950, a citricultura expande-se, uma década mais tarde, para as regiões de Araraquara e Bebedouro. É o momento do alargamento do mercado da fruta *in natura*. Entretanto, após 1960 é a indústria de suco e seu mercado externo que vão comandar a expansão dos pomares paulistas (Ariovaldo U. de Oliveira, 1986, pp. 29-33).

Emblema de uma agricultura globalizada, a soja penetra o Brasil, depois de 1964, a partir de uma frente pioneira no Rio Grande do Sul. Com 334.520 hectares, essas plantações foram responsáveis por 93,03% da área cultivada do país e por 90,51% do volume da produção nacional. Ancorado na demanda de farelos proteicos para alimentação animal pelos países europeus e no crédito fiscal, o avanço da fronteira agrícola da soja foi extraordinário, assim como o aumento da quantidade produzida.

Já nos anos 1970 o Paraná havia sido transformado em nova fronteira agrícola, representando 23,96% da área total e 24,39% da produção de soja. Nas décadas de 1970 e 1980, o extremo oeste paranaense e a Campanha, o oeste e noroeste do Rio Grande do Sul, Santa Catarina e Paraná foram áreas de convergência de uma parcela significativa dos recursos oficiais e privados tanto para a soja quanto para o binômio soja-trigo (Adma Hamam Figueiredo, 1985). Essa autora destaca que no oeste do Paraná a expansão da lavoura da soja não ocorreu somente por frentes, mas também pela substituição de cultivos alimentares (p. 26). Entre 1964 e 1970, a área produtora de soja no país havia aumentado 3,7 vezes, e o volume obtido, quase cinco vezes;

entre 1970 e 1980 a área cresceu 6,7 vezes, e a produção, dez vezes, e entre 1980 e 1996 a área aumentou 1,2 vez, e a quantidade produzida, 1,6 vez.

Depois de 1980, o ritmo de crescimento foi marcado sobretudo pela expansão da fronteira agrícola para Mato Grosso do Sul, Goiás e Mato Grosso. Em 1984, o primeiro desses estados passou a representar 12,52% da área cultivada de soja e 12,89% da quantidade produzida.

A divisão do trabalho agropecuário reinante na região Centro-Oeste até os anos 1960 circunscrevia a lavoura às terras da mata nos vales dos rios, e a criação de gado dominava o cerrado. O sudoeste de Goiás, já nos anos 1970, mostrava acréscimos técnicos, semoventes, insumos e linhas de crédito rural que confluíam para gerar altos rendimentos na cultura de algodão, soja, milho e arroz. Enquanto adubo químico, trator, colheitadeira e capim-braquiária foram introduzidos na década de 1960, inovações como herbicida, calcário, silo forrageiro e terraceamento difundiram-se nos anos 1970. Eis a ordem temporal e a ordem espacial das inovações na região. Nesse *front*, o uso do tempo foi também uma novidade, com a introdução de um calendário agrícola, isto é, alternâncias, num mesmo campo, do milho e da soja, do milho e do algodão, do algodão e da soja. Por outra parte, o "calendário" pecuário também mudou com a formação de pastos, o que permitiu enraizar o rebanho no lugar desde a cria até a engorda. O sudoeste de Goiás tornou-se a frente de expansão das oleaginosas e dos cereais, que abandonavam, progressivamente, o estado de São Paulo (Olindina Vianna Mesquita et al., 1982).

Configurando outra zona de agricultura moderna, o milho aparece hoje com maior relevância no Paraná — quase 20% da área cultivada do país e mais de 25% da produção total. Mas esse amplo cinturão abrange o Rio Grande do Sul, São Paulo, Minas Gerais e também Santa Catarina, Goiás, Bahia, Maranhão e Ceará. A região Sul fornece a metade da quantidade de milho produzida no país.

Em 1998, Mato Grosso, Mato Grosso do Sul e Goiás destinavam cerca de 5 milhões de hectares à cultura de soja e 1,6 milhão de hectares ao cultivo de milho. As novas possibilidades de sucesso dessa cultura em solos ácidos devem-se em grande parte à invenção do milho híbrido BR-201.

Ambos os produtos evidenciam a ocupação periférica, que a modernidade contemporânea tornou possível, e não podem esconder as pegadas das grandes firmas agroalimentares sulistas. Ceval, Sadia, Frangosul, Avipal e também Perdigão são responsáveis pela expansão acelerada das fronteiras agrícolas nessa região, onde implantaram monoculturas altamente cientificizadas, que são, certamente, solidárias com as cadeias produtivas que essas empresas comandam. Além de trabalhar no mercado interno e externo desses produtos *in natura* e para a fabricação de derivados da soja, essas firmas elaboram rações para os suínos e as aves que produzem.

Especialização agrícola do Rio Grande do Sul, a cultura da uva cresceu 1,6 vez entre 1980 e 1996, numa superfície quase invariável. Toda uma vida de relações nasce em função dessa atividade, vinculada sobretudo à pesquisa de variedades e qualidades de uva e aos cursos de formação de mão de obra específica. São Paulo, Santa Catarina e Paraná formam *belts* de menor importância.

Ainda que produzido em pequenas escalas nos estados sulinos, já em meados do século XX o trigo é um exemplo paradigmático de cultura introduzida em frentes de alta cientificização. Nesse caso a migração da área de lavoura foi relativizada, pois o Rio Grande do Sul, que foi o primeiro maior produtor, mantém até hoje essa especialização agrícola (31,86% da área de trigo do país e 30,82% da produção). Todavia, o grande produtor é, nos dias atuais, o Paraná, que representa 60% da área cultivada e cerca de 63% da produção do país. Os *belts* cafeeiros foram ali invadidos por um cultivo que, no Brasil, apareceu como moderno e globalizado. Santa Catarina, São Paulo e Mato Grosso do Sul constituem outra faixa, de menores áreas e produções.

Submetidos às mudanças aceleradas e irracionais do mercado mundial, esses cinturões são chamados a metamorfosear-se ao sabor do vaivém das cotações. Um par de anos em alta ou em baixa de um produto é suficiente para que o uso do território seja transformado com premência de uma lavoura para outra. É outra forma de alienação típica do período, diante da qual o campo parece oferecer menos resistências do que a cidade.

Se a maquinização, a quimização e o crédito são, nos dias de hoje, pilares da agricultura moderna, esta não se realiza sem um discurso científico que ajude a transformar os padrões de consumo. Informações e conselhos sobre saúde, medicina e alimentação tornam-se normas para novos consumos alimentares, que não raro ofuscam os interesses do chamado *agribusiness*.

A substituição rápida de atividades agrícolas, como ocorreu em boa parte do espaço brasileiro, cria condições novas para a demanda num mercado tornado caótico. Haveria, assim, espaços reservados para essas novas culturas de exportação e, ao mesmo tempo, reservas de espaços para uma dada agricultura. Por isso muitos dos usos do território, nesta modernidade contemporânea, tornam-se irracionais em face dos interesses da maior parte da população.

Como vimos, as frentes pioneiras no Brasil contemporâneo associam-se sobretudo à ocupação da região Centro-Oeste e da Amazônia. É a ocupação periférica, onde o uso intensivo do território é moderno. Essas terras tornam-se aptas para uma agricultura cientificizada de preferência a outro modo de produção agrícola, porque exigem acréscimos técnicos (irrigação, telecomunicações e transportes rápidos e eficientes), semoventes (tratores, máquinas de plantio e de colheita) e insumos ao solo (sementes criadas artificialmente para essas condições ambientais, fertilizantes), mas também informação (mapas específicos, previsão de safras) e dinheiro para responder às demandas de capital orgânico. Hoje, ante a diminuição do crédito agrícola, a disponibilidade desse dinheiro limita-se aos atores hegemônicos. Estes e outros fatores convergem, mediante a apropriação privada de grandes extensões de terra, para a formação de fazendas modernas dispersas. E aqui se renova em significado a antiga preocupação de Isaiah Bowman (1928, p. 531), um dos fundadores dos estudos das frentes pioneiras, quando, explicando o processo nos Estados Unidos, ele afirmava mais ou menos o seguinte: daqui a dez anos não haverá mais terra pública disponível se a distribuição continuar a se fazer com a mesma rapidez.

No caso brasileiro, a subordinação às lógicas globais é evidente não apenas pela presença dos atores hegemônicos, mas também porque estes se utilizam de objetos técnicos contemporâneos. E esse arranjo de objetos modernos acaba restringindo seu uso a um pequeno grupo de firmas e, portanto, induzindo a ações excludentes.

A partir desses arranjos territoriais, a produção de milho e soja na região Centro-Oeste continua ganhando importância, sobretudo quando se torna uma das instâncias do circuito de produção de grandes empresas agroalimentares. Beneficiadas pelos incentivos fiscais e pela distância de lugares onde as doenças da avicultura já se difundiram, a Ceval (cuja matriz está em Gaspar, SC) instalou unidades em Sidrolândia e Dourados (MS), a Sadia implantou uma filial em Campo Verde (MT), a Frangosul criou uma em Caarapó (MS), e a Avipal, uma em Dourados (MS). Todas aplicam o sistema de produção integrada com os avicultores de diversos municípios.

No passado, a natureza do produto e as condições e velocidades da circulação determinavam certa organização do território, pois existiam ritmos agrícolas que não podiam ser modificados e uma necessidade de industrialização próxima diante dos problemas de conservação. Era o caso da cana-de-açúcar na Zona da Mata nordestina. Mas hoje as biotecnologias e os novos calendários, a capacidade de armazenagem e as condições de fluidez efetiva para certas firmas permitem a emergência do que chamamos de fazenda dispersa. É o caso também da produção de cevada no Paraná, em Santa Catarina e no Rio Grande do Sul. Normas rígidas asseguram que a dispersão material da produção mantenha uma unicidade organizacional. Agroindústrias como a Maltaria Navegantes da Brahma e a Companhia Antarctica Paulista estabelecem metas de produção, preços e cotas, além de desenvolver pesquisas vinculadas a essa produção. A Brahma tem seu centro de investigação em Encruzilhada do Sul (RS), e a Antarctica, em Lapa (PR), além de manter vínculos com a Embrapa Trigo, de Passo Fundo. Essa situação lembra as palavras de Hildebert Isnard (1982, p. 189), quando afirmava que, "tornada científica, a agricultura se encontra colocada na dupla dependência da indústria: primeiro, para a aquisição da energia, máquinas e produtos; depois, para o escoamento de uma parte das suas colheitas. Muitos agricultores trabalham, com efeito, sob o regime de contratos subscritos com indústrias alimentares".

Estradas, silos, frigoríficos, portos com terminais de uso exclusivo e tantos outros objetos indicam a força dos capitais fixos no território. Mas esse arranjo de objetos não funciona sem um acréscimo contínuo de máquinas de plantio e colheita, tratores, sementes híbridas e fertilizantes, isto é, um capital constante (orgânico) que, por sua vez, precisa de energia e informação, que são também normas (calendários agrícolas, instrutivos de utilização dos produtos etc.). A provisão de todos esses insumos e a presença dos especialistas para realizar um trabalho extremamente dividido aumenta a necessidade de movimento. Cresce a espessura dos fluxos de produtos, insumos, pessoas, ordens e, sobretudo, dinheiro. E esses fluxos exigem novamente uma importante infraestrutura para se concretizarem. Cada pedaço do território, por menor que seja, exige um número crescente de fluxos. É a diminuição da arena e o aumento da área de produção, já previstos por Marx.

Em outras palavras, circunscrevem-se as porções reservadas ao processo direto de produção, hoje altamente especializadas e chamadas a ser eficientes, e obrigatoriamente se alarga o espaço das outras instâncias de produção, circulação e consumo. Os pedaços do território destinados a essa produção direta exigem custosos insumos de toda natureza e impõem a necessidade de uma circulação ampliada. Assim, a economia e o território não se organizam nem funcionam sem grandes somas de dinheiro nas suas formas de crédito, empréstimos, numerário vivo, financiamentos, hipotecas, *commodities*, seguros e tantos outros instrumentos. Cria-se dessa forma uma dependência do sistema financeiro, que acaba invadindo todas as etapas da produção em sentido amplo, pois todas "precisam" dele e todas constituem modos de acumulação de mais-valia. É outra forma de ampliação da arena. Esse movimento mais intenso é responsável pelo relevo especial que adquire a vida de relações.

A pesquisa científica da Embrapa, na busca de variedades adaptadas a cada região, e os incentivos fiscais tiveram papel fundamental no aumento do rendimento médio de algumas culturas, o que em certos casos confluiu para uma diminuição da área destinada à lavoura.

Ainda que minguando também sua produção, a cultura de algodão mostra um aumento da produtividade, pois em 1996, com menos de 20% da área cultivada de 1970, obtinha-se pouco mais de 50% do volume desse ano. É que o rendimento médio, que em 1970 era de 455 quilos por hectare,

MILTON SANTOS E MARÍA LAURA SILVEIRA

havia passado para cerca de 1.300 quilos por hectare. O *belt* nordestino diminuiu de tamanho e aumentou sua produtividade média em 54% entre 1973 e 1996. Nos cerrados, ainda que já fosse relativamente alto nos anos 1970, o rendimento médio cresceu graças à mecanização.

Para o fumo, cuja área ampliou-se moderadamente ao longo dos anos, o aumento da produtividade de cada pedaço da terra tem sido significativo. Em 1970 produziam-se 995 quilos por hectare, e em 1994 esse rendimento havia crescido para 1.622 quilos por hectare (aumento de 1,6 vez).

Depois de conhecer sua maior expansão territorial em 1980, a cultura do arroz recua sobretudo perante a soja. Todavia essa lavoura é um exemplo paradigmático de diminuição da área e aumento do rendimento. Com 63,4% da área de lavoura de 1980, obtinha-se em 1996 uma produção de mais de 2% superior, uma vez que o rendimento médio cresceu 1,5 vez (passou de 1.565 quilos por hectare para 2.387 quilos por hectare). Graças às novas variedades — de alta produtividade e resistentes às principais doenças —, a produção cresceu ainda mais no Sul, mas também no Espírito Santo, no Rio de Janeiro e no Nordeste.

Apesar de todas as vicissitudes já descritas, quanto à sua área e quantidade produzida, o café aumentou seu rendimento médio: em 1960 era de 943 quilos por hectare, e em 1994, de 1.246 quilos por hectare. Houve porém grandes diferenças entre lugares, pois um estado como o Paraná viu cair seu rendimento médio de 1.437 quilos por hectare para 889 quilos por hectare entre essas duas datas; já Santa Catarina, que tinha um dos mais altos rendimentos nos anos 1960, atinge hoje a maior produtividade do país, com 2.600 quilos por hectare. A cafeicultura de Rondônia, iniciada em meados da década de 1970 com rendimentos extraordinários (3.150 quilos por hectare), apresenta hoje valores em torno da média nacional (1.213 quilos por hectare). Enquanto o Pará e a Bahia superam essa média, os outros estados nordestinos ficam abaixo dela.

A cultura da soja, nascida moderna no Brasil, teve desde os seus albores altos rendimentos. Mas entre 1980 e hoje o rendimento médio elevou-se de 1.727 quilos por hectare para 2.163 quilos por hectare. Mato Grosso, Mato Grosso do Sul, Paraná e Rondônia apresentam os mais altos valores.

Expandindo sua área e sua produção, especialmente em São Paulo, a cana-de-açúcar aumentou também os seus rendimentos médios, que passaram de 46.477 quilos por hectare em 1975, quando da implantação do Proálcool, para 67.223 quilos por hectare em 1994. No caso do norte fluminense e da região açucareira de Campos, assevera Júlia Adão Bernardes (1993, pp. 548-549), houve, ao mesmo tempo, uma ampliação da fronteira agrícola da cana-de-açúcar e um aumento ainda mais significativo da quantidade produzida, sob o comando das exigências do parque industrial dessa região.

Novas espécies vegetais e novos calendários são formas de aumentar a produtividade nos confins de uma mesma porção do território. A cultura da manga na entressafra foi possível com a tecnologia de paralisação do crescimento e indução da floração, que permite, por exemplo, produzir em qualquer estação do ano no vale do São Francisco (35% da sua produção de mangas de 1997 foi em nova estação). No vale do Jaíba (MG), graças à irrigação, sucedem-se até cinco safras de feijão por ano numa mesma área. O encurtamento do tempo em que as plantas entram em produção assegura novos cronogramas de investimento e lucro, como nas espécies de castanheiras introduzidas na Amazônia, cujo prazo para a primeira produção passou de 14 para seis anos. Graças à técnica de cultivo em estufas, algumas regiões meridionais do país desafiam os climas mais frios e incorporam produções de frutas, como o melão, antes circunscritas às áreas nordestinas. Em outras situações, novas variedades vegetais e novas técnicas de lavoura, além dos progressos nos transportes e na refrigeração, permitem estender a sobrevida do produto após a colheita e, assim, atingir mercados mais distantes. É o caso do mamão papaia, cujo rápido amadurecimento exigia transporte aéreo, o que inviabilizava em boa parte as suas exportações. A industrialização de frutas — pastas desidratadas, sucos, geleias, sorvetes — é outra forma de ampliação da área a partir de uma mesma arena.

Na Amazônia, o alargamento da área se dá concomitantemente a um aumento da quantidade de terra destinada a uma cultura antes pouco significativa ou de orientação quase exclusiva para o mercado interno e hoje aberta a um mercado globalizado. O azeite de dendê, atualmente muito apreciado no estrangeiro para a fabricação de margarina, maionese, sabão e detergente, é obtido do dendezeiro. A Amazônia e também o sul da Bahia são os lugares que apresentam melhores condições para uma expansão dos dendezais, cuja área atinge hoje os 67 mil hectares.

Nos cinturões agrícolas das regiões Sudeste e Sul do país, a própria concentração de modernos sistemas de engenharia, a maior facilidade de acesso aos semoventes e insumos, a existência de amplos mercados internos e externos, isto é, uma imobilização relativa dos fatores de produção, são elementos decisivos para a redução da arena e a ampliação da área na agricultura.

6. Especializações territoriais produtivas

Essa nova divisão territorial do trabalho aumenta a necessidade do intercâmbio, que agora se dá em espaços mais vastos. Afirma-se uma especialização dos lugares que, por sua vez, alimenta a especialização do trabalho. É o império, no lugar, de um saber fazer ancorado num dado arranjo de objetos destinados à produção. Isso vem talvez nos mostrar o lado mais ativo da mencionada divisão territorial do trabalho. Está nesse caso a produção de morangos em Atibaia e a de cebola em Piedade, na região de Sorocaba, situações em que não se encontram nem a extensão, nem a complexidade de um verdadeiro *belt*. A produção de flores em Holambra foi estudada por Samira Peduti Kahil (1997).

O relativo barateamento dos transportes, que viabiliza o deslocamento de insumos e produtos acabados, a existência de maquinário, a informação especializada e convergente, a presença de força de trabalho treinada, a força de interesses e reivindicações surgidas de um trabalho comum constituem, entre outras, as condições técnicas e sociais — e não mais naturais — que determinam as especializações territoriais. São os fatores técnico-sociais de localização no período contemporâneo.

Algumas cidades são herdeiras de uma tradição surgida em períodos anteriores, mas cuja especialização se perfaz em décadas recentes. É o caso de Birigui, onde em 1940 já se podiam encontrar alguns artesãos do ramo de selarias e sapatarias e onde, até os anos 1970, algumas pequenas fábricas deram continuidade a esse tipo de empresa. A partir de 1980, a cidade passa a abrigar numerosas indústrias, todas elas de capitais de origem local. Em 1997 eram 152 empresas (mais de 85% delas são consideradas de pequeno porte), que geravam 11 mil empregos e produziam 129 mil pares de sapatos por dia (90% dessa produção são calçados de criança). As mais importantes são Popi, Kiuti, Ypo, Bical, Klin (produz 30 mil pares por dia, 14,5% dos quais se destinam à exportação), Kolli's e Pampilli (cuja produção é de 12 mil pares por dia). A cidade passou a ser conhecida como a capital do sapato infantil. Essa especialização vai criando uma economia de aglomeração, com a localização de empresas provedoras de embalagens (caixas para sapatos), de fornecedoras de componentes (fivelas, solados, colas, palmilhas etc.) e de instrumentos de trabalho (facas, navalhas etc.). Verificam-se ali as interseções do circuito produtivo.

Área de alta divisão territorial do trabalho, a Região Concentrada possui diversas localidades orientadas para essa indústria. Além de Birigui, existem no estado de São Paulo duas outras cidades especializadas em calçados. Jaú abriga 189 fábricas, que, com 4.200 empregados, produzem 70 mil pares diários, sobretudo de sapatos femininos de adultos, enquanto Franca, o maior polo calçadista do estado, tem 350 indústrias, 20 mil operários e produz 90 mil pares diários. É conhecida como a capital do sapato masculino e uma parte de sua manufatura se destina à exportação. Destacam-se, por haver aumentado sua participação no mercado interno, as empresas Opananken (calçados antiestresse) e Tribo dos Pés (calçados casuais). São Paulo é o segundo maior produtor do país.

Mas é o Vale dos Sinos, no estado do Rio Grande do Sul, o polo mais importante da indústria brasileira de calçados. Nessa região o trabalho divide-se entre várias cidades: Campo Bom, Dois Irmãos, Estância Velha, Gramado, Igrejinha, Ivoti, Nova Hartz, Novo Hamburgo, Parobé, São Leopoldo, Sapiranga e Sapucaia do Sul. Ainda que apenas vinte empresas controlem metade da produção estadual e sejam as mais poderosas exportadoras, existem nessa área cerca de oitocentas empresas.

Verifica-se a superposição de divisões territoriais do trabalho particulares. Se essas pequenas cidades são herdeiras de um *know-how* longamente construído, hoje elas constituem, talvez por isso mesmo, funcionalizações de uma nova divisão territorial do trabalho. Com efeito, empresas globais do setor (Hush Puppies, Ecco, Piccadilly) sediam, nessas aglomerações, diversas etapas de um trabalho cujo produto é basicamente exportado.

As novas formas organizacionais e os acréscimos de ciência, tecnologia e informação são testemunhados pela existência do Centro Tecnológico do Couro, Calçados e Afins em Nova Hamburgo e de um laboratório associado em Jaú. A partir de pesquisas de matérias-primas e calçados prontos, esses centros prestam assessoria sobre couros e processos produtivos aos empresários.

Certas cidades mineiras, como Nova Serrana, Juiz de Fora, Uberlândia e Uberaba, além da capital, Belo Horizonte, sediam 1.500 empresas, que produzem 350 mil pares diários. E em Santa Catarina a cidade de São João Batista reúne 120 empresas, que fabricam calçados para o mercado nacional.

Graças a seus dados políticos, o Ceará desponta como um lugar de alta produtividade espacial para a produção de sapatos. A partir de custos de produção bastante inferiores aos de outras regiões brasileiras, esse estado pôde aumentar sua participação nas exportações.

Por outro lado, a Bahia conseguiu enraizar trinta empresas do circuito de produção de sapatos. Azaleia e Calçados Ramarim do Nordeste S. A. são as mais importantes de um conjunto de firmas que foi favorecido com terrenos a preço simbólico, infraestruturas, crédito de até 90% do ICMS nas vendas internas até 2012 e financiamento nas vendas externas.

No intuito de criar densidades normativas que possam ser um contrapeso aos atrativos nordestinos e, assim, evitar o êxodo de uma parcela tradicional do seu parque industrial, o poder público do Rio Grande do Sul estabeleceu o Fundopen-nosso emprego. Por meio desse instrumento de regulação, concedem-se incentivos às empresas pelo número de empregos gerados.

Já nos referimos sumariamente, em item anterior, à desconcentração da indústria têxtil a partir de novos incentivos fiscais. Aqui nos interessa observar esse fato sob o prisma da especialização territorial produtiva.[11] Se um feixe de vetores, ao longo do tempo relativamente recente, determinou a concentração de empresas têxteis e de confecções na região Sul, a "exportação" dessa especialização para o Nordeste pode ser explicada basicamente pela presença de um conjunto favorável de normas. Algumas firmas nordestinas são apenas filiais de empresas sulistas do setor têxtil e de confecções. É o caso da Grendene Sobral, da Vicunha Nordeste e do grupo Bezerra de Menezes no Ceará, da Vila Romana em Pernambuco e da Guarapares no Rio Grande do Norte. Salientam-se também Baquit, Lee Nordeste, Finobrasa, Fibrasil e Braspérola Nordeste, no Ceará e em Pernambuco. Mas também a Companhia de Tecidos Norte de Minas (Coteminas) instalou a malharia Wentex em Natal e uma fábrica de fios, tecidos e malhas, a Embratex, em Campina Grande.

Blumenau surge como o berço de grandes empresas do setor têxtil. Este participa com cerca de 65% de sua receita municipal, e em 1997 representava 47,7% do emprego na região. A cidade abriga empresas como a Sulfabril, a Teka, orientada para segmento de cama, mesa e banho, menos exposto aos embates das importações, e a Hering Têxtil S. A. São empresas que modernizam continuamente os seus maquinários e que, entre suas novas formas organizacionais, empregam crescentemente a terceirização, demitem funcionários e aumentam as formas de automação.

Paralelamente ao crescimento dos grupos nacionais, algumas firmas globais, por vezes em fusões, espalham instâncias de suas cadeias produtivas no território brasileiro. É o caso da Alpargatas Santista Têxtil, da *holding* Bunge e Born, que é fabricante de denim e brim, da Faiway Filamentos S. A., uma fusão da Rhodia e da Hoechst, produtora de filamentos sintéticos, e da incorporação, por parte da DuPont Sudamérica S. A., da Vicunha, que produz náilon têxtil.

---

11. Em 1989 eram 5.319 as empresas têxteis no Brasil, que contratavam 1,094 milhão de trabalhadores, e seus equipamentos tinham uma idade média de 12 anos. Em 1995 eram 4.682 empresas, que empregavam menos de 500 mil funcionários, e a idade média dos seus equipamentos era de nove anos.

Em São Paulo, a região dos municípios de Americana, Nova Odessa, Santa Bárbara d'Oeste e Sumaré é um centro importante de elaboração de tecidos planos de fibras artificiais e sintéticas. Todavia esse é o segmento mais lesado pela vaga de importações asiáticas, que passaram de 2,2 mil toneladas de tecidos sintéticos em 1989 para 60,9 mil em 1995. Nesse mesmo período, o parque industrial têxtil da região de Americana minguou para 675 estabelecimentos e 20 mil trabalhadores.

No estado do Rio de Janeiro a indústria têxtil e de confecções é também importante, concentrando metade da produção nacional de *lingerie*. Além das grandes firmas do setor, existe um leque de pequenas empresas localizadas em Nova Friburgo e em Petrópolis (4.300 estabelecimentos) que, amiúde, vendem ao varejo suas próprias produções.

O nordeste do estado de Santa Catarina (Jaraguá do Sul, Blumenau e Itajaí) revela certa concentração de importantes indústrias de equipamentos elétricos, com a presença das empresas Weg, Transformadores Mega, Waltec, Lorenzetti-Inebrasa, Kohlbach Motores e Schneider Electric. Essa especialização territorial não se fez sem o apoio do poder público do estado e, não raro, da União. Ainda hoje organizadas em estruturas familiares, várias dessas firmas diversificaram-se regionalmente, abrangendo outros setores. É o caso da *holding* Weg S. A., que controla 17 empresas (Marcos A. da Silva, 1997).

Desde meados do século XX, o eixo Rio—São Paulo foi aprofundando os traços de sua especialização produtiva. Um exemplo nos vem da indústria militar e suas associadas: armamentos, aeronáutica e os respectivos centros de pesquisa. Buscando, num primeiro momento, a facilidade de comunicação e de mão de obra, a proximidade da indústria paulista e dos centros de comando militar do Rio de Janeiro e, depois, a vizinhança com os centros de pesquisa e de produção militar já existentes, 80% da atual indústria brasileira de armamentos concentra-se no Vale do Paraíba.

Em São José dos Campos, localizam-se o Centro Técnico Aeroespacial (CTA) — antigo Centro Tecnológico da Aeronáutica, criado em 1951 para vincular ensino, pesquisa e indústria —, o Instituto Nacional de Pesquisas Espaciais (INPE), o Instituto Tecnológico da Aeronáutica (ITA), a Empresa Brasileira de Aeronáutica (Embraer) — uma segunda sede está em Botucatu — e a Avibrás (firma privada nacional que fabrica mísseis). Juiz de Fora, Cruzeiro, São Paulo e Jandira (além de Salvador) são sedes da Engesa, empresa que reconverteu parte de sua produção civil para a produção industrial-militar. A Imbel, produtora de armamentos, explosivos, veículos blindados leves e tanques, é uma empresa estatal que trabalha em parceria com empresas privadas a partir de suas localizações em Itajubá, Magé, Rio de Janeiro e Piquete. A pesquisa científica e tecnológica foi organizada e financiada a partir da criação, em 1951, do CNPq e, um ano depois, do Banco Nacional de Desenvolvimento Econômico (BNDE). São esses alguns dos elementos a partir dos quais Bertha Becker (1988; 1993) analisa o que ela denomina projeto geopolítico para a modernidade do Brasil, que é, ao mesmo tempo, mais uma forma em que o território mostra as suas especializações.

7. A Região Concentrada e o "resto" do território

Como em todos os períodos, o novo não é completamente difundido no território. Todavia os objetos técnico-informacionais conhecem uma difusão mais generalizada e mais rápida do que os objetos técnicos de pretéritas divisões territoriais do trabalho. A área de abrangência dos objetos atuais e das ações associadas é mais ampla. Isso não impede que tanto objetos como ações modernos tendam a concentrar-se em certos pontos e áreas do país. Eis uma das interpretações possíveis da existência, de um lado, de uma Região Concentrada e, de outro, de apenas manchas e pontos desse meio técnico-científico-informacional, mais ou menos superposto a outras divisões territoriais do trabalho nas metrópoles, capitais estaduais, capitais regionais, regiões agrícolas e industriais modernas.

A economia atual necessita de áreas contínuas, dotadas de infraestruturas coletivas, unitárias, realmente indissociáveis quanto ao seu uso produtivo. Mas esse equipamento chamado coletivo é, na verdade, feito para o serviço das empresas hegemônicas. Construídas com dinheiro público, essas infraestruturas aprofundam o uso seletivo do território, deixando excluída ou depreciada a maior parte da economia e da população.

Fany Davidovich e Olga Fredrich (1982), discutindo o sistema urbano e a divisão territorial do trabalho, já antecipavam diversas situações que permitem apreender esses processos. As autoras citam os centros regionais que se constituem como ponto de contato com o mundo rural, responsáveis pela comercialização e beneficiamento da produção agrícola e abrigando indústrias de caráter extrarregional, como Uberlândia, Uberaba ou Montes Claros, e também os centros que se encontram na posição de retaguarda junto à expansão de frentes pioneiras, como Campo Grande, Cuiabá, Macapá, Imperatriz ou Conceição do Araguaia. Hoje, graças às possibilidades técnicas do período, o trabalho pode ser repartido entre muitos lugares, de acordo com a sua produtividade para certos produtos. Isso leva a refuncionalizar áreas portadoras de densidades pretéritas e a ocupar áreas até então rarefeitas. Em todos os casos, modifica-se o valor de cada pedaço do território e aumenta a cooperação.

Como estamos vendo, nas áreas privilegiadas pela concentração o trabalho adquire maior especialização e cresce a necessidade de intercâmbios. As cidades tornam-se especializadas e por isso se verifica, como no estado de São Paulo, uma acentuada divisão interurbana do trabalho. Retratando a organização do espaço paulista no período atual, Eliseu Sposito (1996, p. 79) distingue as cidades com indústrias estrangeiras ligadas à produção de matérias-primas regionais, as cidades especializadas em tecnologias novas, uma nova divisão do trabalho agrícola ligado às culturas de exportação e uma rede universitária e de pesquisa aplicada. Na Região Concentrada, *locus* de divisões "extremas" do trabalho, aumentam as áreas destinadas à circulação e os movimentos internos resultam mais intensos do que no resto do país.

Sístole e diástole ao mesmo tempo. Podemos falar da tendência à dissolução da metrópole no território e de uma presença simultânea e instantânea em todos os lugares do país, enquanto se reforça sua capacidade de comando, sobretudo quanto à informação e ao sistema bancário.

CAPÍTULO 6

Os atuais círculos de cooperação, consequência dos circuitos espaciais da produção

1. Introdução

Repartição das atividades entre lugares, a divisão territorial do trabalho pode nos dar apenas uma visão mais ou menos estática do espaço de um país, um retrato onde cada porção do espaço revela especializações mais ou menos nítidas, nascidas à luz de processos antigos e modernos. Mas para entender o funcionamento do território é preciso captar o movimento, daí a proposta de abordagem que leva em conta os circuitos espaciais da produção. Estes são definidos pela circulação de bens e produtos e, por isso, oferecem uma visão dinâmica, apontando a maneira como os fluxos perpassam o território.

Hoje, há uma crescente segmentação territorial das etapas do trabalho, intensificando-se as trocas e relações entre as regiões. Esses intercâmbios frequentes e espessos não são obrigatoriamente entre áreas contíguas. Uma área de agricultura moderna pode não ter as relações mais significativas com a cidade próxima e esta pode não se relacionar com sua vizinha imediata, enquanto mantém contatos intensos com outras muito distantes, às vezes no estrangeiro. Daí a necessidade de substituir a noção de circuitos regionais de produção pela de circuitos espaciais da produção.

Ao longo do tempo, cada lugar é alvo de sucessivas divisões do trabalho. Mas esse mesmo lugar, visto num corte temporal, isto é, num momento dado, acolhe simultaneamente várias divisões do trabalho. Como estas não se realizam independentemente dos fluxos, superpõem-se nele também diversos circuitos da produção. Criam-se, assim, solidariedades entre elementos novos e herdados. Formas antigas de armazenagem convivem com modernas formas de cultura e com novas formas de transporte e assinalam, a cada momento histórico, distintas combinações técnicas e sociais do trabalho.

No período atual, esse movimento é comandado sobretudo por fluxos não obrigatoriamente materiais, isto é, capitais, informações, mensagens, ordens. Essa é a inteligência do capital, reunindo o que o processo direto da produção havia separado em diversas empresas e lugares, mediante o aparecimento de verdadeiros círculos de cooperação. Circuitos espaciais de produção e círculos de cooperação mostram o uso diferenciado de cada território por parte das empresas, das instituições, dos indivíduos e permitem compreender a hierarquia dos lugares desde a escala regional até a escala mundial.

São manifestações complementares da redução da arena e da ampliação da área da produção.

> De um lado, a cooperação permite que o trabalho se faça sobre grandes extensões territoriais, daí a necessidade de certas infraestruturas, como canais de drenagem, diques, obras de irrigação e a construção de canais, estradas de rodagem e de ferro. Por outro lado, ao mesmo tempo em que se amplia a escala da produção, torna-se possível uma relativa contração da área. Essa contração da área, simultânea e combinada ao alargamento da escala, enquanto despesas inúteis são cortadas, leva à aglomeração dos trabalhadores, à agregação de vários processos e à concentração dos meios de produção (K. Marx, *Capital*, Book I, ch. 13, p. 311).

2. A divisão territorial do trabalho, os circuitos espaciais de produção e os círculos de cooperação

Estudando a região do oeste baiano, Milton Santos Filho (1989, p. 56) analisa o modo como a indústria normatiza a produção agrícola, determina

154

os fluxos e aponta os preços no mercado nacional e internacional. O autor acrescenta ainda que essa lógica industrial se combina com uma lógica de investimento. Assim, os ganhos de capital são obtidos pela valorização fundiária, graças à expansão da frente agrícola, e pela redução do valor real dos investimentos monetários, em virtude dos subsídios diretos e dos créditos subsidiados.

Se os cerrados baianos ganham em modernização agrícola, suas cidades regionais perdem quanto ao controle das suas próprias produções, que passam a ser comandadas desde outras cidades e países. Grandes cooperativas do Sudeste e do Sul do país, como a Cooperativa Agrícola de Cotia, a Coaceral e a Copermosa, impõem suas políticas, pois completam e governam os circuitos espaciais de produção. Atividade semelhante realiza a Copergel, uma grande cooperativa local que, como as outras, cresceu nos anos 1980. São elas que fornecem sementes e produtos químicos, serviços de aluguel de tratores e colheitadeiras e assistência técnica (M. Santos Filho, 1989, pp. 57, 86-87). Estes, junto a certos serviços financeiros e de distribuição e comercialização da produção, instalam-se nas cidades regionais, mostrando a necessidade de enraizamento de alguns fixos e fluxos de um circuito produtivo muito mais abrangente.

Impulsionada pela divisão territorial do trabalho e pelas ações das suas compradoras (Ceval, Coelho, Ultrale-Quintela, Granol, Sucupira, Itavel, Irmãos Esteves e Cargill), a Cotia cria políticas diferenciadas por produto. Enquanto o governo federal estoca e comercializa a produção de arroz, é a bolsa de Chicago que, em grande parte, assinala os caminhos da produção de soja (M. Santos Filho, 1989, pp. 172-173). Os insumos utilizados na região provêm de diversos lugares, pois as especializações territoriais casam-se com as ações de cooperativas cuja base operacional é geograficamente repartida. A Cotia "importa" o adubo de Aratu, o termofosfato de Minas Gerais e São Paulo, os venenos de São Paulo e o calcário das minas próximas. Com círculos menos abrangentes no território, a Copergel vale-se de fertilizantes de Salvador e Recife e de defensivos de Recife e São Paulo.

Analisando os circuitos espaciais da produção e os círculos de cooperação das agroindústrias canavieiras na região de Ribeirão Preto, Denise Elias

(1996, pp. 87, 90) mostra como uma nova regulação pública — o Proálcool — acelera a participação do estado de São Paulo na produção nacional de cana-de-açúcar e na sua transformação industrial. Afiançamento de uma função regional da divisão territorial do trabalho, a produção de cana convoca a implantação, no lugar, de outras etapas do circuito de produção. Instalam-se, em anos recentes, elos de elaboração industrial. Em 1995 existiam em Ribeirão Preto 31 usinas e 14 destilarias, que respondiam por 42,8% da cana-de-açúcar produzida no estado de São Paulo, 43,24% do açúcar e 45% do álcool (D. Elias, 1996, p. 87). Mas o dinheiro público direcionado para desenvolver a atividade canavieira, explica a autora (D. Elias, 1996, pp. 90-91), sob as formas de crédito à produção de cana, à implantação e modernização de indústrias e à pesquisa tecnológica, permitiu aos usineiros comprar fazendas e realizar uma integração da produção agrícola com a industrial, aumentando seus lucros. Aqui, a contiguidade territorial entre plantação e usina ou destilaria é um dado técnico de localização, pois, para não perder suas características, a cana-de-açúcar exige uma transformação industrial quase imediata após ser colhida. A cooperação técnica perfaz-se, agora, com a concentração da propriedade das instâncias produtivas.

Os circuitos espaciais da produção tornam-se mais complexos quando, graças às importantes pesquisas científicas públicas e privadas, os resíduos do processo técnico de obtenção de açúcar e álcool são transformados em subprodutos. É o caso da produção de fertilizantes, rações animais e energia elétrica, entre muitos outros. Ao mesmo tempo, criam-se indústrias fornecedoras de equipamentos e máquinas para montar usinas (D. Elias, 1996, pp. 93, 113).

A participação crescente do Brasil na produção e exportação de suco concentrado de laranja (mais de 50% do comércio mundial) ocorre principalmente sob o comando de quatro grandes grupos — Cutrale, Citrosuco, Cargill e Frutesp[1] — que distribuíram no estado de São Paulo suas instâncias de produção e circulação. Considerando a quantidade de extratoras, essas quatro empresas concentravam, em 1994, 81,3% da capacidade

---

1. A Frutesp foi comprada pelo grupo francês Dreyfuss e seu nome passou a ser Coinbra/ Frutesp.

instalada na produção de suco. As exigências de um mercado altamente competitivo e as políticas desses grupos empresariais alastraram-se a montante no circuito produtivo, uma vez que suas rígidas normas técnicas e organizacionais impõem um dado manejo dos pomares mesmo quando estes não são de sua propriedade. O transporte da plantação para a indústria é realizado por esses grandes grupos (Cargill, Citrosuco, Cutrale), amiúde com frota própria de caminhões-tanque térmicos e com uso de sucodutos no porto de Santos (D. Elias, 1996, pp. 95-106). Essa mesma autora chama atenção para os subprodutos que, mercê dos acréscimos de ciência, técnica e informação, podem ser obtidos no moderno circuito produtivo da laranja e utilizados em outros ramos da indústria de alimentos e também na fabricação de rações animais, cosméticos, perfumes e tintas. A elaboração de álcool é outra importante inovação solidária das técnicas criadas para funcionar com esse combustível a partir da cana-de-açúcar. A Citrosuco de Matão, por exemplo, utiliza álcool derivado da laranja para abastecer toda a sua frota de caminhões.

Por outra parte, o suco brasileiro é exportado para os Estados Unidos, de onde sai para a Europa com outra marca. Assim, observamos a real abrangência desse circuito espacial da produção, cujos primeiros passos técnicos são oriundos de São Paulo, enquanto o comando das instâncias organizacionais (os círculos de cooperação) é longínquo. Fabricantes e distribuidores de suco não concentrado, em associações e concorrências, tecem uma complexa trama que envolve cidades e marcas. Alcindo de Sá (1998, p. 80) mostra que a Nestlé distribui, com a marca Frutess, a produção que a Cargill realiza em Uchoa e que a Santista do grupo Bunge comercializa a marca Del Sol, produzida pela CTM-Citrus em Limeira. Por isso, para o autor (A. de Sá, 1998, pp. 111-112), somente a produção propriamente dita, na agricultura, vincula-se de forma mais estreita ao seu lugar.

Tanto o crescente aproveitamento de um mesmo produto agrícola, com a decorrente implantação de novas etapas da cadeia produtiva da laranja na região de Ribeirão Preto, como o aumento das relações e dos lugares envolvidos nesse circuito de produção nos levariam, desse modo, a assinalar mais uma manifestação de ampliação da área e redução da arena da produção. Uma forma de alargamento dos contextos.

2.1. Ceasa, CEAGESP, frigoríficos

Circuitos da distribuição e do consumo desenham-se no território para garantir que as produções agrícolas e industriais estejam presentes num território unificado pelo mercado. É o caso da rede da Ceasa, que, a partir da década de 1970, se espalhou por vinte estados da Federação. As maiores densidades dessa rede verificam-se em áreas da Região Concentrada, onde o número de armazéns é de 15 em São Paulo, cinco no Paraná, quatro no Rio de Janeiro, quatro em Minas Gerais e dois no Rio Grande do Sul.[2]

Em face de uma agricultura em acelerado processo de modernização e aumento da produtividade, o crescimento da capacidade de armazenagem no Brasil, a partir de meados dos anos 1980, foi extraordinário. Essa capacidade aumentou 1.374,4 vezes entre 1985 e 1995 (o crescimento havia sido de 1,7 vez entre 1975 e 1985). Se a região Sul lidera, em 1995, a capacidade de armazenagem do país com 45,19% do total, o fenômeno mais importante é a expansão na região Centro-Oeste, que hoje representa 29,14% do total nacional. Seu crescimento exponencial é testemunhado pelos seguintes números: 4,4 vezes entre 1975 e 1985 e 2.725,7 vezes entre 1985 e 1995. A região Sul mostra uma expansão de sua capacidade de armazenagem, que acompanha as médias nacionais: 1,6 vez no primeiro intervalo e 1.175,5 vezes no segundo.

A rede paulista de armazenagem é administrada pela Companhia de Entrepostos e Armazéns Gerais de São Paulo (CEAGESP), que abrange 33 localidades do estado. Destas, 12 cidades são entrepostos regionais (São José do Rio Preto, Franca, Ribeirão Preto, Araçatuba, Araraquara, Presidente Prudente, Marília, Bauru, Piracicaba, Sorocaba, Guaratinguetá e São José dos Campos), cujas produções confluem para o entreposto terminal do estado na cidade de São Paulo.[3] O fluxo diário nos entrepostos é de cerca

---

2. Os estados de Pernambuco, Ceará, Bahia, Sergipe, Paraíba, Alagoas, Piauí, Rio Grande do Norte, Maranhão, Pará, Amazonas, Goiás, Mato Grosso do Sul, Espírito Santo e o Distrito Federal contam com uma unidade da Ceasa.

3. As especializações da rede de armazenagem poderiam ser elencadas: Cananeia e Iguape (entrepostos pesqueiros e frigoríficos de pescado); São José do Rio Preto, São Joaquim da Barra, Araraquara, Tupã, Palmital, Avaré e Tatuí (graneleiros). A maior parte das cidades

de 10 mil toneladas de frutas, verduras, legumes, pescados e outros produtos. Sua capacidade estática é de 1.141.700 de toneladas, distribuída em infraestruturas que, localizadas ao longo de rodovias e estradas de ferro, se especializam na estocagem de grãos, farelos, produtos peletizados, açúcar a granel e cargas em contêineres. Prolongando o tempo de estocagem e emitindo *warrants*, a CEAGESP acaba por regular os calendários de circulação das mercadorias. Ela interfere, assim, tanto nos circuitos espaciais de produção quanto nos círculos de cooperação, uma vez que fornece os instrumentos materiais para armazenagem e os instrumentos financeiros para operações em bancos e bolsas de mercadorias.

Quanto aos frigoríficos, até os anos 1970 as maiores empresas do setor concentravam-se em São Paulo, que reunia 41,2% do total nacional (14 empresas). Nos vinte anos seguintes, são os estados meridionais que mostram o maior crescimento do número de grandes empresas do setor (23 grandes frigoríficos dos 69 maiores do Brasil localizam-se na região Sul).

Armen Mamigonian (1976b, pp. 9-12) diz-nos que os primeiros frigoríficos instalaram-se no Rio Grande do Sul e pertenciam a grandes firmas norte-americanas (Swift, Armour e Wilson), enquanto em São Paulo localizou-se a Continental Products e, nas proximidades da Guanabara, a Brazilian Meat-Anglo. A Wilson e a Swift logo compraram os frigoríficos paulistas. O poderio dessas firmas foi progressivo, pois, a partir da aquisição de terras, acabaram por comandar o mercado da carne. A localização de frigoríficos nas áreas de engorda (Andradina, Araçatuba, Barretos, Campo Grande, Belo Horizonte, Montes Claros, Teófilo Otoni, Presidente Prudente, São Carlos, Jundiaí, Assis, Três Rios, Uberaba, Patrocínio, Barretos, Paranavaí, Presidente Venceslau), a partir dos anos 1950, por conta de capitais nacionais, beneficiou-se de estímulos oficiais e de economias nos fretes. Inovação técnica de comprovada eficiência, o frigorífico foi substituindo progressivamente as charqueadas e, assim, mostrando uma interiorização no Sudeste e no Centro-Oeste do país. Ultrapassando os limites históri-

---

conta com armazéns e silos, mas somente São Paulo tem frigorífico polivalente. Em função da crescente substituição de grãos pelo açúcar na agricultura paulista, houve uma adaptação de algumas infraestruturas destinadas à estocagem de grãos para armazenagem de açúcar a granel.

cos, a criação de gado e a comercialização da carne superam a condição de circuito regional de produção e se transformam em verdadeiro circuito espacial de produção.

2.2. Supermercados, feiras

Os supermercados são, hoje, elos fundamentais nas cadeias de distribuição e produção, pois participam das diversas instâncias, criando marcas, agindo como oligopsônios em algumas produções, modificando os calendários de pagamentos e comandando assim uma importante parcela do comércio varejista. O número de supermercados cresceu 7,8 vezes entre 1966 e 1976 (997 lojas e 7.800 lojas, respectivamente). Em 1998 eram 51.500 supermercados, mostrando, em 22 anos, um crescimento de 6,6 vezes. Hoje eles são responsáveis por 85% do abastecimento nacional de produtos de grande consumo e por 655 mil empregos.

Todavia, a novidade dos últimos anos é a expansão dos hipermercados, comandada pelas grandes cadeias, como Carrefour, Walmart, Pão de Açúcar, Paes Mendonça, Sonae e Bompreço. Todas essas empresas possuem, no entanto, as chamadas lojas de vizinhança, que são supermercados menores inseridos nos bairros.

Formas de abastecimento próprias da década de 1990, as lojas de conveniência, nas vias de circulação e geralmente associadas aos postos de gasolina, conheceram um importante aumento. Eram 480 lojas em 1996, oitocentas em 1997 e 1.200 em 1998. A rede Express, de propriedade da Shell, é um exemplo desse tipo de ponto de venda.

As estratégias territoriais dos supermercados buscam atingir os diversos pontos do país. Mas num estado como o Ceará essas grandes empresas instalam-se apenas na capital, onde passam a competir com supermercados locais. No Pará, empresas familiares de supermercados, como Líder, Formosa, Yamada, Nazaré e Cidade, ampliam suas redes em Belém e no interior, concorrendo satisfatoriamente com as firmas nacionais e estrangeiras. Por outra parte, o grupo francês Comptoirs Modernes, controlado pelo Carrefour, investe no Piauí e na Paraíba. O Bompreço, que opera com diversas marcas próprias, tem 91 lojas nos estados nordestinos e suas ações destinam-se a trabalhar com grandes volumes e baixas margens de lucro por produto.

Outras modalidades de distribuição são as feiras livres, as feiras confinadas, os mercados, os sacolões, os varejões e os comboios. Restritas ao bairro e de frequência semanal, as feiras livres são diferentes das feiras regionais, próprias do Nordeste e nas quais se reúnem compradores e vendedores oriundos de áreas distantes (Gilmar M. de Jesus, 1997, p. 33). Na cidade de São Paulo eram 835 feiras livres em 1995, distribuídas em 26 administrações regionais. Organizadas pelos estados ou pelos municípios, essas formas de comercialização baseiam-se também em relações de contiguidade e vizinhança. Vários autores debruçaram-se sobre essa questão (Manoel Seabra, 1977; Olmária Guimarães, 1968; Júlio M. Andrade, 1968; Gilmar M. de Jesus, 1997).

2.3. *Shopping centers*

São 155 *shopping centers* no Brasil em 1999. Destes, 61 localizam-se no estado de São Paulo (39,35%), 23 no Rio de Janeiro (14,84%), dez no Rio Grande do Sul (6,45%) e oito no Distrito Federal (5,16%). A Região Concentrada agrupa, assim, 122 *shopping centers*, o que representa 78,71% do total do país e 76,32% do emprego nacional nessas unidades, ainda que este conheça alta sazonalidade. Num estado como São Paulo, onde os níveis de renda e de consumo no interior são relativamente mais altos, verifica-se maior interiorização desse fenômeno comercial, pois dos 61 *shopping centers*, 34 estão na Região Metropolitana, três em Campinas e o resto se acha distribuído num conjunto de 24 cidades (22 em cidades entre 100 mil e 500 mil habitantes[4] e dois em cidades de menos de 100 mil habitantes). Nos estados sulinos acontece um fenômeno semelhante quanto à interiorização, sempre num patamar de cidades de mais de 100 mil habitantes.

---

4. Praia Grande, Presidente Prudente, Ribeirão Preto e São José dos Campos, cidades entre 100 mil e 500 mil habitantes, têm mais de um *shopping center*.

Já no Rio de Janeiro, com 23 centros comerciais, vinte localizam-se na Região Metropolitana, e nos estados nordestinos e nortistas, a existência de *shopping centers* é, em boa parte, um fenômeno da capital ou da Região Metropolitana (Maceió, Salvador, Fortaleza, São Luís, Teresina, Natal, Aracaju, João Pessoa, Recife, Manaus, Belém).[5] (Ver no encarte de mapas: *Shopping centers* no Brasil — 1999, p. XI.)

A expansão desses centros de distribuição e consumo é recente. Silvana Pintaudi (1987) discute essa questão. Em 1975 havia no Brasil sete *shopping centers*, distribuídos nos estados de São Paulo (quatro), Paraná, Bahia e Brasília.[6] Uma década mais tarde, o número havia aumentado para 35 unidades, com a abertura de seis centros comerciais no Rio de Janeiro, oito em São Paulo e a difusão para todos os estados da Região Sul, Goiás, Minas Gerais, Pernambuco e Ceará. Entre 1985 e 1999 o número de *shopping centers* cresceu cinco vezes, atingindo outros estados das regiões Nordeste, Norte e Centro-Oeste. Se os *shopping centers* despontam como uma instância relevante da cadeia de distribuição de produtos e serviços, incluindo diversos tipos de lazer, eles são, outrossim, produto de grandes investimentos imobiliários que vêm modificar a estrutura e o dinamismo das metrópoles. Há, todavia, uma razão de imitação quando da sua instalação em cidades de menor porte.[7] Esses grandes objetos geográficos

---

5. Na Paraíba existe também um *shopping center* em Campina Grande, e em Pernambuco na cidade de Petrolina, ambas as cidades com mais de 100 mil habitantes.

6. O *shopping-center* Iguatemi (São Paulo) foi inaugurado em 1966.

7. Segundo a Associação Brasileira de Shopping Centers (Abrasce), existiam em 1996, no país, 76 unidades de tipo regional (venda de mercadorias em geral com 50% de lojas satélites de vestuário e com 40 mil a 80 mil metros quadrados; suas lojas-âncoras são as de departamentos completas, lojas de departamentos juniores, lojas de departamentos ou de descontos e hipermercados), 25 unidades de tipo comunitário (venda de mercadorias em geral, com 10 mil a 35 mil metros quadrados; suas lojas-âncoras são as lojas de departamentos ou de descontos, supermercados ou hipermercados), 11 de vizinhança (venda de conveniência, com 3 mil a 15 mil metros quadrados; sua loja-âncora é um supermercado), oito especializadas (destinadas a um ramo: moda, decoração, material esportivo etc., com 8 mil a 25 mil metros quadrados) e 8 do tipo *outlet center* (lojas de fábrica e *off-price*, preços baixos, lojas mais simples com aluguéis menores, com 5 mil a 40 mil metros quadrados; suas lojas-âncoras são as grandes lojas de fábricas) (A. Santos, C. Costa e R. Carvalho, 1996).

são construídos e administrados por *holdings* ou associados *ad hoc*, como Multiplan, La Fonte, OAS-PPS, Ecisa, Ancar e Embrascenter, cujas políticas territoriais evidenciam uma vocação por abranger sobretudo as capitais de estado.[8] São, geralmente, empresas incorporadoras. É uma situação discutida por Maria Adélia A. de Souza (1994, pp. 199-211) quando ela estuda a verticalização em São Paulo.

2.4. Topologias de empresas

As grandes empresas organizam suas atividades criando circuitos espaciais de produção. Para funcionar, elas devem regular seus processos produtivos — hoje dispersos no território —, sua circulação, sua contabilidade etc. Isso significa, de um lado, a existência de imperativos microeconômicos, internos à firma, capazes de vincular, por exemplo, áreas de cultivo e lugares de elaboração dos seus produtos e das embalagens necessárias, e, de outro, a existência de imperativos macroeconômicos, como sua participação mais ou menos explícita na fixação de tarifas de serviços e insumos. Esses imperativos supõem a permanente negociação da empresa com o poder público e com outras empresas, para redefinir seu comportamento político e os setores e lugares que lhe interessam. É desse modo que se definem e redefinem as localizações, as topologias de empresas.

---

8. O grupo Multiplan administra o Morumbi (SP), Barra Shopping (RJ), Park Brasília (DF), Ribeirão Preto (SP), Belo Horizonte Shopping (MG), Campo Grande (MS), Diamond Mall; o grupo La Fonte é proprietário do Iguatemi (SP), Market Place (SP), Praias de Bela (PA) e os centros Del Rey (MG), Shopping Campo Grande (MS) e Shopping Recife (PE), em parceria com a empresa Ecisa; o grupo OAS-PPS administra o World Trade Center (SP), Shopping Maceió (AL), Piedade Salvador (BA), Shopping Belém (PA), Shopping Manaus (AM); o grupo Ancar administra o Nova América, Shopping Recife (PE), Iguatemi Porto Alegre (RS) e Conjunto Nacional (SP); e o grupo Embrascenter é responsável pelo Rio Sul, Madureira Shopping e Paço do Ouvidor (A. Santos, C. Costa e R. Carvalho, 1996).

2.4.1. Fumo

Essa questão das topologias empresariais é também discutida por Roberto Lobato Corrêa (1991a, 144; 1994, pp. 252-255) quando ele assevera que as grandes corporações multinacionais e multilocalizadas possuem seu próprio território. Esse autor estuda o exemplo da Companhia de Cigarros Souza Cruz, que integra o conglomerado British American Tobacco, espalhado por noventa países e com mais de 300 mil funcionários. Desde os albores do século XX, a empresa destinou vastas porções dos estados do Rio Grande do Sul, Santa Catarina e Paraná como suas áreas fumageiras, ao mesmo tempo que implantou uma usina de beneficiamento de folhas de fumo e uma estação experimental. O desenvolvimento dos transportes e das comunicações e a existência de um mercado fragmentado não permitiam, nessa época, a dispersão das etapas produtivas.

Ao longo do tempo, a empresa conheceu o que R. L. Corrêa (1994, pp. 254-255) chama de processos de territorialização e desterritorialização. Nos anos 1970, a Souza Cruz instala uma filial de vendas em Brasília, que passa a controlar os depósitos atacadistas da região, assim como um centro de pesquisas no Rio de Janeiro. Em 1978 inaugura a fábrica de cigarros de Uberlândia, que se acompanha do fechamento da fábrica de Belo Horizonte, aberta em 1938, e, mais tarde, da unidade de Porto Alegre e de filiais de venda e depósitos atacadistas em Fortaleza, Goiânia, Crato, Barra do Piraí, Uberaba, Araraquara e Ponta Grossa. A disponibilidade de novas condições técnicas, incluídos os transportes e as comunicações, a obsolescência real ou induzida das fábricas existentes, as normas próprias dos lugares e a evolução de um mercado nacional integrado e de um mercado mundial parecem ser algumas das razões da permanente transformação das topologias da empresa ou, nas palavras do autor (R. L. Corrêa, 1994, p. 255), "a busca infindável de um território ideal, isto é, um território que a cada momento fosse o mais rentável". Essa instalação em Uberlândia rompe o padrão locacional metropolitano da Souza Cruz (R. L. Corrêa, 1991b, p. 46). A cada combinação de variáveis, a empresa reconsidera suas políticas territoriais quanto à produção e à circulação, usando diferentemente quase todo o território nacional mas, ao mesmo tempo, afiançando o papel dos seus centros de comando.

2.4.2. Leite

Uma divisão territorial do trabalho, interna à firma, exige uma normatização das tarefas e dos lugares. É o caso da Fleischmann & Royal, pertencente ao grupo Nabisco Holding Corp., cuja matriz situa-se em Nova Jersey, e cuja rede brasileira abrange 11 fábricas e sete filiais de venda no ramo agroalimentar. Nessa *holding*, a empresa Leite Glória desenha um circuito de produção, hierarquicamente organizado, que parte de 2 mil produtores locais da região de Itaperuna, fornecedores dos micropostos de recolhimento de leite da empresa nas fazendas. Desse modo se abastecem as fábricas de Governador Valadares (MG) e Itapetinga (BA) e, também, da fábrica de Itaperuna, que elabora leite em pó e outros subprodutos (Augusto Silva, 1997).

A topologia da cadeia produtiva da Nestlé abrange cerca de cem municípios brasileiros, indo das fazendas produtoras de leite no Vale do Paraíba, o eixo Campinas–Ribeirão Preto, o Planalto Ocidental, o Triângulo Mineiro, o leste de Mato Grosso do Sul e o sul de Goiás às usinas de pasteurização em Birigui, Cardoso, Fernandópolis, Ibitinga, José Bonifácio, Morro Agudo, Tanabi e Votuporanga até os centros de processamento final em Barra Mansa, Caçapava, Araras, São Carlos, Araraquara, São Bernardo do Campo, São José do Rio Pardo, Araçatuba, Três Corações, Ibiá e Ituiutaba. A topologia perfaz-se com os centros de distribuição em Manaus, Belém, Fortaleza, Recife, Salvador, Belo Horizonte, Rio de Janeiro, Brasília, Curitiba e Porto Alegre e a sede central em São Paulo (R. L. Corrêa, 1996).

2.4.3. Grupo Arbi

Com uma rede de 32 empresas estendida basicamente nos estados da Região Concentrada e na Bahia e com sede no Rio de Janeiro, o grupo Arbi desenvolve suas atividades em diversos setores: comunicações (Moddata, RJ), material de transporte (Marcopolo em Caxias do Sul, RS), material de defesa (munições e armas em Ribeirão Pires, SP), mineração (exploração e transformação de cobre em Dias D'Ávila e Jaguarari, na Bahia, Americana e Arujá em São

Paulo, Aratu, na Bahia, e no Rio de Janeiro). Participa, por intermédio do Banco Arbi, da Arbi Corretora, da Arbi Trading e da Arbi Turismo, mas igualmente no mercado de seguros e previdência privada em Porto Alegre, Rio de Janeiro e São Paulo (Santa Cruz, Itatiaia, Intercontinental, Brasilprev), de capital de risco, de operações internacionais e de incorporações (Arbi Rio Inc. Imobiliária no Rio de Janeiro) (Adriana Cavaco, 1997).

2.4.4. Informática

A Unisys Corporation (United Information System), com sede na Pensilvânia, é uma firma global da informática e da informação, com domínio tanto na produção de *software* e *hardware* quanto na prestação de serviços de consultoria. Sua topologia brasileira edifica-se sobre 17 grandes centros de produção e serviço: Rio de Janeiro, São Paulo, Campinas, Belo Horizonte, Vitória, Porto Alegre, Blumenau, Curitiba, Brasília, Salvador, Maceió, Recife, Natal, Fortaleza, São Luís, Belém e Manaus (Cristiane Rodrigues, 1997).

2.4.5. Hering

A Companhia Hering, fundada em 1880, foi recentemente reestruturada em sua organização interna e territorial. Graças à terceirização, houve uma redução das áreas destinadas à produção industrial, que foi acompanhada de um aumento da sua área de circulação. A venda da subsidiária Hering do Nordeste para o grupo Vicunha, em 1996, levou a uma concentração da produção em Blumenau, sede da *holding*, visando a suprir a produção de Recife. Todavia, como a ampliação do mercado continua, em virtude das novas políticas de distribuição, a produção da empresa permanece constante. O mesmo não pode ser dito da mão de obra contratada, que caiu de 10,5 mil para 5,5 mil funcionários entre 1993 e 1996.

Desmancha-se uma topologia anterior que se desenhava no país de norte a sul, graças a um novo sistema de ações que prioriza a contiguidade territorial e o abandono de investimentos em fiação, principal função da ex-filial nordestina, para investir em marcas e em novas redes de distribuição. Na verdade, a origem de sua matéria-prima (fios) amplia-se, abrangendo o Paquistão e países do Mercosul, especialmente a Argentina. Todavia, novos círculos de cooperação acabam por produzir uma rede, menos visível, pela qual circulam os produtos elaborados, as ordens e as normas que pautam as ações. Uma nova camada técnica, o intercâmbio eletrônico de dados, permite a vinculação em tempo real entre as unidades de comercialização e, em decorrência, a redução de estoques e a diminuição de custos. No Brasil, a distribuição da produção é feita por meio de lojas que vendem diversas marcas, de grandes cadeias de varejo (incluídas as lojas de desconto), de instituições que promovem competições esportivas e de sua cadeia de franquias (63 lojas de Hering Family Stores em 1998). Paralelamente, e avançando na distribuição de produtos que não fabrica, o grupo gerencia outras marcas no Brasil, como a Omino, a Mafisa, a PUC, a Public Image e a Wrangler. São verdadeiras franquias a montante.

Nos Estados Unidos e na Europa, a marca Hering é distribuída por importantes redes de varejo, como JC Penney e Walmart. Esses pontos de comercialização no exterior e a presença dos seus franqueados nos *shopping-centers* brasileiros mostram outras interseções entre círculos de cooperação. As licenças internacionais são outras instâncias de cooperação que se tornam ordens tanto para a produção, por meio de novas linhas de mercadorias (estampas, modelos), quanto para as finanças da empresa, que deve pagar os correspondentes *royalties*. É o exemplo da marca Disney Products e da FISA (Fédération Internationale des Sports Automotives).

2.4.6. Cimento

Com forte dependência de fatores técnicos de localização, mas também do mercado, a indústria cimenteira no Brasil, que já passou por uma fase de internacionalização, está hoje fortemente concentrada em mãos de grupos nacionais. Nos anos 1970 a produção e o consumo cresceram continuamente, graças às obras públicas de infraestrutura e às políticas habitacionais do Banco Nacional de Habitação (BNH). Entre 1980 e 1995 o consumo permaneceu praticamente o mesmo. As unidades de produção são implantadas nas proximidades das reservas de calcário, as quais são abundantes numa faixa sublitorânea, mas sobretudo em Minas Gerais e na Bahia e também nos estados do Centro-Oeste. Ainda que existam indústrias de cimento em quase todos os estados da Federação, a produção e o consumo são fortemente concentrados no Sudeste (57,75% da produção e 56,97% do consumo do país). São Paulo, que participa com 20,7% da produção nacional, consome 32% do total do país. Todavia, o maior produtor é Minas Gerais, com cerca da quarta parte do total nacional (Roberto Melero, 1996).

A Votorantim, cujo setor de origem é o têxtil, domina mais de 40% da produção total de cimento, seguida pela Holderbank e pela Lafarge. Outros grupos, embora diversificados, que participam dessa produção são Camargo Corrêa, Brennand, Cisafra, João Santos, Paraíso e Matarazzo, que estendem seus circuitos de produção por todo o Brasil. Uma *holding* como a Votorantim possui um conjunto de 25 fábricas, distribuídas nos municípios de Cubatão, Itapevi, Salto de Pirapora, São Paulo e Votorantim (SP), Cantagalo e Volta Redonda (RJ), Contagem e Itaú de Minas (MG), Esteio e Pinheiro Machado (RS), Rio Branco do Sul e Itaperuçu (PR), Itajaí (SC), Nobres (MT), Corumbá (MS), Cocalzinho (GO), Salvador e Simões Filho (BA), Aracaju e Laranjeiras (SE), Paulista (PE), Caaporá (PB), Sobral (CE) e Sobradinho (DF) (R. Melero, 1996).

2.4.7. Grupo Sadia

Os circuitos espaciais da produção e os círculos de cooperação do grupo Sadia atravessam as regiões brasileiras, desenhando uma complexa topologia. Carlos Espíndola (1999) analisa exaustivamente os fixos e fluxos da *holding*, mostrando também o papel do poder público na sua expansão territorial. Empresa de longa tradição na região Sul, a Sadia atingiu, sob o amparo dos incentivos fiscais da década de 1970, novos pontos do país com a construção de frigoríficos de aves em Chapecó (SC), Américo Brasiliense (SP) e Dois Vizinhos (PR), de uma refinaria e usina de esmagamento de soja em Joaçaba (SC) e de uma unidade produtora de rações em Campinas (SP). Mas é também o momento de sua incursão no Centro-Oeste, com a instalação de um frigorífico de bovinos em Várzea Grande (MT). As pesquisas em genética animal, biotecnologia, tratamento de solos e reflorestamento começam a ser desenvolvidas na sede de Faxinal dos Guedes, Santa Catarina.

Os benefícios fiscais para as empresas que se instalassem na região Centro-Oeste datam dos anos 1980 e, junto aos progressos da ciência e da tecnologia, erguem-se como pilares da ocupação dessas áreas periféricas do país. Em 1984, no marco dos programas da Sudam, a Sadia implanta novas unidades de esmagamento e produção de óleo de soja em Rondonópolis (MT) e Paranaguá (PR). Já em 1991 o grupo havia instalado um abatedor de aves em Várzea Grande (MT), uma fábrica de rações em Campo Grande (MS), cem granjas de frango e quatrocentos aviários em sistemas de integração em Campo Verde e Chapada dos Guimarães (MT). Forma organizacional difundida entre as empresas do ramo em Santa Catarina, São Paulo e Rio Grande do Sul, o sistema de integração reúne pequenas unidades familiares, produtoras de aves e suínos, sob um rígido esquema normativo de assistência técnica e provimento de insumos. Paralelamente, as empresas possuem suas fazendas e granjas dispersas, capazes de produção em grande escala e, sobretudo, de renovação tecnológica, sob a regência dos seus próprios laboratórios[9] e das pesquisas oficiais. Além do centro de pesquisa na Frigobras de São Paulo, a Sadia possui uma rede de 18 minilaboratórios nas unidades industriais e, paralelamente, beneficia-se das investigações da Embrapa Chapecó (especializada em genética de suínos), do Centro Nacional de Pesquisa em Suínos e Aves (CNPSA) de Concórdia (SC) e de convênios com universidades públicas (C. Espíndola, 1999).

---

9. A Sadia, por meio de uma *joint venture* com o grupo canadense Hybrid, controla a importação de perus, trabalha em melhoramento genético e criou o Hiper Sadia. A Agroceres, também em *joint venture*, trabalha em pesquisa com a escocesa Ross Breedes. A Perdigão, que possui um laboratório de pesquisa genética em Rio Claro (SP) com a norte-americana Cobb Venture, desenvolveu o *chester* a partir de sete raças puras norte-americanas (C. Espíndola, 1999).

A criação de um sistema de circulação, material e imaterial, permite à firma sua dispersão geográfica. Desde cedo, o grupo decidiu transportar sua mercadoria em aviões próprios do Sul para São Paulo, criando a Sadia Transportes Aéreos, que em 1970 constituiu a Transbrasil S. A. Linhas Aéreas. O deslocamento terrestre das matérias-primas e das produções entre os diversos pontos do território brasileiro é realizado, em boa parte, por empresas pertencentes ao grupo Sadia. Os nodos do sistema de circulação completam-se, hoje, com a Sadia Trading S. A. (integrada pelas firmas Sadia Trading São Paulo, Sadia Trading Santos, Sadia Trading Paranaguá, Sadia Trading Milão e Sadia Trading Tóquio), a Concórdia Valores Mobiliários, a Sadia Corretora de Seguros Ltda., a Polipar Com. e Participação Ltda., a Sadia Trading Cayman Ltda., a Concórdia Táxi Aéreo Ltda. e a Diasa Transporte Rod. Ltda. Esse tecido normativo, interno ao grupo e orientado para a obtenção de novos mercados, tornou-se ainda mais funcional e eficiente quando do apoio do BNDES, nos anos 1970 e 1980, para o desenvolvimento desse setor. São as principais cadeias de supermercados nacionais e estrangeiras no Brasil que respondem por grande parte da distribuição dos produtos Sadia no mercado interno (C. Espíndola, 1999).

2.4.8. Companhia Vale do Rio Doce

Com sistemas de engenharia espalhados pelo país, os circuitos de produção e os círculos de cooperação da Companhia Vale do Rio Doce desenham uma topologia que, a partir dos recentes processos de privatização, se torna ainda mais complexa. A cidade do Rio de Janeiro sedia a gestão e uma parcela das funções portuárias, que se completa com os terminais portuários de Vitória, Salvador e São Luís. Diversas ferrovias, como a Centro Atlântico e a Vitória–Minas, transportam minérios de ferro, manganês e bauxita alumina para as usinas e para os portos fluviais e marítimos. O complexo é integrado também pelas cadeias produtivas da madeira, papel e celulose.

Discutindo o campo de forças criado por essa empresa na área de Carajás, na Amazônia oriental, Maria Célia Nunes Coelho (1997, pp. 59) explica que ela delimita como "seus territórios particulares" a Província Mineral de Carajás (411.948 hectares), áreas menores ao longo da ferrovia e áreas vizinhas a essa província mineral. Para o funcionamento dos processos técnicos, faz-se necessário fixar uma parcela técnica do comando em alguns pontos da região. Daí a criação de localidades por parte da firma, como o Núcleo Urbano da Serra dos Carajás, Parauapebas e Rio Verde (este último tornou-se um bairro de Parauapebas) e Curionópolis e Eldorado de Carajás, que operam como pontos de apoio do garimpo de Serra Pelada (M. C. N. Coelho, 1997, p. 61). Todas essas aglomerações, usufruindo *royalties* recebidos, evoluíram e ampliaram seus papéis na rede urbana regional. Acompanhando uma tendência nacional no sentido da emancipação de municípios a partir dos anos 1980, a Companhia Vale do Rio Doce, assevera a autora (M. C. N. Coelho, 1997, pp. 75, 77), influencia a distribuição da população, dos equipamentos, das atividades e dos recursos captados externamente.

2.4.9. Refrigerantes e cerveja

Uma trama de fatores técnicos e mercadológicos vem definir o mapa das empresas fabricantes e distribuidoras de refrigerantes e de cerveja. Trata-se de processos industriais que estabelecem solidariedades técnicas e organizacionais e que, por essa razão, aparecem amiúde associados numa única indústria. Assim, dados técnicos de localização, como a disponibilidade de água abundante, combinam-se com opções mercantis de proximidade das áreas mais urbanizadas, uma vez que o preço final é sensível ao custo do transporte a longa distância. Não devemos esquecer que a história dos progressos técnicos na produção e circulação de refrigerantes e cervejas é, ao mesmo tempo, a história dos avanços técnicos da indústria de embalagens (garrafas, tampas, latas, formas de estampar a publicidade nessas embalagens) e que a organização da produção e distribuição dessa mercadoria não pode ser entendida sem se levar em consideração o processo de fusões. De tradição secular, a Brahma conheceu, nos últimos trinta anos, uma ampliação da sua topologia ao obter o controle acionário de outras empresas. É o caso da aquisição da Skol.

Na primeira metade dos anos 1990, a Brahma muda sua sede do Rio de Janeiro para São Paulo e passa a ampliar seus circuitos de produção e distribuição fora e dentro do país. Além de exportar, ela instala unidades de produção na Argentina e na Venezuela e, paralelamente, torna-se distribuidora de marcas estrangeiras no território nacional, como a norte-americana Miller Brewing Company.

A Companhia Cervejaria Brahma e a Companhia Antarctica Paulista reuniam, em 1994, 78,5% do mercado nacional e eram proprietárias da maior parte do universo de 25 fábricas brasileiras de cerveja. Destas, dez localizam-se em São Paulo, três no Rio de Janeiro, duas na Bahia e o resto distribui-se entre os estados do Amazonas, Pará, Ceará, Paraíba, Piauí, Rio Grande do Norte, Goiás, Mato Grosso, Paraná e Rio Grande do Sul.[10] Desde 1998 está em julgamento no Conselho Administrativo de Defesa Econômica (CADE) a fusão entre as empresas Antarctica e Brahma (AMBEV).

As empresas de refrigerantes compram, uma da outra, áreas de mercado, isto é, pedaços do território nacional dotados de variado poder de consumo. E assim cada região adquire uma estratégia específica por parte da firma, embora respondendo a uma lógica alheia ao lugar, que é ao mesmo tempo setorial e globalizada. Nessa estratégia, a Pepsi alcança os estados do Amazonas, Acre, Pará, Rondônia e Mato Grosso com a marca Mirinda laranja e uva, ao passo que a Coca-Cola construiu uma fábrica em Cuiabá (MT), e a Brahma, em Anápolis (GO).

Enquanto hoje as grandes marcas decidem penetrar áreas mais rarefeitas do território nacional, como o Centro-Oeste e a Amazônia, pequenas e médias empresas buscam manter sua presença nessas regiões, no interior de alguns estados e nas periferias das metrópoles. Se a produção admite certa concorrência entre grandes e pequenos, é na esfera da circulação que

---

10. Quanto aos fabricantes de aguardente, são 15 no Brasil, repartidos entre São Paulo (dez), Rio de Janeiro (dois), Rio Grande do Sul (um), Santa Catarina (um) e Pernambuco (um), segundo dados da Associação de Aguardenteiros.

se apresentam os maiores estrangulamentos. Todavia, os mesmos elementos que favorecem a predominância das grandes empresas — publicidade, embalagens sofisticadas, refrigeradores e móveis nos pontos de venda, patrocínios esportivos e culturais, rede de transportes e de distribuidores — são, ao mesmo tempo, formas de rigidez da organização e de aumento de custos e preços.

Das 111 indústrias de refrigerantes no Brasil em 1997, cerca de 55% (61 fábricas) estavam na Região Concentrada (31 em São Paulo, 12 no Rio de Janeiro, dez em Minas Gerais), e a região Centro-Oeste já agrupava oito indústrias.[11] A maior rede nacional pertence à Coca-Cola, com 43 indústrias e um grande número de distribuidores. Minas Gerais, Rio de Janeiro e São Paulo apresentam as maiores densidades dessa rede, que, no último desses estados, se interioriza e atinge cidades como Ribeirão Preto, Bauru, Cosmópolis, São José do Rio Preto e Sorocaba. Nas cidades de Santana (AP), Teresina (PI), Garanhuns e Petrolina (PE), Maceió (AL), Parnamirim (RN), Porto Velho (RO) e Aracaju (SE) existem indústrias dessa marca, que não são obrigadas a repartir o mercado com a Antarctica, a Brahma e a Pepsi Cola. São talvez porções do território onde a divisão do trabalho é menos acentuada, com um acúmulo de funções nas capitais.

Território nacional e mercado também confundem-se nas políticas de produção e distribuição de refrigerantes da Antarctica, da Brahma e da Pepsi Cola. Em cidades como Salvador, Fortaleza e Manaus, as grandes empresas instalam-se e disputam mercados de grandes extensões.

Na Região Concentrada, onde o trabalho é extremamente dividido e é considerável a circulação interna, a presença simultânea de empresas competidoras é menos frequente fora das capitais. A segmentação do território entre as empresas parece fazer com que a competição se dê mediante a conquista de áreas de mercado mais ou menos exclusivas. Criam-se assim interstícios para firmas menores, pois, das 33 indústrias independentes filiadas à ABIR em 1996, 15 localizavam-se no interior de São Paulo.

---

11. Esses dados referem-se apenas às empresas filiadas à Associação Brasileira das Indústrias de Refrigerantes (ABIR).

MILTON SANTOS E MARÍA LAURA SILVEIRA

2.4.10. Indústria automobilística

Como em toda atividade moderna, a circulação é fundamental na organização da indústria automobilística. É um setor comandado por grandes firmas oligopólicas que, como explica Mónica Arroyo (1998, p. 19), se tornam empresas-redes, por consolidar um espaço integrado dentro do país ou além das fronteiras nacionais. No país há 12 grandes empresas: Volkswagen, General Motors (Chevrolet), Fiat, Ford, Agrale, Chrysler do Brasil, Honda, Mercedes-Benz, Renault, Scania, Toyota e Volvo. Com uma rede de concessionários que abrange todos os estados da Federação, as quatro primeiras empresas fizeram do conjunto do território nacional sua área de mercado.

O Brasil contava, em 1996, com 2.774 concessionários de automóveis, dos quais cerca da metade se localizava no Sudeste. A Região Concentrada reunia, então, 2.048 concessionários (73,8% do total nacional). Os estados do Pará e Rondônia, com 39 e trinta unidades respectivamente, são os que possuem maior número de concessionários na região Norte. Entretanto, menos populosa, com menores níveis de renda e mais isolada, essa região não é incluída diretamente nos circuitos de distribuição de empresas como Chrysler do Brasil, Honda, Renault e Scania. Na região Nordeste destaca-se a Bahia, com 123 concessionários de todas as marcas, à exceção da Honda, que correspondem a 30,5% do total regional, seguida por Pernambuco e Ceará. Área de ocupação periférica moderna, onde o automóvel tem um papel fundamental, a região Centro-Oeste acolhe concessionários de todas as firmas.

A Volkswagen foi certamente a firma que desenvolveu uma rede de distribuição nacional mais aprimorada. Possui 820 concessionários, dos quais 77% correspondem à Região Concentrada. As outras empresas conhecem índices de concentração análogos.

Analisando o índice de concessionários para cada 100 mil habitantes, observamos que a Região Concentrada e a região Centro-Oeste apresentam índices superiores a uma média nacional de 1,76. Dois estados com populações de tamanho comparável, Santa Catarina (4.875.244 habitantes) e Maranhão (5.222.565 habitantes), apresentam disparidades marcantes: 3,52 concessionários e 0,59 concessionário para cada 100 mil habitantes respectivamente. A existência de 172 pontos de venda no primeiro dos estados e de 31 no segundo nos autorizaria talvez a refletir sobre as políticas territoriais das grandes empresas, cujo conteúdo é dado sobretudo pela busca das áreas de mais altos níveis de renda e poder de consumo.

Com populações superiores a 2 milhões de habitantes, Mato Grosso e Amazonas também apresentam diferenças significativas quanto a esse indicador. O número de concessionários de Mato Grosso é cerca de 3,5 vezes superior ao do Amazonas. Índices como esse também ajudam a entender o império de um modelo rodoviário de circulação intraurbana e extraurbana numa região mais nova.

2.4.11. Grupo Itaú/Itautec-Philco

Outro exemplo de topologia de empresa é o do grupo Itaú/Itautec-Philco S.A., que é formado pelo Banco Itaú e pela empresa Itautec, criada em 1979 para realizar a automação do banco. Ambos pertencem ao conglomerado Itausa. Valendo-se das especializações territoriais da indústria informática e da indústria eletroeletrônica no Brasil, a empresa Itautec-Philco implantou suas fábricas em São Paulo (automação bancária, automação comercial, microcomputadores e monitores), em Jundiaí (placas, componentes e memórias) e, no Amazonas, em Javari (televisores), Jutaí (videocassetes, combinados de TV e vídeo, fax) e Buriti (aparelhos de som, placas e componentes magnéticos). As interconexões entre essas fábricas, os centros de gestão e os serviços aos clientes são operados a partir de uma rede de filiais, centros de atendimento e centros de serviço espalhada em 780 cidades. Esse trabalho imaterial perfaz-se com o serviço bancário, que busca atingir outros pontos.

CAPÍTULO 7

Por uma geografia do movimento

Com a produção do meio técnico-científico-informacional, os círculos de cooperação instalam-se em um nível superior de complexidade e numa escala geográfica de ação bem mais ampla. Hoje não basta produzir. É indispensável pôr a produção em movimento, pois agora é a circulação que preside à produção (M. Santos, 1996, p. 219). Os fluxos daí decorrentes são mais intensos, mais extensos e mais seletivos.

A criação de fixos produtivos leva ao surgimento de fluxos que, por sua vez, exigem fixos para balizar o seu próprio movimento. É a dialética entre a frequência e a espessura dos movimentos no período contemporâneo e a construção e modernização dos aeroportos, portos, estradas, ferrovias e hidrovias.

1. Fluxos aéreos

O aumento dos fluxos entre meados do século e os dias de hoje é realmente significativo. Nos trinta anos de transição entre os albores da unificação do mercado e do território brasileiros e os primeiros esboços do período técnico-científico, o movimento aéreo de passageiros cresce mais de 26 vezes (eram 245.672 passageiros em 1945 e 6.512.649 em 1975). Em 1986 o fluxo pula para 15.508.850 passageiros, que corresponde a um crescimento de 2,4 vezes em 11 anos, para atingir, em 1995, o número de 18.039.779 pessoas (incremento de 1,2 vez) (veja-se o trabalho de Fabio B. Contel neste livro).

O advento desses fluxos mais densos não se dá sem uma re-hierarquização dos nós do sistema aéreo. O exemplo paradigmático é a inversão na posição do Rio de Janeiro e de São Paulo. O primeiro estado, que em 1945 tinha a primazia nacional, é ultrapassado, em 1995, pelo movimento de São Paulo. Este é de 5.305.049 passageiros e corresponde a cerca de 30% do volume total do país. Isso está ligado não apenas à consolidação de São Paulo como centro de comando do território nacional, mas também ao crescimento e à diversificação das rotas entre a capital paulista e sua hinterlândia, a partir, sobretudo, da modernização agropecuária.

Mas os fluxos aéreos multiplicam-se com mais intensidade dentro da Região Concentrada, onde a divisão do trabalho é extrema e a vida de relações assume especial relevo. Por exemplo, entre São Paulo e o Rio de Janeiro, em 1995, houve 1.276.633 passageiros, 1,7 vez superior ao fluxo de São Paulo com toda a região Nordeste, 1,9 vez maior que com a região Centro-Oeste, 8,8 vezes superior às viagens entre São Paulo e a Amazônia e 3,4 vezes maior do que com a capital federal. Circulavam entre São Paulo e Belo Horizonte 345.226 passageiros em 1995, um fluxo 2,4 vezes superior ao movimento entre São Paulo e toda a região Norte. Se os fluxos aéreos de passageiros entre São Paulo e outras cidades do Sudeste são os mais volumosos, seguem-se em importância as comunicações com a região Sul (884.494 passageiros).

Quanto ao Rio de Janeiro, o número de viagens com destino a São Paulo é cinco vezes maior que entre a antiga capital federal e Brasília (247.758 viagens). Depois do Distrito Federal, as maiores frequências partindo do Rio correspondem a Salvador (155.616 viagens), Porto Alegre (122.594 viagens) e Vitória (112.875 viagens). Outras cidades da Região Concentrada, mas também Recife, são destinos assíduos.

O número dos que viajam de Belo Horizonte para outras cidades da Região Concentrada (576.901) é 9,3 vezes maior que o dos passageiros indo para o Nordeste e 150,6 vezes superior àqueles entre a capital mineira e a Amazônia. As vinculações aéreas de Porto Alegre com o Sudeste (515.605

passageiros) são 5,8 vezes maiores do que com as localidades da sua própria região (88.588 passageiros). As 388.304 viagens com destino a São Paulo são mais numerosas, representando 3,2 vezes aquelas com a cidade do Rio de Janeiro (122.076 viagens) e, respectivamente, 15,5 e 177,7 vezes mais que com a capital federal e com a região Norte como um todo. Visto a partir do transporte aéreo de passageiros, o diálogo de Brasília com o país indica a forte interdependência em relação às duas macrometrópoles, destino de 608.536 pessoas (365.758 para São Paulo e 242.564 para o Rio de Janeiro).

No Nordeste, a Bahia conhece o maior movimento e, sobretudo, a expansão mais notável da região, pois passa de 279.124 passageiros em 1975 para 1.190.381 passageiros em 1995 (um aumento de 4,3 vezes em vinte anos). Os estados sulistas têm incrementos significativos entre 1975 e 1995 (3,3 vezes), o que supera o aumento do país como um todo (2,8 vezes). É sobretudo o caso do Paraná, que, assim como São Paulo, Rio de Janeiro, Distrito Federal e Bahia, ultrapassa em 1995 o umbral de 1 milhão de passageiros embarcados. Considerada como um todo, a Região Concentrada (regiões Sudeste e Sul) polarizava, em 1995, 62,7% do total de passageiros embarcados no Brasil.

Todavia os movimentos podem ser hierarquizados em nacionais e regionais, segundo as empresas aéreas que participem e os pontos vinculados. De acordo com esse critério, 28,4% dos passageiros embarcados podem ser considerados fluxos regionais no Brasil. Mas há nuanças regionais. A região Sudeste perfaz 32,2% de passageiros em fluxos regionais e a região Sul alcança 32,5%, enquanto as outras regiões oscilam entre 20% e 24%. A especialização e a divisão do trabalho na área polarizada do país levam a uma vinculação maior entre os diversos pontos segundo as necessidades de uma cooperação ampliada e crescentemente sofisticada. Não são apenas as capitais e as cidades maiores que devem entrar em relação (ver no encarte de mapas: Empresas aéreas nacionais — Fluxos de passageiros — 1975 e 1996, p. XII e XIII; Empresas aéreas regionais — Fluxos de passageiros — 1975 e 1996, p. XIV e XV).

Comparemos alguns estados brasileiros. Em Santa Catarina, cuja população é de cerca de 5 milhões de habitantes, nove cidades, sem contar a capital, são unidas por voos regionais. Já no Ceará, cuja população é de quase 7 milhões de habitantes, apenas quatro cidades vinculam-se por rotas regionais. Enquanto o Paraná, com 9 milhões de habitantes, tem fluxos regionais entre 17 cidades, Pernambuco, com pouco mais de 7 milhões de pessoas, possui somente duas cidades ligadas por fluxos regionais. Mais um indício do contraste entre a divisão territorial do trabalho urbano no Sudeste é o acúmulo e a superposição de funções em um pequeno número de cidades nordestinas.

Na Amazônia, porém, em virtude do menor desenvolvimento de estradas e ferrovias, das grandes distâncias e da natureza do seu isolamento, é o avião que permite boa parte dos intercâmbios, e ali a aviação regional ganha relevo. Mas essa importância, numa região de baixas densidades demográficas, é dada muito mais pelo número de pontos interligados do que pela espessura dos fluxos. Por isso, se a quantidade de passageiros embarcados em voos regionais está em torno de 10% da do Sudeste, o número de cidades vinculadas (sem considerar as capitais nem Tocantins) é de 42 contra 52 da região Sudeste.

Na Amazônia, os fluxos nacionais convergem para as capitais de estado e delas divergem. É o caso de Porto Velho (RO), Macapá (AP) e Boa Vista (RR), que concentravam, em 1995, a totalidade dos voos nacionais. A situação é levemente diferente no Amazonas, Pará e Acre, onde 97%, 89,3% e 83,5% dos passageiros nacionais embarcam em Manaus, Belém e Rio Branco, respectivamente.

Um panorama semelhante é o da região Nordeste. Natal, João Pessoa, Maceió e Aracaju, capitais dos estados de menor extensão, são os únicos pontos de interseção dos fluxos nacionais nos seus territórios. É também o caso do Piauí e praticamente também do Maranhão, onde São Luís concentra 93,5% dos fluxos nacionais. Embora Recife agrupe 98,7% dos passageiros nacionais, a existência próxima de áreas agrícolas modernas tem levado Petrolina a atrair alguns fluxos nacionais. Com indiscutível predominância no volume de passageiros da Bahia, Salvador não é, porém, o único ponto de contato de voos nacionais, pois em outros pontos, como Ilhéus e Porto Seguro, os fluxos turísticos ganham relevo (Sylvio Bandeira de Mello e Silva e Barbara-Christine Nentwig Silva, 1996).

Nessa região, os fluxos regionais não atingem um número importante de cidades, exceção feita à Bahia, onde 12 cidades (descontada a capital) são interligadas por esses voos. Nesse estado cerca de 30% dos passageiros (349.253 pessoas) participam de fluxos regionais. E esse volume representa 10% do fluxo total de passageiros da região Nordeste. A existência de uma rede de fluxos regionais e de uma boa infraestrutura para o transporte terrestre, sem contar a presença de táxis aéreos e aviões particulares, pode ser a razão da concentração quase exclusiva dos fluxos nacionais nas capitais do Centro-Oeste. Além de Campo Grande, em Mato Grosso do Sul, a cidade de Corumbá é um ponto importante de interseções de fluxos regionais. Contudo é Goiás o estado que se destaca pela quantidade de cidades e de passageiros participando de tais fluxos.

No estado de São Paulo, São José dos Campos, polo científico e tecnológico, e Campinas, cidade com quase 1 milhão de habitantes, e, em Minas Gerais, Uberlândia e Montes Claros contam com voos nacionais de passageiros.

A importância da aviação regional na região Sudeste é conhecida. Numa cidade como Ribeirão Preto, com quase meio milhão de habitantes, o volume de passageiros (135.089 pessoas) é 4,3 vezes superior ao de Manaus e 2,5 vezes maior que o de Goiânia.

Na região Sul, no Paraná e Santa Catarina notam-se, além das capitais, outros pontos de partida e de chegada de voos nacionais, como Cataratas e Londrina (PR), Joinville e Navegantes (SC). No Paraná, 36% dos passageiros de fluxos regionais não embarcam na capital, mas em diversas outras cidades, entre as quais se salientam, pelo número de passageiros, Londrina, Maringá e Cataratas. Santa Catarina e Rio Grande do Sul também mostram um mapa descentralizado da aviação regional, no qual os pontos mais importantes são Navegantes, Joinville, Blumenau e Chapecó, áreas de importantes indústrias.

A aviação internacional no Brasil teve, outrossim, importante crescimento nos últimos vinte anos, quando passou de 647.107 em 1975 para 3.163.282 em 1995 (aumento de quase cinco vezes). Se as viagens para os Estados Unidos cresceram até representar, nesse último ano, 36,9% do total de fluxos internacionais, as participações da Europa, América do Sul e África diminuíram relativamente (mas aumentaram em números absolutos). Houve um leve incremento das viagens para a Ásia, lideradas pelo Japão e seguidas por Coreia do Sul, Hong Kong e Tailândia. Nas viagens para a Europa, os destinos são variados, enquanto na América do Sul o predomínio é dado pelas viagens para a Argentina (516.915 passageiros, isto é, cerca da metade do número dos passageiros que embarcam para os Estados Unidos).

Num país de dimensões continentais, a existência de empresas de táxi aéreo é um dado que deve ser levado em conta. Tanto o número de empresas quanto o de quilômetros percorridos tiveram um aumento considerável entre 1975 e 1990. Houve, porém, uma diminuição do número de horas voadas em virtude dos progressos da tecnologia aeronáutica, com a construção de aviões mais potentes, capazes de percorrer distâncias maiores em tempo mais reduzido, aumentando as possibilidades de ampliar a cooperação em escalas extralocais. De 99 empresas em 1975, passa-se a 681 em 1990, com um aumento extraordinário sobretudo na região Norte (aumento de 13,6 vezes), mas também na região Sudeste (aumento de 9,5 vezes).

Os táxis aéreos tiveram um papel na expansão das frentes pioneiras e na implementação de grandes projetos oficiais, assim como na ocupação periférica de certas áreas. Daí o aumento do número de empresas nos estados de Rondônia, Roraima, Amazonas, Pará, Maranhão, Pernambuco, Bahia e em toda a região Centro-Oeste. No Sudeste, Minas Gerais destaca-se não somente pelo número, mas também pela sua distribuição num conjunto integrado pela capital e por 41 cidades, demandantes de intercâmbios ligados à mineração, à industrialização e a uma agricultura moderna.

Em 1995, São Paulo tinha 144 empresas, das quais 59 localizavam-se na capital, 14 nos outros municípios da Região Metropolitana e 71 no interior, num universo de 42 cidades de diferentes especializações agrícolas e industriais. Na região Sul, 61 empresas distribuíam-se, em 1995, entre diversas localidades interioranas e litorâneas.

Todavia, entre 1990 e 1995 houve uma diminuição no número de empresas (de 681 para 534), no número de horas voadas (de 176.848 para 86.955) e de distâncias percorridas (de quase 57 milhões de quilômetros para quase 28 milhões). É nesse período que várias empresas de táxi aéreo ampliaram suas frotas e obtiveram do Departamento de Aviação Civil (DAC) o direito de tornar-se empresas de voo regional regular, com rotas fixas. Algumas delas são a Passaredo, em Ribeirão Preto, a Rico, em Manaus, a TAF, em Fortaleza, a Abaeté, em Salvador, a Interbrasil Star e a Brasil Central. Nos anos 1970 o mesmo acontecera com a TAM. (Ver no encarte de mapas: Tráfego aéreo regional — Empresas Abaeté, Interbrasil, Meta, Nordeste, Pantanal, Passaredo, Penta, Presidente, Rico, Rio Sul, TAF, TAM, Tavaj, Total, Trip — 2000, p. XVI a XXVII.)

Por outra parte, a aviação agrícola contribui ativamente para o desenvolvimento de uma agricultura em grande escala, pois permite o controle e a aplicação de fertilizantes e pesticidas de forma rápida e eficiente nas modernas fazendas dispersas. Eram 43 empresas no Brasil em 1975, e vinte anos mais tarde contavam-se 238, das quais 162 localizavam-se na Região Concentrada e 71 na região Centro-Oeste. Calculando densidades, poderíamos dizer que no Brasil de 1975 havia uma empresa para cada 197.953 quilômetros quadrados, e 15 anos mais tarde a superfície média correspondente a cada firma havia caído para 52.869 quilômetros quadrados. Em 1995 a densidade era ainda mais alta, com uma empresa de aviação agrícola para cada 35.764 quilômetros quadrados. (Ver no encarte de mapas: Empresas de aviação agrícola no Brasil — 1975, 1990 e 1995, p. XXVIII e XXIX.)

A maior concentração corresponde ao Rio Grande do Sul, que com 86 empresas de aviação agrícola apresentava, em 1995, a relação de uma firma para cada 3.623 quilômetros quadrados, ao passo que cada empresa paulista e paranaense cobriria uma área em torno de 7 mil quilômetros quadrados. Na extensa região Centro-Oeste, o umbral dessa densidade oscila nos 20 mil quilômetros quadrados.

Assim, com uma área de 575.316,2 quilômetros quadrados, a região Sul tinha, em 1995, 115 empresas, a cada uma das quais caberia uma hipotética superfície de 5.002 quilômetros quadrados. De forma contrastante, a região Nordeste, com 1.556.001,1 quilômetros quadrados e importantes parcelas do território destinadas à agricultura, conta apenas com sete empresas. Sua relação seria de uma empresa para cada 222.285 quilômetros quadrados. Três delas localizam-se na Bahia e duas em Pernambuco. Na região Norte, onde a agricultura é pontual, existem seis empresas (mas quatro delas no Tocantins). Mais um indicador da expansão do meio técnico-científico--informacional por manchas e pontos.

O transporte aéreo de cargas, com origem nas principais capitais, assinala, de um lado, o papel de São Paulo no abastecimento das diversas regiões do país e, de outro, a dependência desse meio no acesso a áreas mais isoladas. Considerando-se o volume de cargas embarcadas nos aeroportos paulistas, o principal destino é a região Norte, com 44,6 milhões de quilos. Polo da Zona Franca, Manaus é lugar privilegiado graças às suas instalações aeroportuárias e demais infraestruturas e, sobretudo, às necessidades de conexão com as áreas mais industrializadas e com os centros de comando do país. Afinal, essa cidade acolhe elos dos circuitos espaciais de produção de grandes firmas nacionais e internacionais. O segundo destino das cargas paulistas é o Nordeste, com 26,3 milhões de quilos, dos quais 71,4% se endereçam a Salvador e Recife, enquanto 14,4 milhões de quilos são enviados para o Rio de Janeiro. As cargas aéreas de São Paulo para o resto do país são menos importantes, seja em decorrência das melhores condições de transporte terrestre no Sudeste e no Sul, seja pela menor densidade econômica em outras regiões.

Já o volume de mercadorias com origem nos aeroportos cariocas é menor, à exceção dos envios para São Paulo, que somam 15,4 milhões de quilos. Para as outras regiões são remetidas cargas que oscilam entre 3 e 10 milhões de quilos. De Brasília parte um feixe de cargas de 16,3 milhões de quilos para a região Norte, seguido por metade desse volume para a região Sudeste. Porto Alegre endereça 10,7 milhões de quilos para São Paulo, 6,3 milhões para o Rio de Janeiro e volumes muito inferiores para o resto do país. Belo Horizonte envia cargas para o Sudeste por 3,1 milhões de quilos (recebe 3,5 milhões de quilos) e escassos volumes para as outras regiões.

É importante destacar que, do total de cargas aerotransportadas de São Paulo em 1994, cerca de 12% provinham do interior do estado. No Rio de Janeiro, porém, o interior respondia por apenas 0,57% da mercadoria embarcada no estado.

2. Fluxos ferroviários

A cada momento histórico os objetos modernos não se distribuem de forma homogênea, e as normas que regem seu funcionamento pertencem a escalas diversas. Isso é ainda mais válido para o sistema ferroviário.

A produção da fluidez é o resultado de conflitos e cooperações, acordos e negociações, sempre provisórios, entre o Estado e as empresas, na construção e operação de grandes sistemas técnicos. A participação dos governos mundiais (organismos internacionais financeiros) é permanente, viabilizando os empreendimentos por meio de créditos ou impondo os próprios projetos de engenharia. E os fluxos ferroviários decorrem dessas dinâmicas, que são sempre datadas.

Quanto às cargas, o uso das ferrovias foi crescente. De 44.846 toneladas em 1960, os fluxos passaram a 235.105 toneladas em 1990, isto é, houve um aumento de 5,2 vezes. Em 1994 eram 256.365 toneladas. A natureza da carga transportada varia no tempo e no espaço. Nos albores da década de 1970, as ferrovias paulistas transportavam sobretudo milho, trigo e café, além de cimento, madeira, açúcar, adubos e fertilizantes. Duas décadas mais tarde, das 18.297 toneladas transportadas, 37,8% eram combustíveis (óleo diesel, álcool combustível, gasolina e óleo combustível), 12,9%, soja e farelo de soja, 9,1%, trigo, 7,8%, cimento, mas também minerais e matérias-primas para a fabricação de fertilizantes. Recentemente, o sistema ferroviário federal aumentou a participação do minério de ferro nas cargas transportadas, que passou a representar, em 1994, 34,4% do total, seguido pelos produtos siderúrgicos (11,3%) e pelo carvão mineral (5,6%). Outros produtos importantes são forragens, soja, trigo, álcool e derivados de petróleo. No início dos anos 1970, o Sistema Regional Nordeste da Rede Ferroviária Federal era destinado sobretudo ao transporte de cana-de-açúcar e açúcar (44,7% do total de cargas) e também de cimento (16,3% do total de cargas transportadas). O Sistema Regional Centro foi destinado ao transporte de minérios entre as áreas de mineração e as grandes siderúrgicas de Belo Horizonte e Volta Redonda (47,3% do total transportado era ferro). O Sistema Regional Centro-Sul é conformado por duas ferrovias federais, a

E. F. Santos–Jundiaí e a E. F. Noroeste (Bauru–Corumbá), que, junto com as estradas de ferro estaduais, compõem um sistema de engenharia apto para o transporte de minério de ferro, adubos, óleo diesel, algodão e café. Por fim, ainda na década de 1970, o Sistema Regional Sul era responsável pelos fluxos de grãos e carvão mineral para o porto de Imbituba.

O que obrigou a novos investimentos na rede ferroviária foi não apenas o transporte de cargas, mas também a demanda da circulação de passageiros. Entre 1970 e 1994 o número de passageiros cresceu 3,5 vezes, passando de 329,64 mil para 1.163.034 pessoas. No entanto, trata-se sobretudo de um incremento na escala metropolitana, com a densificação de fluxos nos trens suburbanos e a construção do metrô. Com efeito, nesse período foram criadas, no Rio de Janeiro e em São Paulo, as companhias de trens metropolitanos. Enquanto nos transportes interurbanos de passageiros o império do ônibus e do automóvel não chegava a ser questionado e o trem era pouco usado, nas duas maiores cidades brasileiras a extraordinária frequência de viagens e a insuficiência de um transporte rodoviário de superfície conduziram à construção do metrô. Em 1994 o fluxo do metrô paulistano representara 53,7% do total nacional de passageiros por trilhos. Todavia, a expansão horizontal das metrópoles já era uma realidade, o que acabou por reduzir a eficácia desse enorme investimento urbano.

3. Fluxos rodoviários

A integração do território pelas estradas e a expansão da frota nacional de veículos permitem, entre outras coisas, descrever a imposição do sistema de circulação rodoviária no Brasil. O aumento da frota total foi extraordinário: 7,6 vezes entre 1950 e 1970, 4,2 vezes entre 1970 e 1985 e 2,1 vezes entre este último ano e 1996. Dos 27.519.278 veículos que constituíam a frota em 1996, 68% eram automóveis, e quase 6%, caminhões.

Um cálculo de densidades ajuda a compreender a aceleração no crescimento da frota de automóveis. Em 1950 havia no Brasil um automóvel para cada 259,5 pessoas, com enormes disparidades regionais que iam de um automóvel para cada 91,6 habitantes no Rio de Janeiro, 129,5 em São Paulo e 165,2 no Rio Grande do Sul, até o extremo de 28.688,8 habitantes por veículo no Acre, um estado que ainda não conhecia a motorização. Em 1970, nos albores do período técnico-científico, a média nacional era de um veículo para cada 37,6 pessoas, com uma leve nivelação das diferenças regionais. Eram 16,9 habitantes por automóvel no Distrito Federal, 18,8 em São Paulo, 22,2 no Rio de Janeiro, 104,3 na Bahia e 384,9 no Maranhão. A constituição de uma frota de automóveis no Acre foi rápida, pois ele passou a ter, em 1970, a densidade de um automóvel para cada 175,4 pessoas. (Ver no encarte de mapas: Densidade de automóveis em relação à população no Brasil — 1950, 1970 e 1996, p. XXX e XXXI.)

Em 1994 o estado de São Paulo concentrava 10.043.780 veículos (36,8% do estoque nacional), dos quais 76% (7.627.238) eram automóveis. E a metade desse conjunto de automóveis correspondia à Região Metropolitana de São Paulo. Seguem-se, em importância, as frotas de Minas Gerais, Rio de Janeiro e Rio Grande do Sul, que ultrapassavam, nesse mesmo ano, 2 milhões de veículos. O Paraná contava com 1.716.134 veículos.

Em 1996 a densidade para o Brasil era de 8,12 habitantes por automóvel. Ainda que alguns estados fossem menos providos, as regiões Sudeste (5,52), Sul (4,85) e Centro-Oeste (6,22) ostentavam densidades superiores à média nacional. Não era o caso do Nordeste (17,67) e do Norte (17,61), com densidades de cerca de 18 pessoas por automóvel. O peso das relações preexistentes e os níveis de renda relativamente inferiores, entre outras razões, contribuem para uma motorização menor. Maranhão e Piauí, por exemplo, apresentam densidades de 40,89 e 34,11 pessoas por automóvel, respectivamente, enquanto o Distrito Federal e São Paulo apontam os índices de motorização mais elevados, com 3,47 e 4,47 pessoas por automóvel, respectivamente.

A frota de ônibus também conhece uma expansão importante. Dobra entre 1950 e 1970, para aumentar 6,5 vezes entre este último ano e 1996. Nesse momento, a Região Concentrada, com 250.014 ônibus, representava 75,4% do total nacional, enquanto São Paulo, sozinho, concentrava 33,7% da frota nacional. É principalmente nesse estado que, em 1994, se registrava o maior número de viagens intramunicipais (3.374.182.000), intermunicipais (492,73 milhões) e interestaduais (13,302 milhões). Por outra parte, no Rio de Janeiro ocorriam 2.317.043.000 viagens intramunicipais e 58,511 milhões intermunicipais. Somadas, as viagens intramunicipais dos estados de São Paulo e Rio de Janeiro representam 46,7% do total de deslocamentos intramunicipais do Brasil e 41,7% do total nacional de viagens. Veja-se o peso da vida metropolitana e a intensidade de seus movimentos.

Se um de cada 10,75 habitantes se deslocava em viagens de ônibus no país em 1994, a fluidez em cada porção do território era, porém, muito diversa. Reunindo 57,6% da população do país, a Região Concentrada evidencia maior mobilidade, pois detinha, nesse mesmo ano, 72,1% do total nacional de passageiros rodoviários (um passageiro para cada 9,75 habitantes). Eram 4,96 habitantes por passageiro no Distrito Federal, 5,37 no Rio de Janeiro e 8,13 em São Paulo, 10,81 no Centro-Oeste e 11,55 no Sul. Mas, num estado como Roraima, a densidade era de um passageiro para cada 608,31 habitantes.

Porções importantes do Nordeste e da Amazônia apresentam baixas densidades de movimento, se considerarmos indicadores como passageiros de ônibus e número de automóveis em relação à população. As condições de relativo isolamento da Amazônia, sobretudo por via terrestre, já foram mencionadas. Representando 6,5% da população brasileira, essa região tem apenas 3,4% do total nacional de passageiros.

Participam também desse quadro de relativa imobilidade algumas áreas do Nordeste, como Alagoas e Maranhão (30,16 e 27,82 habitantes por passageiro, respectivamente), que mais parecem responder a uma fase em que os deslocamentos dependiam do uso do próprio corpo e dos animais e menos de rápidos veículos contemporâneos.

Estados da Região Concentrada, como Minas Gerais, Rio Grande do Sul, Espírito Santo, Santa Catarina e Paraná, mas também outros, como Goiás e Bahia, apresentam uma importante circulação intermunicipal e interestadual. Alguns deles possuem também serviços internacionais de passageiros.

Desde meados da década de 1970 até meados dos anos 1990, o retrato do transporte rodoviário de passageiros no Brasil quanto ao número de linhas e às extensões percorridas não conhece mudanças significativas. Alcançando 4,3 milhões de quilômetros, as linhas regulares oscilaram entre 22,3 mil e 28,7 mil. Os percursos intramunicipais, que chegavam a 56% do total de viagens no Brasil em 1994, podem ser interpretados como mais um indicador do peso da vida de relações intraurbanas num país em acelerada urbanização. São Paulo, Rio de Janeiro, Minas Gerais, Paraná e Rio Grande do Sul contam cada qual com mais de mil linhas intramunicipais e juntos somam 64,5% do total nacional desse tipo de percursos. O estado de São Paulo, com 2.893 linhas intramunicipais (23,3% do total nacional), põe em evidência o papel da circulação na principal metrópole e a complexidade e divisão do trabalho nela produzidas.

No Nordeste, a quantidade de linhas intramunicipais é inferior à metade da do Sudeste. Todavia, na Bahia são mais de setecentas linhas, valor comparável ao de Santa Catarina. Paralelamente ao seu aumento explosivo do parque de automóveis individuais, a região Centro-Oeste apresenta uma importante diminuição na quantidade de linhas intramunicipais. O Norte apresenta valores dez vezes menores ao número de linhas intramunicipais da região Sul. Ainda quanto às linhas intermunicipais, a Bahia também alcança valores importantes (952 em 1994), superiores aos de Paraná e Santa Catarina. O número de tais linhas na região Norte como um todo (174) é pouco menor que o do Ceará (duzentas). São Paulo, Rio Grande do Sul e Minas Gerais possuem cada qual mais de mil linhas intermunicipais, representando 41,8% do total nacional.

A evolução geral das linhas interestaduais mostra uma queda tanto na quantidade de linhas como nas distâncias percorridas. Ainda que permaneça a predominância da Região Concentrada, essa diminuição recria hierarquias nessa área, ganhando peso os estados de Minas Gerais, Paraná, Espírito Santo e Goiás.

Quando a presença do poder público no sistema de transportes é insuficiente, os fixos e fluxos passam a pertencer ao domínio mercantil tanto na sua quantidade quanto na sua frequência. Mas nesse caso a oferta decorre da existência de um consumo básico mínimo, que por sua vez depende da renda das pessoas e de suas possibilidades de acesso. Assim, é a perspectiva de lucro para as empresas que comanda o sistema rodoviário de fluxos.

Elemento fundamental na disputa entre transporte ferroviário e rodoviário de cargas, a frota de caminhões cresceu 2,6 vezes entre 1950 e 1970 e 4,1 vezes entre 1970 e 1996. Nesse ano, 699.873 caminhões de um total nacional de 1.864.368 estavam em São Paulo (37,5%). Outros estados da Região Concentrada, como Rio de Janeiro, Paraná, Minas Gerais e Rio Grande do Sul, apresentam importante número de caminhões, com frotas superiores a 150 mil veículos. Deve-se mencionar que a região Centro-Oeste mostrou, a partir dos anos 1970, um crescimento acelerado tanto da sua frota de automóveis quanto da de ônibus e caminhões, ante a necessidade de circulação e, sobretudo, de escoamento das produções agropecuárias modernas. O número de caminhões aumentou 8,7 vezes entre 1970 e 1994 na região (considerado aqui o estado do Tocantins). Nesse último ano, eram 143.973 veículos. Paralelamente, o estoque de automóveis cresceu 16,8 vezes nesses 24 anos, atingindo, em 1994, 1.570.286 unidades (incluindo Tocantins). Trata-se de um número próximo à frota da região Nordeste (1.902.153 automóveis), cuja população é de 44.766.851 habitantes, isto é, cerca de quatro vezes maior que a da região Centro-Oeste mais Tocantins (11.549.221 habitantes).

Analisando-se a evolução das empresas de transporte rodoviário, chama atenção um crescimento explosivo entre 1970 e 1990 e uma forte diminuição entre 1990 e 1994. Assim, a um aumento de 15,6 vezes no primeiro intervalo sucede uma queda de 3,7 vezes no número de empresas, mas isso responde a um forte processo de fusão de firmas do setor. Em 1994, São Paulo tinha 1.634 empresas (31,6% do total nacional), mas os estados de Santa Catarina, Rio Grande do Sul, Paraná, Minas Gerais e também Rio de Janeiro acolhem, juntos, 57% do total de empresas rodoviárias de cargas do país. A quantidade transportada também sofreu variações, ainda que mais leves, e o aumento entre 1970 e 1994 foi de 8,8 vezes. Responsável por 320 milhões de toneladas, a Região Concentrada significa 91,5% do total nacional. As cargas transportadas no Sudeste ultrapassam em cerca de 14 vezes o total da região Nordeste e em cerca de 106 vezes a região Norte. Apesar do escoamento de importantes produções do Centro-Oeste, essa região representa apenas 3% do total de cargas do Brasil.

4. Fluxos aquaviários

4.1. Navegação de longo curso

O movimento de mercadorias nos portos brasileiros ajuda a entender o ingresso do país no mundo globalizado. A carga embarcada para exportação em portos marítimos cresceu 2,9 vezes entre 1973 e 1996. Nesses 23 anos, verifica-se um ligeiro acréscimo na participação da região Norte nas exportações, via transporte marítimo de longo curso, que em 1996 chegou a representar apenas 3,7% do total nacional. Os portos mais importantes são Belém (PA) e Macapá (Santana, AP), especializados em granéis sólidos. Este último possui três terminais privativos: da ICOMI, que escoa minério de manganês e ferromanganês da serra do Navio, da Texaco para petróleo e da AMCEL, empresa que extrai e exporta madeira. O aumento da circulação nos portos nordestinos é extraordinário, pois cresce 12,8 vezes entre 1973 e 1996. São responsáveis por esse aumento os portos de Itaqui (São Luís, MA), Salvador (BA) e Aratu (BA), os dois últimos na baía de Todos os Santos. Enquanto Salvador evidencia o aumento das cargas gerais, isto é, mercadorias de diversas espécies, Aratu se destina à exportação de granéis líquidos. Apesar da diminuição das quantidades exportadas em Recife, o Nordeste, com cerca de 48 milhões de toneladas, representava 24,7% do total das exportações marítimas no Brasil em 1996.

A região Sudeste, que dobra seu movimento entre 1973 e 1985, mostra uma estagnação nos anos 1990. Todavia, sua participação relativa cai de 81,9% do total nacional de exportação em 1973 para 60,7% em 1996. Santos e São Sebastião (SP), orientados para o embarque de granéis líquidos, Angra dos Reis (RJ), destinado a cargas gerais, e Ponta de Ubu (ES), especializado em granéis sólidos, apresentam crescimentos discretos, enquanto aumenta a importância relativa dos portos de Sepetiba (RJ) e Praia Mole (ES), que movimentam cargas gerais. No Espírito Santo, o porto de Tubarão, lugar de embarque de minerais, mostra quedas significativas. O Sul conhece um aumento constante, com a relevância de portos como Paranaguá (PR), dotado de um complexo de embarque de grãos e farelos e operando também com líquidos e cargas gerais, São Francisco do Sul (SC), com granéis sólidos e cargas gerais, e Itajaí e Imbituba (SC), que trabalham com cargas gerais. Uma empresa como a Ceval Agroindustrial une suas áreas industriais ao porto de São Francisco através de um duto para transporte de óleo de soja. A região Sul participava, em 1996, com 10,8% das exportações nacionais por via marítima.

A nova hierarquia dos portos em função do volume do seu movimento poderia ser ilustrada com algumas relações. Por exemplo, a carga exportada pelo porto de Sepetiba (RJ) correspondia, em 1993, a mais de quatro vezes a do porto de Rio Grande (RS) e o movimento do porto de Itaqui (MA) representava, no mesmo ano, cerca de três vezes a carga exportada pelo porto de Santos (SP). Há que mencionar, porém, as especializações, pois enquanto Sepetiba é porta para escoar somente granéis sólidos, Rio Grande acrescenta a essa especialização granéis líquidos e cargas gerais. Paralelamente, se em Itaqui o crescimento é dado pela importância do minério de ferro procedente das explorações de Pará e Maranhão, Santos opera tanto com granéis sólidos como líquidos, mas sobretudo com cargas gerais, que são as acondicionadas (frigorificadas, contêineres, produtos siderúrgicos etc.). Esse dado oferece mais um aspecto tanto da divisão territorial do trabalho interna ao país como do tecido de círculos de cooperação, com a circulação de matérias-primas e de mercadorias procedentes de regiões mais rarefeitas e mais densas do meio técnico-científico-informacional.

As interligações entre sistemas de engenharia, de diversas idades e intencionalidades, tornam-se realidade quando os progressos técnicos permitem superar as diferenças entre as conexões. A introdução dos contêineres possibilitou a organização da carga e a coordenação entre as diversas modalidades de circulação, ampliando a sua área. O porto de Santos representava, em 1996, 43,2% do total dos contêineres movimentados e 45,4% do peso desses contêineres nos portos brasileiros. Em segundo lugar, o porto do Rio de Janeiro é responsável por 10,3% do total de unidades e 9,3% do peso do total nacional dos contêineres.

A relevância das exportações brasileiras de granéis sólidos tem como contrapartida os grandes volumes importados de granéis líquidos, cuja porta de entrada são os portos da região Sudeste, com cerca de 65% do total nacional de importações desses produtos em 1996. Trata-se, sobretudo, dos portos de Angra dos Reis e São Sebastião. Aliás, em 1996 a região Sudeste era responsável por mais de 60% do movimento de importação e exportação de cargas gerais do Brasil. Todas as regiões brasileiras conhecem maior ingresso de produtos externos, ainda que se destaquem os portos de Angra dos Reis, São Sebastião, Santos e Praia Mole. Em 1996, os quatro portos concentravam cerca de 63% do total das importações brasileiras. Assim, entre 1973 e 1996 o fluxo de importações via navegação de longo curso aumentou 1,7 vez. É a forma de inserção do país na globalização, que o obriga a aumentar aceleradamente o ritmo não apenas de suas exportações, mas também de suas importações. (Ver no encarte de mapas: Os dez maiores portos importadores do Brasil — 1996, p. XXXII; Os dez maiores portos exportadores do Brasil — 1996, p. XXXII.)

4.2. Navegação de cabotagem

Os principais nós da rede de cabotagem são os portos de Torguá e Angra dos Reis (RJ), Tubarão (ES), Aratu (BA) e Natal (RN), que concentram 70% do embarque de cargas, enquanto São Sebastião e Santos (SP), Rio de Janeiro (RJ) e Vitória (ES) recebem mais da metade das cargas.

4.3. Navegação interior

Classificadas segundo critérios hidrográficos, as cinco bacias brasileiras respondem a usos sociais e econômicos diversos. Enquanto a Amazônica é utilizada para a importação de óleo diesel e veículos terrestres, a bacia do São Francisco é utilizada por produtos minerais e soja. Circulam pela bacia Sudeste os produtos agrícolas produzidos nas áreas sulinas, e o uso da bacia do Prata se define pelo transporte de sementes, trigo e cimento.

Numa região como a Amazônia, o transporte hidroviário é, para a maior parte de sua população, a base do seu diálogo com o país, uma vez que os vínculos aéreos permanecem restritos a uma pequena camada da sociedade.

Além de Belém e Manaus, destacam-se os portos de Munguba, Santarém e, certamente, Porto Velho. Estudando o transporte fluvial de passageiros e cargas no Amazonas, Ricardo Nogueira (1994) busca entender, a partir da quantidade de embarcações e do uso do rio, as densidades de movimento. Ao passo que os fluxos mais avultados correspondem ao baixo Amazonas, que une as cidades de Manaus e Belém, o eixo do rio Madeira, ligando Manaus a Porto Velho, ganhou maior movimento após a desativação da rodovia. O alto Amazonas, que liga Manaus a Tabatinga, assim como a bacia do rio Negro, apresenta menor movimento. A Capitania dos Portos, explica o autor (R. Nogueira, 1994), regula uma frota de 25 mil embarcações, comandada por algumas grandes empresas que coexistem com outras muito pequenas. Desde embarcações precárias até o ro-ro caboclo — um comboio de balsas que transporta caminhões e carretas —, as técnicas utilizadas espelham, no rio Amazonas, as hierarquias de uma sociedade ribeirinha e os sistemas de ações de grandes empresas.

Um sistema de normas é sempre obrigatório. São, de um lado, normas consuetudinárias e menos rígidas, próprias de relações de vizinhança, que presidem ao transporte de correspondência, dinheiro, remédios, pequenas mercadorias e venda de produtos de economias familiares das vilas próximas para Manaus. O calendário das viagens é também horizontalmente estabelecido no lugar. Mas são também as normas escritas e duras das empresas e do poder público que estabelecem tarifas e isenções, cronogramas e técnicas, impondo assim um uso e um não uso do rio. Como os fretes fluviais de carga são cobrados por área ocupada nas carretas, o abastecimento alimentar torna-se caro, enquanto a saída de eletroeletrônicos é amplamente favorecida por esse jogo de tarifas. Por outro lado, as empresas recebem um crédito de 5% do ICMS, caso consigam alcançar, com seus produtos, o Centro-Sul do país até o fim de cada mês. Como o transporte rodofluvial demora dez dias, a partir do dia 20 o rio é substituído pelo transporte aéreo (R. Nogueira, 1994). Os tempos rápidos invadem os tempos lentos, e o uso do rio, ao amparo de uma regulação pública, pode tornar-se, no lugar, mais um fator de diferenciação e de regulação da sociedade e do território.

CAPÍTULO 8

O sistema financeiro

As bases materiais e políticas do mundo atual têm permitido uma revolução nas formas de circulação de dinheiro, criando assim novos modos de acumulação. De um lado, os progressos nas telecomunicações, na eletrônica e na informática autorizaram a interligação, em tempo real, das bolsas, dos bancos e das praças financeiras, possibilitando uma circulação verdadeiramente frenética de diferentes tipos de dinheiro. De outro lado, as condições políticas, instauradas com a chamada desregulação, facilitam os fluxos de dinheiro além das fronteiras nacionais e, com eles, impõem normas mundiais aos territórios nacionais. Na realidade, as novas regras do jogo nas finanças não negligenciam as fronteiras nacionais, mas as tornam outra fonte de lucro, uma vez que são as grandes empresas mundiais que estabelecem os umbrais e ganham com as conversões entre sistemas monetários, balanços do comércio exterior, juros, pagamento de *royalties* e outros instrumentos da macroeconomia. E a concessão a essas políticas globais não cria senão ilusoriamente o enraizamento dos capitais. A "instabilidade territorial" desses capitais só faz aumentar.

Essa relativa superioridade técnica e política do subsistema financeiro resulta num comando não apenas sobre a economia, mas também sobre as outras instâncias da sociedade, incluído, certamente, o território. As expansões e retrações do sistema bancário nacional seriam, talvez, uma manifestação desse processo. Em 1962 o mapa financeiro era mais concentrado do que hoje. O Sudeste e o Sul, com, respectivamente, 3.665 e 1.101 agências, representavam juntos 85,7% do total nacional. Essa proporção caiu para 81,3% dez anos mais tarde e para 72,1% em 1996. Paralelamente, aumenta a importância relativa do Centro-Oeste, que passou de cerca de 4% do total nacional em 1962 para 8,9% em 1996, e também a financeirização do Nordeste (9,1% do total nacional em 1962 e 15,2% em 1996). E a participação da região Norte sobe de 1,3% do total de agências bancárias do Brasil em 1962 para 3,9% em 1996. A participação do estado de São Paulo teve uma leve queda nesse longo período, pois passou de 36,3% do total nacional em 1962 para 29,9% em 1996. É a expansão do sistema bancário que, todavia, mantém o seu centro hierárquico. Nenhum estado atinge, em 1996, a quantidade de agências bancárias que São Paulo sozinho tinha 34 anos antes (2.019). De igual modo, em 1996 nenhuma das grandes regiões (Sul, Nordeste, Centro-Oeste e Norte) superava o número de agências presente num único estado: São Paulo (4.856 agências).

Houve, no país, um crescimento de cerca de 40% no número de agências entre 1962 e 1972 e de 110% entre 1972 e 1996 (5.561 agências em 1962, 7.712 em 1972 e 16.224 em 1996). Essa expansão foi, em grande parte, comandada pelos bancos privados, que se alastraram pelo território em virtude das oportunidades de financiar uma produção e uma circulação altamente dependentes de capitais adiantados. Em 1972, 71,6% (5.522) das agências de todo o país pertenciam a bancos privados. E as áreas preferidas pelo setor bancário privado eram, certamente, as de maiores densidades demográficas, técnicas e econômicas, já que as agências bancárias privadas representavam 78,4% das agências do Sudeste e 68,8% das do Sul. Pouco mais da metade das agências bancárias nas regiões Centro-Oeste e Nordeste pertenciam a matrizes privadas (respectivamente, 54,7% e 53,2%). Até esse momento, o Norte era pouco atrativo para os capitais privados, que respondiam por apenas 44,3% do total de agências bancárias. Em São Paulo, 85,6% das agências eram de bancos privados. (Ver no encarte de mapas: Distribuição geográfica das agências bancárias no Brasil — 1997, p. XXXIII.)

Já em 1996 o território, em sua quase totalidade, torna-se produtivo para os capitais financeiros, sobretudo a partir da profusão de formas de investimento, seguros, créditos etc. É a necessidade de arrecadar em cada ponto do território, visando a fazer fluir o dinheiro para reforçar os investimentos em áreas de maiores densidades técnicas e informacionais. O Banco Bamerindus, por exemplo, torna-se presente nas zonas agrícolas do Mato Grosso do Sul (Tavares, 1996, p. 24). Em 1998, as agências de bancos públicos representavam no Brasil 47,33% do total de agências. O interesse do setor financeiro privado revelava suas preferências regionais, pois enquanto no Nordeste as agências públicas correspondiam a 67,84% do total, no Sudeste 64,83% das agências bancárias eram privadas. Nas regiões Sul, Centro-Oeste e Norte, 60% da rede de agências pertencia ao poder público.

A reforma financeira de 1964, por meio da lei 4.595, marcou o início de um processo intenso de incorporações e fusões bancárias. As reformas, para Helena K. Cordeiro (1986-1987, p. 156), "vieram reproduzir no Brasil uma estrutura nos moldes dos países avançados". Foram 162 incorporações e 23 fusões entre 1966 e 1972. A partir de 1990, a autorização, por parte do poder público, do ingresso e da participação acionária de 24 bancos estrangeiros renova as estratégias de concentração dos capitais. É o caso do banco inglês HSBC, que administra o Bamerindus, do Santander, que comprou o Banco Geral de Comércio, o Banco Noroeste e o Bozzano Simonsen, e do Banco Bilbao Viscaya com o Excel Econômico. Paralelamente, a automação das agências bancárias no Brasil reflete a imposição de um sistema técnico único. Em 1997, 83% dos bancos haviam automatizado todas as agências, e o sistema Banco 24 Horas atendia a cinquenta instituições. Esses novos instrumentos técnicos, junto a novas ações públicas e privadas, convergem para determinar uma queda no nível de emprego do setor, que passa de 807.418 empregos em 1988 para 576.853 em 1995 (um decréscimo de 28,55% em sete anos).

Como vimos, uma constelação de 16.224 agências bancárias espalhava-se pelo Brasil em 1996, oferecendo todavia densidades muito diferenciadas entre as regiões. Se para as regiões Norte e Nordeste a relação é de mais de 18 mil habitantes para cada agência bancária, o Sul possui uma agência para cada 6.900,4 habitantes, o Centro-Oeste, uma para cada 7.282,6 habitantes, e o Sudeste, uma para cada 8.089,2 habitantes. Com populações de tamanho semelhante, o Centro-Oeste tem um número de agências bancárias 2,3 vezes superior ao da região Norte e, se incluirmos Tocantins no Centro-Oeste, a relação será de 2,5 vezes. Santa Catarina, Mato Grosso do Sul, Goiás e Rio Grande do Sul apresentavam em 1996 as densidades mais altas, com menos de 7 mil habitantes por agência. Seguem-se São Paulo, Paraná e Distrito Federal, com 7.026,5, 7.134,6 e 7.655,2 habitantes por agência, respectivamente, e, com uma agência para cada 10 mil habitantes, Mato Grosso e Minas Gerais. No Nordeste, Maranhão e Piauí apresentam as maiores rarefações financeiras da região e do país, com mais de 25 mil habitantes por agência. Roraima, o estado menos povoado da Federação e com o menor número absoluto de agências bancárias (vinte), mostra por isso uma densidade superior à de todos os estados nordestinos, com exceção de Sergipe, e não muito menor do que a do Rio de Janeiro, que é de 10.273,1 habitantes por agência. (Ver no encarte de mapas: Densidade de agências bancárias em relação à população — 1997, p. XXXIV.)

A Região Concentrada reúne 72,1% do total nacional de agências bancárias e, dentro dela, São Paulo, com 4.856 agências, representa 30% do total do país. O adensamento do tecido financeiro nessa área é revelado também pela existência de uma agência bancária para cada 142,4 quilômetros quadrados. Essa densidade é 26,7 vezes superior à da região Norte, 7,8 vezes maior que a do Centro-Oeste e 4,6 vezes maior que a densidade do Nordeste. Na região Norte poucas cidades tendem a concentrar os papéis financeiros, e por isso as densidades financeiras dos estados são muito baixas, como no estado do Amazonas, onde há uma agência para cada 13.516 quilômetros quadrados. Bem diferente é a situação do Rio de Janeiro, onde há uma agência para cada 33 quilômetros quadrados. (Ver no encarte de mapas: Densidade de agências bancárias em relação à superfície — 1997, p. XXXIV.)

Para poder visualizar o papel do interior dos estados nessa geograficização bancária, poderíamos ainda analisar as densidades financeiras dos estados sem levar em conta suas respectivas capitais. Com menos de 8.500 habitantes por agência, os estados de Goiás, Santa Catarina, Paraná, São Paulo, Rio

Grande do Sul, Mato Grosso e Minas Gerais indicam a dinâmica de um interior relativamente rico graças a uma agropecuária de *fronts* e *belts* modernos e especializações industriais produtivas no período da globalização. Em situação oposta, estados como Maranhão e Piauí, além de um estado de rarefações novas como Tocantins, mostram densidades de uma agência bancária para mais de 30 mil habitantes.

1. Vocações e topologias dos bancos

O Banco do Brasil foi espalhando sua rede na geografia financeira do país. Em 1961, esse banco possuía 284 agências, isto é, 8,7% do total do país (3.261), e, em 1969, havendo conhecido um crescimento de 2,6 vezes no seu número de agências, representava 9,1% (740 agências). Em 1981, com 1.271 agências, a participação era de 10,3% do total nacional. Em 1997 eram 1.832 agências, que correspondiam a cerca de 12% do total de agências do Brasil. Desprovido de sua função de corresponsável pela emissão de moeda em 1986, o Banco do Brasil manteve o seu papel na política de crédito rural e industrial. Sua topologia tende a confundir-se com a própria rede urbana brasileira. De importantes densidades litorâneas, do norte ao sul do país, o Banco do Brasil também se interioriza na Região Concentrada. Os principais nós do seu sistema espacial são São Paulo (108 agências), Rio de Janeiro (75 agências), Belo Horizonte, Curitiba e Porto Alegre, nessa área polarizada. Brasília acolhe cerca de cinquenta agências. A Região Metropolitana de Salvador, com trinta agências, abriga um número semelhante ao de Belo Horizonte, Curitiba e Porto Alegre. A região Centro-Oeste apresenta uma rede mais densa que a da Amazônia e menos espessa que a do Nordeste. (Ver no encarte de mapas: Distribuição geográfica das agências do Banco do Brasil — 1997, p. XXXV.)

Responsáveis pelo financiamento a curto e médio prazo do comércio, da indústria e dos serviços, os bancos comerciais fornecem créditos simples ou em contas garantidas, captam depósitos e fazem outras operações ligadas ao crédito, ao câmbio e ao comércio. Houve uma diminuição dessas instituições, que passaram de 101 em 1988 para 35 em 1995. Há um paralelismo com o aumento do número dos bancos múltiplos, pois em 1988 o governo permitiu a unificação de empresas financeiras pertencentes a uma mesma *holding,* reduzindo assim os seus custos. O número desse tipo de instituições múltiplas cresceu de 98 em 1989 para 209 em 1995. Bancos como Bamerindus, Itaú, Mercantil Finasa, Safra, Unibanco, Citibank, Francês e Brasileiro e tantos outros pertencem a esse grupo. É também o caso do Bradesco, estudado por Leila Dias (1995).

Em 1997, antes dos processos de fusão que o atingiram, o Banco Excel Econômico S. A. apresentava uma distribuição bipolar no território brasileiro. Com efeito, dois grandes centros, Salvador e São Paulo, com mais de vinte agências, capitaneavam uma rede de alcance nacional, mas de baixas densidades. Recife era, certamente, outro centro importante. Os eixos interioranos de agricultura moderna do estado de São Paulo, as cidades próximas às áreas de mineração e de indústrias em Minas Gerais e algumas das cidades sulistas mais importantes, como Londrina, Maringá, Cascavel, Joinville, Blumenau, Chapecó, Caxias do Sul, Passo Fundo, além das regiões metropolitanas, acolhiam diversas agências. O litoral baiano era também colonizado pelo Banco Excel Econômico. As capitais amazônicas e nordestinas contavam com algumas agências. (Ver no encarte de mapas: Distribuição geográfica das agências do Banco Excel Econômico S. A. — 1997, p. XXXVI.) Revelando um modelo territorial altamente concentrado, o Banco Itaú possui 209 agências na Região Metropolitana de São Paulo, 89 na Região Metropolitana do Rio de Janeiro e uma presença importante no sul de Minas Gerais e do Rio de Janeiro, Paraná, Santa Catarina e Rio Grande do Sul. Ainda que mais difusa, sua rede nas áreas agrícolas do Centro-Oeste deve ser apontada, assim como na própria capital federal e nas capitais de estado dessa região. Tanto na Amazônia como na região Nordeste, as agências do Itaú circunscrevem-se praticamente às capitais. (Ver no encarte de mapas: Distribuição geográfica das agências do Banco Itaú — 1997, p. XXXVII.)

Financiando bens duráveis e participando das loterias, a Caixa Econômica Federal obtém, entretanto, seus maiores recursos da caderneta de poupança ligada ao Sistema Financeiro de Habitação e da arrecadação e investimento do Fundo de Garantia por Tempo de Serviço (FGTS). Com forte presença nas regiões metropolitanas do Sudeste (São Paulo, Rio de Janeiro, Belo Horizonte, Curitiba e Porto Alegre), a rede da Caixa Econômica Federal é também espessa no interior de São Paulo, sul de Minas Gerais e do Rio de Janeiro e Espírito Santo. Na região Sul as maiores densidades observam-se na faixa oeste do Paraná, mas também nas áreas próximas a Curitiba, no litoral catarinense e em quase todo o estado do Rio Grande do Sul, especialmente na hinterlândia ampliada de Porto Alegre. A porção meridional de Mato Grosso do Sul e também de Goiás, juntamente com o litoral nordestino, mostra uma distribuição discreta dessa instituição financeira, ao passo que, mais uma vez, a região Norte é uma área rarefeita do território nacional. (Ver no encarte de mapas: Distribuição geográfica das agências da Caixa Econômica Federal — 1997, p. XXXVIII.)

A presença de agências de bancos de governos estaduais em São Paulo é talvez mais uma forte manifestação da maneira como, na cidade, se superpõem os círculos de cooperação. Na primeira metade do século XX, a instalação de instituições financeiras oriundas dos estados do Sudeste e do Sul já assinala a maior espessura e frequência dos fluxos dentro do que viria a ser o coração da região polarizada do país e contribui para o seu afiançamento. Os mais antigos são o Banco do Estado de Minas Gerais S. A., Banco do Estado do Paraná S. A., Banco do Estado do Rio Grande do Sul S. A., Banco do Estado do Espírito Santo S. A. e o Banco da Amazônia S. A. A partir dos anos 1960, chegam o Banco do Estado de Santa Catarina S. A., o Banco do Estado do Rio Grande do Norte S. A., o Banco do Nordeste do Brasil S. A., o Banco do Estado de Goiás S. A., o Banco do Estado de Mato Grosso S. A., o Banco do Estado de Rondônia S. A., o Banco do Estado do Ceará S. A. e o Paraná Banco S. A.

Por outro lado, as empresas globais do setor automobilístico espalham suas redes de bancos múltiplos pelo território nacional e internalizam, dentro da própria empresa, o processo de financeirização internacional. É o caso do Banco Fiat S. A., do Banco Ford S. A., do Banco Autolatina S. A. e do Banco General Motors S. A., com agências em diversos estados da Região

Concentrada.[1] A montadora Mercedes-Benz, recentemente fundida com a Chrysler, instalou no Brasil o Banco Daimler Benz, que visa a financiar suas importações e acrescentar ao sistema de *leasing* já em funcionamento novos instrumentos financeiros, como crédito direto ao consumidor, certificados de depósito bancário e financiamentos de veículos comerciais, entre outros. Graças à unicidade do seu comando, a empresa distribui esses produtos financeiros a partir da rede de duzentos concessionários da Mercedes e 26 da Chrysler. A topologia da empresa amplia-se e ganha ao mesmo tempo novos conteúdos, contribuindo para o processo de creditização do território.

2. Praças financeiras

Entre as funções reguladoras da atividade financeira no país, o Banco Central rege o Sistema Nacional de Compensação de cheques e títulos, cuja execução cabe ao Banco do Brasil. Esse sistema foi criado em 1983, para unificar os diversos sistemas regionais de compensação que eram, até então, relativamente isolados. Rio de Janeiro, São Paulo e algumas cidades próximas, como Londrina e Maringá, constituíam a principal interligação bancária na escala regional. Nos limites dessa área privilegiada, o pagamento de cheques demorava 48 horas.

Ultrapassando essa isolinha, o pagamento de cheques exigia que o documento fosse enviado para a agência de origem, e então o dinheiro era remetido para o lugar da transação. À falta de uma solidariedade técnica e organizacional mais perfeita no sistema financeiro, os diversos tipos de dinheiro circunscreviam-se aos seus lugares de origem e a escala das operações era tributária da distância e do tempo. A acumulação era, assim, mais limitada.

---

1. O Banco Fiat S. A. possui agências em São Paulo, Rio de Janeiro, Minas Gerais, Espírito Santo, Santa Catarina, Goiás e duas agências no Paraná. O Banco Ford S. A. tem agências em São Paulo, Rio de Janeiro e Minas Gerais. O Banco Autolatina S. A. possui uma agência no Rio de Janeiro, duas no Paraná e duas no Rio Grande do Sul. Por fim, o Banco General Motors S. A. conta com agências em São Paulo, Rio de Janeiro, Paraná e Rio Grande do Sul.

A automação do sistema de compensação é mais um passo na direção da unificação financeira do território, que dá à cidade de São Paulo mais um papel, o de sediar o centro de compensação nacional. Afinal, a hierarquia se reforça, pois lugares e tempos são as coordenadas que se entrecruzam num sistema de prêmios e castigos. Quanto menos moderna e financeirizada e mais longínqua era uma cidade, maior era o prazo da compensação.[2]

As praças financeiras são as articulações regionais desse movimento nacional e unificado do dinheiro. Mas, graças aos progressos da automação, o arcabouço do sistema financeiro conhece uma transformação importante. Em 1990, todos os estados possuíam uma ou mais praças financeiras. Nos anos 1990, a compensação de cheques passa a ser eletrônica, e desse modo houve uma diminuição acelerada do número de praças financeiras. Eram 312 praças em 1990, 171 em 1996 e 19 em 1999. A partir dessa redução, que atingiu o país inteiro, ficaram sem câmara de compensação quatro estados na região Norte, cinco no Nordeste e Mato Grosso, no Centro-Oeste. O caso de Rondônia é ilustrativo, pois, com 11 praças financeiras em 1990, esvazia-se inteiramente dessa função nove anos depois. Nessa nova geografia financeira, o Acre e o Amazonas têm duas praças em 1999. Um estado como a Bahia, com sessenta praças financeiras em 1990, possui hoje apenas uma. É também a situação atual do Pará, que chegou a contar com 24 praças em 1994. Em São Paulo, a praça de Campinas foi absorvida pela da capital em 1996, assim como a de Ribeirão Preto dois anos mais tarde. (Ver no encarte de mapas: Compensação de cheques e outros papéis por praças financeiras — Dez./1996, p. XXXIX.)

Esse processo de centralização da compensação, que na Bahia e no Pará atingiu contornos visíveis pela redução do número de praças financeiras, mostra em São Paulo um novo mapa, advindo do novo volume dos fluxos que é endereçado para a capital. Comparando três cidades desses estados,

---

2. Em 1983, a hierarquia de cidades e prazos era a seguinte: um cheque depositado em São Paulo podia ser sacado em três dias úteis no interior de São Paulo e em capitais de outros estados, em cinco dias em cidades de outros estados participantes de sistemas regionais de compensação e em cinco a 15 dias em praças não integrantes de sistemas regionais de compensação.

vemos que Ribeirão Preto (SP), com 454.124 habitantes, ocupava em 1996 a sétima posição nacional em relação ao valor de documentos compensados, enquanto a Vitória da Conquista (BA), com 204.295 habitantes, e a Redenção (PA), com 12.172 habitantes, eram reservados o 55º e o 85º lugar na hierarquia de centros de compensação. Circulavam em Ribeirão Preto 9,95 milhões de documentos por um valor de 3,145 bilhões de reais, enquanto eram 382.463 documentos num valor de 144,74 milhões de reais em Vitória da Conquista e 30.851 documentos e um valor de 14,33 milhões de reais em Redenção. Essas três praças despareceram do mapa financeiro de 1999.

A cidade de São Paulo, que respondia por 21,96% da quantidade total de cheques compensados em 1990, reúne hoje 29,32% do total. A segunda praça financeira, segundo o número de documentos compensados, é Belo Horizonte, responsável por 15,52% do total nacional em 1999. Em terceiro lugar está Vitória, com 11,8% do total. Desse modo, a Região Concentrada representa 77,5% do total do país, num movimento circunscrito às capitais de estado.

Com três praças financeiras, o Centro-Oeste reúne 6,6% da quantidade total de cheques compensados. Mas cabe mencionar o papel da Bahia, que participa com 5,9% do total nacional de documentos compensados, superando todas as praças de sua região e também as do Norte e as de todas as capitais do Centro-Oeste e do Sul (à exceção de Curitiba).

O número de cheques compensados na cidade de São Paulo é 4,4 vezes maior do que na cidade do Rio de Janeiro e 15 vezes superior ao da capital federal. Considerando, em 1996, o universo das 21 praças financeiras cujo movimento de compensação ultrapassava 1 bilhão de reais, constatamos que cinco pertenciam ao estado de São Paulo e 15 localizavam-se em outros estados da Região Concentrada.

Em 1996, das 46 praças financeiras cujo total de documentos compensados era inferior a 1 milhão de reais, 27 são da região Norte, 14, do Nordeste, quatro, do Centro-Oeste, e uma, do Sudeste. Do total com esse valor, apenas duas permanecem em 1999: Sena Madureira no Acre e Boca do Acre no Amazonas, que representam, respectivamente, 0,048% e 0,024% da quantidade total de documentos compensados no Brasil.

Em 1996 o estado de São Paulo representava 52% do total do valor dos documentos compensados, enquanto o Rio de Janeiro respondia por 17%. A Região Concentrada significava 82% do valor nacional de compensação.

Outra característica, útil para a análise da geografia bancária, é dada pelo movimento de ativos. Em 1996, o movimento total dos ativos na cidade de São Paulo (R$ 2.331.307.556.003), principal praça financeira, era 5,2 vezes superior ao movimento da segunda praça, Rio de Janeiro, 15,6 vezes superior ao da terceira, Porto Alegre, 27,7 vezes maior do que o valor movimentado em Belo Horizonte e 49,1 vezes maior do que na quinta praça do país, Curitiba. Desse movimento de dinheiro em São Paulo, 60,6% correspondiam a contas de compensação.

Considerados alguns instrumentos financeiros, como financiamentos rurais à agricultura, à pecuária, à agroindústria e aos negócios imobiliários, vemos também a posição predominante de São Paulo. Nessa praça, os fundos destinados à agricultura e à pecuária superam em 8,1 vezes e em cerca de 15 vezes, respectivamente, os financiamentos concedidos na segunda praça, Porto Alegre. Quanto aos financiamentos agroindustriais, São Paulo ultrapassava os valores de Curitiba (segunda praça neste particular) em cerca de 15 vezes. Por fim, os financiamentos imobiliários são também superiores à soma dos financiamentos procedentes das quatro praças financeiras seguintes.

3. Financeirização da sociedade e do território

Novos instrumentos financeiros são incorporados ao território na forma de depósitos e de créditos ao consumo. A sociedade, assim, é chamada a consumir produtos financeiros, como poupanças de diversas espécies e mercadorias adquiridas com dinheiro antecipado. Com isso o sistema financeiro ganha duas vezes, pois dispõe de um dinheiro social nos bancos e lucra emprestando, como próprio, esse dinheiro social para o consumo. Eis um dos caminhos da financeirização da sociedade e do território. É um movimento de concentração e dispersão.

A concentração geográfica das transações pode também ser analisada a partir do acúmulo de depósitos na região Sudeste e sobretudo em São Paulo. Do total de depósitos à vista, a prazo, de poupança e outros em dezembro de 1997 no país (382,23 bilhões de reais), 71,41% estavam na região Sudeste (273 bilhões de reais) e 55,42% no estado de São Paulo (211,85 bilhões de reais). Rio de Janeiro, representando 11,03% do total nacional de depósitos, ocupava o segundo lugar, seguido pelo Distrito Federal, com 8,61% do total. Participavam com mais de 3% do total nacional, isto é, mais de 11,5 bilhões, os estados do Espírito Santo, Rio Grande do Sul, Minas Gerais, Paraná e Bahia. Se calcularmos uma densidade de depósitos por habitante, veremos que em 1997 a média brasileira era de R$ 2,43 mil por habitante. Mas as diferenças regionais são significativas. Enquanto o Distrito Federal apresenta a mais alta densidade, com R$ 18,06 mil por habitante, São Paulo tem R$ 6,2 mil por habitante, e o Rio de Janeiro, R$ 3,14 mil por habitante. Os três estados sulinos e também a Bahia mostram indicadores com mais de mil reais por habitante, ao passo que o resto do país apresenta valores inferiores a mil reais. Dentro desse conjunto, um estado como Goiás, com uma população de 4.515.868 habitantes, possuía em 1997 depósitos no valor de 3,26 bilhões de reais, enquanto um estado como o Maranhão, com uma população de 5.222.565 habitantes, tinha 1,05 bilhão de reais, o que significava densidades de R$ 0,72 mil por habitante e R$ 0,20 mil por habitante. São diferenças que resultam da forma como o território é usado. Caso interpretados como um momento de um processo, esses dados estáticos poderiam talvez indicar como os diferentes tipos de dinheiro fluem e, desse modo, mostrar a existência de um sem-número de pontos de operação no território enquanto há apenas um punhado de grandes centros financeiros.

Paralelamente, as formas de creditização aperfeiçoam-se e coexistem na sociedade brasileira. De formas menos intermediadas, como o cheque pré-datado, até formas que envolvem diversos atores, como o crediário, o cartão de crédito e o cartão de crédito popular, o intuito dos agentes hegemônicos é atingir camadas mais amplas da população. As sociedades de crédito, financiamento e investimento, mediante letras de câmbio, são responsáveis pelo crédito ao consumidor (crediário), que financia bens de consumo duráveis. Mas elas também conheceram processos de fusões e falências, passando de 157 em 1972 para 44 em 1996.

O movimento da bolsa também deve ser levado em conta nos processos de financeirização do território. Nele participam as sociedades corretoras, que operam com títulos e valores mobiliários de terceiros. Nesse grupo de agentes houve uma diminuição, pois eles passaram de 417 em 1972 para 269 em 1996.

Analisando o movimento da Bolsa de Valores de São Paulo em dezembro de 1998, observamos que 74,7% do total corresponde ao mercado à vista, seguido muito de longe pela negociação de direitos e recibos, fundos e certificados de privatização, opções de compra e venda, leilões, fracionário, obrigações, debêntures e bônus, com 7,9%. O mercado a termo representava 1,02% do volume total da Bovespa em 1998. Ao passo que a maior parcela do mercado à vista fica nas mãos de instituições financeiras (39,1% do volume total) e dos investidores estrangeiros (29,7%), 45,1% do volume do mercado a termo é negociado por fundos mútuos e clubes de investimento. E o mercado de opções mostra que 32,8% correspondem a instituições financeiras (bancos comerciais e múltiplos, sociedades financeiras, bancos de investimento e outros agentes). Assim, a participação dos investidores no volume total da Bolsa de São Paulo em 1998 era a seguinte: instituições financeiras (34,6%), investidores estrangeiros (25%), empresas públicas e privadas (15,3%), investidores institucionais (12,6%), pessoas físicas individuais (12,2%) e outros (0,2%). A recente concentração da atividade bursátil em São Paulo, com a criação da chamada Bolsa Brasil e o enxugamento quase completo da Bolsa do Rio, é um novo capítulo do processo de metropolização financeira em São Paulo.

CAPÍTULO 9

(Re)Distribuição da população, economia e geografia do consumo e dos níveis de vida

1. A população

Com uma população de 157.079.573 de habitantes, o Brasil de 1996 mostrava, porém, densidades muito desiguais entre as regiões e entre os estados. Eram mais de setenta habitantes por quilômetro quadrado no Sudeste, pouco mais de quarenta no Sul, cerca de trinta na região Nordeste, sete no Centro-Oeste e três na região Norte.[1] O peso das densidades demográficas em estados como o Rio de Janeiro (321,34 habitantes por quilômetro quadrado) e São Paulo (137,85) contrasta com os índices de 1 e 1,5 em estados como Roraima e Amazonas, respectivamente. Malgrado sua feição de novo *front*, Rondônia abriga apenas 5,08 habitantes por quilômetro quadrado e, entretanto, desponta como o estado de ocupação mais densa numa região onde a natureza ainda está recuando. Na região Centro-Oeste, as escassas densidades de população decorrem de um uso do território que não exige uma numerosa população rural, graças aos recentes acréscimos de ciência, tecnologia e informação. Com 2,46 habitantes por quilômetro quadrado,

---

1. As densidades demográficas, em 1950, eram de 21,94 habitantes por quilômetro quadrado no Sudeste, 14,09 no Sul, 11,87 no Nordeste, 0,93 no Centro-Oeste e 0,52 no Norte.

densidade semelhante à do Amapá, Mato Grosso é o estado mais rarefeito do Centro-Oeste. Mas aqui também há disparidades intrarregionais, pois em Goiás há 13,24 habitantes por quilômetro quadrado.

O Nordeste também revela diferenças consideráveis de densidades: enquanto o Piauí tem 10,54 habitantes por quilômetro quadrado, Alagoas conta com 123,39. Tomada em conjunto, essa área é dez vezes mais densa que a região Norte e 4,5 vezes a do Centro-Oeste. Nos estados sulistas, a distribuição populacional desenha uma mancha mais homogênea, com densidades que oscilam entre 35 e pouco mais de cinquenta habitantes por quilômetro quadrado. Na própria região Sudeste, as densidades oscilam entre 28,28 habitantes por quilômetro quadrado em Minas Gerais e 321,34 habitantes por quilômetro quadrado no Rio de Janeiro.

Esse é o retrato da população, uma visão estática para 1996. Cabe, todavia, reconstruir o seu movimento, analisando o crescimento demográfico.

1.1. Evolução demográfica

Entre 1940 e 1996 a população brasileira cresceu cerca de quatro vezes, passando de 41.236.315 para 157.079.573. As regiões Norte e Centro-Oeste aumentaram progressivamente sua participação no total nacional, do qual a primeira representava 3,9% em 1940, 4,4% em 1970 e 7,2% em 1996, e a segunda significava 2,7%, 4,9% e 6,7% nesses mesmos anos. Essa participação relativa diminui no Nordeste, que passa de 35% em 1940 para 28,5% em 1996, e no Sudeste, ao qual corresponde 44,5% em 1940 e 42,7% em 1996. Já o Sul passa de 13,9% para cerca de 15% em 1996. Trata-se, de modo geral, de um processo de interiorização do povoamento.

Em números brutos, a evolução demográfica é positiva em todas as regiões do país. Entre 1940 e 1991, a população brasileira mostra uma taxa de crescimento superior a 25% em cada decênio.[2] Esse crescimento acelerado

---

2. Entre 1900 e 1920, a taxa de crescimento demográfico foi de 43,1% e, entre 1920 e 1940, de 25,7%. Em 1900 as populações da região Nordeste e da região Sudeste eram de tamanho

é ainda mais marcante na região Norte, onde atinge 61,57% entre 1970 e 1980 e 51,57% entre 1980 e 1991 (já entre 1991 e 1996 verifica-se uma taxa de 10,07%). É o momento da ocupação, pelas atividades modernas, de áreas quase vazias, como Rondônia e Roraima, o mesmo ocorrendo nos estados do Amapá, Pará e Amazonas. Em Rondônia, a taxa de crescimento é de 331,42% entre 1970 e 1980 e de 124,77% entre 1980 e 1991. Neste último ano, o número de efetivos de Rondônia, que havia sido de pouco mais de 30 mil habitantes em meados do século XX, já superava 1 milhão de habitantes. Roraima viveu um processo semelhante, ainda que seus valores absolutos sejam bem menores. A partir de 1970, mas sobretudo desde os anos 1980, acelera-se o povoamento, graças à implantação de uma agricultura moderna. Nos estados do Amapá, Pará e Amazonas, a taxa de crescimento demográfico superava, em alguns casos, 50% a cada dez anos entre 1970 e 1991. Altas taxas já caracterizavam a situação do Amapá entre 1950 e 1960. Entre 1991 e 1996 a população da região Norte aumentou 10,07%, um valor inferior apenas ao da região Centro-Oeste (11,57%). A taxa de crescimento das outras regiões, no mesmo interregno, oscilava entre 5% e 7%.

Analisada como um todo, a região Centro-Oeste conhece suas maiores taxas de crescimento demográfico ainda mais cedo que a região Norte. É no período de 1950-1960 que a população cresce 74,72%. No decênio seguinte o ritmo é semelhante, para diminuir progressivamente a partir dos anos 1970. Em meados do século XX, apenas o Paraná verificara um crescimento demográfico de tal intensidade. *Front* cafeeiro, esse estado aumenta sua população em 71,12% entre 1940 e 1950 e em 103,09% entre 1950 e 1960. Com pouco mais de 1 milhão de habitantes em 1940, o Paraná vai ultrapassar, num lapso de vinte anos, a população de um estado como Pernambuco, cujo número de efetivos em 1940 superava o do estado sulista em mais de duas vezes. Mas, entre 1970 e 1980, o Paraná registra a menor taxa de crescimento demográfico do país (10,75%), num momento em que

---

semelhante (6.749.507 e 7.824.011 habitantes, respectivamente). A partir de 1920 a brecha entre ambas as regiões foi se ampliando em favor do Sudeste.

o Norte e o Centro-Oeste apresentam taxas muito altas. O Paraná é um grande fornecedor de migrantes para as zonas pioneiras do Centro-Oeste e da Amazônia.

1.2. Alfabetização

A população alfabetizada, que representava 42,66% das pessoas de mais de 5 anos de idade em 1950, passou para 60,33% em 1970 e para 74,86% em 1991. As populações dos estados do Sudeste e do Sul conheciam, em 1950, índices superiores a 40% de pessoas alfabetizadas. Esse era também o caso do Pará e do Mato Grosso. Mas o resto dos estados do Norte e do Centro--Oeste, assim como a região Nordeste, revelava taxas bastante inferiores à média nacional. Ainda longe de ser favorável, a situação dos anos 1990 era menos contrastante regionalmente. Se o Sudeste e o Sul conheciam uma alfabetização superior a 80% da população total, no Centro-Oeste e no Norte esse índice ultrapassava os 70% e no Nordeste era acima de 50%, ainda que Alagoas não alcançasse esse umbral.

Considerando o nível de instrução da população, vemos em 1995 que, na região Sudeste, 16,1% da sua população tinha 11 anos ou mais de estudos, seguidos pelo Sul e Centro-Oeste, com 12,8% e 12,1%, respectivamente. O Norte, com 10,9%, e, mais longe, o Nordeste, com 8%, completavam o quadro. Desse modo, a região Sudeste, com pouco mais de 10 milhões de pessoas com esse nível de instrução, ultrapassava a soma de todas as outras regiões (8,6 milhões). A Região Concentrada, isto é, a região Sudeste e a região Sul conjuntamente, reunia, em 1995, 70% das pessoas com 11 anos ou mais de estudos de toda a Federação.

2. O processo recente de urbanização

Desde a revolução urbana brasileira, consecutiva à revolução demográfica dos anos 1950, tivemos, primeiro, uma urbanização aglomerada, com o aumento do número — e da respectiva população — dos núcleos com mais de 20 mil habitantes, e em seguida uma urbanização concentrada, com a multiplicação de cidades de tamanho intermédio, para alcançarmos, depois, o estágio da metropolização, com o aumento considerável do número de cidades milionárias e de grandes cidades médias (estas em torno do meio milhão de habitantes) (M. Santos, 1994a). Speridião Faissol (1994) falava de três níveis de hierarquia urbana no país: um sistema metropolitano, um sistema de cidades médias e um sistema de cidades pequenas. (Ver no encarte de mapas: Cidades com mais de 20 mil habitantes — 1940, 1950, 1960, 1970, 1980, 1991, 1996, p. XL a XLV; Cidades com mais de 100 mil habitantes — 1940, 1950, 1960, 1970, 1980, 1991, 1996, p. XLVI a XLIX; Difusão das cidades com mais de 500 mil habitantes — 1940, 1950, 1960, 1970, 1980, 1991, 1996, p. L a LIV; Difusão do fenômeno cidades milionárias — 1940, 1950, 1960, 1970, 1980, 1991, 1996, p. LV a LVII.)

Aumenta o número de cidades locais e sua força, assim como o dos centros regionais, ao passo que as metrópoles regionais tendem a crescer relativamente mais que as próprias metrópoles do Sudeste. Tais metrópoles regionais passam a manter regularmente relações nacionais e mudam de qualidade. As Regiões Metropolitanas, onde se diversifica e avoluma a divisão de trabalho, conhecem uma aceleração e aprofundamento de uma série de processos econômicos e sociais. O efeito do tamanho tem importante papel na divisão interurbana e também na divisão intraurbana do trabalho: quanto maiores e mais populosas as cidades, mais capazes são elas de abrigar uma extensa gama de atividades e de conter uma lista maior de profissões, estabelecendo, desse modo, um tecido de inter-relações mais eficaz do ponto de vista econômico.

Por outro lado, as cidades de porte médio passam a acolher maiores contingentes de classes médias e um número crescente de letrados, indispensáveis a uma produção material, industrial e agrícola, que se intelectualiza. Por isso assistimos, no Brasil, a um fenômeno paralelo de metropolização e de desmetropolização, pois ao mesmo tempo crescem cidades grandes e cidades médias, ostentando ambas as categorias um notável incremento demográfico (Fany R. Davidovich, 1995), beneficiado em grande parte pelo jogo dialético entre a criação de riqueza e a criação de pobreza sobre o mesmo território. As cidades entre 20 mil e 500 mil habitantes veem sua população total passar de cerca de 7 milhões em 1950 para perto de 38 milhões em 1980, e para 60.054.404 em 1996, enquanto as cidades com mais de 1 milhão de habitantes passam de 6,5 milhões em 1950 para 29 milhões de residentes em 1980 e 46.718.598 em 1996.

2.1. Cidades com mais de 20 mil habitantes

Os núcleos com mais de 20 mil habitantes veem crescer sua participação no conjunto da população brasileira, passando de pouco menos de 15% do total em 1940 para quase o dobro (27,2%) em 1960, para 50% em 1980 e 61,42% em 1996. Esses mesmos núcleos com mais de 20 mil habitantes reuniam quase metade (48,53%) da população urbana em 1940, mais de três quintos (60,33%) em 1960, mais de três quartos (73,84%) em 1980 e 78,38% em 1996 (M. Santos, 1994a).

PARTE RELATIVA DOS AGLOMERADOS URBANOS (CIDADES E VILAS) COM
MAIS DE 20 MIL HABITANTES NA POPULAÇÃO TOTAL BRASILEIRA (%)
1940-1996

	1940	1960	1980	1996
Brasil	15,12	27,51	50,85	61,42
Norte	0,59	0,83	32,52	45,12
Nordeste	2,91	5,06	31,94	44,23
Sudeste	9,96	17,24	69,06	76,56
Sul	1,59	3,48	42,85	58,10
Centro-Oeste	0,11	0,59	46,32	62,98

PARTE RELATIVA DOS AGLOMERADOS COM MAIS DE 20 MIL HABITANTES
SOBRE A POPULAÇÃO URBANA TOTAL (%)
1940-1996

	1940	1960	1980	1996
Brasil	48,53	60,33	73,84	78,38
Norte	57,48	56,52	63,32	72,36
Nordeste	35,48	46,80	61,93	67,83
Sudeste	56,77	68,69	82,04	85,75
Sul	41,17	55,25	67,10	75,25
Centro-Oeste	18,28	55,16	68,74	74,5

A população residente em núcleos com mais de 20 mil habitantes aumenta 4,58 vezes entre 1950 e 1980, passando de 13.640.237 para 62.543.148 pessoas, crescendo, pois, em cerca de 49 milhões de habitantes. Como, nesse período, a população urbana total cresce em pouco mais de 63 milhões de pessoas, segue-se que, de cada cem novos habitantes urbanos, 77 se encontravam em cidades e vilas com mais de 20 mil habitantes e apenas 23 em localidades menores. Enquanto a população destas últimas é multiplicada por 3,78 entre 1950 e 1980, a dos núcleos maiores de 20 mil habitantes o é por 4,58. E, entre 1980 e 1996, a população urbana em núcleos de mais de 20 mil habitantes cresce 1,6 vez (35.909.702 pessoas) e a população urbana total aumenta em mais de 41 milhões. Assim, de cada cem novos habitantes urbanos, 88 estavam em localidades com mais de 20 mil habitantes.

A população urbana das aglomerações com mais de 20 mil habitantes cresce mais depressa do que a população total e a população urbana do país, e o mesmo fenômeno também se verifica em escala regional.

2.2. Cidades com mais de 100 mil habitantes

As aglomerações com mais de 100 mil habitantes eram apenas 12 em 1940, alcançando 101 em 1980, 145 em 1991 e 175 em 1996.

As localidades com mais de 100 mil e menos de 200 mil habitantes passam de seis em 1940 para noventa em 1996. Aquelas com população entre 200 mil e 500 mil habitantes pulam de quatro em 1940 para 61 em 1996. As cidades com mais de meio milhão de habitantes eram somente duas em 1940 e somavam 24 em 1996.

Em 1940, apenas seis estados dispunham de cidades com população entre 100 mil e 200 mil moradores; em 1980, elas existem em 15 unidades da Federação, e, em 1996, em vinte estados. Tomando-se as localidades com população entre 200 mil e 500 mil habitantes, elas estavam presentes em apenas três estados em 1940 e se encontram em 1980 em 16 estados e em 17 em 1996.

Quanto aos núcleos com mais de 500 mil habitantes, havia apenas dois em 1940, 13 em 1980 e 24 em 1996. Estavam presentes em apenas dois estados em 1940, e em 1996, eram 17 os estados que acolhiam cidades desse porte. A capital federal é, também, um deles.

O processo de concentração da urbanização é claramente manifestado no estado de São Paulo. Era apenas um município com mais de 500 mil urbanos em 1940, 1950, 1960 e 1970 (município da capital), eles já são três em 1980 e seis desde 1991. Entre 100 mil e 500 mil habitantes era apenas um em 1940, são três em 1950, seis em 1960, 17 em 1970, 29 em 1980, 36 em 1991 e 44 em 1996 (Manuel Lemes da Silva Neto, 1998, p. 145).

2.3. Cidades milionárias e metropolização

As cidades milionárias, que eram duas em 1960 (São Paulo e Rio de Janeiro), são cinco em 1970, dez em 1980 e cerca de 15 no ano 2000.

O fenômeno de macrourbanização e metropolização[3] ganhou, nas últimas décadas, importância fundamental: concentração da população e da pobreza, contemporânea da rarefação rural e da dispersão geográfica das classes médias; concentração das atividades relacionais modernas, contemporânea da dispersão geográfica da produção física; localização privilegiada da crise de ajustamento às mudanças na divisão internacional de trabalho e às suas repercussões internas, o que inclui a crise fiscal; "involução metropolitana", com a coexistência de atividades com diversos níveis de capital, tecnologia, organização e trabalho; maior centralização da irradiação ideológica, com a concentração dos meios de difusão das ideias, mensagens e ordens; construção de uma materialidade adequada à realização de objetivos econômicos e socioculturais e com impacto causal sobre o conjunto dos demais vetores (M. Santos, 1994a).

Do crescimento da população total do Brasil, parcela considerável vai instalar-se nas Regiões Metropolitanas.

	População que se instala nas Regiões Metropolitanas	*% do aumento da população nacional que se instala nas Regiões Metropolitanas*
1940-1950	3.052.907	28,75
1950-1960	5.952.919	32,62
1960-1970	8.596.874	37,46
1970-1980	11.259.743	43,37
1980-1991	7.724.586	29,98
1991-1996	3.212.689	31,61

3. Certos aspectos da metrópole contemporânea brasileira foram trabalhados por Maria Adélia de Souza (1994) ao discutir a verticalização, por Miranda Magnoli (1982) com o papel dos espaços livres e por Arlete M. Rodrigues (1994) a partir de uma perspectiva ambiental, enquanto Maria Encarnação B. Sposito (1991; 1994) discute questões como verticalização e condomínios fechados em cidades médias do interior paulista.

A parcela que cabe às nove Regiões Metropolitanas no conjunto da população brasileira, que havia aumentado entre 1970 e 1980, conhece uma redução relativa, ainda que não muito relevante (de 28,93% para 28,83%), entre 1980 e 1991, e uma recuperação, também pequena, em 1996 (29,01%).

2.4. Desmetropolização

Havia, em 1980, apenas quatro cidades com mais de meio milhão de habitantes fora das nove Regiões Metropolitanas. Elas são nove em 1991 e 12 em 1996. Essas aglomerações (Brasília, Manaus e Goiânia, agora na casa de 1 milhão de habitantes, além de Campinas, São Luís do Maranhão, Natal, Teresina e Campo Grande) somavam 5,11 milhões de habitantes em 1980 e têm 7,428 milhões em 1991, o que representa um acréscimo de 44,23%, bem superior ao registrado pelas nove Regiões Metropolitanas, que foi de 22,33%. O caso de Brasília foi estudado por Aldo Paviani (1988), e o de Belém, por Saint-Clair C. da Trindade Jr. (1998). (Veja-se o trabalho de Maria Angela Faggin Pereira Leite neste livro.)

	1980		1991		1996	
	nº	População	nº	População	nº	População
Regiões Metropolitanas	9	34.507.959	9	42.215.134	9	45.568.405
Aglomerações com mais de 500 mil hab. fora das RM	4	5.150.210	9	7.428.345	9	8.487.008

Esses resultados, indicativos de nova tendência, isto é, de aglomeração da urbanização em outro nível, parecem confirmar a tendência a uma desmetropolização que se verifica em paralelo com a permanência do fenômeno da metropolização.

	1940	1950	1960	1970	1980	1991	1996
Entre 100 mil e 200 mil hab.	6	4	18	38	56	78	90
Entre 200 mil e 500 mil hab.	4	5	6	15	32	45	61
Mais de 500 mil hab.	2	3	4	8	13	22	24
Total com mais de 100 mil hab.	12	12	28	61	101	145	175
Mais de 1 milhão de hab.	2	2	2	5	9	9	12

2.5. Processos e tendências

A urbanização também aumenta porque cresce a quantidade de agricultores residentes na cidade. O Brasil é um país que praticamente não conheceu o fenômeno do *village*. Pode-se dizer que as primeiras aldeias brasileiras só vão nascer, já modernas, nesse mesmo período, com a colonização na Amazônia e no Centro-Oeste (L. O. Machado, 1984). Na verdade, elas não nascem rurais, já surgem urbanas. Estudando a urbanização do interior fluminense, Ester Limonad (1996, pp. 229 e ss.) vê uma dissociação entre "lugares" de vida e de trabalho, pois amplia-se a população voltada para atividades rurais residente em áreas urbanas e surge uma população residente em áreas rurais com atividades na cidade.

A cidade torna-se o *locus* da regulação do que se faz no campo. É ela que assegura a nova cooperação imposta pela nova divisão do trabalho agrícola, porque obrigada a se afeiçoar às exigências do campo, respondendo às suas demandas cada vez mais prementes e dando-lhe respostas cada vez mais imediatas. O campo se torna extremamente diferenciado, pois, pelo fato de os respectivos objetos técnicos terem um conteúdo informacional cada vez mais distinto, dá-se uma divisão social do trabalho ampliada, que leva a uma divisão territorial do trabalho ampliada. Ampliam-se, também, as diferenciações regionais do trabalho. Quanto mais intensa a divisão do trabalho numa área, tanto mais as cidades são diferentes umas das outras quanto ao seu conteúdo.

2.6. Involução metropolitana

Quanto às metrópoles, por sua própria composição orgânica do capital e do espaço, continuam a acolher populações pobres e despreparadas. Os próximos anos marcarão ainda um crescente fluxo de pobres para as grandes cidades. Em resumo, a metropolização se dará também como "involução" (M. Santos, 1991), enquanto a qualidade de vida poderá melhorar nas cidades médias.

Uma boa parcela da economia urbana poderá, assim, desenvolver-se sem custos adicionais de investimentos em infraestruturas, já que somente as atividades hegemônicas exigem a renovação do espaço construído. Podemos imaginar que, nos próximos decênios, o "custo" relativo das grandes cidades vai baixar e não aumentar, uma vez que muitas indústrias hegemônicas já se estão localizando nas periferias das megalópoles, das metrópoles e mesmo das cidades médias.

Esse fenômeno se dará paralelamente a outro, o da consolidação de uma metrópole informacional e não propriamente fabril. São Paulo, metrópole brasileira, já não tem o seu papel metropolitano definido por ser uma capital industrial, mas por ser uma capital relacional, o centro que promove a coleta das informações, armazena-as, classifica, manipula e utiliza a serviço dos atores hegemônicos da economia, da sociedade, da cultura e da política. Por enquanto, é São Paulo que absorve e concentra esse papel no poder decisório. (Veja-se o trabalho de Adriana Bernardes neste livro.)

3. A população não urbana

A população agrícola incorporou, entre 1970 e 1985, um contingente equivalente a 5.812.830 pessoas, enquanto a população total aumentou, entre 1970 e 1980, em 26.641.990 efetivos. O crescimento da primeira foi de 1,3 vez em 15 anos, ao passo que a segunda teve esse aumento em uma década. Mas, entre 1985 e 1996, a população agrícola do Brasil perdeu uma massa de 5.464.029 trabalhadores e, desse modo, com um total de 17.930.890 em 1996, retornava aos volumes de 1970.

Virtualmente estagnada entre 1970 e 1985, a população agrícola do Sudeste e do Sul, que somava, no segundo desses anos, pouco mais de 9 milhões de pessoas, diminui em 1996 para menos de 7 milhões (38,1% do total de população agrícola do país).

Até meados da década de 1980, o crescimento da população agrícola foi constante e discreto na região Centro-Oeste, mas ganha relevância, sobretudo nas regiões Norte e Nordeste. É significativo o aumento dos efetivos agrícolas em Rondônia, Roraima e Pará. Este último estado passa de 549.313 habitantes agrícolas em 1970 para 1.210.197 em 1985. Na região Nordeste, Maranhão, Pernambuco e Ceará contavam com populações agrícolas superiores a 1 milhão de pessoas, e a Bahia, com 3,2 milhões de efetivos agrícolas, representava um contingente superior ao total das regiões Centro-Oeste e Norte.

Todavia, entre 1985 e 1996 todas as regiões brasileiras perdem população agrícola. Poucos são os estados, como Maranhão, Ceará, Bahia, Minas Gerais, Paraná e Rio Grande do Sul, cujos contingentes agrícolas, apesar de sua diminuição, ultrapassam 1 milhão de pessoas. A Bahia perde, nesse decênio, cerca de 700 mil trabalhadores agrícolas, o estado do Pará, 326 mil, e São Paulo, cerca de 450 mil. O Nordeste continua reunindo uma parcela importante, isto é, mais de 45% da população agrícola do país.

A mecanização e, depois, a cientificização do mundo rural contribuíram, certamente, para a queda da participação da população rural na população total do Brasil, que passou de 68,76% em 1940 para 54,93% em 1960, 32,30% em 1980 e 21,64% em 1996.

Na região Norte, a população rural, que representa 73,85% do total em 1940, era de 37,65% em 1996. Nesse ano, cabe ao Pará um maior quinhão da população rural (46,49% do total), e ao Amapá, o menor (12,88%).

A situação do Nordeste não é muito diferente. Com 76,58% dos seus efetivos no campo em 1940, atingiu, em 1996, uma proporção de 34,79%. Maranhão e Piauí lideram a escala regional, com mais de 40%, enquanto Pernambuco é o estado com menor proporção de população rural (cerca de 26%).

No Sul, a população rural passou de 72,27% do total em 1940 para 22,79% em 1996. Seus três estados conheceram evoluções semelhantes, sendo que o Rio Grande do Sul tem a menor proporção de população rural tanto em 1940 (68,85%) como em 1996 (21,34%). É certamente na região Centro-Oeste onde o declínio dos percentuais da população rural é mais importante, passando de 77,04% em 1940 para 15,58% em 1996, e Goiás foi o maior expoente dessa evolução: 81,5% em 1940 e 14,22% em 1996.

Por fim, no Sudeste, a população rural, cujos índices são os mais baixos entre todas as regiões, representava, em 1940, 60,58% do total, passando a corresponder, em 1996, a 10,71%. Enquanto a população rural de Minas Gerais e do Espírito Santo passa de cerca de 80% em 1940 para um pouco mais de 20% em 1996, em São Paulo tal porcentagem diminui de cerca de 60% para cerca de 7% e no Rio de Janeiro, estado com menor proporção de habitantes rurais, a diminuição é de 38,75% para 4,47%.

Em termos absolutos, a população rural no Brasil diminuiu a partir de 1970. Nesse ano havia mais de 40 milhões, correspondendo a 44,02% do total, ao passo que em 1996 havia cerca de 34 milhões (21,64% do total), uma perda de 6 milhões de habitantes rurais num país que, nesse interregno, aumentou sua população total em cerca de 63 milhões.

Todas as regiões conheceram o fenômeno, exceção feita à região Norte, onde a massa rural cresceu, entre 1970 e 1996, cerca de duas vezes, incorporando mais 1,8 milhão de pessoas. Nesses anos, o campo nordestino perdeu cerca de 1,2 milhão de habitantes rurais. O Sudeste perdeu 3,8 milhões, número semelhante ao do Sul, e o Centro-Oeste, mais de 600 mil.

4. As migrações

A partir de 1950 verifica-se uma aceleração do movimento migratório no país, fenômeno que se impõe nos decênios seguintes em um nível consideravelmente mais elevado. Tanto as taxas de emigração líquida[4] como as de imigração líquida[5] conhecem uma evolução positiva.

---

4. A taxa de emigração líquida é a relação entre o número de naturais não residentes nos estados sobre o total da população natural dos mesmos estados.

5. A taxa de imigração líquida é a relação entre o número de não naturais residentes nos estados sobre o total da população neles residentes.

Desse modo, a população brasileira tem uma movimentação cada vez maior, misturando, sobre todo o território, pessoas das mais diversas origens estaduais. O percentual de brasileiros ausentes dos seus lugares de nascimento é, em 1960, um pouco mais que o dobro do de 1940, mas quase quadruplica entre 1940 e 1970. Entre 1950 e 1991, o percentual respectivo é quase multiplicado por cinco. Mas é o exame dos números absolutos que nos indica a importância desse fenômeno em todos os aspectos da vida nacional. Havia 3,4 milhões de brasileiros ausentes do seu local de nascimento em 1940, passando para 12,5 milhões vinte anos mais tarde, para 46,3 milhões em 1980 e para 53,3 milhões em 1991. Nesses quatro cortes temporais, o percentual dos brasileiros ausentes do seu local de nascimento em relação à população total passou de 8,5% para 18,2%, 38,9% e 36,3%, respectivamente.

No Brasil de 1970, havia 9,4 milhões de pessoas que viviam fora do seu município havia menos de dois anos. Essa cifra sobe para 16 milhões em 1980, passando, nesse decênio, de pouco mais de 10% para perto de 13,5% da população total. Constata-se, assim, uma grande mobilidade da população. Essa movimentação era ainda mais acentuada entre os moradores rurais. Se os que foram contados como vivendo em determinado lugar havia menos de dois anos eram 27% do total, esse percentual é de 33,4% em 1980. Para Ladislau Dowbor (1986, p. 51), que cita esses números, tratar-se-ia de um verdadeiro "nomadismo profissional", referindo-se aos deslocamentos de mão de obra agrícola graças à expansão da mecanização e da pecuária, mas também às necessidades de mão de obra estacional em lavouras como a de cana-de-açúcar e em culturas modernas.

O fenômeno de migração circular então se esboça. Em 1980, 11,5 milhões de famílias não dispunham de terra ou já não sobreviviam em pequenas propriedades. Isso significa que um terço da população, cerca de 40 milhões de pessoas, estava em permanente migração, tentando fixar-se no campo, mas frequentemente não o conseguindo. É um novo patamar do êxodo rural, devido a uma combinação explosiva de uma estrutura fundiária arcaica em zonas agrícolas tradicionais e da modernização capitalista do campo em zonas dinâmicas e em áreas de colonização agrícola e de ocupação recente.

Não podemos esquecer que havia mais de 16 milhões de hectares produtivos não utilizados no Brasil em 1996, isto é, o equivalente ao total de terras do Tocantins. Havia cerca de 332 milhões de hectares distribuídos em 3,6 milhões de estabelecimentos, ao passo que cerca de 220 milhões de hectares estavam repartidos entre 1,3 milhão de estabelecimentos trabalhados por arrendatários, parceiros e ocupantes, o que configurava uma estrutura fundiária apta a expulsar a população rural.

Em 1997, segundo a Comissão Pastoral da Terra, havia 622 conflitos pela terra no campo brasileiro. O Nordeste liderava, atingindo duzentos conflitos (79 dos quais no estado de Pernambuco e 42 na Bahia), seguido pelo Centro-Oeste, com 141 conflitos (71 deles no estado de Goiás). Na região Norte, os conflitos registrados foram 111 (sessenta dos quais no Pará e 21 no Tocantins). A região Sul tinha 93 (72 deles no Paraná), e o Sudeste, 77 conflitos de terra (37 em São Paulo). (Ver no encarte de mapas: Conflitos de terra no Brasil — 1997, p. LVIII.)

Os processos de valorização da terra por consolidação das frentes pioneiras tiveram, certamente, um papel detonador em vários movimentos migratórios do país (José Aldemir de Oliveira, 1994). No início da década de 1980, o valor das terras do norte do Paraná dobra e leva os pequenos e médios agricultores a vender suas glebas e a procurar uma nova atividade em outras áreas agrícolas ou na cidade. A consolidação da fronteira agrícola em Mato Grosso tem o mesmo efeito expulsor, ainda que o desenvolvimento capitalista nessa área tenha sido mais recente. Daí o movimento nos dois sentidos: entrada e saída de migrantes (Helion Póvoa-Neto, 1997; Júlio C. Suzuki, 1997).

Por outra parte, nos estados da região Sul são muitos os lavradores que se dirigem ao Paraguai, onde se fixam como agricultores e em outras atividades. São os chamados "brasilguaios".

Em anos recentes, todas as regiões brasileiras continuam a registrar uma alta mobilidade das pessoas. Em 1995, os municípios da região Centro-Oeste registravam a porcentagem mais alta de população não natural (55,6%), à frente do Nordeste (31,4%). Nesta, a mobilidade intrarregional é menor. Nas regiões Sul, Norte e Sudeste a proporção de não naturais oscila entre 42% e 45%.

Os dados de população natural em relação ao estado parecem mostrar que os fluxos mais importantes correspondem mais a deslocamentos dentro dos estados e menos a migrações entre as grandes regiões. De novo, a região menos atrativa é o Nordeste, onde 93% de sua população é natural dos respectivos estados. Em seguida, vem o Sul com 87,3%, o Sudeste com 81,5%, o Norte com 73,7% e o Centro-Oeste com 63,8%.

5. O emprego

Representando pouco mais de um terço (33,3%) da população total brasileira, a população economicamente ativa (PEA) somava, em 1995, 52.341.550 pessoas. Desse total, a região Sudeste contava com 41,8%, enquanto ao Nordeste correspondiam 29,9%,[6] ao Sul, 17,5%, ao Centro-Oeste, 6,2%, e ao Norte, 3,7%.

Com 11.290.093 habitantes, a região Norte tinha, em 1995, uma população ativa próxima dos 2 milhões de pessoas (17,1% da sua população total).[7] Nesse mesmo ano, 15.674.256 pessoas formavam o contingente dos ativos nordestinos, isto é, 35% de uma população total de cerca de 45 milhões de habitantes. A região Sul contava com 9.148.465 pessoas ativas, o que representava 38,9% de uma população regional de mais de 23,5 milhões, enquanto o Centro-Oeste, a região menos povoada do país, tinha 3.258.218 pessoas ativas (31,02% do total) e a região Sudeste, com mais de 67 milhões de habitantes, abrigava cerca de 22 milhões de ativos (32,7% de sua população total).

A população economicamente ativa cresce 1,4 vez entre 1940 e 1960, 1,9 vez entre este último ano e 1980 e 1,5 vez entre 1980 e 1995. Ainda

---

6. Os dados sobre a população economicamente ativa de 1995, publicados no *Anuário estatístico do Brasil* de 1997, excluem as pessoas da zona rural na região Nordeste e nos estados nortistas de Rondônia, Acre, Amazonas, Roraima, Pará e Amapá.

7. Em 1995, 4,6 milhões de crianças e adolescentes (10 a 17 anos) estudavam e trabalhavam e 2,7 milhões só trabalhavam. Na faixa etária de 5 a 9 anos há 522 mil crianças trabalhando. Um contingente de 658 mil crianças e adolescentes (10 a 17 anos) não estuda, não trabalha nem está ocupado em tarefas domésticas.

que, no primeiro desses intervalos, a população total tenha crescido a um ritmo maior que a PEA (1,7 e 1,4 vez, respectivamente), pode-se dizer que, depois de 1960, o aumento do contingente de população economicamente ativa ganha maior velocidade que a população total (esta cresce 1,7 vez entre 1960 e 1980 e 1,3 vez entre 1980 e 1996).

Em 1940, a massa da população ativa era composta em 86,5% por trabalhadores do setor primário, dos quais mais da metade pertencia aos estados da Bahia, Minas Gerais, São Paulo e Rio Grande do Sul. Entre 1940 e 1960, cerca de 4 milhões de pessoas incorporam-se ao setor primário, dobrando a PEA desse setor em estados como o Maranhão e Pernambuco e quintuplicando no Paraná, graças à intensificação na ocupação de suas terras. Sem negar a relevância de tais dados, queremos chamar atenção para o aumento da PEA nos setores secundário e terciário. Em 1960, o estado de São Paulo reunia 45,1% dos efetivos do setor secundário do país, e seu volume (831.339) era quase o equivalente ao total nacional de vinte anos antes (960.663). Rio de Janeiro, Guanabara e Rio Grande do Sul destacavam-se com mais de 100 mil pessoas nas atividades industriais. Cerca de 700 mil trabalhadores foram incorporados ao setor terciário entre 1940 e 1960. A região Sudeste reunia, neste último ano, 56,8% dos trabalhadores do setor terciário do país. Mas, na porção meridional do país, o Rio Grande do Sul contava também com mais de 100 mil pessoas nesse setor.

Uma verdadeira explosão do setor terciário verifica-se entre 1960 e 1980 em todos os estados da Federação, passando de cerca de 1,5 milhão de efetivos para mais de 11 milhões (crescimento de 7,4 vezes). Destes, 54% do total nacional pertenciam à região Sudeste, e 27,5%, ao estado de São Paulo. Com mais de 3 milhões de efetivos no terciário, São Paulo sozinho representava, em 1980, duas vezes o volume brasileiro de 1960.

No período 1960-1980, o setor secundário teve um incremento de 5,8 vezes. Ainda com uma queda relativa, sua concentração no Sudeste é marcante, passando de 68,8% em 1960 para 60,4% da PEA setorial nos anos 1980. Enquanto isso, o setor primário do Sudeste vê cair seus efetivos de mais de 15 milhões em 1960 para 12,6 milhões em 1980. Nesses vinte anos, novas frentes agropecuárias e de exploração de minérios no Centro-Oeste e no Norte fazem crescer a sua PEA no setor primário.

Entre 1980 e 1995 o crescimento da população ativa é de cerca de 4 milhões no setor primário e de cerca de 3 milhões no setor secundário. Paralelamente, o setor terciário duplica o seu volume, com um crescimento absoluto de 11,1 milhões. Sozinha, a região Sudeste possuía, em 1995, quase 11 milhões de pessoas no setor terciário, quantidade comparável à do Brasil de 1980.

Como vemos, apesar das suas limitações teóricas, a consideração dos três setores da economia pode contribuir para ilustrar o nosso retrato do Brasil. Em 1995, a região Nordeste abrigava 47% do total de efetivos da PEA do setor primário do país, com 7.794.448 ocupados, enquanto os trabalhadores desse setor nas regiões Sudeste e Sul eram, somados, 7.248.564. Noutras regiões o peso absoluto e relativo do setor terciário é marcante. Na região Norte, 56,6% da sua população ativa trabalha no terciário, enquanto na região Sudeste esse contingente chega a 49%, seguida do Sul, com 36,5%. Por outra parte, o Sudeste concentra 53,2% da PEA do setor secundário do país.

5.1. Emprego nas Regiões Metropolitanas

Nas regiões metropolitanas de São Paulo, Rio de Janeiro, Belo Horizonte, Recife e Salvador, mais da metade da população está ocupada em serviços, e essa participação vem aumentando nas últimas décadas. Mas o significado dos números absolutos ou relativos é diverso, segundo os lugares. Em 1981, a Região Metropolitana de São Paulo empregava 41,5% da sua população ativa em serviços (2.278.609 pessoas); em 1999 essa porcentagem havia passado para 52,9% (3.658.794 pessoas) (acréscimo próximo de 60% em 16 anos).

O setor de comércio torna-se importante contratador de mão de obra nas grandes cidades, mostrando um crescimento em números absolutos e relativos nas seis regiões metropolitanas citadas. Mas não podemos esquecer o papel fundamental do circuito inferior da economia urbana, criador de trabalho e não inteiramente computado pelas estatísticas.

Por outro lado, a participação dos empregados na construção civil nessas seis metrópoles — superior a 6% da população ocupada — vem diminuindo, ainda que se haja registrado um ligeiro crescimento em números absolutos em São Paulo, Belo Horizonte, Salvador e Recife. Uma reativação das operações imobiliárias, decorrente das custosas remodelações dos centros históricos e da ampliação da oferta residencial, comercial e de lazer, comandadas com êxito por bancos globais, é responsável, em boa parte, por esse aumento na contratação de empregados. Em 1999 eram 253.806 empregos na construção civil na Região Metropolitana do Rio de Janeiro e 459.608 na Região Metropolitana de São Paulo (6,1% e 6,6% do total da população ocupada na respectiva região metropolitana).

5.2. Cobertura trabalhista e previdenciária

Se a massa de população economicamente ativa foi aumentando desde meados do século XX até os dias de hoje, o mesmo não se pode dizer da evolução do número de contribuintes para o Instituto da Previdência. Em 1981, metade de um total de 45,5 milhões de trabalhadores contribuía para a previdência. Alguns anos mais tarde, em 1995, somente 42,8% dos trabalhadores participavam dessa instituição social. Se o volume de trabalhadores crescera em mais de 24 milhões nesses 14 anos, a quantidade de contribuintes aumentara em apenas 7,1 milhões.

Cerca de 17 milhões de contribuintes viviam na região Sudeste, seguida pela região Sul (5,5 milhões), pela região Nordeste (4,8 milhões), pela região Centro-Oeste (1,8 milhão) e pela região Norte (cerca de 1 milhão). Num estado como Tocantins, em 1995, apenas 20% da massa de trabalhadores participava da Previdência, enquanto no Pará, 26,3%, e no Amazonas, 42%. O retrato dos estados do Centro-Oeste não é muito diferente, uma vez que em Goiás e em Mato Grosso cerca de 32% do total de trabalhadores são contribuintes. A ocupação periférica moderna parece realizar-se, em parte, com base em relações trabalhistas "fluidas".

A situação é diferente nas regiões Sul e Sudeste. Enquanto no Rio Grande do Sul 46,6% da massa de trabalhadores participam da Previdência, e 50,5%, em Santa Catarina, tanto no Rio de Janeiro como em São Paulo os contribuintes ultrapassam 62% dos trabalhadores.

Ao longo da década de 1980 e do início da de 1990, cerca de 60% dos trabalhadores possuíam carteira assinada no Brasil. No Sul, essa porcentagem elevava-se para 68% e na região Nordeste caía para 42%. Os contrastes são marcantes. Se 71,1% dos trabalhadores do Rio Grande do Sul contavam com carteira assinada em 1989, na Paraíba eles não passavam de 35,5%. Na Região Metropolitana de Porto Alegre, 75,4% dos trabalhadores possuem carteira assinada, ao passo que em Fortaleza eles perfazem 57,4%. Em 1999, estima-se que cerca de 37% dos trabalhadores têm carteira assinada ou outro mecanismo que oficialize a relação de emprego, enquanto haveria 15,7 milhões de trabalhadores por conta própria.

Enquanto o trabalho se especializa, mostra-se, de modo geral, um baixo grau de sindicalização. Em 1995, apenas 22% da população com mais de 10 anos participavam de sindicatos na região Sul. Eram 16% no Sudeste, 14,4% no Nordeste, 12,6% no Centro-Oeste e 12,7% no Norte. De um total nacional de cerca de 11,3 milhões de trabalhadores sindicalizados, 65,5% (7,4 milhões) pertenciam à Região Concentrada, área de maior densidade industrial e informacional.

5.3. Trabalho doméstico

Ainda que as estatísticas relativas ao trabalho doméstico apresentem certas lacunas, como a não inclusão dos moradores das zonas rurais ou a inclusão de pessoas sem declaração de atividade, algumas considerações podem ser feitas. Um discreto crescimento pode ser registrado na primeira metade da década de 1990, quando o contingente desses trabalhadores passa de

4.608.996 em 1993 para 5.001.263 três anos mais tarde. Em 1996 o emprego doméstico representava 9,6% da população economicamente ativa do Brasil. No Norte, 11,3% da PEA correspondem ao emprego doméstico. Essa situação é diferente da região Sul, onde essa relação é de 8,3%.

Quanto aos números absolutos, vemos que o Sudeste tinha, em 1996, um contingente de 2.460.818 empregados no trabalho doméstico (49,2% do total nacional), seguido pelo Nordeste, com 1.116.382 trabalhadores (22,3% do total brasileiro).

5.4. Desemprego

Segundo dados de 1999, o desemprego aumenta em todo o país. Na Região Metropolitana de São Paulo atingia 1,726 milhão de pessoas, isto é, 19,9% da sua população economicamente ativa (eram 12,2% em 1985, um total de 819 mil pessoas). Essa massa de desempregados era ligeiramente inferior a toda a população economicamente ativa da Região Metropolitana de Belo Horizonte (1,842 milhão pessoas) e superior aos volumes da PEA da Região Metropolitana de Porto Alegre (1,704 milhão), da Região Metropolitana do Recife (1,426 milhão), da Região Metropolitana de Salvador (1,384 milhão), da Região Metropolitana de Curitiba (1,034 milhão) e do Distrito Federal (864.200). Para o mesmo ano havia, no entanto, índices de desemprego ainda mais elevados que o da metrópole paulistana, como é o caso das regiões metropolitanas de Salvador (24,5%) e Recife (21,4%). Eram mais de 300 mil pessoas desempregadas nas regiões metropolitanas de Salvador, Belo Horizonte, Recife, seguidas por Porto Alegre (295 mil), Brasília (166 mil) e Curitiba (132 mil).

Novas formas técnicas e organizacionais, como a informatização e a automação das tarefas tanto nas atividades agropecuárias quanto na indústria e nos serviços, os novos modos de circulação, os atuais tipos de contratação e as políticas trabalhistas, conduziam, entre outros aspectos, a uma precarização das relações de emprego e a um aumento do desemprego ao longo dos últimos 15 anos.

6. Novas profissões

Novas necessidades produtivas e novas formas de dividir social e territorialmente o trabalho aumentam as necessidades de cooperação, criando, paralelamente, profissões novas, sobretudo a partir da revolução das telecomunicações na década de 1970. Telefonista, telegrafista, teletipista, operador de radiocomunicações, radiotelegrafista de aviões, técnico de telefonia, carteiros e mensageiros, inspetor e controlador de tráfego cedem lugar, segundo diversos ritmos e proporções, a outras de maior especialização, aptas para manipular os novos objetos técnicos (técnico de telecomunicações, pesquisador de telecomunicações, engenheiro de telecomunicações, operador de central telegráfica computadorizada, operador de telemarketing, técnico em equipamento de comutação eletrônica, técnico de manipulação de tráfego eletrônico, analisador de tráfego telefônico). A crescente diversificação das profissões foi acompanhada por um aumento do número de ocupados. Mais uma vez, é a Região Concentrada que abriga a maior parcela desses trabalhadores.

No setor financeiro, às clássicas ocupações bancárias acrescentam-se, desde a década de 1970, atividades necessárias a esse novo mercado de capitais: operador de câmbio, analista de câmbio, operador de produtos financeiros, operador financeiro, analista de crédito e cobrança, corretor de ações, corretor de bolsa de valores, corretor de fundos públicos, corretor de mercados de capitais.

Foi também nessa década que se instalou uma demanda por mercadorias informacionais, conformando-se, assim, um verdadeiro setor quaternário: processamento de dados, publicidade, propaganda e serviços de alto-falantes (*jingles*, anúncios), preparação de exposições e feiras, galerias de arte, distribuição de notícias, produção de películas cinematográficas e fitas para vídeo (filmagem, revelação, dublagem, copiagem, corte, gravação, mixagem), assessoria e projetos econômicos, contabilidade, consultoria e auditoria, pesquisa de mercado e banco de dados, agências de emprego e administração e treinamento de pessoal, organização e administração de empresas, recursos humanos, projetos e desenhos técnicos, industriais e comerciais, *designers*, especialistas em construção civil, especialistas em agropecuária e reflorestamento.[8] Dentro desse setor ganham importância as profissões ligadas às tecnologias da informação,[9] assim como as que se ligam ao lazer e ao turismo (Adriana Bernardes, 1999).

7. A renda

Em 1997, um contingente de 73.917.768 trabalhadores com 10 anos ou mais de idade distribuía entre si, de modo bastante desigual, uma massa equivalente a 34,5 bilhões de dólares.

A concentração de renda aumentou em 1997 em comparação com 1981. Nesse ano a classe mais rica (vinte salários mínimos ou mais) reunia 15,9% de uma renda total que beirava 12 bilhões de dólares. Seus detentores representavam 0,7% do total de pessoas com 10 anos ou mais. Em 1997 as relações eram as seguintes: esse grupo reunia 26,4% do rendimento de um total nacional de 34,5 bilhões de dólares e era composta por 1,8% da população de mais de 10 anos (2.293.493). Isso significa que essa classe aumentou em 10,5% sua participação na distribuição da riqueza no Brasil e, após 16 anos, conseguiu apropriar-se de um volume de riqueza (9,1 bilhões de dólares) a ser comparado com o total nacional produzido em 1981 (12 bilhões de dólares).

A parcela que recebe entre dez e vinte salários mínimos beneficia-se de um aumento de 4,2 bilhões de dólares no seu rendimento geral, mas esse grupo incorpora somente 2.441.223 pessoas entre 1981 e 1997. A brecha

---

8. Dentre eles mencionamos: químico agrícola, especialista em zootecnia, técnico agropecuário, técnico em agricultura de precisão, consultores, engenheiro florestal, ecólogo, bioquímico, bacteriologista, especialistas em bioengenharia.

9. Algumas dessas novas profissões são: analista de suporte de sistemas, analista de processamento de dados, analista de teleprocessamento, técnico de teleprocessamento, programador de computador, operador de computador, operador de micro, operador de console, operador periférico, digitador, programador de máquinas-ferramenta com comando numérico, operador de equipamentos de entrada de dados, encarregado de digitação e operação, controlador E/S, planejista, *scheduller* e fitotecário.

social é ainda mais evidente ao considerarmos separadamente aqueles cujos rendimentos superam os vinte salários mínimos. Entre 1981 e 1997, ganham um aumento de renda de 7,2 bilhões de dólares, enquanto o respectivo contingente cresce em 1.627.585 pessoas. Enquanto efetivos da classe mais rica aumentam 3,4 vezes nesse período, seus rendimentos multiplicam-se por 4,8. E as duas classes mais pobres, isto é, as que recebem entre metade e até dois salários mínimos, aumentaram 2,4 vezes o número de efetivos, mas somente 1,8 vez a massa de sua renda.

Observando a distribuição territorial das pessoas que recebem menos da metade de um salário mínimo, o empobrecimento relativo do Nordeste é visível, eram 48,6% do total brasileiro em 1981, e 58,3% em 1997.

Com 49,1% do total na região Sudeste em 1997, a classe que recebe entre cinco e dez salários mínimos atingia 8,5 milhões no Brasil e sua distribuição territorial mostrava que a Região Metropolitana de São Paulo reunia um número de efetivos nessa classe (1,7 milhão) superior ao total da região Sul (1,5 milhão) e à soma das regiões Nordeste e Centro-Oeste (1,6 milhão). A Região Metropolitana de São Paulo acolhia 52,8% do total das pessoas desse nível de renda do estado. No Rio essa concentração metropolitana era ainda maior, atingindo 84,2% do total da classe do estado. A Região Metropolitana de Salvador, com 143.001 trabalhadores nessa classe de renda, representava 48,6% do total do estado. No Rio Grande do Sul, havia 40,9% na Região Metropolitana de Porto Alegre.

Ao considerar as classes de maior rendimento, é significativa a participação dos estados da Região Concentrada. Dos grupos que ganham entre dez e vinte salários mínimos, essa região respondia por 77,1% do total nacional. Acolhia, ao mesmo tempo, 71,9% da parcela mais rica (mais de vinte salários mínimos). Se agruparmos as duas camadas mais bem situadas, cabia ao estado de São Paulo sozinho cerca de 38% do total. Quanto à classe de renda superior a vinte salários mínimos, cabia à área metropolitana paulistana 21,7% do total nacional e 57,9% do seu estado. Desse modo, mais de 40% da mais alta classe de rendas do estado de São Paulo morava no interior, ligada a uma agricultura cientificizada e a um processo de desconcentração de indústrias modernas. A situação é, mais uma vez, diferente no Rio de Janeiro, onde 83,1% e 90,3% do total das classes mais ricas do estado (dez a vinte salários mínimos e mais de vinte salários mínimos, respectivamente) encontravam-se na região metropolitana. Levando em conta os números brutos para ambas as classes, o total de pessoas no estado do Rio de Janeiro era pouco mais da metade do encontrado na Região Metropolitana de São Paulo.

Na Bahia há também concentração geográfica da riqueza na metrópole: 61,8% das pessoas da classe de dez a vinte salários mínimos residem na Região Metropolitana de Salvador, e 70,8% dos que ganham mais de vinte salários mínimos. No Pará, essa relação atingia 55,1% e 72,1%, respectivamente. O estado de Mato Grosso do Sul reunia quantidades semelhantes de população nessa faixa de renda.

8. O consumo: expansão e aprofundamento

Foi nos últimos vinte anos que o Brasil conheceu uma extraordinária expansão dos consumos materiais e imateriais. Essa difusão não se faria sem a cooperação do crédito.

Em 1999, havia 24 milhões de cartões de crédito no Brasil, detidos por pessoas que recebem mais de cinco salários mínimos. Amplas camadas da população abaixo desse umbral e não tendo acesso a cheques constituem um alvo novo para um grupo de bancos, financeiras e supermercados que decidiram financeirizar essas faixas da população. Criou-se o cartão de crédito popular, que funciona como um crédito pré-aprovado, proporcional à renda e que pode ser usado numa rede comercial credenciada. Em 1997 havia 15 redes de supermercados que, em parceria com a Fininvest, emitiram 140 mil cartões. Além de conseguir clientes cativos, essas empresas lucram com os juros decorrentes do parcelamento das compras.

Todos esses mecanismos constituem verdadeiros impulsores do consumo. Se o número de cartões de crédito dobrou entre 1991 e 1996, o número de vezes que os cartões foram utilizados em transações cresceu 2,5 vezes e o valor dessas transações aumentou mais de três vezes.

As bolsas de valores também operam como suportes dessa financeirização contemporânea. Veja-se o caso da Bovespa (Bolsa de Valores de São Paulo), em que 12,2% dos investidores são pessoas físicas individuais. A mídia e as instituições financeiras, vetores de um processo de difusão da informação e de creditização da sociedade e do território, constituem bases insubstituíveis da criação e expansão do consumo.

Dado importante na expansão das diferentes formas de mídia e da indústria cultural, a publicidade invade os cinemas, as ruas e as revistas. Eram 680 os cinemas que exibiam propaganda em 1999 no Brasil, 295 deles localizados em São Paulo. Sete anos antes, eram 370 os cinemas que faziam parte desse circuito. Certos estados, como Rondônia, Acre, Roraima, Amapá, Tocantins, Maranhão, Piauí, Paraíba e Mato Grosso do Sul, estavam fora desse circuito publicitário.

A produção da propaganda tem também na área concentrada do país sua principal sede. Havia 1.294 agências em 1994 no Brasil, 944 das quais na região Sudeste e 675 em São Paulo. (Veja-se o trabalho de Lídia Antongiovanni neste livro.)

O ramo dos seguros é também objeto da formidável ampliação do consumo recentemente observada. A vida moderna, sobretudo nas cidades maiores, alimenta medos ancestrais e cria medos inéditos, que levam à oferta de um vasto leque de seguros, cuja extensa classificação é alimentada pela necessidade de prever riscos cada vez mais diversificados. Não estão equivocados os que consideram a nossa era uma civilização de riscos. A atual divisão do trabalho e a cooperação resultante tornam-se alvo dessa profusão de seguros.[10]

---

10. Os ramos de seguros oferecidos no Brasil em 1999 eram: incêndio, bilhete de incêndio, vidros, roubo, tumultos, transportes nacionais, transportes internacionais, responsabilidade civil do transportador em viagem terrestre internacional, automóveis, cascos, riscos de petróleo, aeronáuticos, lucros cessantes, fidelidade, fiança locatícia, crédito interno, responsabilidade civil geral, responsabilidade civil facultativa dos veículos, responsabilidade civil do transportador rodoviário de carga, responsabilidade civil facultativa desvio de carga, responsabilidade civil do transportador hidroviário, penhor rural, animais, seguro habitacional, riscos de engenharia, riscos diversos, global de bancos, garantia de obrigações contratuais, acidentes pessoais, bilhete de acidentes pessoais, bilhete DPVAT (Danos Pessoais Causados por Veículos Automotores de Via Terrestre), seguro saúde, reembolso de despesas com assistência médica e/ou hospitalar, vida individual, vida em grupo, vida em grupo e acidentes pessoais coletivos, previdência privada, título de capitalização.

As 137 empresas que operam no mercado segurador brasileiro movimentaram, entre janeiro e maio de 1998, cerca de 7,8 bilhões de dólares, dos quais 47,4% em São Paulo e 18% no Rio de Janeiro. O mercado segurador, de capitalização e previdência privada, cresceu cerca de duas vezes entre 1994 e 1998.

9. Os níveis de vida no território

O território é revelador de diferenças, às vezes agudas, de condições de vida da população. Analisamos esse aspecto da realidade por meio do consumo de energia elétrica, dos equipamentos domésticos, do equipamento telefônico, da motorização etc. O consumo educacional e dos recursos de saúde também são examinados, juntamente com a frequência em viagens, turismo e lazer.

9.1. Energia elétrica

A expansão do meio técnico-científico-informacional aumenta as necessidades em energia elétrica. Não são apenas as demandas de um Brasil industrial, presente sobretudo no Sudeste e Sul, mas também a procura representada pelo sistema de transportes e telecomunicações, e pela mecanização da agricultura e a informatização de boa parte das atividades econômicas. O consumo de energia elétrica fica 2,6 vezes maior entre 1960 e 1972, e 3,3 vezes entre 1972 e 1984. Já no período entre 1984 e 1996, quando várias infraestruturas estavam implantadas, registra-se uma relativa desaceleração do crescimento do consumo de energia, que aumenta 1,4 vez. Em 1996, o consumo de energia elétrica era 12 vezes superior ao de 1960.

Em 1996, a região Sudeste representava 60% do consumo nacional (133.675 gigawatts-hora). Se considerarmos a Região Concentrada, essa taxa eleva-se a 74,3%. Sozinho, o estado de São Paulo era responsável por um terço do consumo nacional (74.137 gigawatts-hora) e representava mais

de duas vezes o que era consumido em toda a região Sul (31.750 gigawatts-
-hora) e em todo o Nordeste (34.965 gigawatts-hora).

A difusão da modernidade em "meio vazio" causou um crescimento vertiginoso do consumo em certas áreas. É o caso da região Centro-Oeste, onde o uso de eletricidade nesses 36 anos é multiplicado 61 vezes. Na região Norte, o crescimento foi de 123 vezes no período 1960-1996, ainda que a difusão do meio técnico-científico-informacional seja pontual. O desenvolvimento industrial de Manaus, a partir da efetivação da Zona Franca, é um dos fatores.

Mesmo no Brasil urbano de 1975, a iluminação elétrica não era amplamente difundida. A região Sudeste contava com 43,2% dos domicílios urbanos com iluminação elétrica. Eram 41,8% na região Norte, 23% no Sul, 16,8% no Nordeste. Nas áreas rurais, esse serviço era praticamente inexistente. Na porção meridional do país, região de maior presença dessa inovação, apenas 6% dos domicílios rurais contavam com essa facilidade.

Dez anos mais tarde, a iluminação elétrica urbana havia atingido praticamente a totalidade dos domicílios (97,9% no Sudeste, 95,1% no Sul, 91,3% no Centro-Oeste, 89,4% no Norte e 88,6% no Nordeste). Em 1995, 96% dos domicílios urbanos de todo o país eram eletrificados, e no Sudeste e no Sul havia esse serviço em mais de 99% dos domicílios. No campo, a iluminação elétrica passou a integrar as condições materiais de vida. A eletricidade rural passou de 6% em 1975 para 63,1% dos domicílios em 1985. Em 1995, o fenômeno se intensifica, pois há presença da eletricidade em 85% dos domicílios rurais no Sul, 78,1% no Sudeste, 62,7% no Centro-Oeste e 47,6% no Nordeste em 1995. A modernização agrícola foi, ao mesmo tempo, causa e consequência dessa difusão.

9.2. Equipamentos do lar

Condições materiais que são hoje consideradas banais nos lares brasileiros conhecem sua difusão em meados da década de 1980, aproximadamente. Em 1975, objetos como fogão, geladeira, televisão e rádio estavam presentes em poucos domicílios urbanos e eram extremamente escassos nas áreas rurais. Nas regiões Sul e Nordeste, por exemplo, menos de 30% dos domicílios urbanos contavam com fogão. No Sudeste, região onde a geladeira alcançava maior difusão na década de 1970, 46,3% dos domicílios urbanos tinham esse artefato, presente em apenas 8,6% dos domicílios urbanos nordestinos. Por outro lado, apenas em 18% das residências urbanas sulistas havia um aparelho de televisão, e em 23,1% delas havia rádio. No Sudeste esses índices eram de 10,9% e 31,9%, respectivamente.

Nas áreas rurais a escassez das condições materiais imprimia condições mais difíceis à vida cotidiana, marcada, em muitas áreas, pelo isolamento. A geografia dos níveis de vida e dos níveis de consumo era significativamente diferente na cidade e no campo. Pouco mais de 20% dos lares rurais contavam com fogão nas regiões Nordeste e Sudeste. A geladeira estava quase ausente, uma vez que a região Sul, que conhecera a maior difusão, tinha apenas 3,6% dos domicílios rurais com esse bem durável. A modernização do campo e a construção de uma classe média interiorana com poder de consumo estavam em processo de elaboração.

Em meados dos anos 1980 o fogão espalha-se tanto no meio urbano como no meio rural em todas as regiões brasileiras, atingindo porcentagens superiores a 90%. A geladeira ganha expansão, sobretudo nas cidades, transformando costumes e formas de alimentação (83% dos domicílios urbanos do Sudeste, 80,6% no Sul, 69,7% no Norte e 53% no Nordeste). Sua difusão no campo é, porém, mais difícil. Eram 53,4% dos domicílios no Sul, 34% no Sudeste, 8,5% no Nordeste. Todavia, a presença do filtro de água já evidencia mais informação e maior preocupação com as condições da vida material. No Sudeste, 71,2% dos domicílios urbanos e 57% dos domicílios rurais possuíam esse bem.

Em 1995, a geladeira já estava presente em 64,1% dos domicílios urbanos do Nordeste (eram 8,6% vinte anos antes), 72,3% na região Norte, 82,1% no Centro-Oeste, 89,5% no Sul e 90,8% no Sudeste. Graças ao seu relativo barateamento e à difusão da informação e do crédito, atinge também em proporções importantes as áreas rurais. Eram 72,3% na região Sul, 54,2% no Sudeste e 43,3% no Centro-Oeste, a contrastar com os 18,2% do Nordeste.

O *freezer* incorpora-se também ao conjunto de objetos técnicos que vêm equipar o lar. Numa região como o Sul, de importante desenvolvimento da agropecuária e de condições materiais de vida no campo relativamente superiores às do resto do Brasil, 41,1% dos domicílios rurais tinham *freezer*. Nessa mesma região, 28,5% das residências urbanas contavam com esse bem. Já nas regiões Centro-Oeste, Sudeste e Norte, entre 15% e 19% dos domicílios urbanos contavam com *freezer*. No Nordeste eram apenas 7%, mas em suas zonas rurais era apenas 1,6%.

A máquina de lavar roupa também se difunde. Em 1995, 43,6% dos domicílios urbanos da região Sul possuíam esse artefato; eram 39,2% no Sudeste; 23,7% no Centro-Oeste, 18% no Norte e 8,3% no Nordeste. Nos lares rurais a presença desse bem era menor: 20,4% no Sul, 10,3% no Sudeste, 7,1% no Centro-Oeste, 1% no Norte.

Se as novas condições da vida urbana se alastram no território brasileiro em período relativamente curto, a precariedade de certas formas da vida rural parece resistir tenazmente em certas ilhas do território.

Em 1995 o telefone era ainda um bem escasso, e as regiões Centro-Oeste, Sudeste e Sul, onde 31%, 30,8% e 26,8% dos domicílios urbanos possuíam linha telefônica, mostravam as maiores concentrações do país. A região menos provida, o Nordeste, tinha 16,8% dos seus domicílios urbanos atendidos pela telefonia. As áreas rurais mostravam alta rarefação de telefonia fixa, tendo menos de 8% dos seus domicílios equipados. Mas recentemente, com a ampliação da rede telefônica e suas diversas formas de automação, há um crescimento de cerca de 22 vezes no número de chamadas entre 1975 e 1996. Os fluxos da região Norte são os que mais aumentaram (mais de 33 vezes entre 1975 e 1996), enquanto o Sudeste vê crescer seu volume de chamadas em 14,7 vezes.

Poderíamos considerar o número de automóveis vendidos outro indicador dos novos consumos no Brasil. Havia um carro para cada 126 habitantes, mas com significativas diferenças regionais: um automóvel vendido para cada 82 pessoas no Sudeste, 122 no Sul, 140 no Centro-Oeste, 318 no Nordeste e 435 na região Norte.

Ainda no que refere às condições materiais de vida, persiste o problema do destino do lixo, embora entre 1985 e 1995 se observe uma ligeira melhora. No primeiro desses anos, 82,8% dos domicílios da região Sudeste contavam com coleta de lixo, mas essa porcentagem caía para 51,5% na região Norte. Dez anos mais tarde, eram 91,8% e 64,1%, respectivamente. Todas as regiões haviam conhecido progressos nesse particular, mas a região Sul salientava-se, com 94,7% das moradias dispondo do serviço.

No campo ainda predominavam as formas de incineração, aterro particular e translocação do lixo em mais de 90% dos domicílios de todas as regiões. Pouco se avançou entre meados de 1980 e meados de 1990. O Sudeste, a região em melhor condição relativa, mostrava que em 1995 apenas 15,2% dos seus domicílios rurais tinham coleta de lixo (10,2% dez anos antes). O Centro-Oeste, abrigando a agricultura mais moderna do país, apresentava uma das piores situações: apenas 7,3% dos domicílios tinha coleta de lixo. Cabe perguntar sobre as condições ambientais desse desenvolvimento regional.

O esgotamento sanitário, no fim de século XX, continuava um problema pendente não apenas no Brasil rural, mas também no Brasil urbano. Exceção feita ao Sudeste, onde 74,3% dos domicílios urbanos se ligavam à rede coletora em 1995, nas demais regiões eram precários esses sistemas de engenharia (35,8% dos domicílios urbanos do Centro-Oeste, 20,7% no Nordeste, 20,1% no Sul e 4,8% no Norte). Por outro lado, enquanto a região Sul possuía 51,9% dos seus domicílios com sistema de fossa séptica e apenas 2,1% deles não possuía nenhum sistema, esses números eram 26% e 12,3% no Nordeste. A situação é ainda pior nas áreas rurais, pois no Nordeste 6,3% dos respectivos domicílios não tinham esgotamento sanitário, na região Centro-Oeste, 30,9%, 19,2% no Sudeste e 11,1% no Sul.

9.3. Educação e saúde

No mesmo capítulo das condições de vida, a maior novidade do recente período é talvez a expansão e a diversificação dos consumos imateriais. Educação, saúde, viagens, manifestações artísticas, congressos, feiras e todo um leque de formas de turismos vêm impor novos ritmos e novos padrões à sociedade brasileira contemporânea. (Veja-se o trabalho de Eliza Almeida neste livro.)

Mesmo comandados, cada dia mais, pelas lógicas do mercado, certos bens e serviços, como a educação e a saúde, passam a fazer parte de uma vocação de consumo que, graças à informação e aos transportes, se alastra na sociedade e no território.

Quanto ao ensino, esse processo se verifica não apenas para o nível fundamental, mas também para os níveis médio e superior. O número de matrículas de ensino fundamental no Brasil cresceu 10,4 vezes entre 1940 e 1997. Observa-se um incremento em todas as regiões do país. Entre 1980 e 1997, a matrícula na escola primária aumentou em pouco mais de 12 milhões, enquanto a população brasileira incorporou, nesse período, pouco mais de 36 milhões de efetivos. Foi também entre 1980 e 1997 que alguns estados ultrapassaram o umbral de 1 milhão de estudantes no ensino fundamental. É o caso do Pará, Maranhão e Goiás, que passam a integrar o grupo dos já milionários desde os anos 1980 (Ceará, Pernambuco, Bahia, Minas Gerais, Rio de Janeiro, São Paulo, Paraná e Rio Grande do Sul).

A expansão do ensino médio foi ainda mais acelerada de 1940 até hoje, pois cresceu 37,7 vezes. Em 1971, apenas 17,6% da população entre 15 e 17 anos frequentavam as escolas de ensino médio. Essa proporção aumentou para 33,3% em 1980 e para 61,8% em 1997. Havia cerca de seis pessoas nessa faixa etária por aluno de nível médio em 1971, enquanto em 1997 era menos de duas (1,6). Na Região Concentrada, mais de 70% da população dessa faixa etária frequentava as escolas de nível médio em 1997. Na região Norte, a taxa era de 42%, aproximadamente.

A partir dos anos 1960 verifica-se uma explosão da matrícula de ensino superior, que passa de 93.202 alunos para 1.377.286 em 1980 (crescimento de 14,8 vezes em vinte anos) e que abrange um leque diversificado de cursos. De 1980 a 1996, a velocidade do crescimento do número de matrículas foi mais moderada. Havia 1.868.529 alunos de nível superior em 1996. Com 608.085 desses estudantes, São Paulo superava, em 1996, cada uma das regiões brasileiras e representava 32,5% do Brasil. Sem negar a relevância do fenômeno de interiorização do ensino superior, é preciso observar que a Região Concentrada era responsável por cerca de 74% do total nacional de matrículas em 1996. Nesse mesmo ano, havia 920 instituições de ensino superior no Brasil, das quais 711 eram particulares e 209 públicas. (Ver no encarte de mapas: Distribuição geográfica das instituições de ensino superior — 1996, p. LIX; Distribuição geográfica das instituições públicas de ensino superior — 1996, p. LX; Distribuição geográfica das instituições particulares de ensino superior — 1996, p. LXI; Localização das universidades comunitárias — 1998, p. LXII; Distribuição geográfica dos cursos superiores — 1996, p. LXIII.)

Em relação à saúde, o número de estabelecimentos com internação passou de 5.311 em 1976 para 7.430 em 1992 (crescimento de 1,4 vez em 16 anos). Uma média de 5,1 hospitais para cada 100 mil habitantes foi constante de 1980 até os dias de hoje.

De um total de 6.102 hospitais em 1980, correspondiam ao setor público apenas 1.216, cerca de 20%. Classificados segundo seu porte, observamos que 56,6% deles (3.451 estabelecimentos) tinham uma capacidade de até cinquenta leitos, e, desse conjunto, 78,1% eram particulares. Havia, em 1980, 1.782 estabelecimentos com capacidade entre 51 e 150 leitos (29,2% do total) e 869 com 151 leitos ou mais (14,2% do total).

A região Sudeste reunia, em 1980, 37,7% do total dos estabelecimentos de saúde. E se consideramos a Região Concentrada, essa porcentagem alcançava 58,6% (3.578 estabelecimentos) do total nacional. O Norte tem apenas 5,1% (313). Se o maior número de hospitais públicos de até cinquenta leitos se localizava na região Nordeste (473 estabelecimentos), o maior número de estabelecimentos particulares desse porte estava no Sudeste (811). Nesse mesmo ano, a maior concentração de hospitais estava na Região Metropolitana do Rio de Janeiro (429), seguida pela Região Metropolitana de São Paulo (346). Mas, enquanto a metrópole fluminense concentrava 76,2% dos hospitais do estado, os hospitais paulistas apresentavam importante difusão, uma vez que 37,1% se localizavam na Região Metropolitana. As regiões metropolitanas de Belém, Fortaleza, Recife e Salvador reuniam em torno de 30% dos hospitais dos seus respectivos estados. Belo Horizonte,

Curitiba e Porto Alegre sediavam menos de 17% do total de hospitais dos seus estados.

Em 1992, a proporção de estabelecimentos públicos com internação registra um ligeiro crescimento. Os hospitais públicos representavam 28,5% (2.114) do total nacional. Havia 4.433 estabelecimentos de até cinquenta leitos (60% do total), 2.127 de 51 a 150 leitos (28,6%) e 890 de mais de 150 leitos (12%). A região Sudeste reunia, em 1992, 34,3% do total dos hospitais públicos e privados com internação. Esse relativo decréscimo na participação do Sudeste passa a refletir-se na participação da Região Concentrada, que é de 51,5% do total nacional (3.824 estabelecimentos). Houve, em 12 anos, um aumento de apenas 246 estabelecimentos. O Norte passou a reunir 7,7% (571) do total nacional. Com um relativo aumento, a relação registrada em 1980 havia permanecido: a maior quantidade de hospitais públicos de até cinquenta leitos estava na região Nordeste (794), enquanto o maior número de hospitais particulares de igual porte pertencia ao Sudeste (901 estabelecimentos).

Embora a rede hospitalar das duas maiores metrópoles brasileiras tenha permanecido quase estagnada durante 12 anos, a Região Metropolitana do Rio de Janeiro e a Região Metropolitana de São Paulo continuavam a se destacar pelo número de estabelecimentos. Eram 432 e 343 hospitais, respectivamente. Com menor concentração metropolitana de hospitais nos estados em relação a 1980, o Rio de Janeiro e São Paulo reuniam 74% e 32,7% dos hospitais dos seus respectivos estados. Belém, Fortaleza e Recife agrupavam em torno de 30% dos hospitais estaduais, enquanto Salvador, Belo Horizonte, Curitiba e Porto Alegre não ultrapassavam 16% do total.

O crescimento do número de estabelecimentos de saúde com atendimento a pacientes externos foi significativo entre 1985 e 1992, passando de 28.221 para 49.091 centros de saúde (crescimento de 1,7 vez em sete anos). Entretanto, em face da situação econômica e à desproteção social dos trabalhadores e desempregados, o aumento do número de consultas em estabelecimentos públicos foi explosivo. Foram 256,4 milhões de consultas em estabelecimentos públicos e 202,8 milhões de consultas particulares em 1985. Doze anos depois eram 676 milhões no setor público e 388,9 milhões no setor privado. Enquanto a demanda de medicina privada cresce 1,9 vez, a medicina pública registrou um aumento de 2,6 vezes. Respondendo à tendência a mais informação que se reflete na procura da medicina, houve um crescimento global de consultas, que passaram de 459,2 em 1985 para 1.065,2 em 1992 (acréscimo de 2,3 vezes em sete anos).

Em 1985 a região Sudeste mostrava um quadro diferente do resto do Brasil. O número de consultas particulares ultrapassava o das consultas públicas. Essa situação muda em 1992, quando todas as regiões manifestam uma alta na demanda pública de consultas. Mais uma vez, a ineficiência de uma política pública de saúde torna ainda mais precário o atendimento. Em 1992, cerca de 60% das consultas foram efetuadas na Região Concentrada. Do total de consultas da Região Concentrada, 37,5% delas eram feitas na rede particular de saúde. Na região Norte, apenas 20% das consultas se faziam na rede particular.

Na Região Metropolitana de São Paulo, o número de consultas particulares em 1992 quase igualou o das públicas (65,5 milhões e 67 milhões, respectivamente). Situação semelhante era a da Região Metropolitana de Salvador, e, na Região Metropolitana de Porto Alegre, a demanda de consultas na rede privada era superior à pública. Não era essa a situação da Região Metropolitana de Belém, onde apenas 30% das consultas se endereçava à rede particular. Tampouco era o caso das regiões metropolitanas de Fortaleza, Recife, Belo Horizonte, Rio de Janeiro e Curitiba.

Considerando-se os estabelecimentos com internação, a oferta particular ultrapassava largamente a oferta pública. Para cada 100 mil habitantes, era apenas um hospital público com internação e 4,1 hospitais particulares em 1980. As diferenças regionais eram significativas. Com cerca de 6 milhões de habitantes, a região Norte contava com 2,3 estabelecimentos para cada 100 mil habitantes, média superior ao 0,6 da região Sudeste, ao 0,58 do Centro-Oeste e ao 0,87 da região Sul. É significativo o caso nordestino, onde uma rede de 609 hospitais públicos com internação assegurava a média mais favorável do país, com 1,75 estabelecimento para cada 100 mil pessoas.

A rede particular de saúde mostrava suas maiores densidades, em 1980, em regiões de ocupação mais recente. O Centro-Oeste conhecia uma média de 7,2 estabelecimentos privados com internação para cada 100 mil habitantes. Em seguida, a região Sul oferecia 6,2 hospitais privados com internação para cada 100 mil habitantes, o Sudeste apresentava 3,9 estabelecimentos para cada 100 mil habitantes e, menos interessantes para os capitais privados, o Nordeste e o Norte tinham as menores densidades do país (2,9 e 3, respectivamente).

O quadro da saúde em 1992 era ainda menos favorável. Se a média de 1,4 estabelecimento público com internação para cada 100 mil pessoas representava uma melhoria quase insignificante, a oferta particular era menor (3,6) que 12 anos antes. As diferenças regionais mantiveram-se. O Norte e o Nordeste tinham médias de 2,7 e 2,4, enquanto a do Centro-Oeste havia passado para 1,8 estabelecimento, e as do Sudeste e do Sul eram 0,7 e 0,9.

A rede particular de saúde, em 1992, continuava privilegiando regiões como o Centro-Oeste, com média de 6,7 estabelecimentos para cada 100 mil habitantes, e o Sul, com 4,9, ambos numa situação relativa melhor que o Sudeste (3,3 estabelecimentos/100 mil habitantes). A superioridade da cobertura de saúde particular no Centro-Oeste e no Sul, comparada com o resto do país, explica-se pela existência, em todos os seus estados, de hospitais particulares de até cinquenta leitos.

A presença de uma rede particular de saúde no território não se acompanha de um real acesso aos seguros de saúde e convênios. Em 1995 apenas 10,7% da população brasileira (16,8 milhões de pessoas) tinha acesso à medicina de grupo. Existiam, nesse ano, 670 empresas, das quais 289 (43,1%) estavam localizadas no estado de São Paulo e 547 na Região Concentrada (81,6% do total nacional). Nesse ano, 45 mil empresas pagavam planos coletivos de saúde. E a Associação Brasileira de Medicina de Grupo (Abramge), com 180 grupos médicos associados, contava com duzentos hospitais próprios e 3.800 conveniados. Das vinte maiores empresas de medicina de grupo associadas à Abramge,[11] 14 tinham sua sede na metrópole paulistana

---

11. As vinte maiores firmas de medicina de grupo associadas à Abramge eram, em 1995: Amil (RJ), Intermédica (SP), Amico (SP), Interclínicas (SP), Medial (SP), Amesp (SP), Saúde Unicor (SP), Promédica (BA), Assim (RJ), Nacional Saúde (SP), São Francisco Clínicas (SP), Health (SP), Jundiaí Clínicas (SP), SL Saúde (SP), Policlin (SP), Semepe (PE), Samp (SP), Agmed (RN), São Camilo Assist. Méd. (SP) e Semic (RJ).

e três no Rio de Janeiro, enquanto Bahia, Pernambuco e Rio Grande do Norte sediavam, cada um, uma empresa.

A Região Concentrada constitui o principal mercado do país, reunindo cerca de 90% (15,1 milhões de pessoas), e nela o estado de São Paulo tem 57,9% do total nacional dos beneficiários da medicina de grupo, atingindo 28,5% da população, porcentagem bastante superior à média brasileira (10,7%). Para a Região Concentrada, essa cobertura era de 16,6% da população.

9.4. Viagens, turismo e lazer

Expandem-se, também, os consumos de viagens, turismos e lazer. Na explosão dos fluxos mundiais e nacionais, o turismo ocupa um lugar privilegiado (Ewerton Vieira Machado, 1998).

Em 1998, 5,53 milhões de turistas estrangeiros visitaram o Brasil, dos quais cerca de 2 milhões ingressaram por via aérea. E, nesse mesmo ano, 38,2 milhões de brasileiros viajaram pelo país. No *ranking* da Organização Mundial do Turismo, o Brasil ocupava o 25º lugar. Esse turismo interno e internacional é também vinculado a certas festas populares. A Empresa Brasileira de Turismo (Embratur) participa ativamente nessa convocatória.

Analisando o número de hotéis em 1982 e em 1998, observamos que em capitais de estado como Belo Horizonte, Curitiba e Recife e outras com função turística importante, como Florianópolis, Fortaleza, Natal e Salvador, tem aumentado a quantidade de estabelecimentos hoteleiros. Essa é também a situação das cidades turísticas de Porto de Galinhas, Olinda, Ilhéus, Porto Seguro, Búzios, Parati, São João del Rei, Bertioga, Ilhabela, Ubatuba, Campos do Jordão, Ilha do Mel, Camboriú e Foz do Iguaçu.

Um importante crescimento é identificado também nas três metrópoles mais importantes do país — São Paulo, Rio de Janeiro e Brasília —, vinculado tanto a funções de governo como ao próprio dinamismo da indústria, do comércio e dos serviços, sobretudo das atividades ligadas à informação. O lazer e o turismo criam igualmente demandas relevantes de alojamento. Negócios e turismo caracterizam a natureza da nova procura hoteleira de São Paulo (Amalia Inés G. de Lemos, 1996).

Trata-se, ao mesmo tempo, da instalação de cadeias globais ou da ampliação das suas infraestruturas e localizações (Sofitel, Holiday Inn, Sheraton, Othon, Caesar Park, entre outras) e da instalação de pequenos hotéis e pousadas administradas por famílias. Havia 1.255 hotéis de todas as categorias no Brasil em 1980 e 2.366 em 1994. Destacam-se, sobretudo, os ritmos de crescimento nas regiões Nordeste e Norte, mas certos grupos internacionais, como o Sol-Meliá, constroem seus empreendimentos em cidades do interior paulista. Não podemos esquecer a ação do poder público com sucessivos programas setoriais, tal como analisado por Adyr A. B. Rodrigues (1996).

O aumento do número de agências de viagens[12] aponta mais uma manifestação desse novo espaço de fluxos. Entre 1967 e 1987 o crescimento foi de cerca de três vezes (de 531 agências para 1.582 agências). Deste último ano até 1996, um processo de fusões e falências fez cair a quantidade para 1.312, das quais 310 (23,6%) localizam-se em São Paulo, 270 em Minas Gerais, 106 no Rio de Janeiro e 102 no Rio Grande do Sul.

Novas modalidades, como os hotéis-fazenda, o Club Mediterranée e os *resorts* e hotéis ligados ao sistema *time-sharing*[13] colonizam o território. A Resorts Condominium International (RCI), uma das 13 empresas da *holding* americana hoteleira Hospitality Franchise Systems (HFS), foi um dos vetores da introdução no Brasil do sistema *time-sharing*. Em 1997 o grupo HFS fundiu-se com o grupo CUC, formando o conglomerado Cendant. No país,

---

12. Os dados correspondem às agências registradas na Empresa Brasileira de Turismo (Embratur). Segundo a Associação Brasileira de Agências de Viagens (ABAV) havia, em 1999, 6 mil agências.

13. O sistema *time-sharing* (tempo compartilhado) consiste na venda, por parte da empresa, de um quarto de hotel ou, em outros casos, de um apartamento ou uma casa por certa quantidade de dias do ano. O lugar e o momento do calendário comprados são fixos. Mas uma das estratégias de marketing desse sistema é oferecer a possibilidade de trocar destinos e momentos. Essa troca, todavia, é avaliada e decidida pela empresa em função de variáveis, como época do ano desejada e oferecida em troca, tipo e tamanho do apartamento, relação entre demanda e oferta dos dois destinos em questão, qualidade do estabelecimento segundo avaliação do cliente e antecedência com que o associado faz seu pagamento no banco de semanas da empresa.

a RCI, que fatura 400 milhões de reais, mantém relações com a Avis, segunda maior locadora de automóveis do mundo e pertencente à mesma *holding*. No Brasil, existem 1.100 locadoras, com uma frota de 90 mil veículos. O crescimento foi extraordinário, pois em 1993 a RCI contava com 6 *resorts* e 143 famílias associadas, enquanto em 1998 os números haviam pulado para 71 hotéis (mais de 3 mil quartos) e 18 mil famílias, que haviam realizado cerca de 9 mil intercâmbios. Neste último ano, a rede brasileira da RCI espalhava-se por 37 cidades em 14 estados. Salientam-se, sobretudo, Santa Catarina (18 *resorts* e hotéis, dos quais 13 localizam-se em Florianópolis), Rio de Janeiro (13), São Paulo (seis) e Rio Grande do Sul (cinco).

Paralelamente, os *spas* começam a instalar-se na década de 1970, mas tornam-se significativos nos anos 1990. Em 1996 existiam mais de cem estabelecimentos. A preocupação com o corpo torna-se uma moda também satisfeita com o crescimento do número de esportes e a multiplicação dos seus tipos. Para isso certamente contribuíram o rádio, o cinema, a televisão, fundamentalmente a TV por cabo, com a existência de canais exclusivos de esportes, e a publicidade, não apenas a específica, mas também todos os apelos que a propaganda faz ao esporte como estratégia de venda, a profusão de revistas gerais e específicas, além do conjunto de competições, olimpíadas e campeonatos. Polo aquático, arco e flecha, *badminton*, canoagem, ciclismo, hipismo, halterofilismo, ginástica artística, rítmica e olímpica, handebol, hóquei, pentatlo moderno (hipismo, esgrima, tiro ao alvo, natação e corrida), *softball, taekwondo,* triatlo (natação, ciclismo e corrida), voleibol *indoor* e de praia, luta estilo livre e greco-romana são, talvez por fazer parte dos jogos olímpicos, os esportes que se acrescentam e se tornam mais difundidos. Multiplicam-se, ao mesmo tempo, as academias. Havia cerca de 60 mil no Brasil em 1998.

9.5. Consumos culturais e da informação

A expansão de religiões e de ocasiões de reunião abrem espaço ao atual consumo de esperanças. Cultos religiosos próprios da renovação carismática católica, do pentecostalismo protestante e das crenças afro-brasileiras, como o candomblé, são motivo de grandes concentrações periódicas e de encontros menores em templos. Já é tradicional em Brasília o Templo da Boa Vontade, construído em 1989 por José de Paiva Netto, que, proclamado palco de todas as crenças, é visitado por 1 milhão de pessoas por ano.

Esse crescimento das religiões significa, ao mesmo tempo, um uso maior do espaço público das cidades e uma concentração de pessoas com forte vocação para o consumo não apenas espiritual, mas também de objetos religiosos, de música, livros e revistas, televisão e rádio.

O consumo cultural também se revela importante. As salas de teatro multiplicaram-se, passando de 109 em 1970 para 830 nos dias de hoje (aumento de 7,6 vezes). Juntos, São Paulo, Rio de Janeiro e Minas Gerais somavam, em 1995, 451 teatros (54,3% do total nacional). São 190 em São Paulo, dos quais 88 estão na capital. Na região Nordeste os teatros estão quase sempre concentrados nas capitais. Cerca de 35% dos teatros do país são particulares.

O número de cinemas conheceu, entre as décadas de 1970 e 1990, uma diminuição. Caindo de mais de 3 mil para menos de 2 mil salas, a lotação e o número de filmes exibidos mantiveram-se, porém, quase invariáveis. E, nesses anos, o Brasil viu a chegada das mais importantes inovações quanto à arquitetura e à localização das salas, técnicas de projeção e formas organizacionais.

Em 1996 existiam 311 cinemas nos *shopping centers* brasileiros, dos quais cinquenta distribuíam-se nos 15 centros comerciais da cidade do Rio de Janeiro e 44 nos vinte centros de São Paulo. Enquanto nas regiões Nordeste e Norte esse tipo de cinema existia quase somente nas capitais, na Região Concentrada a interiorização era relevante. Em São Paulo, 42 cinemas de um total de 86 estavam em cidades do interior.

Já em 1996 cerca de 20% do total de cinemas localizavam-se em *shopping centers* e, considerado esse universo, metade pertence aos estados de São Paulo e Rio de Janeiro e 30,2% às capitais desses estados. Acrescentam-se, a partir de 1997, os cinemas *multiplex,* geralmente em *shopping centers* ou em regiões afastadas do centro. Grandes firmas globais, como a Play Arte, a UCI (da Paramount/Universal), a Cinemark, a Paris Filmes e a australiana Hoyts General Cinemas South America são responsáveis pela instalação desses complexos. Enquanto a UCI construiu salas em Curitiba, Salvador, Ribeirão Preto e Recife, a Play Arte planeja fazê-lo em Belo Horizonte, no Rio de Janeiro e em Porto Alegre.

A partir da década de 1980 torna-se relevante a indústria do videocassete, que acrescenta um novo consumo cultural nos lares e toda uma indústria associada (aparelhos, câmeras, produção de fitas etc.) (Cátia A. da Silva, 1993).

Realizados em diversos lugares das cidades brasileiras, os *shows* nacionais e internacionais ganham importância. Houve 5.120 em 1996. Congressos e feiras são outros tantos aspectos desse alastramento dos consumos imateriais. Ao longo do país, empresas e associações especializadas promovem esses encontros, dos quais os mais importantes pertencem a setores como moda, vestuário e acessórios, turismo, saúde e beleza, supermercados, livros e educação, indústria de plásticos, caça e pesca, festas e jogos, indústria de móveis, informática e telecomunicações, alimentação e gastronomia, indústria têxtil, automóveis, tecnologia, indústria elétrica e eletrônica, indústria química, indústria gráfica, agricultura, indústria da construção, arquitetura e decoração.[14] No estado de São Paulo, em 1994, 45,3% do total dos pernoites têm na sua origem a participação em congressos e eventos. Também por causa das importantes exposições ligadas à agropecuária, essa percentagem sobe para 65,3% no interior desse estado.

Cresce igualmente o consumo de informação. Ainda que determinado basicamente pelas regiões Sudeste e Sul, onde se encontram cerca de 78% do total nacional de jornais diários, um crescimento de 18,31% entre 1992 e 1999 elevou o número de 333 a 394 títulos no país. Considerando-se todos os tipos de jornais, eram cerca de 1.200 (67% deles no Sudeste). São Paulo, Minas Gerais e Rio Grande do Sul reuniam o maior número. Graças às possibilidades técnicas de impressão via satélite, uma empresa como

---

14. Em 1997, na cidade de São Paulo foram realizados mais de noventa eventos nos centros de convenções de Anhembi, Expo Center Norte, Mart Center e Bienal.

a Gazeta Mercantil passa a produzir simultaneamente seu jornal em São Paulo, Rio de Janeiro, Brasília, Campo Grande, Curitiba, Porto Alegre, Belo Horizonte, Salvador, Recife, Fortaleza, Belém e Manaus.

Por outra parte, as vendas de livros passaram de 159,7 milhões de exemplares em 1992 para 348,2 milhões em 1997. A expansão do volume de vendas significou, em 1997, um faturamento de 1,842 bilhão de dólares. É preciso notar que, desse mercado, mais da metade (54,1%) corresponde a livros didáticos, enquanto a participação das obras religiosas também ganha importância. Entre 1990 e 1998 o número de títulos de livros aumentou, passando de 22.479 para 49.746. E a Região Concentrada reunia 75% das livrarias do país.

Paralelamente, o mercado editorial de revistas conhece uma ampliação e diversificação que se evidenciam na criação de oitocentos títulos entre 1995 e 1997. Seu motor é, sobretudo, a busca de público e propaganda específicos. Além das revistas de interesse geral, observa-se um aumento dos títulos de negócios, decoração, revistas femininas e de moda, revistas masculinas e de esportes, infantis e infantojuvenis e o surgimento, na década de 1990, das publicações de informática. Cresce, ao mesmo tempo, o número de exemplares vendidos, que em 1996 atingia 12 milhões. Com um aumento de sua circulação de 2,3 vezes entre 1984 e 1996, a revista *Veja* alcançava 1,2 milhão de exemplares, e o número de cadernos regionais havia passado de oito, em 1984, para 23, em 1997. Mais recentemente, a revista *Época* teria uma tiragem de 1 milhão. Uma informação geral espalha-se no território nacional, que precisa, ao mesmo tempo, de uma informação regionalizada. É também o exemplo da revista *Claudia*, que em 1984 produzia dois cadernos, em São Paulo e Rio de Janeiro, e em 1997 conta com dez cadernos regionais.

Como vimos, a aceleração e a densificação do movimento nesses últimos vinte anos têm sido extraordinárias. Assim como o aumento das chamadas telefônicas, a circulação de correspondências constitui um indicador significativo para analisar esses processos. A superação da distância, graças à revolução dos transportes, e a premente necessidade de intercâmbio fizeram crescer o volume do tráfego postal total de 639.100 correspondências em 1972 para 1.246.200 em 1975 (quase dobrou em três anos). Em 1980 alcançava mais de 3,5 milhões e, em 1998, havia passado para 5,8 bilhões de correspondências, das quais 88% pertenciam à Região Concentrada e 55,2% do total nacional a São Paulo. Estudando a Empresa de Correios e Telégrafos, Sérgio Gertel (1991, p. 159) assinala que "onde as relações de produção são intensas, a densidade das relações postais se faz presente" por meio da especialização dos objetos postais em mais de quarenta tipos e, também, de formas mais flexíveis do sistema de coleta.

Pioneiro na difusão de informações no território, o rádio vê quadruplicar seu número de emissoras entre 1977 e 1999 (711 e 2.986, respectivamente).[15] Depois de sua regulamentação durante o final da década de 1960, o sistema de frequência modulada ganha importância. Cerca de 42% do universo atual de emissoras concentra-se em três estados: São Paulo (548), Minas Gerais (369) e Rio Grande do Sul (330). Destacam-se, ainda, estados como Ceará, Bahia, Rio de Janeiro, Paraná e Santa Catarina, que abrigam, cada um deles, mais de cem emissoras de rádio. Existem hoje algumas redes de radiodifusão, como o Sistema Globo de Rádio, a Manchete e a Transamérica, às quais muitas emissoras, por falta de potência e de programação, acabam por associar-se. Nos dias atuais, graças a inovações tecnológicas, o Brasil estaria em condições de duplicar o número de emissoras.

Com uma presença maciça tanto na cidade como no campo, o rádio mostra-se bem eficiente no seu papel de transmissor de informação e de elo de comunicação. Mais de 70% de todos os domicílios — urbanos e rurais — do Brasil possuíam, em 1995, um aparelho de rádio. Mais uma vez, a região Sul evidenciava seu grau de vinculação externa e interna. Era a região com maior dotação de aparelhos de rádio: 94,9% dos seus domicílios urbanos e 92,5% dos seus domicílios rurais estavam equipados com esse objeto.

Devemos ainda considerar o número de emissoras de televisão, que passou de 75 em 1977 para 366 em 1999. São Paulo reúne, hoje, 96 estações emissoras. Com 107 emissoras distribuídas pelo país (cerca de 30% do total

---

15. Do total nacional de emissoras, 20% são comerciais, 45% pertencem a políticos, 25% a seitas e 15% à Igreja católica.

nacional), a Rede Globo de Televisão concentra mais da metade do total da audiência nacional, enquanto o SBT (Sistema Brasileiro de Televisão), com 97 emissoras, é responsável pela outra grande fatia do mercado (mais de 20% do total nacional de audiência).

Houve também uma rápida difusão da TV por cabo, que passou de 250 mil assinantes em 1991 para 2,533 milhões em 1997. Neste último ano, a modalidade de televisão por satélite tinha 349 mil assinantes. Quanto à primeira, a Região Concentrada reunia 76% dos assinantes do país e, sozinho, o estado de São Paulo perfazia 39% do total nacional. O estado do Rio Grande do Sul, com 203 mil assinantes em 1997, ultrapassava o total da região Centro-Oeste (177 mil). Em São Paulo, cerca de 67% dos aderentes à TV por cabo pertenciam à Região Metropolitana, enquanto no Rio de Janeiro essa relação era de 95%. Havia, porém, 150 mil pessoas que tinham acesso a esse tipo de televisão por meio de conexões clandestinas. Duas empresas, Net e TVA, dividem 94% do mercado brasileiro de televisão por assinatura.

Se o rádio se encontrava em cerca de 16% dos domicílios rurais do Nordeste e em 18,5% dos lares do Sul rural em 1975, a televisão era um objeto raro, pois nesta região, que apresentava a maior densidade, aparecia somente em 3% dos domicílios. No Sudeste, eram somente 8,2% dos domicílios rurais com rádio e 2% com televisão.

Hoje, os contrastes regionais parecem atenuar-se quando se trata da posse de televisão. Na região Nordeste, que apresenta menor densidade desses aparelhos, 78,3% das residências possuíam televisão em 1995, enquanto o Sudeste e o Sul, áreas de maior densidade, conheciam porcentagens superiores a 90% (93,5% e 91,4%, respectivamente). Nas áreas rurais a difusão é menor: 31,3% dos domicílios nordestinos e 72% dos domicílios sulistas. O resto das regiões ocupa posições intermediárias.

Paralelamente, o número de usuários da Internet não cessa de crescer no Brasil. No início de 1996 havia 170.429 e dois anos mais tarde, 1.310.001 pessoas com acesso à rede mundial.

Esse conjunto de processos leva-nos a fazer nossas as palavras de Ana Clara Torres Ribeiro (1991, p. 54), quando ela diz: "No Brasil, elementos de uma particular ideologia da modernidade — intensamente estimulada pelos meios de comunicação, pelo marketing e pelas estratégias de afirmação de novos gestores — encontram-se mesclados, com frequência, a mudanças reais ocorridas na sociedade e nos usos do território."

O exemplo analisado por Rogério Haesbaert (1997) é emblemático. A modernização dos cerrados nordestinos, que contou com a participação de sulistas que ali foram instalar-se na década de 1970, acabou por misturar o fato da expansão de uma moderna fronteira agrícola da soja com um potente discurso ligado a uma pretensa superioridade sulista e a uma menor competência nordestina para o trabalho. As imagens e os mitos, nos diz Gervásio R. Neves (1994), não podem ser negligenciados.

É sobretudo esse crescente consumo de informação que participa do alastramento de uma psicosfera modernizadora, impondo racionalidades mas também despertando ou fabricando um imaginário. Ambas, tecnosfera e psicosfera, formas de existência do meio técnico-científico-informacional, condicionam os comportamentos e entretecem racionalidades e emoções convergentes e conflitantes.

O TERRITÓRIO BRASILEIRO:
UM ESFORÇO DE SÍNTESE

SEGUNDA PARTE

O TERRITÓRIO BRASILEIRO:
UM ESFORÇO DE SÍNTESE

SISTEMAS DE ENGENHARIA

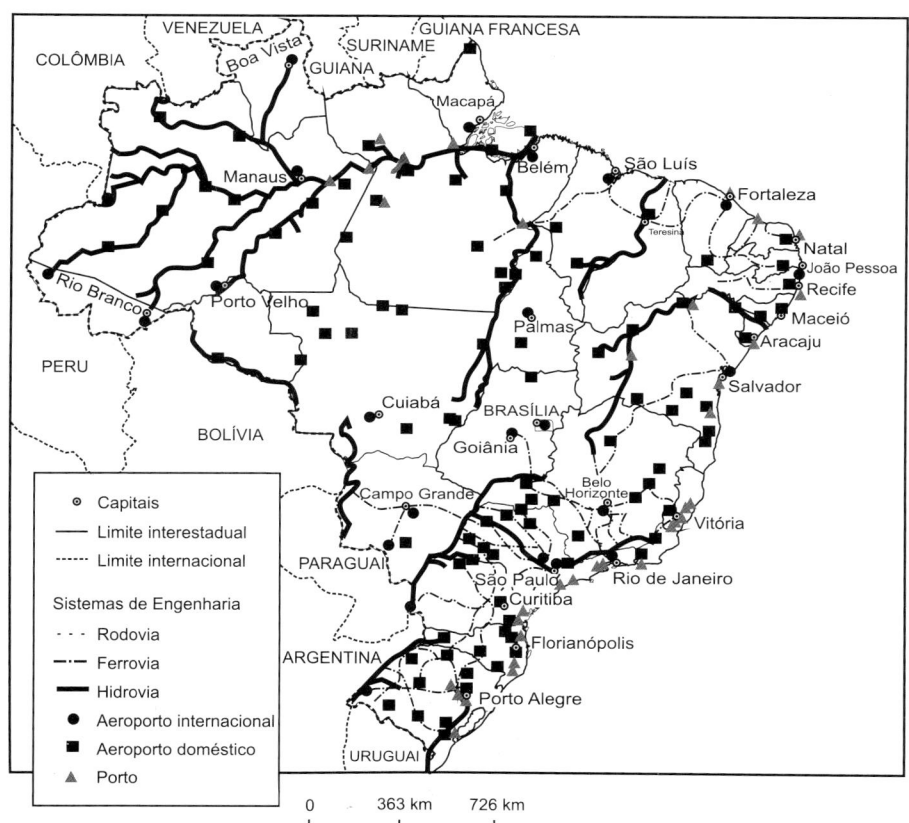

Fonte: IBGE, Diretoria de Geociências, Departamento de Cartografia,
Mapa da Série Brasil-Geográfico, versão 1997.

EXTENSÃO DA REDE RODOVIÁRIA POR 1.000 km² SEGUNDO AS UNIDADES DA FEDERAÇÃO, 1955-1995

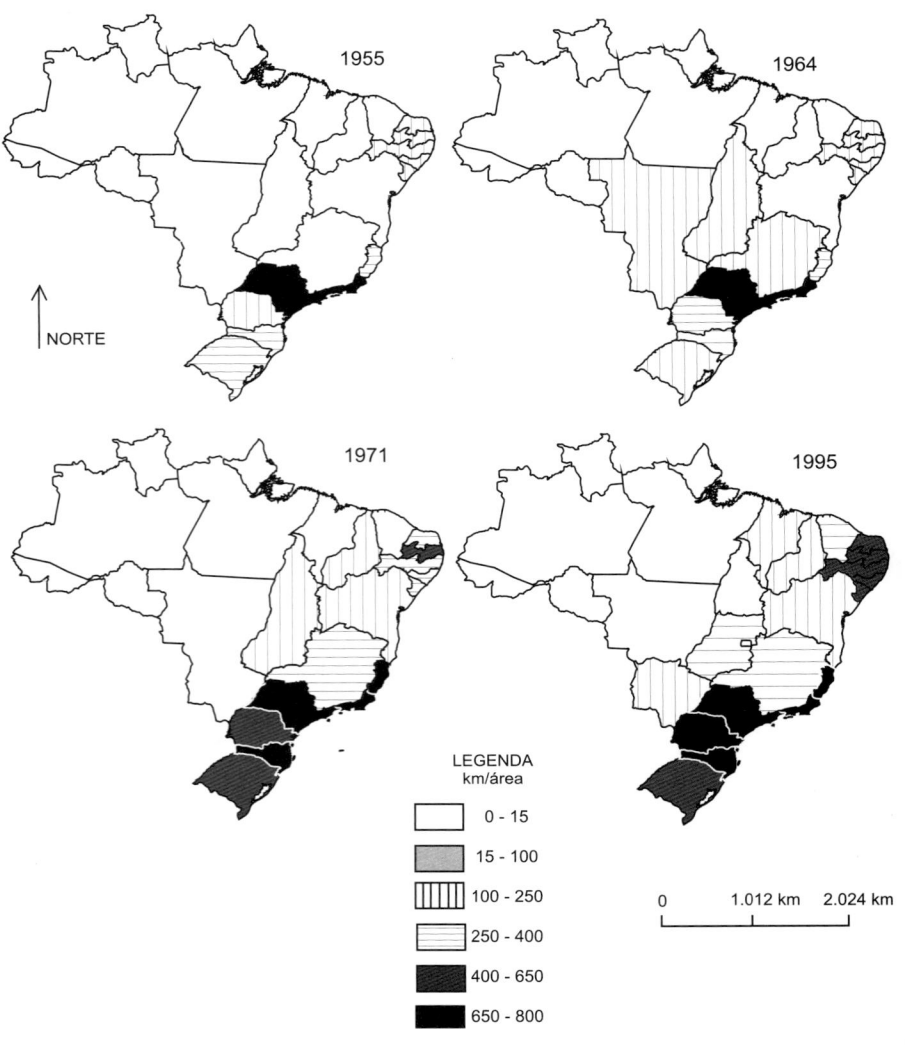

1955

1964

NORTE

1971

1995

LEGENDA
km/área

0 - 15

15 - 100

100 - 250

250 - 400

400 - 650

650 - 800

0   1.012 km   2.024 km

EXTENSÃO DA REDE RODOVIÁRIA PAVIMENTADA POR 1.000 km² SEGUNDO AS UNIDADES DA FEDERAÇÃO, 1955-1995

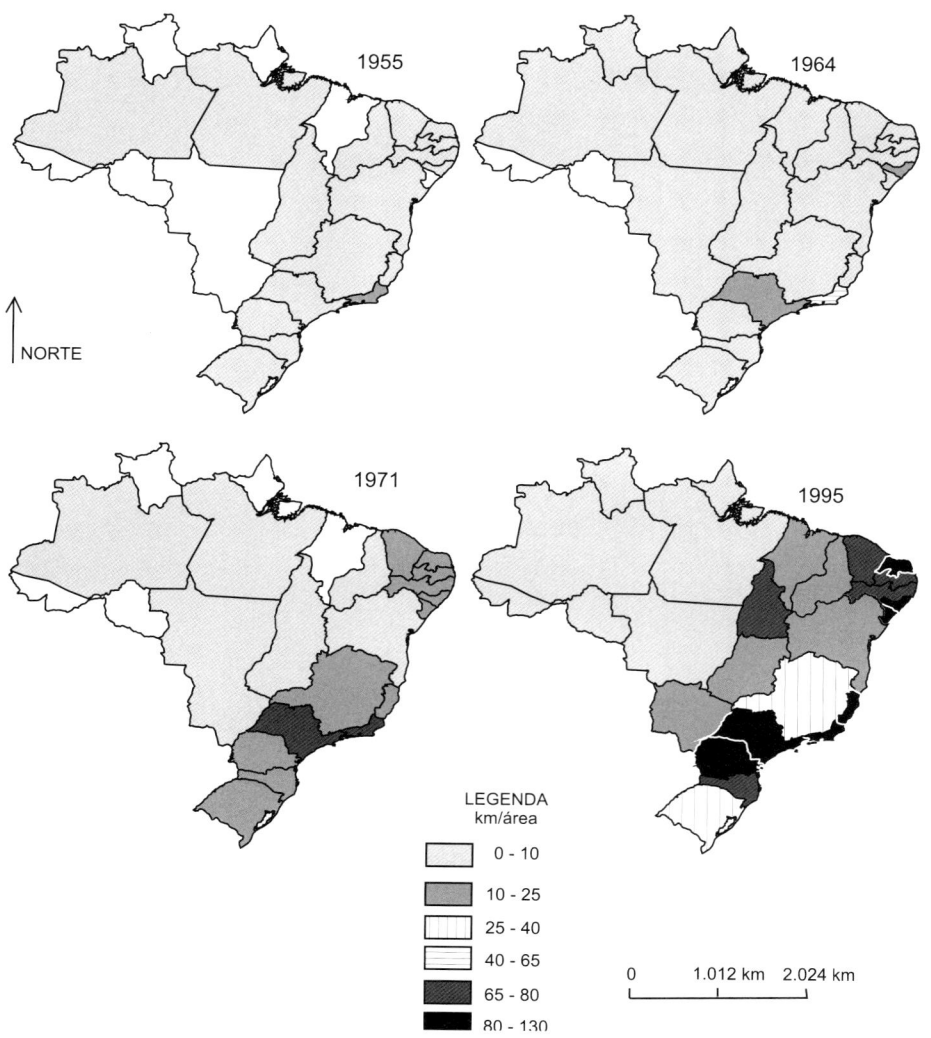

1955

1964

NORTE

1971

1995

LEGENDA
km/área

0 - 10

10 - 25

25 - 40

40 - 65

65 - 80

80 - 130

0   1.012 km   2.024 km

EXTENSÃO DA REDE RODOVIÁRIA POR 1.000 HABITANTES SEGUNDO AS UNIDADES DA FEDERAÇÃO, 1955-1995

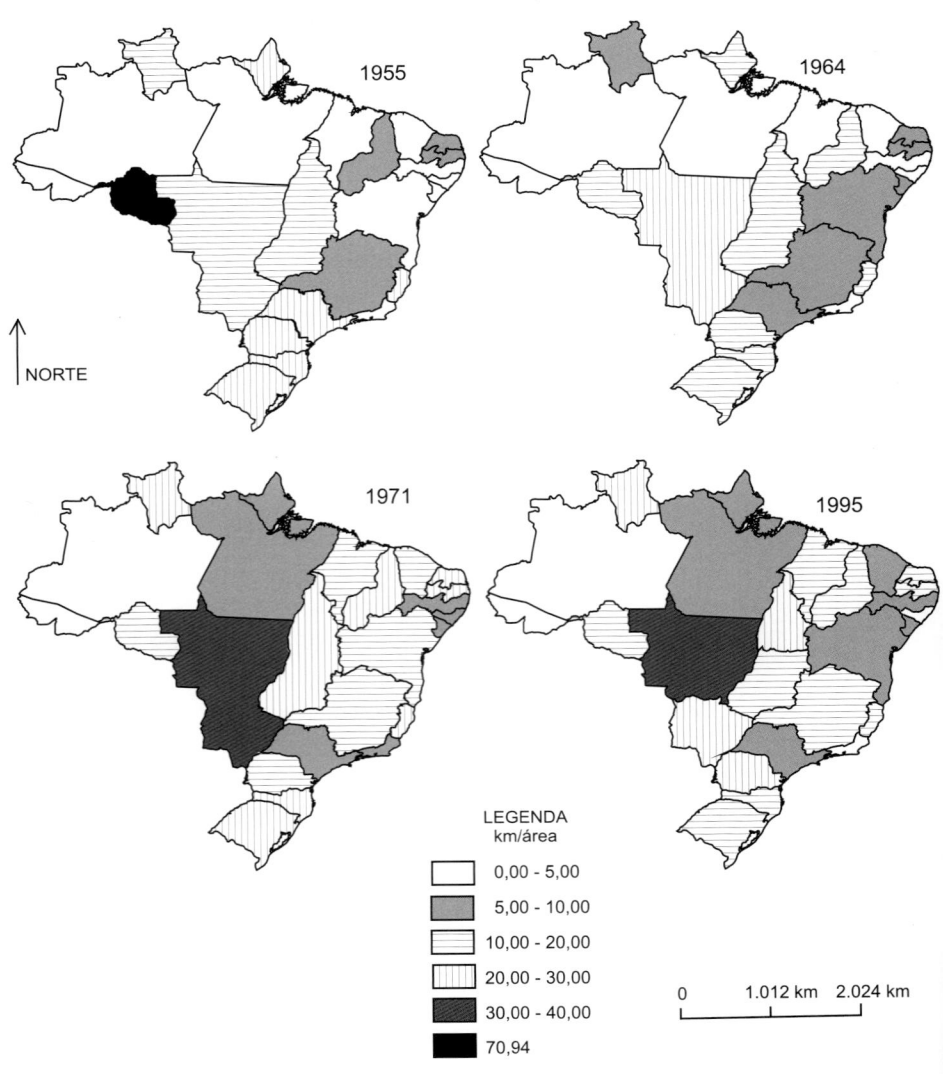

EXTENSÃO DA REDE RODOVIÁRIA PAVIMENTADA POR 1.000 HABITANTES SEGUNDO AS UNIDADES DA FEDERAÇÃO, 1955-1995

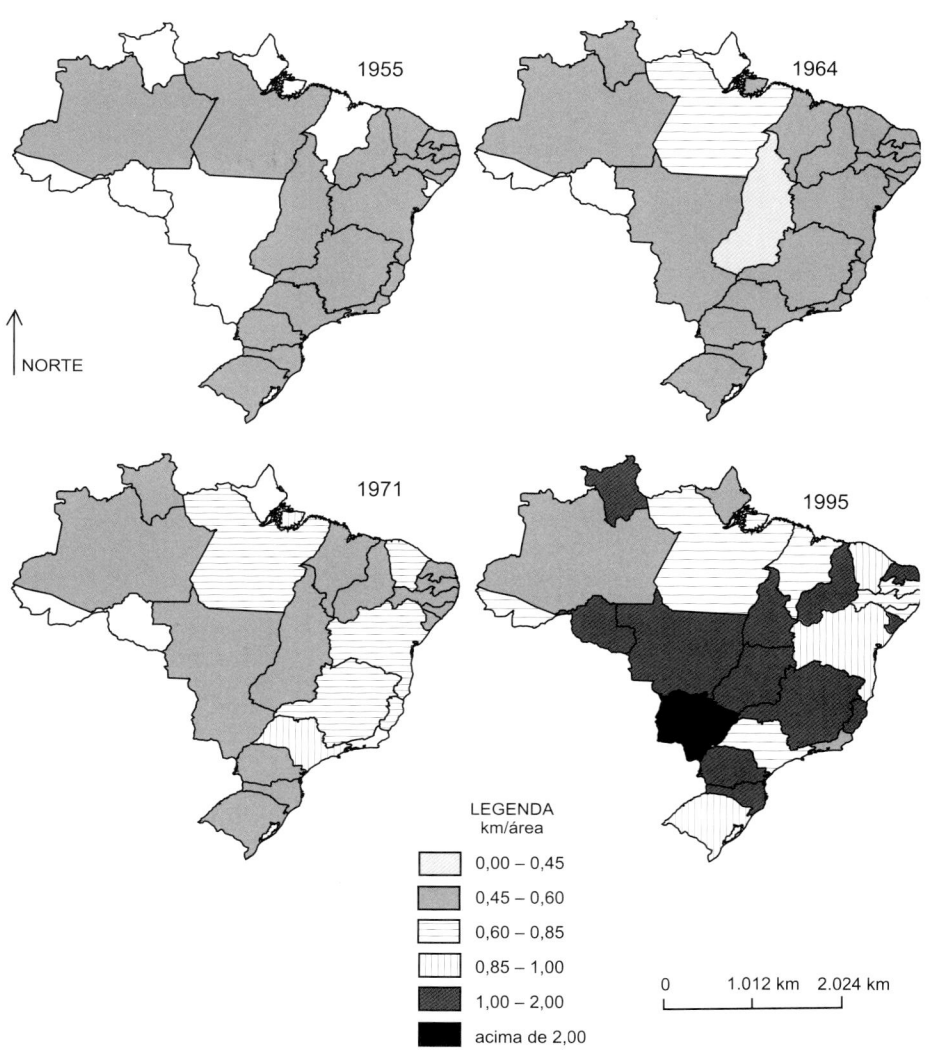

SISTEMA BÁSICO DE TELECOMUNICAÇÕES – 1997

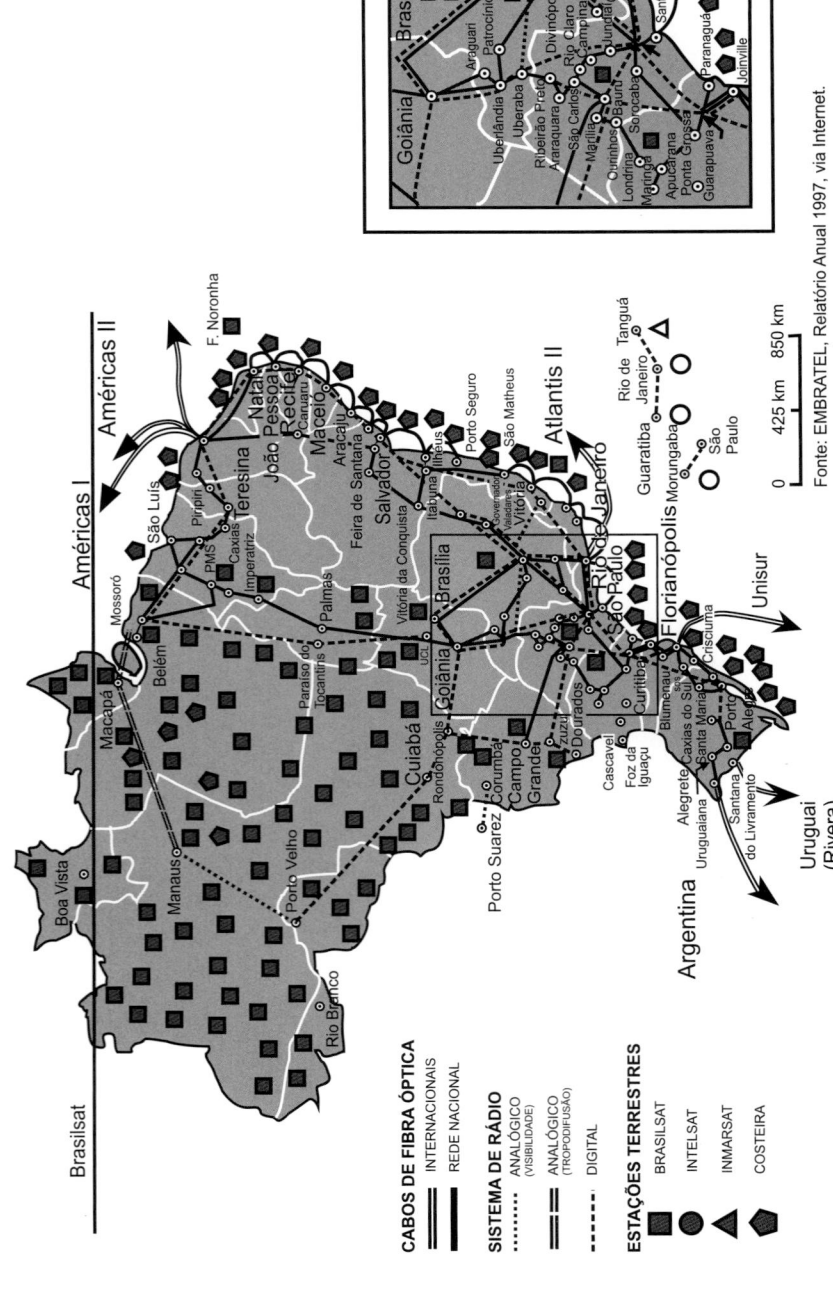

Fonte: EMBRATEL, Relatório Anual 1997, via Internet.

CABOS DE FIBRA ÓPTICA
- INTERNACIONAIS
- REDE NACIONAL

SISTEMA DE RÁDIO
- ANALÓGICO (VISIBILIDADE)
- ANALÓGICO (TROPODIFUSÃO)
- DIGITAL

ESTAÇÕES TERRESTRES
- BRASILSAT
- INTELSAT
- INMARSAT
- COSTEIRA

0   425 km   850 km

MUNICÍPIOS COBERTOS POR TELEFONIA CELULAR – BRASIL – 1997

LOCALIDADES ATENDIDAS PELO SERVIÇO TELEFÔNICO NO BRASIL – 1996

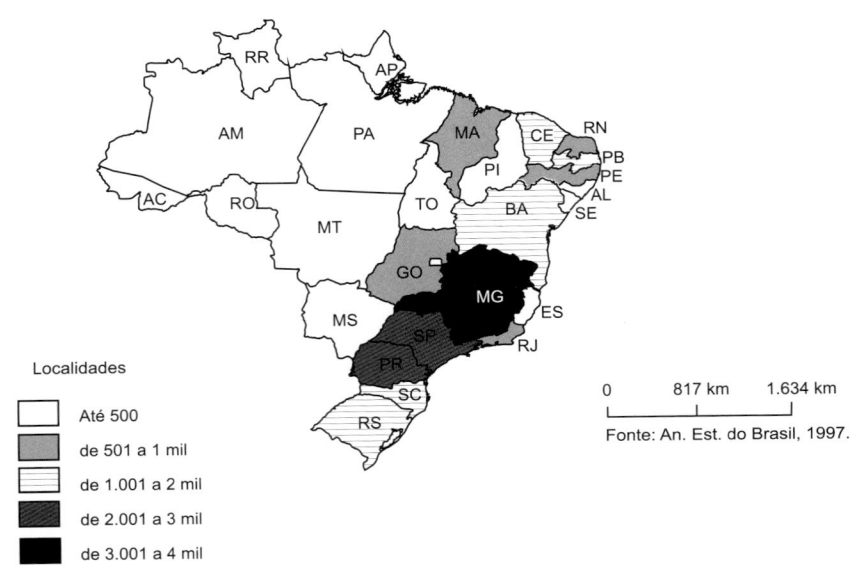

Localidades

- ☐ Até 500
- ▨ de 501 a 1 mil
- ▤ de 1.001 a 2 mil
- ▨ de 2.001 a 3 mil
- ■ de 3.001 a 4 mil

0   817 km   1.634 km

Fonte: An. Est. do Brasil, 1997.

TERMINAIS TELEFÔNICOS EM SERVIÇO NO BRASIL – 1996

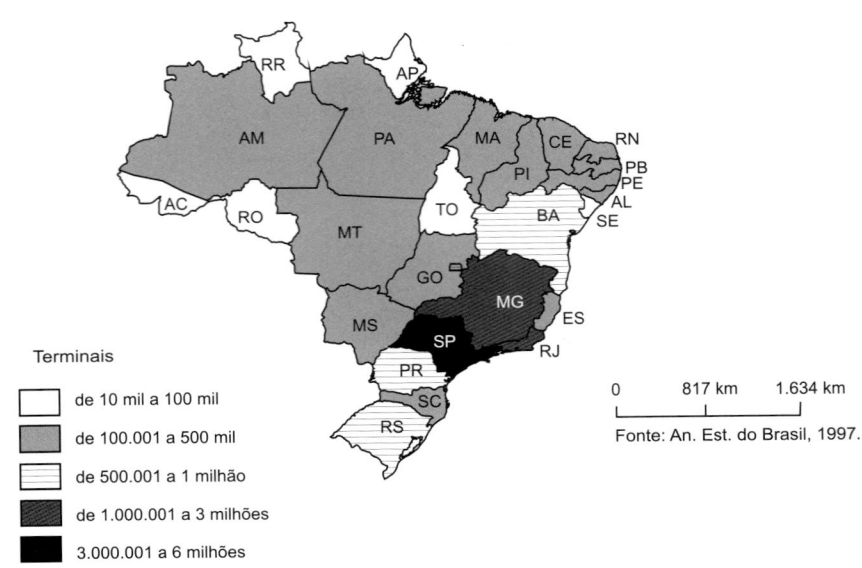

Terminais

- ☐ de 10 mil a 100 mil
- ▨ de 100.001 a 500 mil
- ▤ de 500.001 a 1 milhão
- ▨ de 1.000.001 a 3 milhões
- ■ 3.000.001 a 6 milhões

0   817 km   1.634 km

Fonte: An. Est. do Brasil, 1997.

DISTRIBUIÇÃO DOS CENTROS DE PESQUISA DA EMBRAPA – 1996

Fonte: Embrapa – Relatório Anual de Atividades. 1996.

0   394 km   788 km

Legenda

1. Sede - Empresa Brasileira de Agropecuária
2. Recursos Genéticos e Biotecnologia
3. Hortaliças
4. Produção de Informação
5. Sementes Básicas
6. Agropecuária dos Cerrados
7. Instrumentação Agropecuária
8. Pecuária Sudeste
9. Meio Ambiente
10. Informática Agropecuária
11. Pesquisa de Solos
12. Agroindústria de Alimentos

SIVAM E ESTAÇÕES METEOROLÓGICAS

Centro Regional de Vigilância (CRV) em Porto Velho
3 Unidades de Vigilância (UV)
4 Unidades de Vigilância e Telecomunicações (UVT)
Centro Regional de Vigilância (CRV) em Manaus
8 Unidades de Vigilância (UV)
4 Unidades de Telecomunicações (UT)
2 Unidades de Vigilância e Telecomunicações (UT)
Centro Regional de Vigilância (CRV) em Belém
8 Unidades de Vigilância (UV)
3 Unidades de Telecomunicações (UT)
Centro de Coordenação Geral (CCG) – Brasília*
* O CCG comanda as três áreas
Radares Meteorológicos

*Obs: SIVAM (Sistema de Vigilância da Amazônia).

Fonte: Revista *Época* – 1º de junho de 1998.
Instituto Nacional de Meteorologia, 1999.

X

ESTAÇÕES METEOROLÓGICAS DO BRASIL

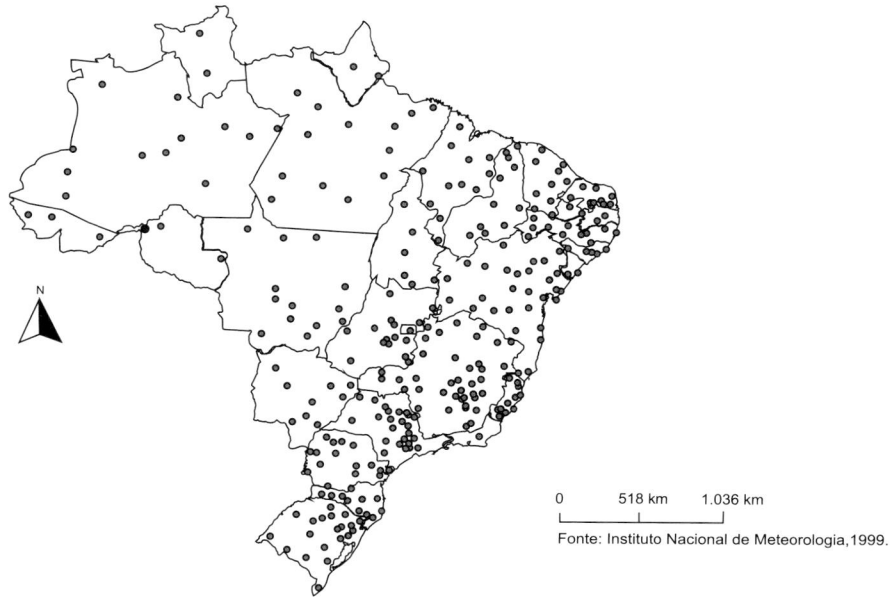

0   518 km   1.036 km

Fonte: Instituto Nacional de Meteorologia,1999.

SHOPPING CENTERS NO BRASIL – 1999

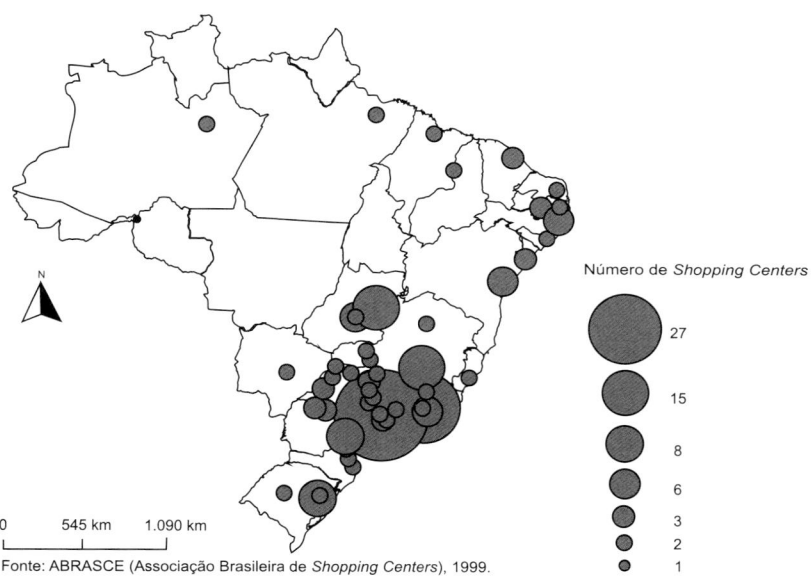

Número de *Shopping Centers*

27

15

8

6

3

2

1

0   545 km   1.090 km

Fonte: ABRASCE (Associação Brasileira de *Shopping Centers*), 1999.

EMPRESAS AÉREAS NACIONAIS – FLUXO DE PASSAGEIROS – 1975

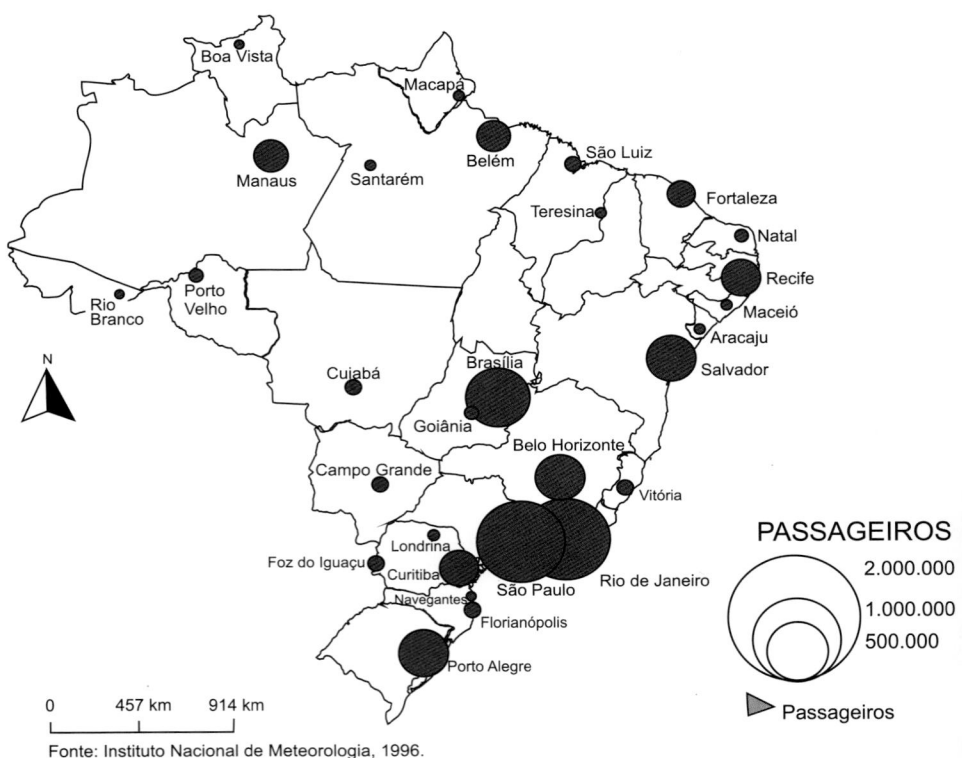

Fonte: Instituto Nacional de Meteorologia, 1996.

EMPRESAS AÉREAS NACIONAIS – FLUXO DE PASSAGEIROS – 1996

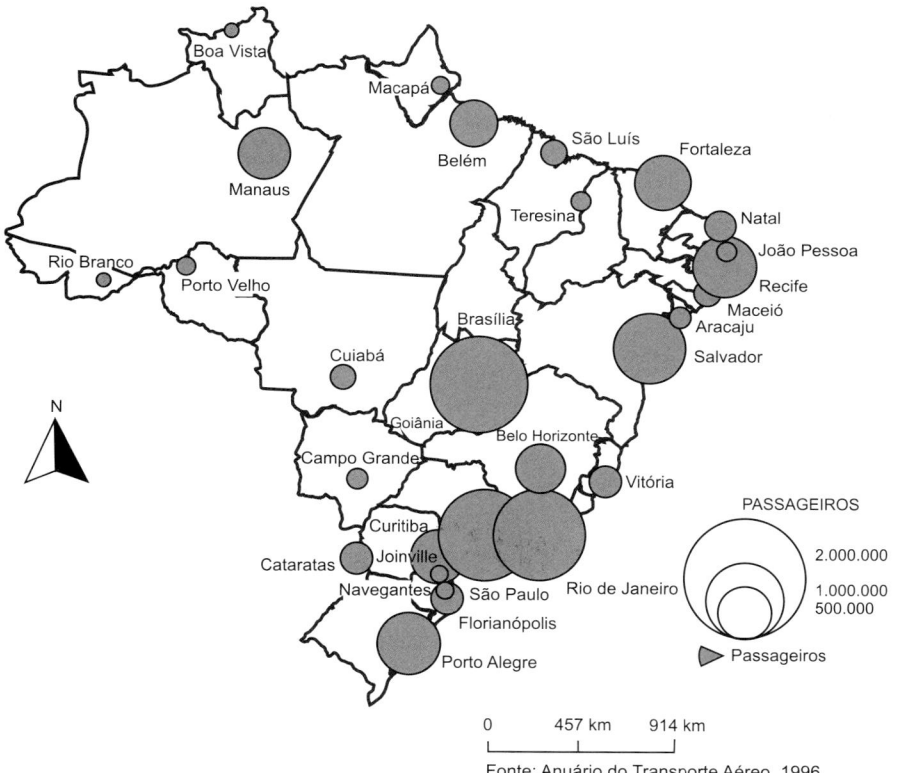

Fonte: Anuário do Transporte Aéreo, 1996.

EMPRESAS AÉREAS REGIONAIS – FLUXO DE PASSAGEIROS – 1975

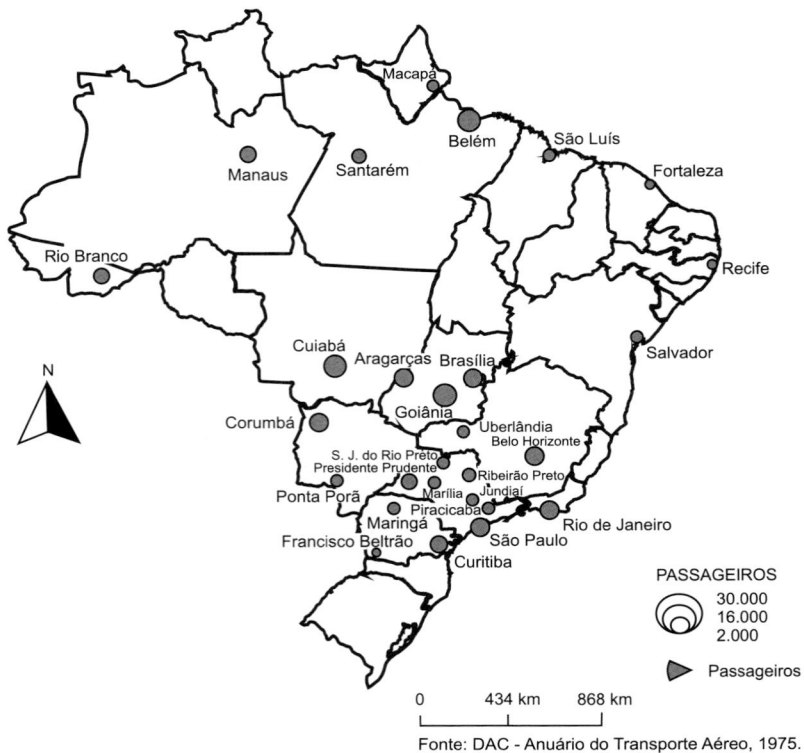

PASSAGEIROS

30.000
16.000
2.000

Passageiros

0   434 km   868 km

Fonte: DAC - Anuário do Transporte Aéreo, 1975.

EMPRESAS AÉREAS REGIONAIS – FLUXO DE PASSAGEIROS – 1996

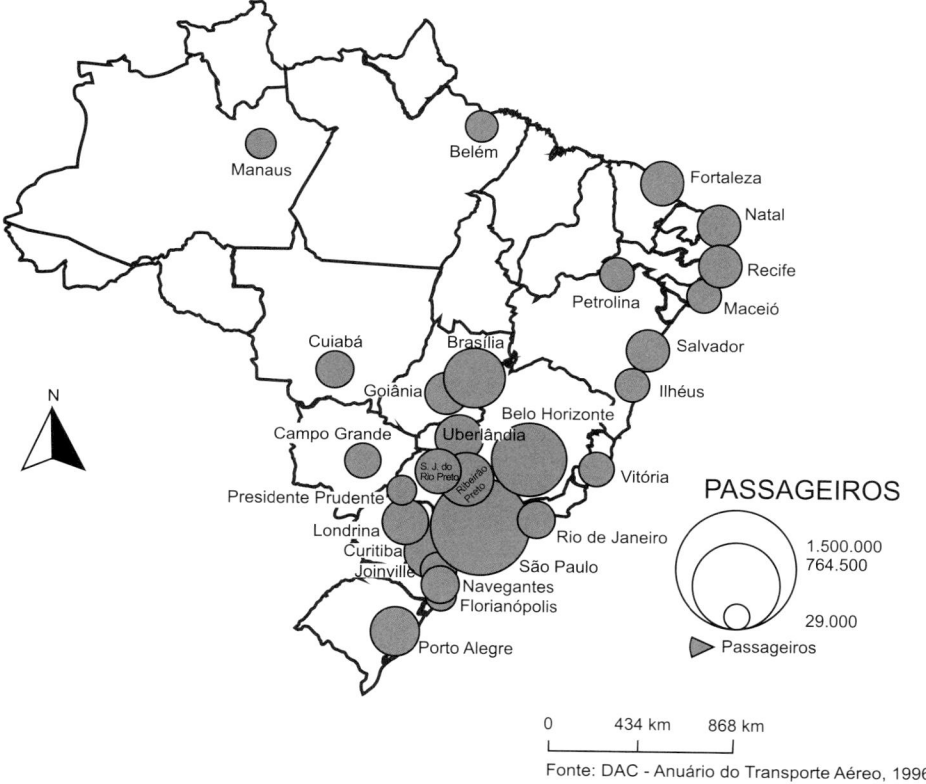

Fonte: DAC - Anuário do Transporte Aéreo, 1996.

TRÁFEGO AÉREO REGIONAL – EMPRESA ABAETÉ – 2000

Bom Jesus da Lapa
Salvador
Guanambi
Caravelas
Teixeira de Freitas

— Rotas da Empresa Abaeté

0   194 km   988 km

Fonte: Guia Panrotas (Março de 2000).

TRÁFEGO AÉREO REGIONAL – EMPRESA INTERBRASIL – 2000

Brasília
Belo Horizonte
Uberlândia
Ribeirão Preto
S. J. do Rio Preto
Campinas
Bauru
Londrina
Maringá
Rio de Janeiro
São Paulo
Curitiba
Cascavel
Chapecó
Joinville
Navegantes
Florianópolis

— Rotas da Empresa Interbrasil

0   500 km   1.000 km

Fonte: Guia Panrotas (Março de 2000).

TRÁFEGO AÉREO REGIONAL – EMPRESA NORDESTE – 2000

— Rotas da Empresa Nordeste

0   394 km   788 km

Fonte: Guia Panrotas (Março de 2000).

TRÁFEGO AÉREO REGIONAL – EMPRESA META – 2000

Fonte: Guia Panrotas (Março de 2000).

TRÁFEGO AÉREO REGIONAL – EMPRESA PANTANAL – 2000

Fonte: Guia Panrotas (Março de 2000).

TRÁFEGO AÉREO REGIONAL – EMPRESA PASSAREDO – 2000

Fonte: Guia Panrotas (Março de 2000).

TRÁFEGO AÉREO REGIONAL – EMPRESA PENTA – 2000

Oiapoque
Macapá
Monte Dourado
Monte Alegre
Breves
Belém
Parintins
Santarém
Porto de Moz
Manaus
Itaituba
Altamira
Jacareacanga
Aripuanã
Juará
Juína
Sinop
Cuiabá
Salvador
Belo Horizonte
Vitória
Rio de Janeiro
São Paulo

—— Rotas da Empresa Penta

```
0        373 km      746 km
```

Fonte: Guia Panrotas (Março de 2000).

TRÁFEGO AÉREO REGIONAL – EMPRESA PRESIDENTE – 2000

TRÁFEGO AÉREO REGIONAL – EMPRESA RICO – 2000

São Gabriel Cachoeira · Sta. Isabel Rio Negro · Bittencourt · Fonte Boa · Barcelos · Manaus · Parintins · Tabatinga · Tefé Coari · Maués · Carauari · Borba · Novo Aripuanã · Cruzeiro do Sul · Eirunepê · Lábrea · Humaitá · Tarauacá · Porto Velho · Rio Branco · Salvador · Belo Horizonte · Vitória · Rio de Janeiro · São Paulo

—— Rotas da Empresa Rico

0 — 373 km — 746 km

Fonte: Guia Panrotas (Março 2000).

TRÁFEGO AÉREO REGIONAL – EMPRESA RIO SUL – 2000

Fonte: Guia Panrotas (Março 2000).

TRÁFEGO AÉREO REGIONAL – EMPRESA TAF – 2000

Fortaleza

Igatu

Juazeiro
do Norte

Salvador

Belo Horizonte

Vitória

── Rotas da Empresa TAF

Rio de Janeiro
São Paulo

| 0 | 373 km | 746 km |

Fonte: Guia Panrotas (Março 2000).

TRÁFEGO AÉREO REGIONAL – EMPRESA TAM
(TAM REGIONAL) – 2000

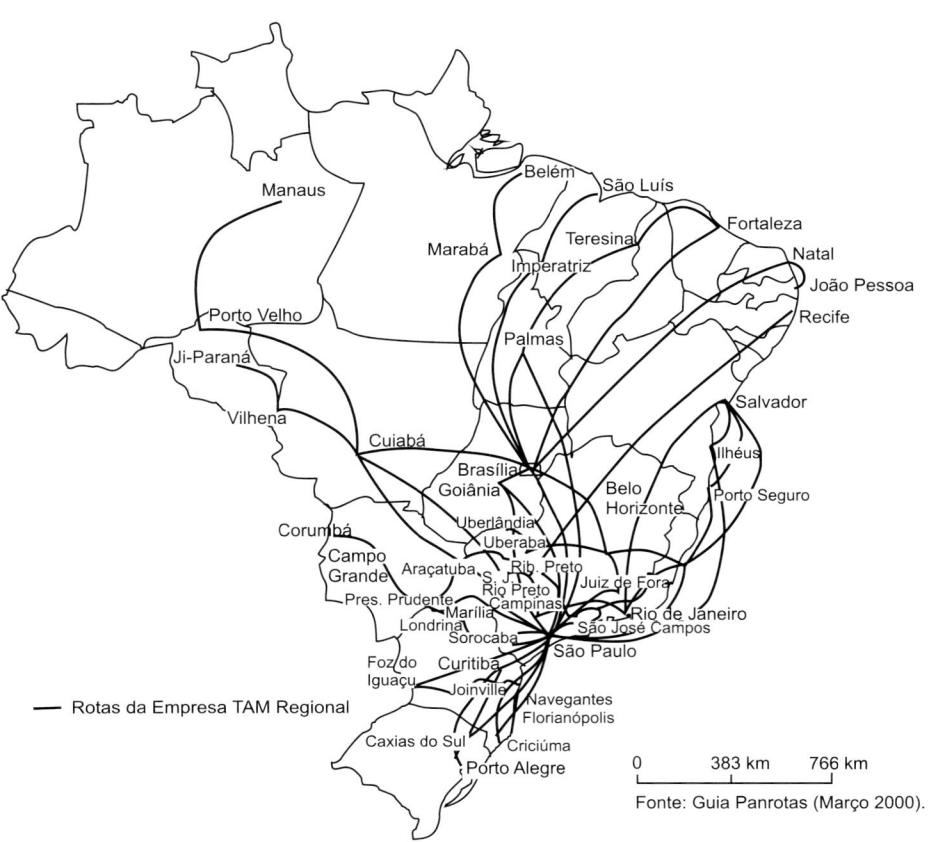

Rotas da Empresa TAM Regional

0   383 km   766 km

Fonte: Guia Panrotas (Março 2000).

TRÁFEGO AÉREO REGIONAL – EMPRESA TAVAJ – 2000

Fonte: Guia Panrotas (Março 2000).

TRÁFEGO AÉREO REGIONAL – EMPRESA TOTAL – 2000

Fonte: Guia Panrotas (Março 2000).

TRÁFEGO AÉREO REGIONAL – EMPRESA TRIP – 2000

Alta Floresta
Sinop
Brasília
Caldas Novas
Belo Horizonte
Salvador
Vitória
Presidente Prudente
Campinas
Rio de Janeiro
Londrina
São Paulo
Videira

— Rotas da Empresa Trip

0   354 km   708 km

Fonte: Guia Panrotas (Março 2000).

EMPRESAS DE AVIAÇÃO AGRÍCOLA NO BRASIL – 1975

+ 1 empresa

✈ 2 a 4 empresas

✈ 5 a 10 empresas

0   390 km   780 km

Fonte: DAC - Anuário Estatístico (1975).
Org.: Fabio Betioni Contel.

EMPRESAS DE AVIAÇÃO AGRÍCOLA NO BRASIL – 1990

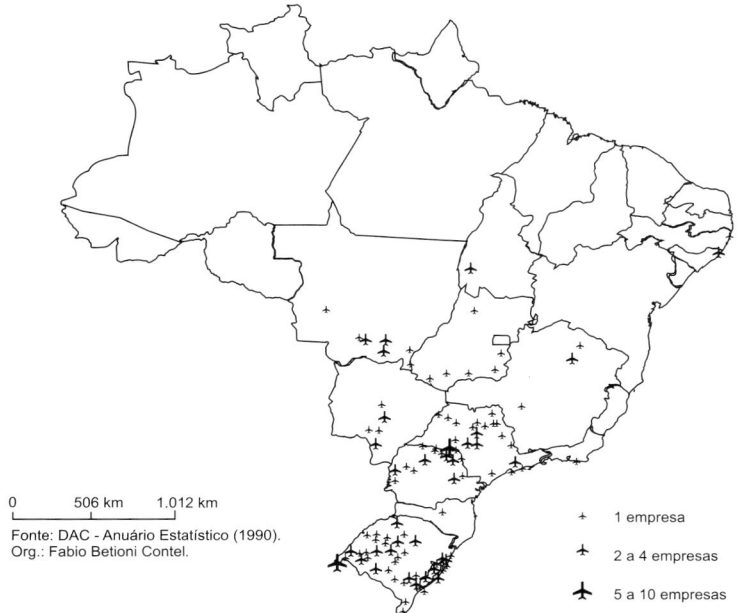

0   506 km   1.012 km

Fonte: DAC - Anuário Estatístico (1990).
Org.: Fabio Betioni Contel.

+ 1 empresa

✈ 2 a 4 empresas

✈ 5 a 10 empresas

EMPRESAS DE AVIAÇÃO AGRÍCOLA NO BRASIL – 1995

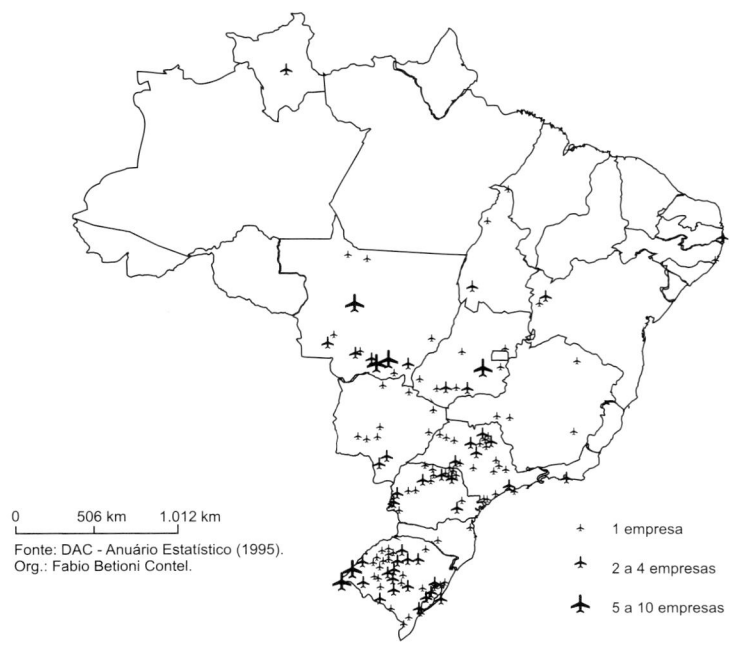

0   506 km   1.012 km

Fonte: DAC - Anuário Estatístico (1995).
Org.: Fabio Betioni Contel.

+ 1 empresa

✈ 2 a 4 empresas

✈ 5 a 10 empresas

DENSIDADE DE AUTOMÓVEIS EM RELAÇÃO À POPULAÇÃO NO BRASIL – 1950

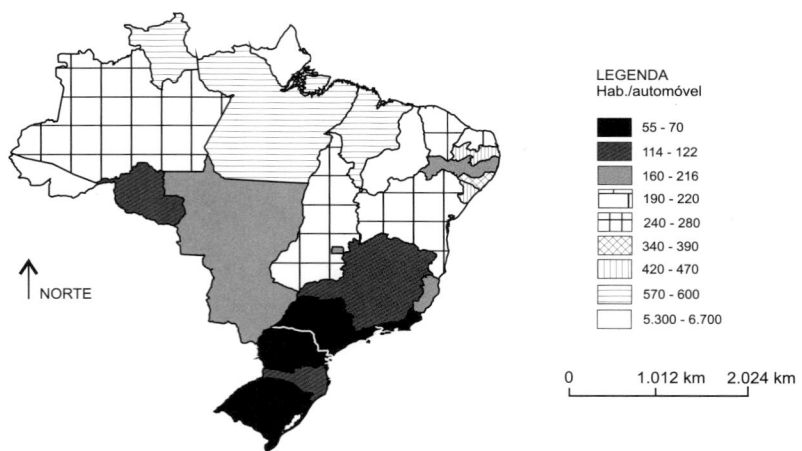

LEGENDA
Hab./automóvel

- 55 - 70
- 114 - 122
- 160 - 216
- 190 - 220
- 240 - 280
- 340 - 390
- 420 - 470
- 570 - 600
- 5.300 - 6.700

NORTE

0   1.012 km   2.024 km

DENSIDADE DE AUTOMÓVEIS EM RELAÇÃO À POPULAÇÃO NO BRASIL – 1970

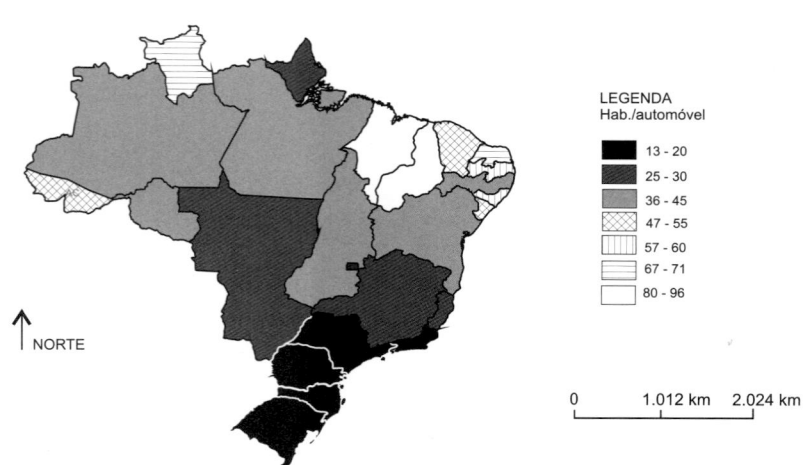

LEGENDA
Hab./automóvel

- 13 - 20
- 25 - 30
- 36 - 45
- 47 - 55
- 57 - 60
- 67 - 71
- 80 - 96

NORTE

0   1.012 km   2.024 km

DENSIDADE DE AUTOMÓVEIS EM RELAÇÃO À POPULAÇÃO NO BRASIL – 1996

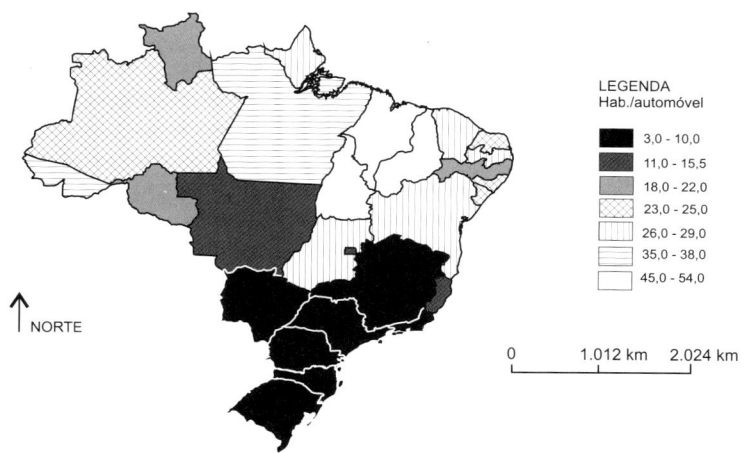

LEGENDA
Hab./automóvel

- 3,0 - 10,0
- 11,0 - 15,5
- 18,0 - 22,0
- 23,0 - 25,0
- 26,0 - 29,0
- 35,0 - 38,0
- 45,0 - 54,0

NORTE

0   1.012 km   2.024 km

OS DEZ MAIORES PORTOS IMPORTADORES NO BRASIL – 1996

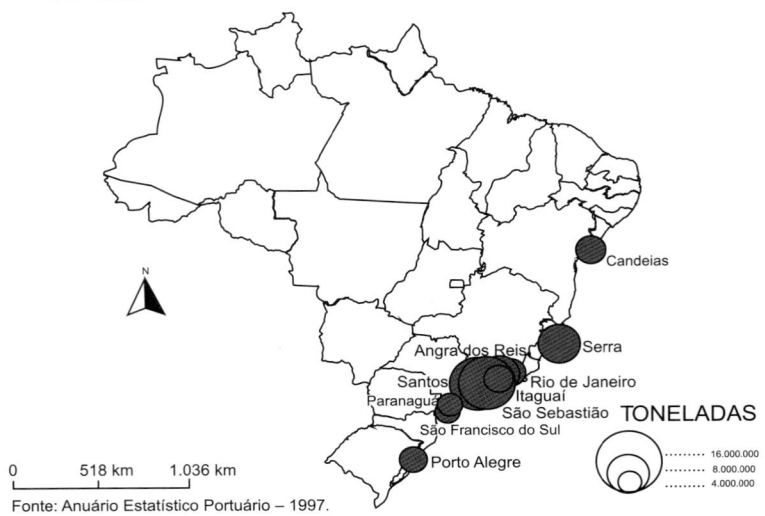

OS DEZ MAIORES PORTOS EXPORTADORES NO BRASIL – 1996

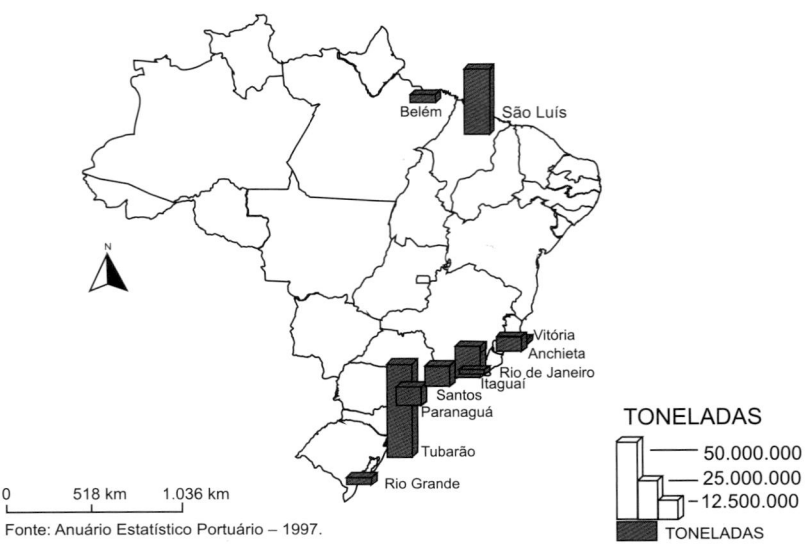

DISTRIBUIÇÃO GEOGRÁFICA DAS AGÊNCIAS BANCÁRIAS NO BRASIL – 1997

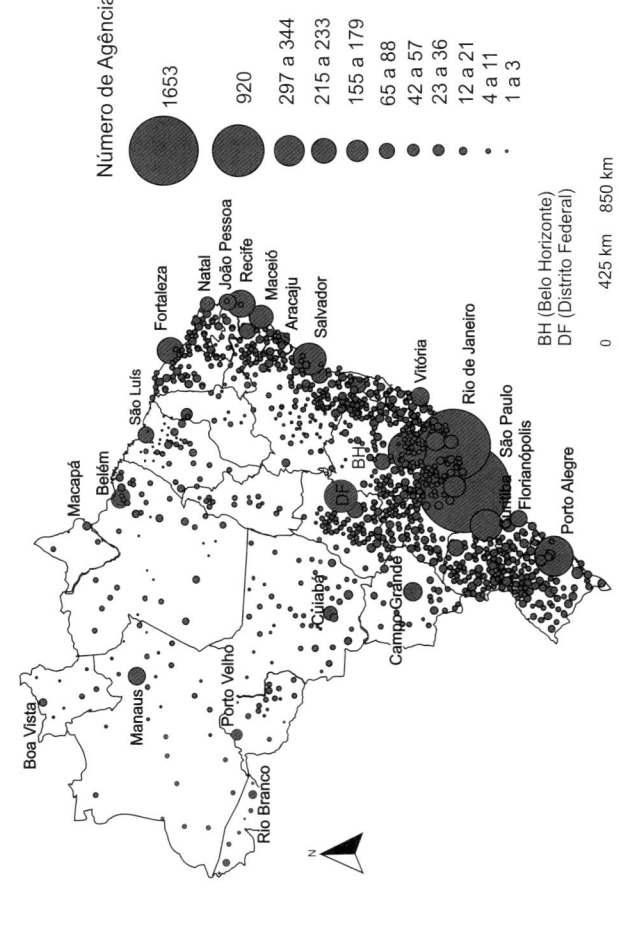

Número de Agências

1653
920
297 a 344
215 a 233
155 a 179
65 a 88
42 a 57
23 a 36
12 a 21
4 a 11
1 a 3

BH (Belo Horizonte)
DF (Distrito Federal)

0   425 km   850 km

Fonte: Elaboração própria, com base no
Catálogo de Instituições Financeiras.
Banco Central do Brasil – DEPRO – CADINF, posição em 27/01/1997.

DENSIDADE DE AGÊNCIAS BANCÁRIAS EM RELAÇÃO À POPULAÇÃO – 1997

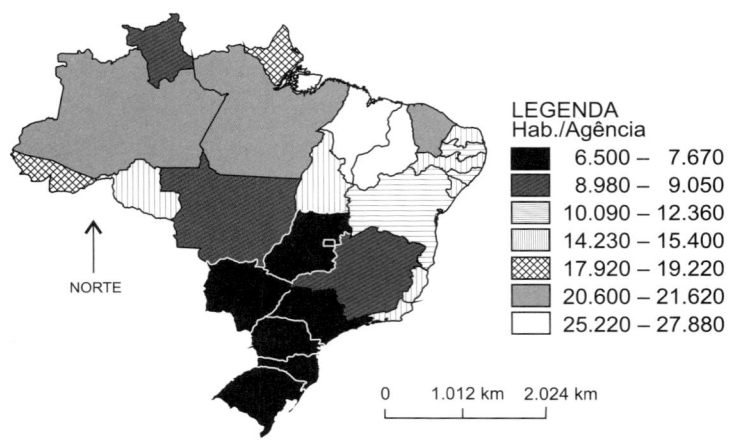

LEGENDA
Hab./Agência

■	6.500 – 7.670
■	8.980 – 9.050
	10.090 – 12.360
	14.230 – 15.400
	17.920 – 19.220
	20.600 – 21.620
	25.220 – 27.880

NORTE

0   1.012 km   2.024 km

DENSIDADE DE AGÊNCIAS BANCÁRIAS EM RELAÇÃO À SUPERFÍCIE – 1997

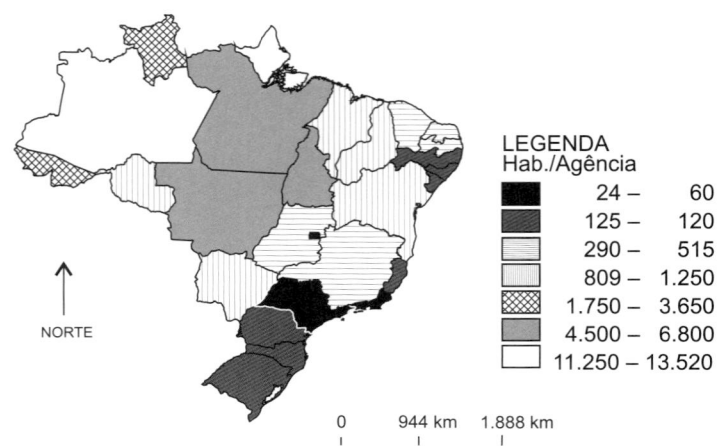

LEGENDA
Hab./Agência

■	24 – 60
	125 – 120
	290 – 515
	809 – 1.250
	1.750 – 3.650
	4.500 – 6.800
	11.250 – 13.520

NORTE

0   944 km   1.888 km

DISTRIBUIÇÃO GEOGRÁFICA DAS AGÊNCIAS DO BANCO DO BRASIL – 1997

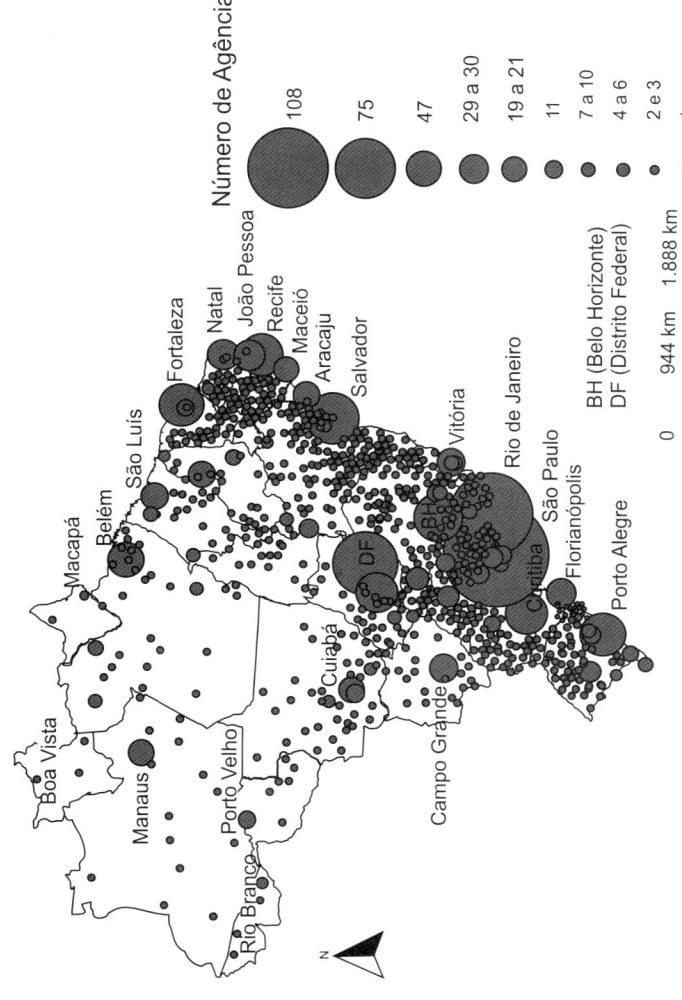

Número de Agências

108
75
47
29 a 30
19 a 21
11
7 a 10
4 a 6
2 e 3
1

BH (Belo Horizonte)
DF (Distrito Federal)

0   944 km   1.888 km

Fonte: Elaboração própria, com base no Catálogo
de Instituições Financeiras.
Banco Central do Brasil – DEPRO – CADINF, posição em 27/01/1997.

DISTRIBUIÇÃO GEOGRÁFICA DAS AGÊNCIAS DO BANCO EXCEL ECONÔMICO S.A. – 1997

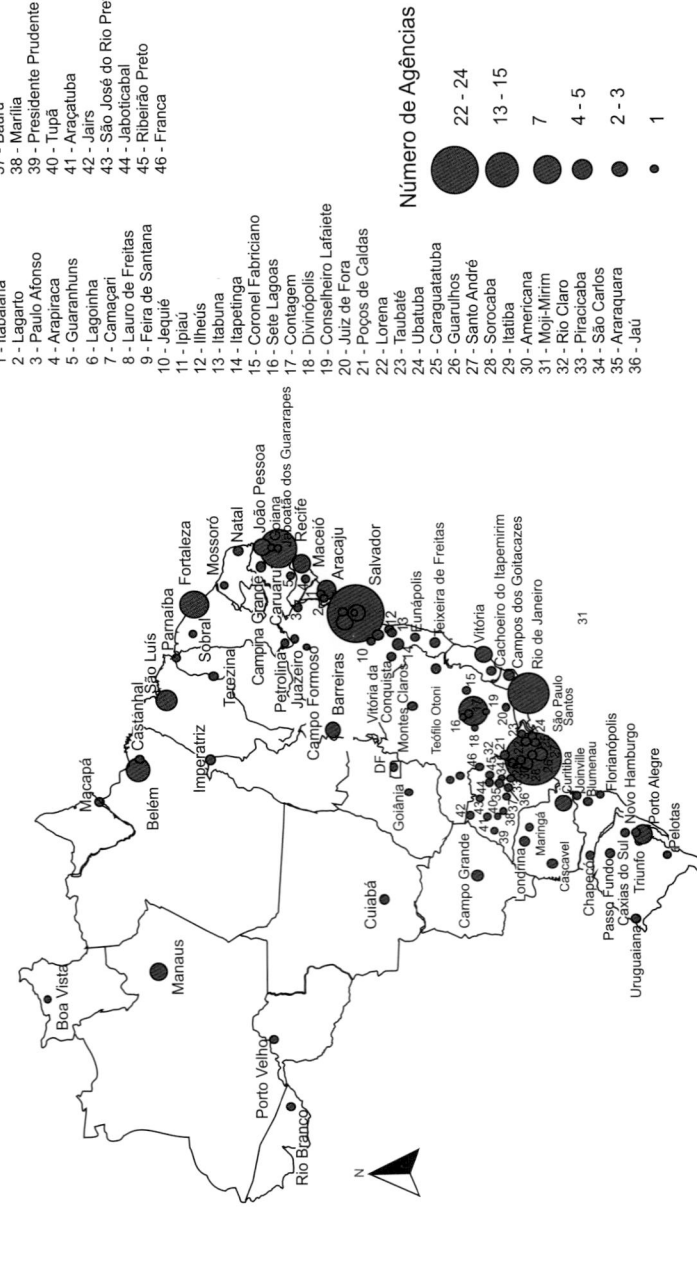

1 - Itabaiana
2 - Lagarto
3 - Paulo Afonso
4 - Arapiraca
5 - Guaranhuns
6 - Lagoinha
7 - Camaçari
8 - Lauro de Freitas
9 - Feira de Santana
10 - Jequié
11 - Ipiaú
12 - Ilhéus
13 - Itabuna
14 - Itapetinga
15 - Coronel Fabriciano
16 - Sete Lagoas
17 - Contagem
18 - Divinópolis
19 - Conselheiro Lafaiete
20 - Juiz de Fora
21 - Poços de Caldas
22 - Lorena
23 - Taubaté
24 - Ubatuba
25 - Caraguatatuba
26 - Guarulhos
27 - Santo André
28 - Sorocaba
29 - Itatiba
30 - Americana
31 - Moji-Mirim
32 - Rio Claro
33 - Piracicaba
34 - São Carlos
35 - Araraquara
36 - Jaú

37 - Bauru
38 - Marília
39 - Presidente Prudente
40 - Tupã
41 - Araçatuba
42 - Jairs
43 - São José do Rio Preto
44 - Jaboticabal
45 - Ribeirão Preto
46 - Franca

Número de Agências

●	22 - 24
●	13 - 15
●	7
●	4 - 5
●	2 - 3
●	1

Fonte: Elaboração própria, com base no Catálogo de Instituições Financeiras, Banco Central do Brasil – DEPRO – CADINF, posição em 27/01/1997.

DISTRIBUIÇÃO GEOGRÁFICA DAS AGÊNCIAS DO BANCO ITAÚ – 1997

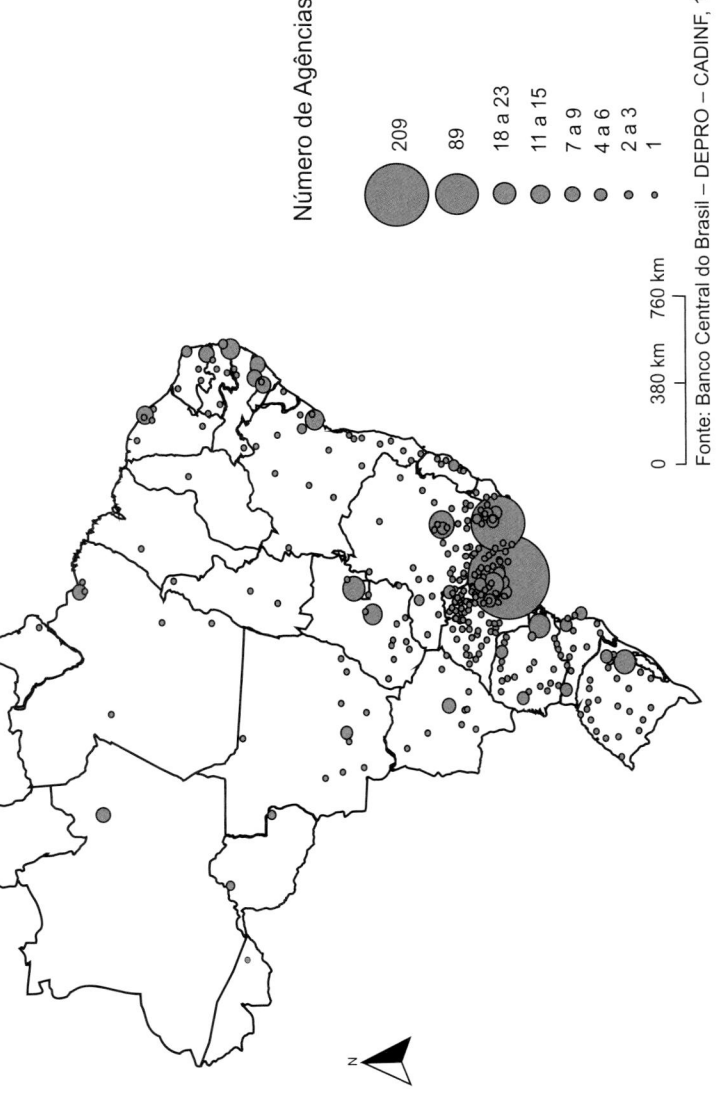

Número de Agências

209
89
18 a 23
11 a 15
7 a 9
4 a 6
2 a 3
1

0   380 km   760 km

Fonte: Banco Central do Brasil – DEPRO – CADINF, 1997.

DISTRIBUIÇÃO DAS AGÊNCIAS DA CAIXA ECONÔMICA FEDERAL – 1997

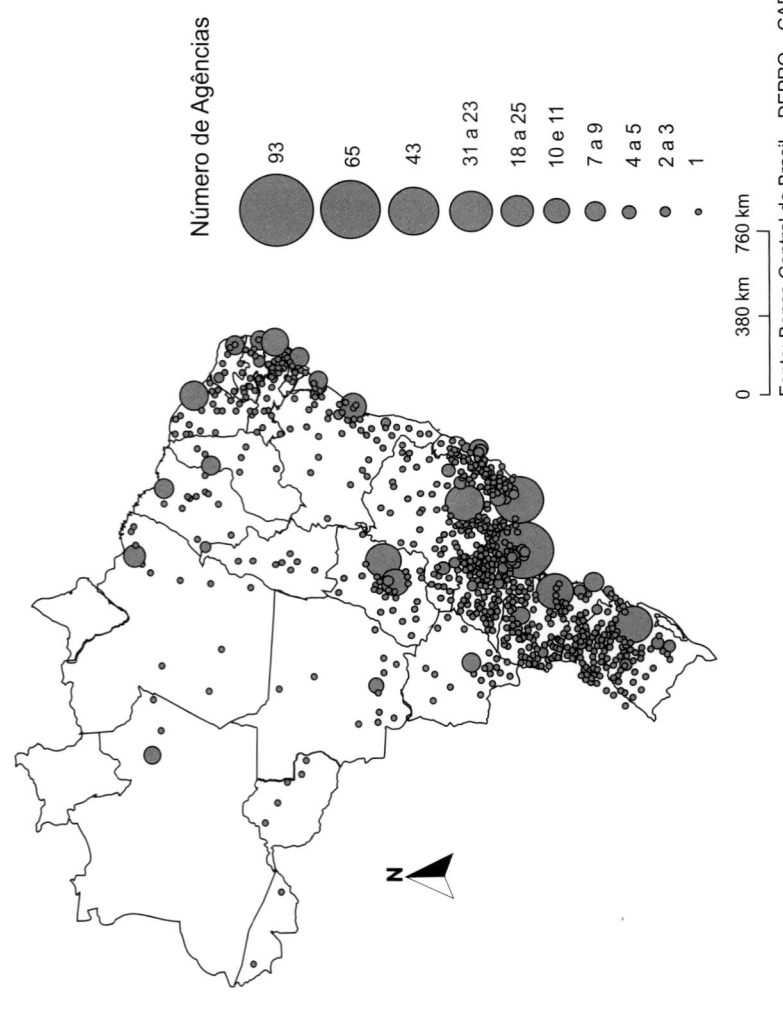

Número de Agências

93
65
43
31 a 23
18 a 25
10 e 11
7 a 9
4 a 5
2 a 3
1

0   380 km   760 km

Fonte: Banco Central do Brasil – DEPRO – CADINF, 1997.

COMPENSAÇÃO DE CHEQUES E OUTROS PAPÉIS POR PRAÇAS FINANCEIRAS – Dez./1996

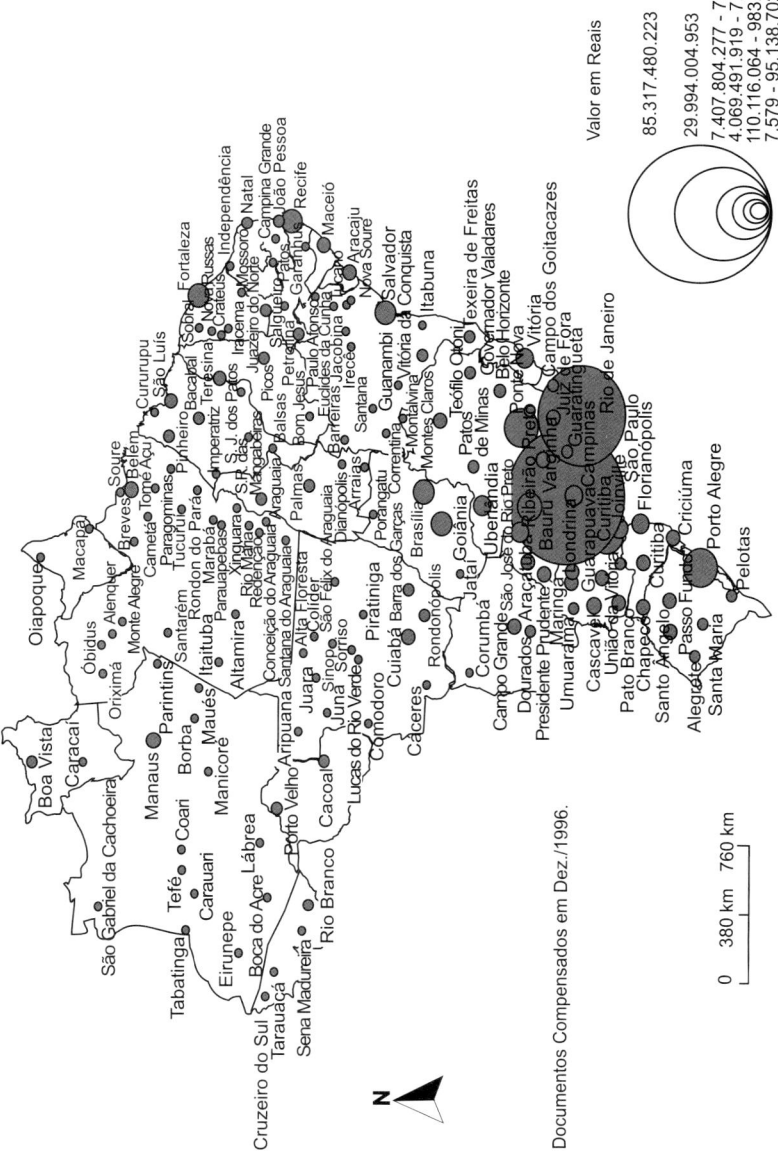

Valor em Reais

85.317.480.223

29.994.004.953

7.407.804.277 - 7.514.067.086
4.069.491.919 - 7.829.916.495
110.116.064 - 983.690.660
7.579 - 95.138.702

Documentos Compensados em Dez./1996.

0   380 km   760 km

CIDADES COM MAIS DE 20 MIL HABITANTES ·

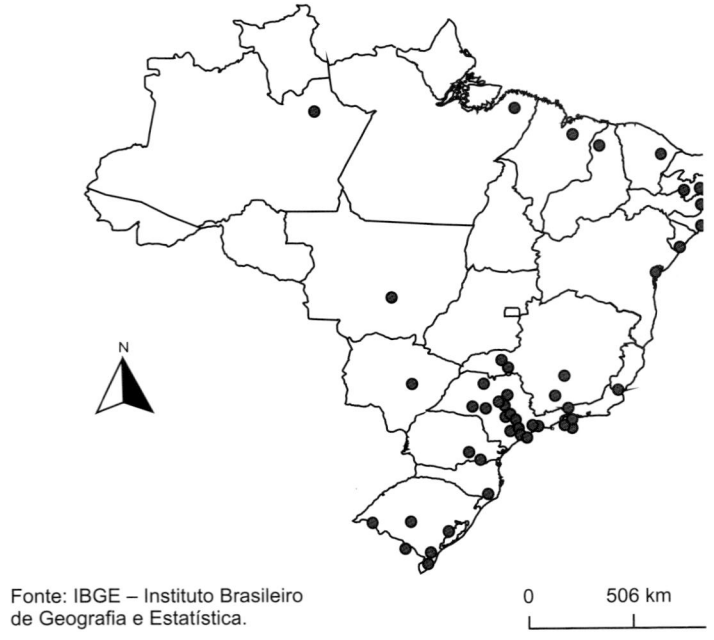

Fonte: IBGE – Instituto Brasileiro
de Geografia e Estatística.

0   506 km

CIDADES COM MAIS DE 20 MIL HABITANTES ·

CIDADES COM MAIS DE 20 MIL HABITANTES – 1960

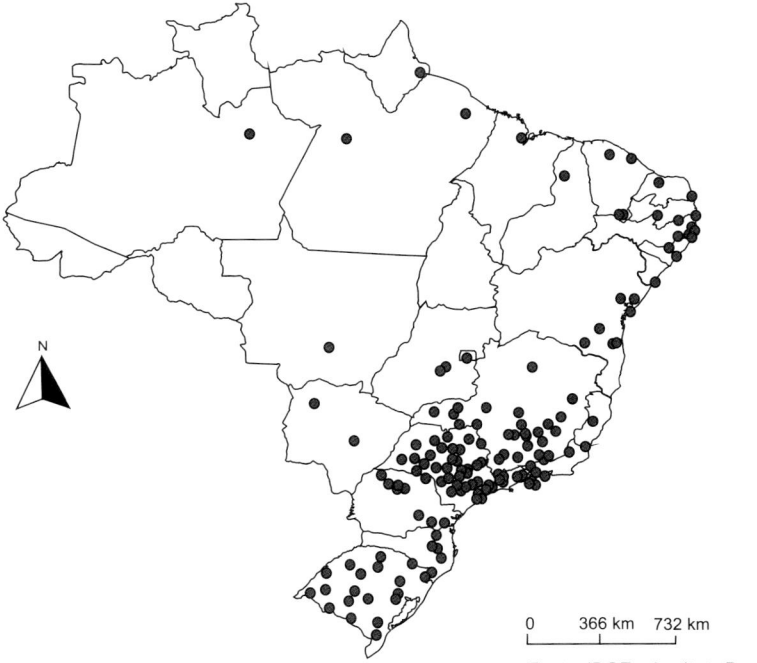

0   366 km   732 km

Fonte: IBGE – Instituto Brasileiro
de Geografia e Estatística.

CIDADES COM MAIS DE 20 MIL HABITANTES – 1970

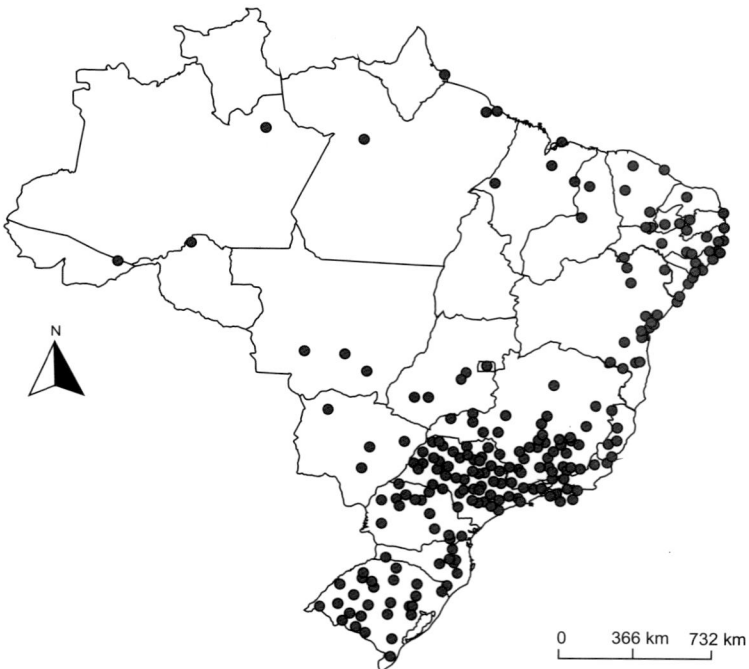

0   366 km   732 km

Fonte: IBGE – Instituto Brasileiro
de Geografia e Estatística.

CIDADES COM MAIS DE 20 MIL HABITANTES – 1980

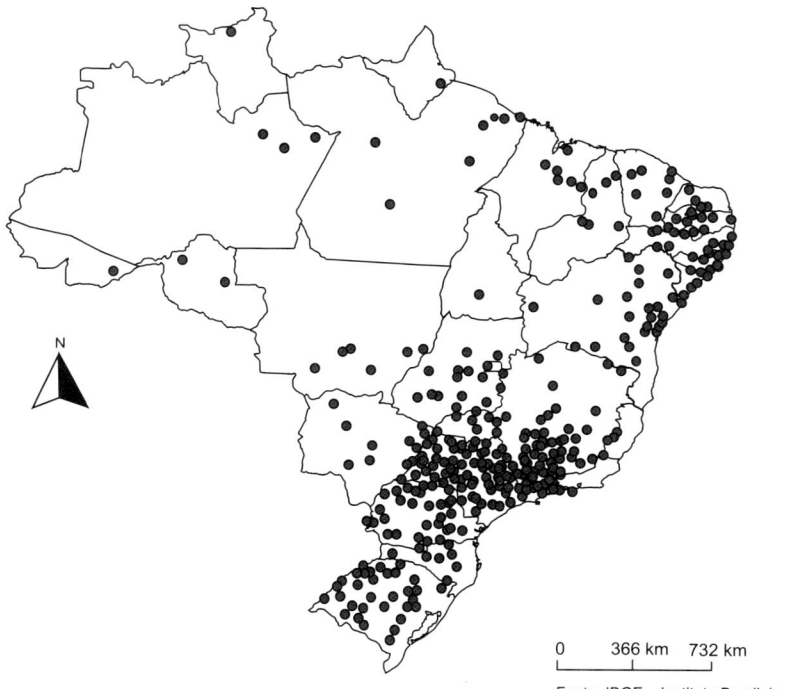

0   366 km   732 km

Fonte: IBGE – Instituto Brasileiro de
Geografia e Estatística.

CIDADES COM MAIS DE 20 MIL HABITANTES – 1991

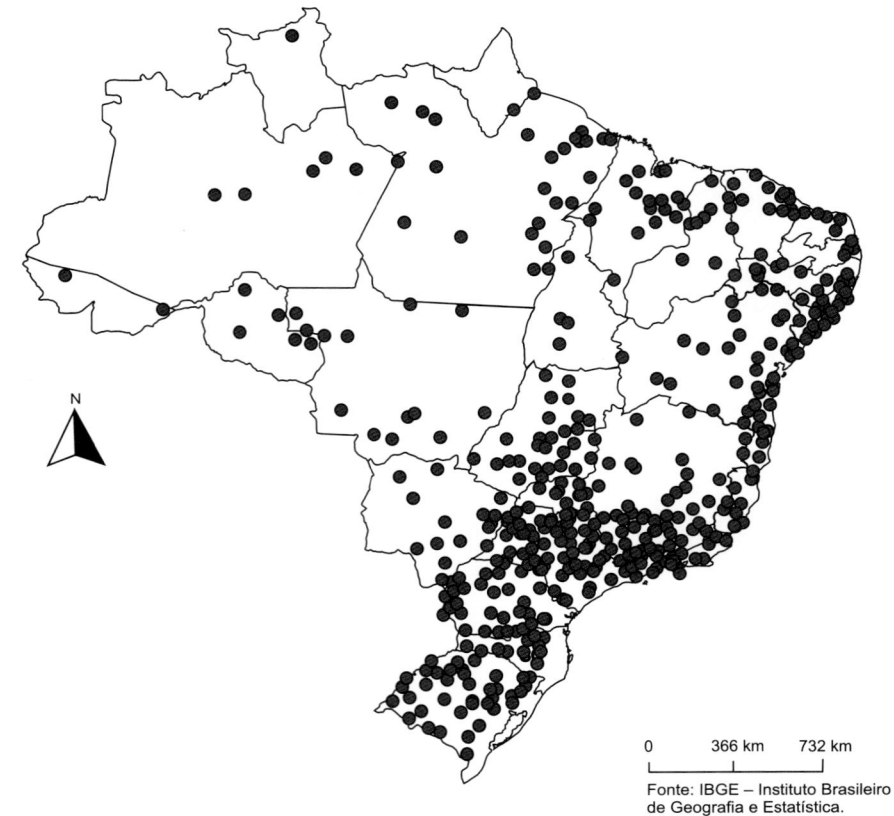

0　　366 km　　732 km

Fonte: IBGE – Instituto Brasileiro
de Geografia e Estatística.

CIDADES COM MAIS DE 20 MIL HABITANTES – 1996

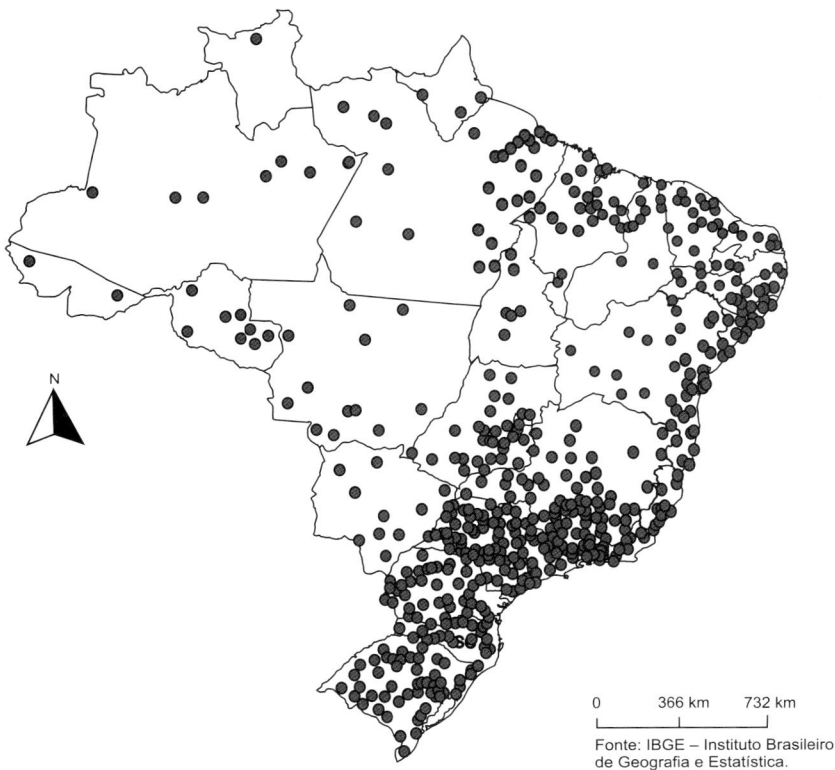

0   366 km   732 km

Fonte: IBGE – Instituto Brasileiro
de Geografia e Estatística.

CIDADES COM MAIS DE 100 MIL HABITANTES – 1940

0   366 km   732 km

Fonte: IBGE – Instituto Brasileiro
de Geografia e Estatística.

CIDADES COM MAIS DE 100 MIL HABITANTES – 1950

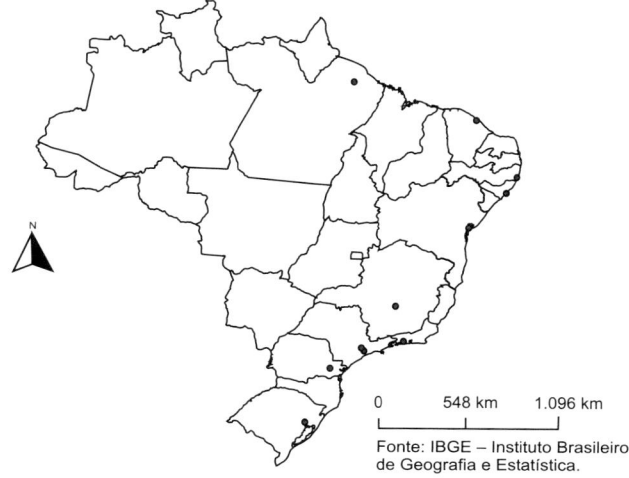

0   548 km   1.096 km

Fonte: IBGE – Instituto Brasileiro
de Geografia e Estatística.

CIDADES COM MAIS DE 100 MIL HABITANTES – 1960

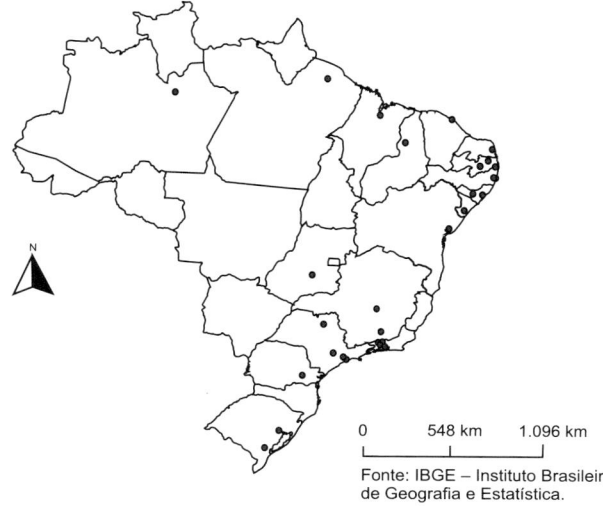

0   548 km   1.096 km

Fonte: IBGE – Instituto Brasileiro
de Geografia e Estatística.

CIDADES COM MAIS DE 100 MIL HABITANTES – 1970

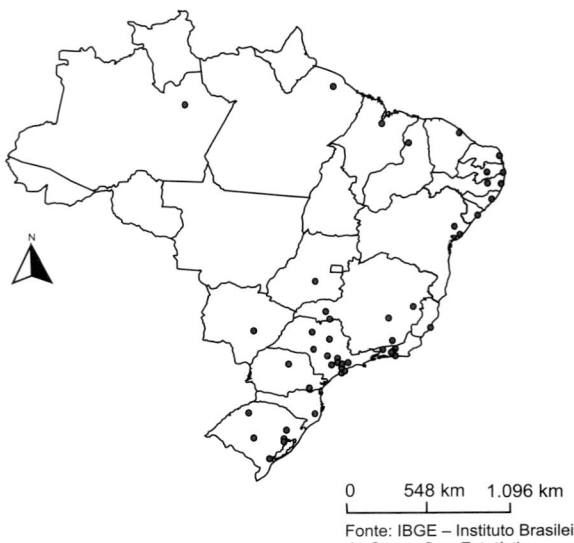

0   548 km   1.096 km

Fonte: IBGE – Instituto Brasileiro
de Geografia e Estatística.

CIDADES COM MAIS DE 100 MIL HABITANTES – 1980

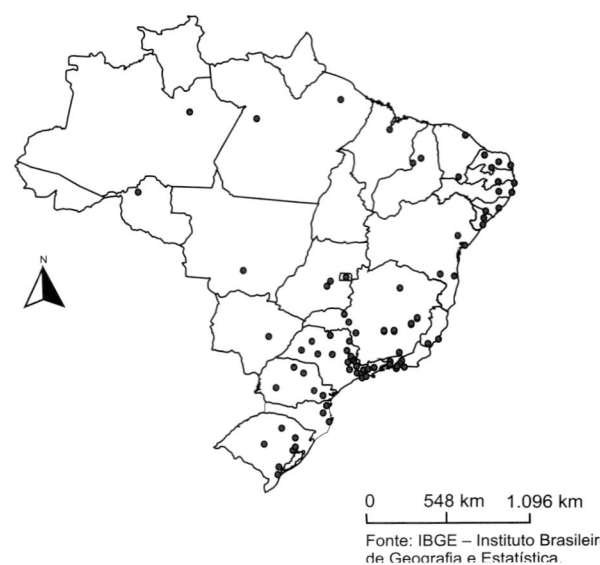

0   548 km   1.096 km

Fonte: IBGE – Instituto Brasileiro
de Geografia e Estatística.

CIDADES COM MAIS DE 100 MIL HABITANTES – 1991

0   531 km   1.062 km

Fonte: IBGE – Instituto Brasileiro
de Geografia e Estatística.

CIDADES COM MAIS DE 100 MIL HABITANTES – 1996

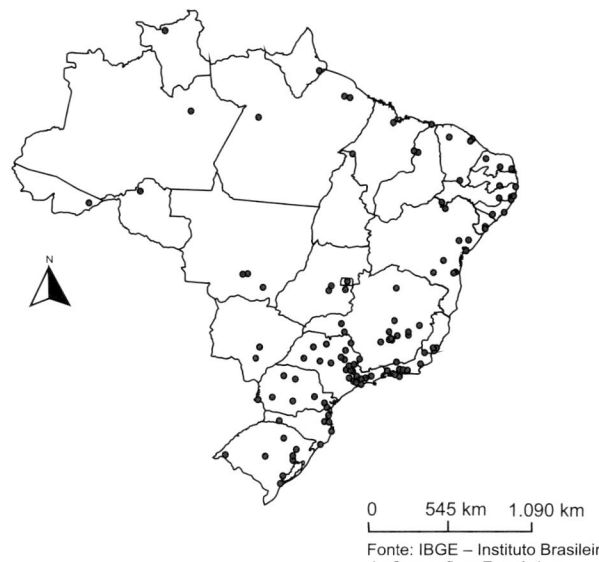

0   545 km   1.090 km

Fonte: IBGE – Instituto Brasileiro
de Geografia e Estatística.

DIFUSÃO DAS CIDADES COM MAIS DE 500 MIL HABITANTES – 1940

Rio de Janeiro
São Paulo

População
10.000.000
5.000.250
500.000
População

0   373 km   746 km
Fonte: Censo Demográfico de 1940.

DIFUSÃO DAS CIDADES COM MAIS DE 500 MIL HABITANTES – 1950

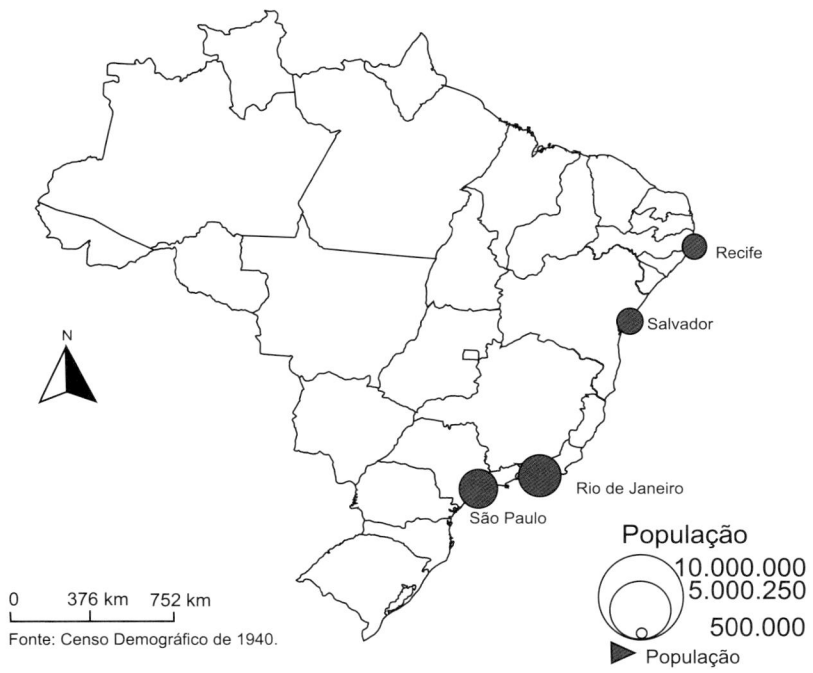

DIFUSÃO DAS CIDADES COM MAIS DE 500 MIL HABITANTES – 1960

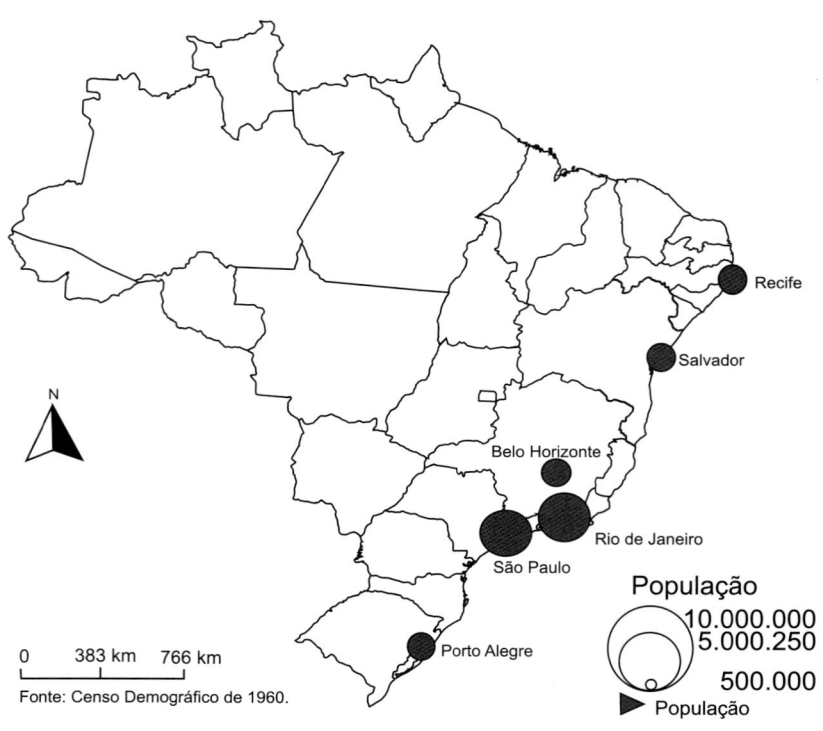

DIFUSÃO DAS CIDADES COM MAIS DE 500 MIL HABITANTES – 1970

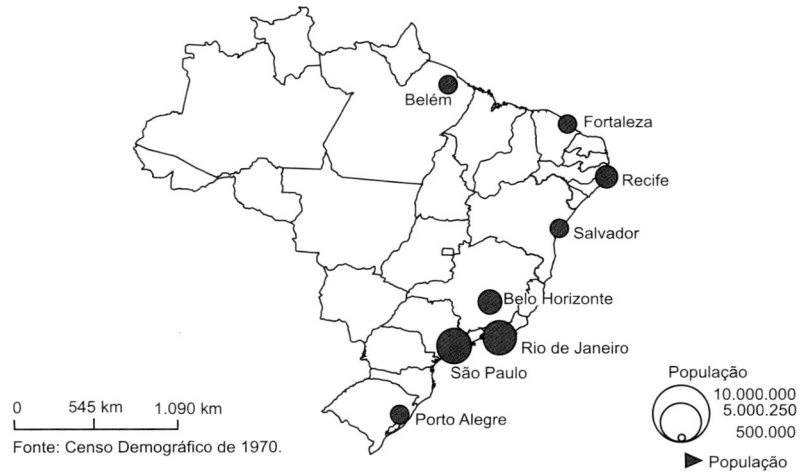

DIFUSÃO DAS CIDADES COM MAIS DE 500 MIL HABITANTES – 1980

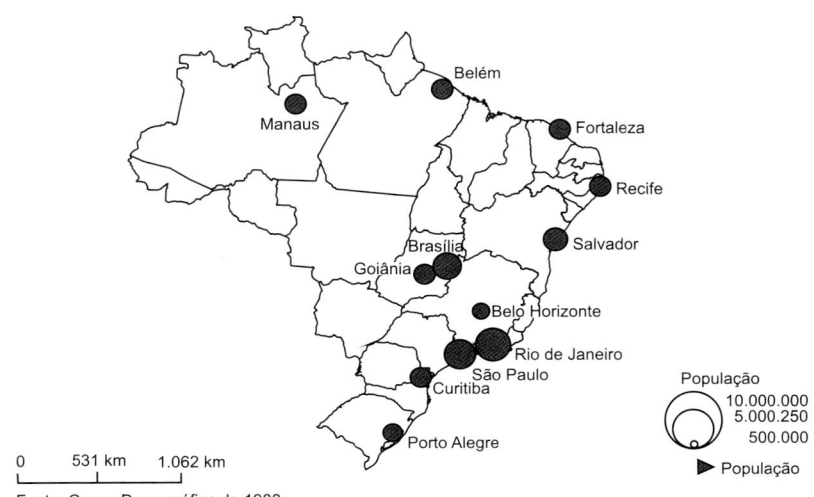

DIFUSÃO DAS CIDADES COM MAIS DE 500 MIL HABITANTES – 1991

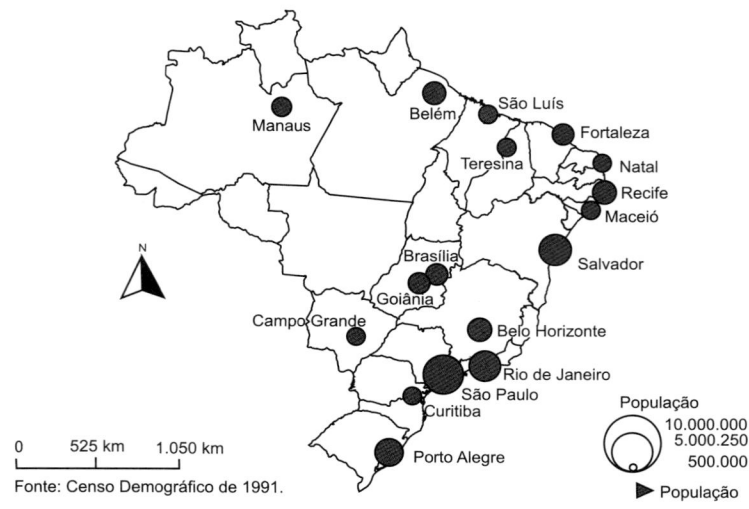

Fonte: Censo Demográfico de 1991.

DIFUSÃO DAS CIDADES COM MAIS DE 500 MIL HABITANTES – 1996

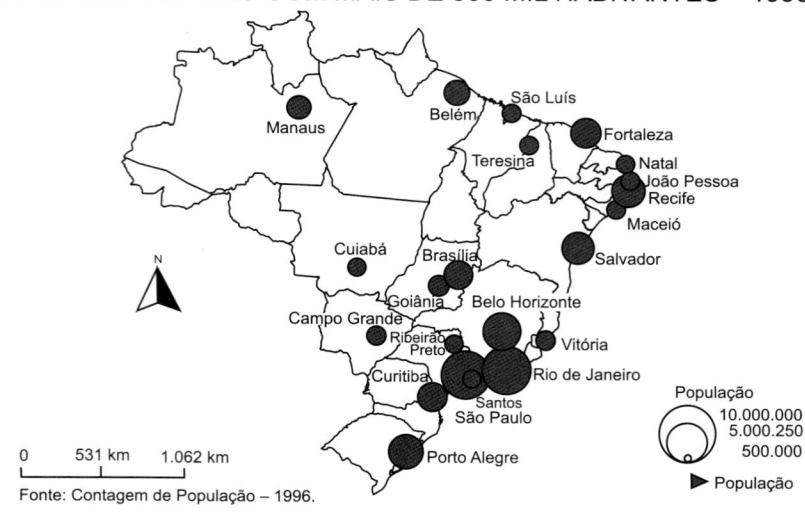

Fonte: Contagem de População – 1996.

DIFUSÃO DO FENÔMENO CIDADES MILIONÁRIAS – 1940, 1950 e 1960

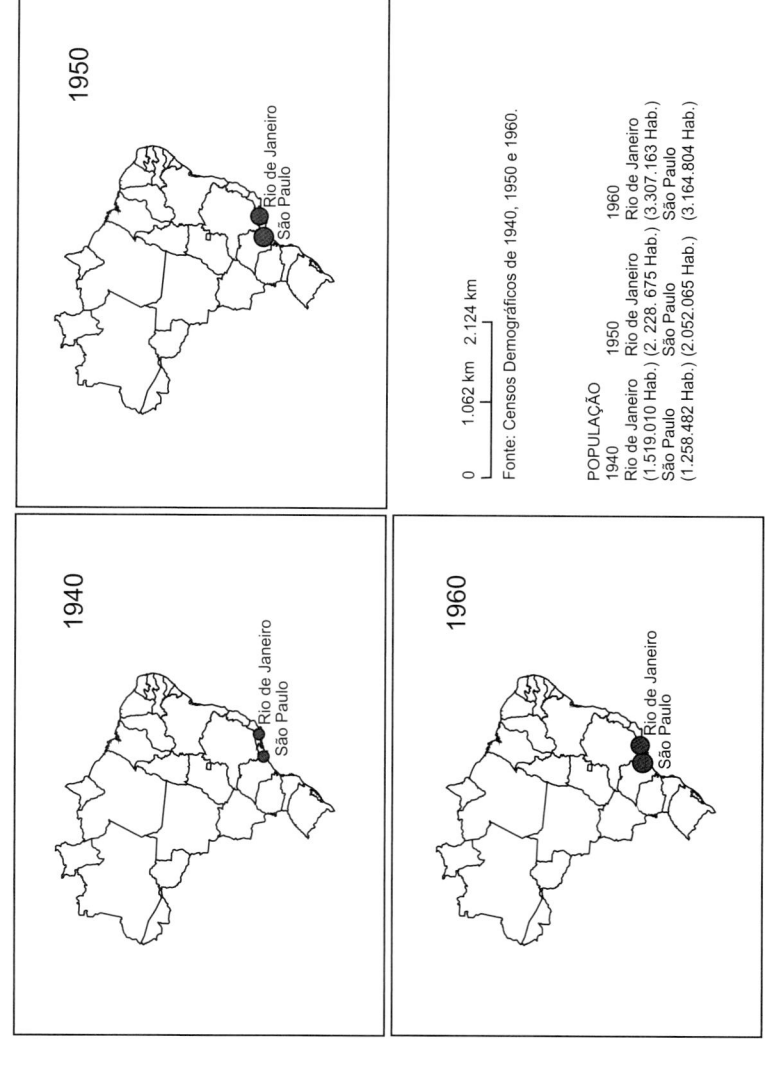

1940

1950

1960

0   1.062 km   2.124 km

Fonte: Censos Demográficos de 1940, 1950 e 1960.

POPULAÇÃO
1940
Rio de Janeiro
(1.519.010 Hab.)
São Paulo
(1.258.482 Hab.)

1950
Rio de Janeiro
(2. 228. 675 Hab.)
São Paulo
(2.052.065 Hab.)

1960
Rio de Janeiro
(3.307.163 Hab.)
São Paulo
(3.164.804 Hab.)

DIFUSÃO DO FENÔMENO CIDADES MILIONÁRIAS – 1970

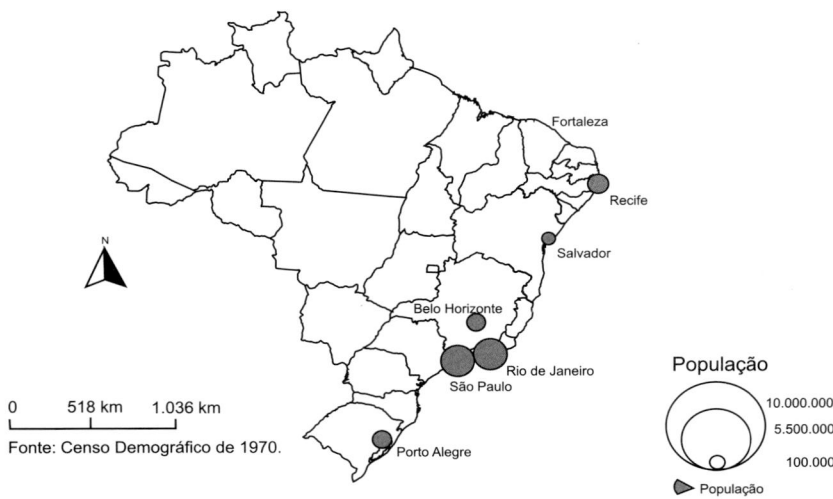

DIFUSÃO DO FENÔMENO CIDADES MILIONÁRIAS, INCLUSIVE REGIÕES METROPOLITANAS – 1980

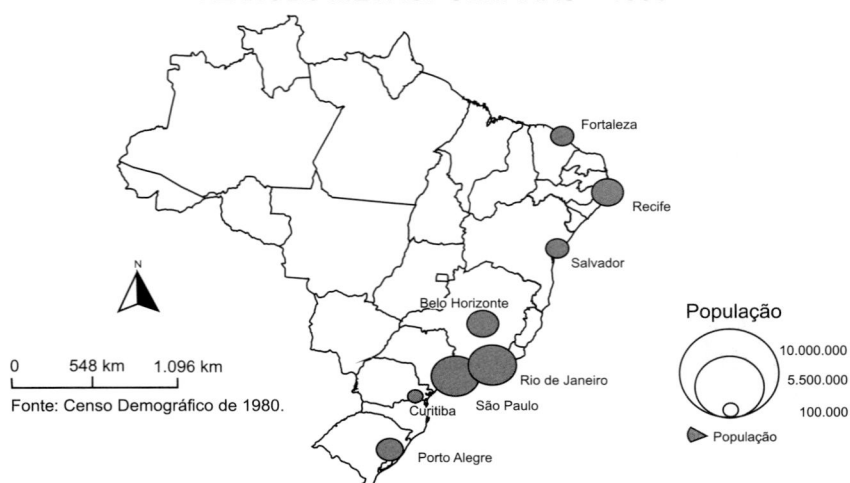

DIFUSÃO DO FENÔMENO CIDADES MILIONÁRIAS, INCLUSIVE REGIÕES METROPOLITANAS – 1991

DIFUSÃO DO FENÔMENO CIDADES MILIONÁRIAS, INCLUSIVE REGIÕES METROPOLITANAS – 1996

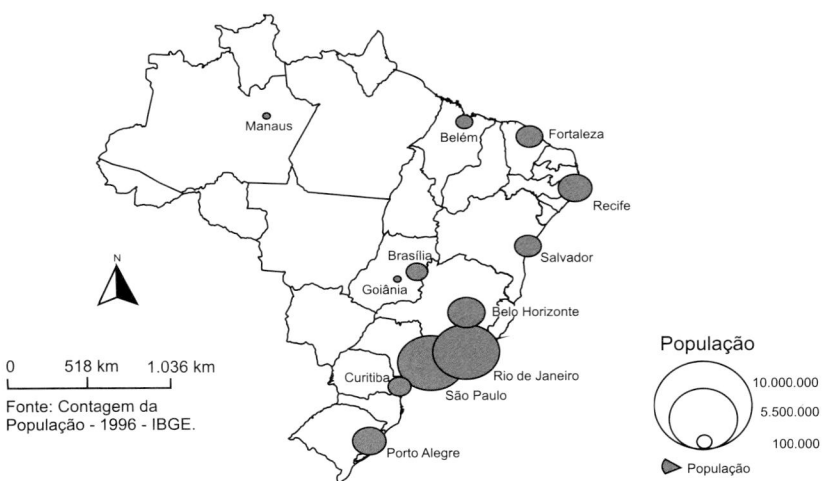

CONFLITOS DE TERRA NO BRASIL – 1997

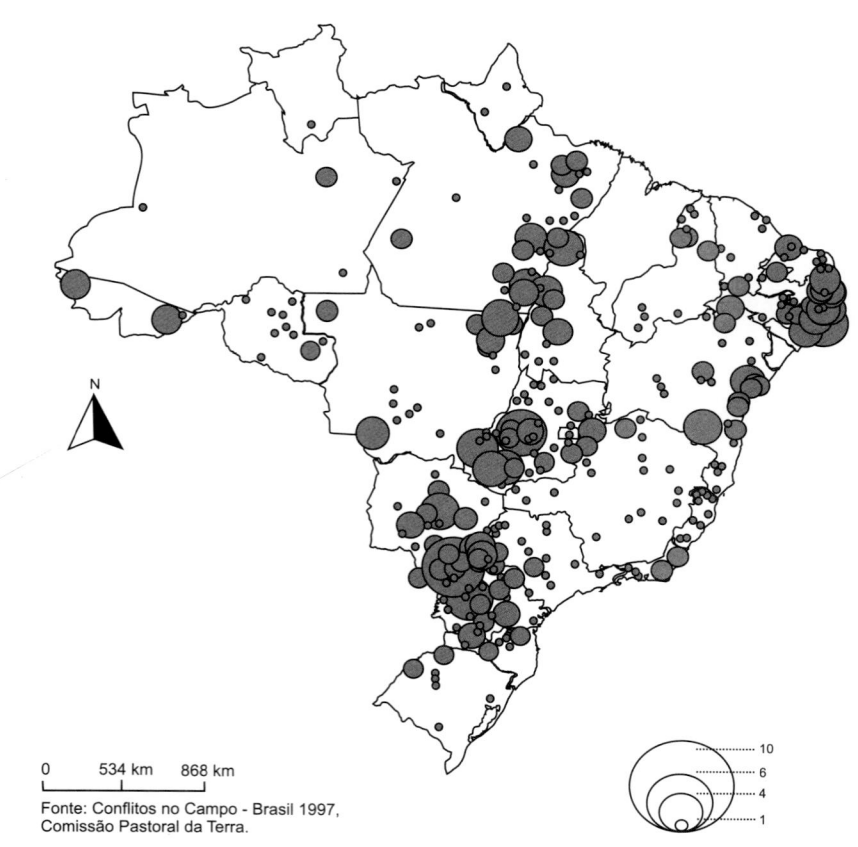

0   534 km   868 km

Fonte: Conflitos no Campo - Brasil 1997,
Comissão Pastoral da Terra.

10
6
4
1

DISTRIBUIÇÃO GEOGRÁFICA DAS INSTITUIÇÕES DE ENSINO SUPERIOR – 1996

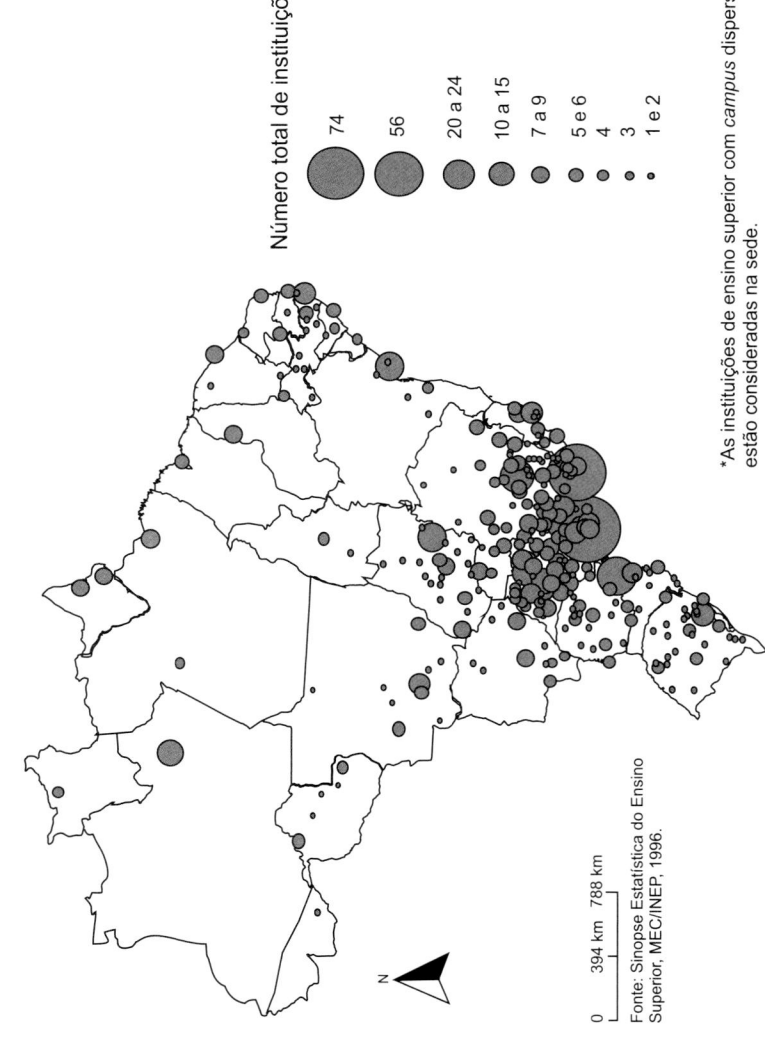

Número total de instituições.

74

56

20 a 24

10 a 15

7 a 9

5 e 6

4

3

1 e 2

*As instituições de ensino superior com *campus* dispersos estão consideradas na sede.

0   394 km   788 km

Fonte: Sinopse Estatística do Ensino Superior, MEC/INEP, 1996.

N

DISTRIBUIÇÃO GEOGRÁFICA DAS INSTITUIÇÕES PÚBLICAS DE ENSINO SUPERIOR – 1996

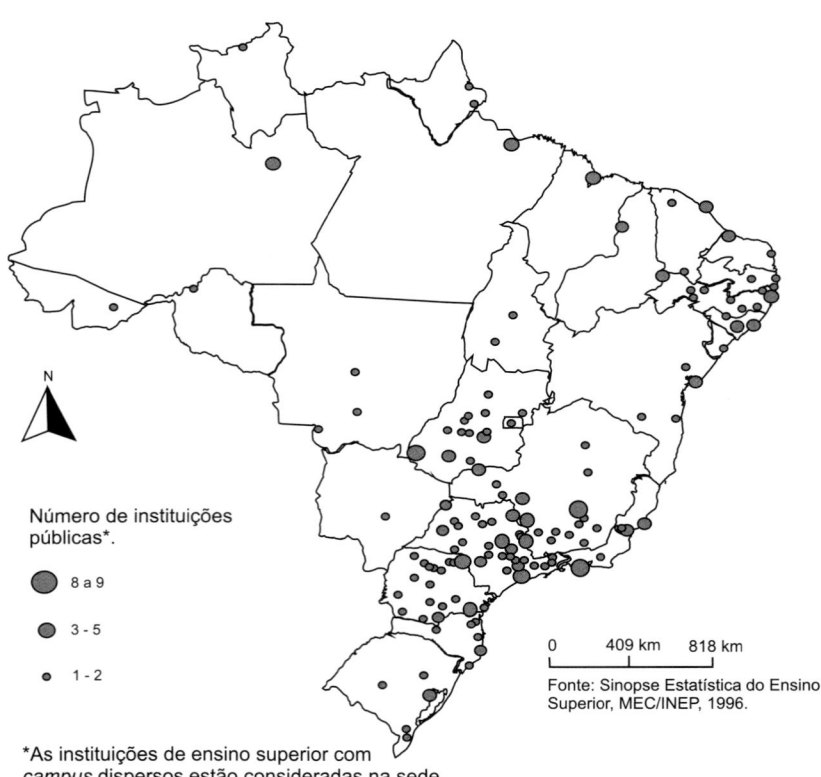

Número de instituições públicas*.

- 8 a 9
- 3 - 5
- 1 - 2

0   409 km   818 km

Fonte: Sinopse Estatística do Ensino Superior, MEC/INEP, 1996.

*As instituições de ensino superior com *campus* dispersos estão consideradas na sede.

DISTRIBUIÇÃO GEOGRÁFICA DAS INSTITUIÇÕES PARTICULARES DE ENSINO SUPERIOR – 1996

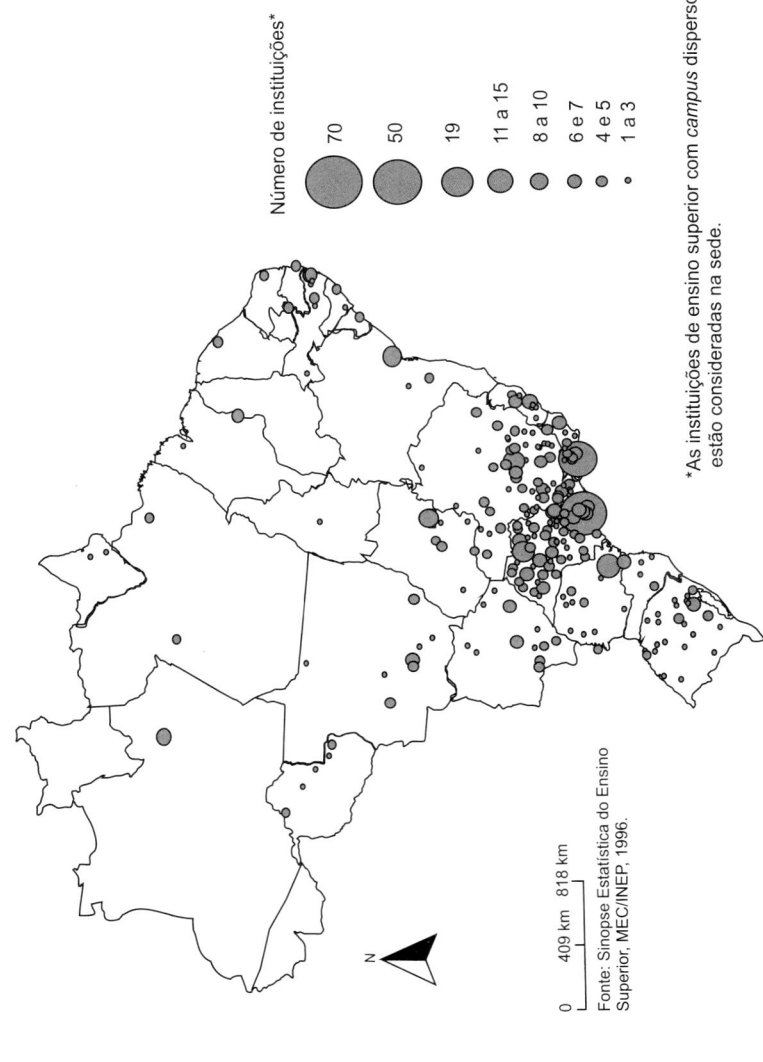

Número de instituições*

70
50
19
11 a 15
8 a 10
6 e 7
4 e 5
1 a 3

*As instituições de ensino superior com *campus* dispersos estão consideradas na sede.

N

0   409 km   818 km

Fonte: Sinopse Estatística do Ensino Superior, MEC/INEP, 1996.

LOCALIZAÇÃO DAS UNIVERSIDADES COMUNITÁRIAS – 1998

N

João Pessoa
Recife
Salvador
Goiânia
Campo Grande
Belo Horizonte
Bauru
Piracicaba
Petrópolis
Sorocaba
Curitiba
Rio de Janeiro

1 - Santos
2 - São Bernardo do Campo
3 - São Paulo
4 - São José dos Campos
5 - Campinas
6 - Bragança Paulista

Frechim
Ijuí
Passo Fundo
Cruz Alta
Caxias do Sul
Sta. Cruz Sul
São Leopoldo
Bejé
Porto Alegre
Pelotas

0   376 km   752 km

Fonte: Associação Brasileira das
Universidades Comunitárias
(ABRUC), agosto 1998.

● Duas universidades
• Uma universidade

DISTRIBUIÇÃO GEOGRÁFICA DOS CURSOS SUPERIORES – 1996

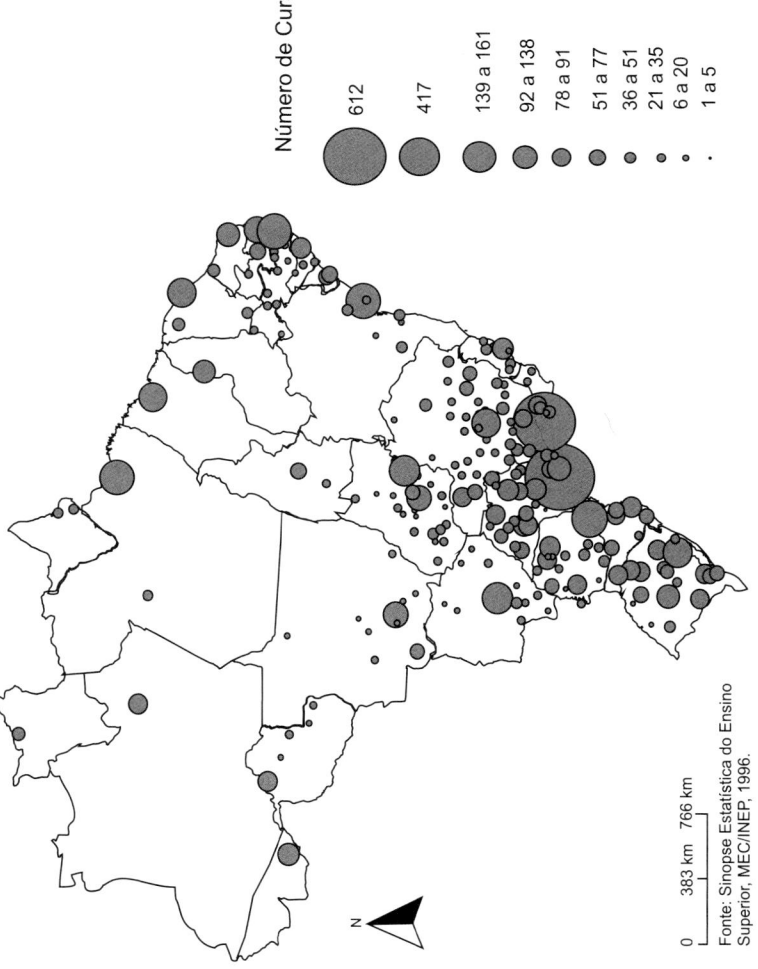

Número de Cursos

612
417
139 a 161
92 a 138
78 a 91
51 a 77
36 a 51
21 a 35
6 a 20
1 a 5

N

0   383 km   766 km

Fonte: Sinopse Estatística do Ensino
Superior, MEC/INEP, 1996.

MEIO TÉCNICO-CIENTÍFICO-INFORMACIONAL E AS REGIÕES DO BRASIL – 1999

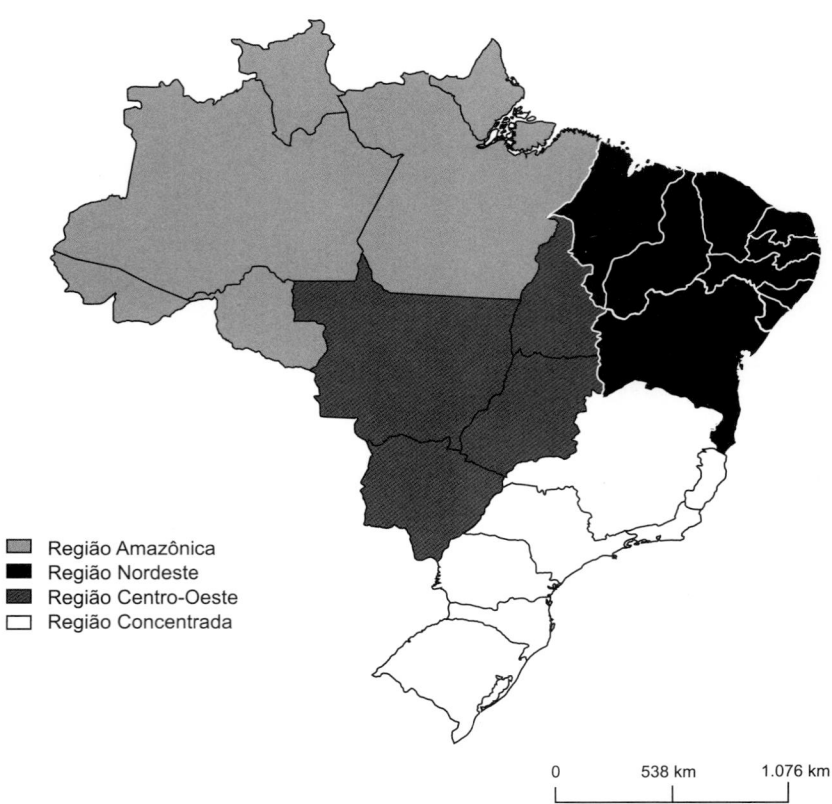

Região Amazônica
Região Nordeste
Região Centro-Oeste
Região Concentrada

0   538 km   1.076 km

Capítulo 10

A categoria de análise não é o território em si, mas o território utilizado

Como já temos mencionado repetidamente, o território, em si mesmo, não constitui uma categoria de análise ao considerarmos o espaço geográfico como tema das ciências sociais, isto é, como questão histórica. A categoria de análise é o território utilizado.

A partir desse ponto de vista, quando quisermos definir qualquer pedaço do território, deveremos levar em conta a interdependência e a inseparabilidade entre a materialidade, que inclui a natureza, e o seu uso, que inclui a ação humana, isto é, o trabalho e a política.

Dessa maneira, defrontamo-nos com o território vivo, vivendo. Nele, devemos considerar os fixos, isto é, o que é imóvel, e os fluxos, isto é, o que é móvel. Os fixos são, geralmente, constituintes da ordem pública ou social, enquanto os fluxos são formados por elementos públicos e privados, em proporções que variam segundo os países, na medida em que estes são mais ou menos abertos às teses privatistas.

O território revela também as ações passadas e presentes, mas já congeladas nos objetos, e as ações presentes constituídas em ações. No primeiro caso, os lugares são vistos como coisas, mas a combinação entre as ações presentes e as ações passadas, às quais as primeiras trazem vida, confere um sentido ao que preexiste. Tal encontro modifica a ação e o objeto sobre o qual ela se exerce, e por isso uma não pode ser entendida sem a outra.

As configurações territoriais são o conjunto dos sistemas naturais, herdados por uma determinada sociedade, e dos sistemas de engenharia, isto é, objetos técnicos e culturais historicamente estabelecidos. As configurações territoriais são apenas condições. Sua atualidade, isto é, sua significação real, advém das ações realizadas sobre elas.

É desse modo que se pode dizer que o espaço é sempre histórico. Sua historicidade deriva da conjunção entre as características da materialidade territorial e as características das ações.

Capítulo 11

O território brasileiro: do passado ao presente

1. Um país com grandes extensões

O Brasil dispõe de uma grande extensão territorial, e essa é uma de suas características mais marcantes.

Durante os primeiros quatro séculos, a área de domínio português, e depois brasileiro, foi se ampliando com a conquista dos sertões, a ultrapassagem da linha de Tordesilhas, a presença cada vez mais ampla na bacia amazônica, a remodelação das fronteiras na bacia do Prata e a conquista do Acre, o que estabeleceu os lineamentos definitivos do mapa do país. O século XX constitui, desse ponto de vista, um período de estabilidade.

É desse modo que hoje o Brasil dispõe de um território fisiograficamente diferenciado, com uma grande variedade de sistemas naturais sobre os quais a história foi se fazendo de um modo também diferenciado.

A conquista da terra por atividades econômicas modernas, por meio dos chamados ciclos da economia, mostra a escolha, em cada momento, de áreas diversas de implantação. De início é sobretudo o litoral que é ocupado, seguindo-se vagas de expansão, as diversas frentes pioneiras. Mas somente na segunda metade do século XX é que o território brasileiro pode ser considerado completamente apropriado, ainda que subsistam descontinuidades principalmente na região amazônica.

A presença humana e a presença econômica são matizadas segundo os diversos momentos de início da ocupação e conforme as respectivas densidades atuais. É assim que, a partir das heranças, isto é, das solicitações originais próprias a cada momento do passado, e da participação das diversas parcelas do país nas lógicas econômicas, demográficas e políticas contemporâneas, produz-se o verdadeiro mosaico de regiões que hoje constitui a formação socioterritorial brasileira.

Algumas áreas dispõem de um longo passado histórico, constituindo acumulações mais carregadas de história. Em outras, esse tecido é mais tênue. Em todos os casos, as rugosidades, isto é, as heranças, têm um papel importante, porque constituem condições para a implantação das novas variáveis.

2. O passado longo e sua herança

Durante pelo menos três séculos o povoamento do Brasil dá-se mediante uma contribuição relativamente pequena de recursos da técnica. As condições naturais eram quase diretamente solicitadas a fornecer respostas a uma ação humana que buscava refletir demandas locais e forâneas, utilizando-se das facilidades oferecidas pela própria natureza (relevo, vegetação, hidrografia, solos etc.) e criando, como função do tipo de produção reclamado, áreas de densidade ou de rarefação. Essa densidade humana, variável segundo os lugares, constituía, pois, o primeiro contraponto aos condicionamentos naturais.

Nessa longa fase que ocupa os três primeiros séculos, não se pode dizer, a rigor, que não existissem técnicas, já que toda forma de intermediação entre o homem e o meio constitui uma técnica. Todavia, não apenas no Brasil, mas também na escala mundial, eram escassos os instrumentos técnicos autônomos, na forma, por exemplo, de máquinas. As técnicas presentes eram tanto as do corpo, com os seus prolongamentos, como outras inventadas para melhor utilizar diretamente as virtualidades da natureza: as florestas, os solos, os ventos, a correnteza, as marés, obedecidos porém os seus caprichos.

Um novo período se inaugura com a expansão das técnicas das máquinas instaladas a partir da atividade canavieira. Essa fase durará em torno de um século e mais tarde incluirá, desde a metade do século XIX, a introdução das estradas de ferro, a navegação a vapor, os inícios de mecanização dos portos, paralelamente à difusão das novas formas de transmissão de notícias com o telégrafo.

3. A dinâmica de um país que se industrializa

O século XX conhece as tendências à afirmação de uma vocação industrial, que já se vinha revelando. Primeiro a indústria se difunde em estreita relação com o tamanho das populações concentradas. É assim que ela está presente em diversos estados, como Bahia, Pernambuco, Rio de Janeiro, São Paulo e Rio Grande do Sul. A questão dos transportes interiores seria um obstáculo à circulação das mercadorias e a estrutura agrária muito desigual iria constituir um empecilho ao desenvolvimento industrial em certas áreas. Desse modo, nas regiões onde é implantado um sistema de ferrovias e, depois, de estradas de rodagem, as indústrias ligadas ao consumo tendem a florescer, sobretudo onde a vida agrícola não é um obstáculo à distribuição da riqueza, e paralelamente a população urbana crescia de maneira mais rápida.

O eixo Rio–São Paulo desponta como uma área de acumulação da produção industrial, permitindo uma diversificação da atividade fabril, que beneficia igualmente os estados da região Sul. Esse eixo industrial, capaz de oferecer produtos mais variados e mais baratos, afirma-se em detrimento dos núcleos industriais dispersos.

São Paulo tende a ultrapassar o Rio de Janeiro graças, sobretudo, à maneira diferente como se organiza a sua zona de influência. Esta, nas proximidades do centro industrial que se expande, vai tornar-se um mercado próximo e próspero, de modo que a cidade e as regiões ao seu redor se influenciam reciprocamente, crescendo em dinamismo.

O Rio de Janeiro, capital da República, grande porto, cidade de funcionários, comerciantes e serviços, onde a população já era considerável desde o século anterior, sustenta uma produção industrial importante, mas cuja base de apoio era exatamente essa população. No entanto, a hinterlândia fluminense era pobre e não produziria os mesmos efeitos multiplicadores que a da região de São Paulo.

A população urbana em crescimento e a evolução vertiginosa da cidade de São Paulo constituem também uma das bases do crescimento industrial, mas o que vai conferir força à atividade são as relações que as fábricas estabelecem umas com as outras, formando, desse modo, um denso tecido industrial do qual se vão valer as atividades comerciais, de serviços, de transporte, do governo e as próprias indústrias presentes ali e em outros pontos do Brasil, inclusive, em muitos casos, o próprio Rio de Janeiro.

É sobretudo das regiões Sul e Sudeste que vem o essencial do intercâmbio, já que a dificuldade de transporte e os entraves das normas alfandegárias reduziam a possibilidade de um comércio interestadual mais extenso.

Essa é a razão pela qual, havendo maior mobilidade no que atualmente chamamos de Região Concentrada, é nesta que se realiza, de modo relativamente limitado, uma integração econômica que tem dificuldade para se difundir pelo resto do território. É esse também o embrião da polarização que, nos períodos seguintes, vai conferir uma primazia à região Sudeste e assegurar a São Paulo um papel inconteste de metrópole econômica do país.

4. A dinâmica de um país unitário

A Segunda Guerra Mundial mostrou o isolamento relativo, ou absoluto, de muitas regiões e lugares do país e despertou os responsáveis para a necessidade de encontrar remédio para essa situação. Planos nacionais foram estabelecidos para permitir ligações ferroviárias e rodoviárias entre as diversas porções do país, assim como se decidiu privilegiar o desenvolvimento das telecomunicações. A complementação do sistema de transportes e a melhoria das comunicações constituíam a condição material para unificar o território. A existência de um Projeto Nacional mediante a instalação de uma política de desenvolvimento (Octávio Ianni, 1979) e, mais tarde, a construção de Brasília com suas interligações com o restante do território, juntamente com o Plano de Metas e as legislações destinadas a suprimir entraves ao intercâmbio entre estados, tiveram um papel importante na criação de uma certa unidade nacional, devida à superposição entre unificação do território e unificação do mercado. O papel da mídia tornada nacional e da propaganda comercial e política é também relevante, e o próprio estabelecimento de um clima de confiança dos brasileiros em seu próprio país tem um papel significativo, ao lado da ampliação concomitante do consumo e do mercado interno.

Nessa fase, as heranças dos períodos anteriores marcam, de alguma forma, sobretudo nas áreas de povoamento mais antigo, os traços principais da evolução. Por exemplo, a existência anterior da Região Concentrada pesa fortemente sobre a vida nacional, na medida em que as enormes diferenças regionais são agravadas, reforçando o seu papel polarizador.

5. A superposição da dinâmica globalizadora

É sobre esse pano de fundo que se vão operar as transformações mais recentes, marcadas pela influência do processo de globalização. O período anterior pode também ser considerado um momento de transição para uma nova fase, constituindo de certa forma uma espécie de lançamento das bases sobre as quais os novos processos se iriam realizar.

A dinâmica globalizante não apaga restos do passado, mas modifica seu significado e acrescenta, ao já existente, novos objetos e novas ações características do novo tempo. Agravam-se diferenças e disparidades, devidas, em parte, aos novos dinamismos e a outras formas de comando e dominação. Onde carregava a indústria esse papel motor, agora é a informação que ganha tal poder. Aprofundam-se assim, com novos fundamentos históricos, as tendências estruturais que fizeram da Região Concentrada o verdadeiro polo da vida econômica nacional.

No entanto, é também verdadeiro o fato de notar-se nesse período, isto é, a partir dos anos 1970 e sobretudo a contar dos anos 1980, uma difusão da nova modernidade, com uma dispersão no território de indústrias dinâmicas, de uma agricultura moderna e do respectivo setor de serviços. Essa divisão do trabalho mais estendida no território consagra, pois, certo centrifuguismo. A essa tendência junta-se, porém, a necessidade de uma cooperação também territorialmente espalhada, mas que reclama informação especializada, localizada na Região Concentrada, em especial no Sudeste e mormente em São Paulo. Ao centrifuguismo das atividades produtoras soma-se um centripetismo que beneficia a metrópole paulistana.

Essa não é a única contradição aparente. Com a globalização são instalados numerosos nexos extravertidos, na medida em que, havendo a política econômica deixado de privilegiar o mercado interno, a necessidade de exportar conduz a uma lógica competitiva que vai privilegiar relações externas comandadas pelas empresas globais responsáveis pela demanda.

Na medida em que, com o mercado chamado global, cada empresa busca satisfazer-se nos lugares onde as respostas aos seus reclamos é mais adequada, tal demanda é errática e o território passa a ter, nas áreas atingidas por esse tipo de relações, uma dinâmica praticamente imprevisível no próprio lugar onde se exerce e que é também alienada, já que não precisa ter correspondência com os interesses da sociedade local ou nacional. Novas formas de compartimentação do território ganham relevo e são capazes de impor distorções ao seu comportamento: são as novas caras da fragmentação territorial.

A criação de um território unificado foi, numa primeira fase, acompanhada de um reforço das lógicas do interesse nacional, enquanto agora a unificação do território constitui um suporte para, exatamente, o contrário, isto é, extraversão e fragmentação.

6. Lógicas globais e reorganização do território

A história europeia dos atuais países subdesenvolvidos mostra a sua participação numa divisão do trabalho comandada, de um lado, pela pressão das respectivas relações internacionais (colonização, dependência comercial etc.) e, de outro, pelas facilidades oferecidas pelo território, pelo povoamento e pelas combinações políticas à entrada desse ou daquele produto.

A produção realizada em cada país ou, em outras palavras, a participação deste na divisão internacional do trabalho respondia, pois, a uma equação na qual o processo de internacionalização era limitado em função de relações privilegiadas entre estados. Desse modo a instância política obtinha certa ascendência sobre a instância econômica. Esta, em última razão, era regulada pela política, tanto a política interna de cada país como a respectiva política internacional. Com a globalização, a divisão internacional do trabalho ganha novos dinamismos, sobretudo nos países subdesenvolvidos. A lógica das grandes empresas, internacionais ou nacionais, constitui um dado da produção da política interna e da política internacional de cada país.

Na situação anterior, as localizações eram ditadas pela presença de recursos naturais, ou infraestruturais, ou sociopolíticos, quando estes apareciam como vantagens comparativas, mas em todos os casos as normas estabelecidas pelos estados, relativamente a tarifas, impostos, financiamentos, créditos, salários etc., acabavam tendo um papel de regulação ao qual as empresas interessadas deviam adaptar-se. Isso não quer dizer que as empresas poderosas abdicassem da prática de tentar convencer os governos, sugerindo políticas. Sua existência e seu desenvolvimento dependiam, de fato, dessas políticas que os respectivos estados adotavam ou não, segundo o projeto de desenvolvimento escolhido.

Com a globalização, confunde-se a lógica do chamado mercado global com a lógica individual das empresas candidatas a permanecer ou a se instalar num dado país, o que exige a adoção de um conjunto de medidas que acabam assumindo um papel de condução geral da política econômica e social. O argumento, fundado no chamado "pensamento único", inclui um receituário de soluções, sem as quais — diz-se — um determinado país se torna incapaz de participar do processo de globalização. Em nome da inserção desse país na nova modernidade e no mercado global são estabelecidas regras que acabam por constituir um conjunto irrecusável de prescrições. Isso equivale, para cada país, a uma abdicação da possibilidade de efetuar uma verdadeira política nacional, tanto econômica quanto social.

O discurso do mercado global faz pensar que essa entidade dita universal atua quase automaticamente sobre o mundo, isto é, sobre todos os países.

Na prática, a ação efetiva dá-se por intermédio de empresas, diferentes segundo os países, cada qual trabalhando exclusivamente em função dos seus próprios interesses individuais e buscando adaptar a esses interesses as práticas correntes em cada nação. No entanto, o que se chama de lógica global na verdade não existe empiricamente senão por um conjunto de ideias aplicadas a todos os países, independentemente do que cada um deles na verdade é. Isso tem como ponto de partida certa ideologia do crescimento. O fundamento intelectual das realizações de ordem prática é, por conseguinte, ideológico, ainda que apresentando resultados práticos (M. Santos, 2000).

Os atores desse enredo atribuído ao "mundo" são, na realidade, as empresas que dispõem de força suficiente para induzir os estados a adotarem comportamentos que respondam aos seus interesses privatistas, ainda que isso se dê a partir da ideia mais geral de globalização, tal como hoje ela é oficialmente entendida e aceita.

Como em cada país é diversa a lista de empresas que ali se desenvolvem ou vêm se instalar, os resultados obtidos são igualmente diversos. Cada uma dessas empresas é levada a ter uma lógica internacional fundada nas regras de competitividade derivadas do respectivo produto. É também a partir de tais regras que essas empresas buscam, em cada território nacional, a localização que melhor lhes convêm. Essa localização pode já estar "pronta", se todas as condições requeridas ali se encontram presentes, ou pode ser preparada, acrescentando-se a lugares escolhidos os requisitos exigidos para que a operação empresarial seja rentável. É assim que se devem ler as atuais localizações de empresas, tanto no plano nacional quanto no plano global, pois tais firmas não hesitam em trocar de sítio quando aquele em que se encontram deixa de oferecer vantagens para o exercício de sua própria competitividade.

7. O espaço nacional da economia internacional

O caso brasileiro ilustra perfeitamente a ideia segundo a qual, com a presente globalização, o território de um país pode tornar-se um espaço nacional da economia internacional (M. Santos, 1996). Michel Chossudowsky (1997,

p. 77), a respeito do que chamam desterritorialização, nos fala de espaços econômicos abertos. Apesar das sugestões pós-modernas, a que tantos especialistas se rendem, o território continua sendo uma realidade atuante (M. Santos e M. L. Silveira, 1997), ainda que o Estado nacional, igualmente sobrevivente, tenha mudado de figura e de definição segundo os países. A economia de todos os países conhece um processo mais vasto e profundo de internacionalização, mas este tem como base um espaço que é nacional e cuja regulação continua sendo nacional, ainda que guiada em função dos interesses de empresas globais. Essa é a razão pela qual se pode falar legitimamente de espaço nacional da economia internacional.

Segundo os países, é diverso o número e a importância de tais empresas globais, cuja data de chegada e cujo ritmo de expansão também variam de uma nação para outra. Variam também os setores e ramos presentes. Isso está ligado ao grau de maturidade de cada economia e ao grau de inserção de cada país na nova divisão internacional do trabalho.

Dentro do território, podemos admitir a existência de áreas em que se pode falar de uma globalização "absoluta" e de outras em que essa globalização é apenas "relativizada". As primeiras são áreas de presença mais plena da globalização. Nelas há concentração, com pequena contrapartida, de vetores da modernidade atual, o que leva à possibilidade de ação conjunta de atores "globais" ou "globalizados". Nessas áreas, a tendência é que a produção, a circulação, a distribuição e a informação sejam corporativas, isto é, que a respectiva demanda principal seja de tais empresas.

Nessas áreas de presença mais plena da globalização há uma espécie de rendilhado mais denso de vetores ótimos da globalização, isto é, conduzidos por atores predispostos a uma lógica e a um movimento que dão primazia aos processos técnicos e políticos derivados. São, em última análise, vetores do dinheiro puro, subservientes aos seus desígnios: cadeias produtivas modernas, produtos exportáveis, atividades especulativas etc. Nas áreas de menor presença da globalização, essas características desaparecem ou se reduzem segundo toda uma gama de extensão e intensidade.

Com efeito, a economia globalizada reclama condições territoriais indispensáveis para a sua produção e regulação. Esses espaços globalizados tanto são espaços agrícolas como industriais e de serviços, e caracterizam-se pela sua inserção numa cadeia produtiva global, pelas relações distantes e, frequentemente, estrangeiras que criam e também pela sua lógica extravertida. Mas o território não é "global", ele não é completamente globalizado. No entanto, e seja como for, o comportamento dos agentes e dos lugares que não são globalizados é, direta ou indiretamente, influenciado e, em muitos casos, subordinado, acarretando com isso efeitos não desejados e não previsíveis. Produz-se um efeito de entropia das empresas globais e das grandes empresas sobre as nações e os lugares, na medida em que, para melhor funcionarem, tais empresas criam ordem para si mesmas e desordem para o resto. De modo geral, e como resultado da globalização da economia, o espaço nacional é organizado para servir às grandes empresas hegemônicas e paga por isso um preço, tornando-se fragmentado, incoerente, anárquico para todos os demais atores.

No momento atual da globalização, e com o avanço do processo de fusões, as lógicas ditas globais ampliam e aprofundam sua força. Quando examinamos o processo de adoção dessas lógicas planetárias, o chamado imperativo de exportação é outro dado a ser levado em conta na medida em que acelera a necessidade de adoção dos modelos da economia global.

É também possível algumas empresas estrangeiras participarem de lógicas nacionais, quando se beneficiam dessa participação no mercado interno. Mas as diferenças entre empresas nacionais e estrangeiras paralelamente se reduz, desse ponto de vista, quando grandes empresas nacionais se tornam também multinacionais, sendo levadas a adotar lógicas globais dentro e fora do território brasileiro.

Capítulo 12

As diferenciações no território

1. Novas desigualdades territoriais

A noção de desigualdade territorial persiste nas condições atuais. Todavia, produzir uma tipologia de tais diferenciações é, hoje, muito mais difícil do que nos períodos históricos precedentes. As desigualdades territoriais do presente têm como fundamento um número de variáveis bem mais vasto, cuja combinação produz uma enorme gama de situações de difícil classificação.

Haveria que considerar desde as características naturais herdadas até as modalidades de modificação da materialidade no meio geográfico, até as diferenças de densidade já mencionadas, a diversidade das heranças e das formas de impacto do presente, antes de se propor um esquema abrangente.

Vale a pena, talvez, saber que uma simples listagem morfológica acaba por não ter maior interesse se ela exclui a compreensão do dinamismo de cada parcela e de sua relação com o dinamismo mais geral do território como um todo. Buscaremos, desse modo, a seguir, examinar algumas situações características, como as zonas de densidade e de rarefação, a fluidez e a viscosidade do território, os espaços da rapidez e da lentidão, os espaços luminosos e os espaços opacos, antes de propormos a discussão dos espaços que mandam e daqueles que obedecem e de analisar as novas lógicas centro-periferia.

2. Zonas de densidade e de rarefação

O território brasileiro inclui zonas de densidade e zonas de rarefação, em toda uma gama. A cartografia tradicional enfatizava a densidade demográfica, isto é, a densidade dos homens, ainda que esse cálculo aritmético pudesse esconder a importância das nucleações e, segundo as escalas adotadas, as diferenças entre subáreas. Na realidade, o exame do território permite referir seja as densidades das coisas naturais (por exemplo, florestas, vegetação, forma de relevo etc.) e das coisas artificiais seja as próteses acrescentadas à natureza.

O território mostra diferenças de densidades quanto às coisas, aos objetos, aos homens, ao movimento das coisas, dos homens, das informações, do dinheiro e também quanto às ações.

Tais densidades, vistas como números, não são mais do que indicadores. Elas revelam e escondem, ao mesmo tempo, uma situação e uma história. Na realidade, trata-se de um verdadeiro palimpsesto, objeto de superposições contínuas ou descontínuas, abrangentes ou localizadas, representativas de épocas, cujos traços tanto podem mostrar-se na atualidade como haver sido já substituídos por novas adições.

As densidades que se dão fisicamente aos nossos olhos encobrem processos evolutivos que as explicam melhor do que as cifras com as quais são representadas.

Cabe pois, legitimamente, perguntar: que é ser denso? Qual o significado atual da densidade e da rarefação? A resposta deve ser buscada tanto de um ponto de vista histórico quanto sob a ótica do presente, ou ainda levando-se em conta as possibilidades do futuro.

Pode-se falar em densidade urbana, medida pela população urbana, pelo número de cidades, pelo perfil urbano; em densidade rural, definida pela população rural ou agrícola; em densidade produtiva, calculada em função da superfície, da população total, da população ativa, da população adulta etc.; em densidade do emprego, visto globalmente ou considerado cada setor ou subsetor de atividade; em densidade do consumo, a ser medida em vista da população geral ou da sua densidade. O mesmo cálculo pode ser aplicado às densidades das vias e do movimento, podendo ambas ser consideradas em função da superfície ou da população.

É igualmente possível, para o território como um todo ou para cada uma das suas divisões, calcular densidades técnicas, informacionais, normativas, comunicacionais etc. Nesse caso, encontraremos no território maior ou menor presença de próteses, maior ou menor disponibilidade de informações, maior ou menor uso de tais informações, maior ou menor densidade de leis, normas e regras regulando a vida coletiva e, também, maior ou menor interação intersubjetiva.

3. Fluidez e viscosidade

Uma das características do presente período histórico é, em toda parte, a necessidade de criar condições para maior circulação dos homens, dos produtos, das mercadorias, do dinheiro, da informação, das ordens etc. Os países distinguem-se, aliás, em função das possibilidades abertas a essa fluidez. Por isso um dos capítulos mais comuns a todos eles é a produção do seu equipamento, isto é, da criação ou aperfeiçoamento dos sistemas de engenharia que facilitam o movimento. Na medida em que esse movimento, dentro de cada país, possa interessar à divisão do trabalho internacional ou continental, o equipamento viário e infoviário passa também a ser do interesse de outros países. Essa é a razão pela qual, por exemplo, a Alemanha Ocidental investiu pesadamente na modernização das infraestruturas da Alemanha Oriental e a Comunidade Europeia fez o mesmo em relação a países como a Espanha e Portugal. No caso brasileiro, além da participação, por via de empréstimos e créditos, de organismos financeiros internacionais, é o próprio Estado que investe para dotar certas partes do país das condições de circulação indicadas como indispensáveis para a chamada "abertura" ao comércio externo.

Nos países de maior extensão territorial e que também são países com grandes disparidades regionais e de renda, o processo de criação de fluidez é seletivo e não igualitário. As regiões onde se situam produções destinadas à exportação e ao comércio distante têm prioridade nesse equipamento, criando-

-se no território áreas com maior densidade viária e infoviária a serviço de um dos aspectos da economia nacional. A densidade viária e infoviária não tem, pois, relação direta com o tamanho e a densidade da população, nem com a antiguidade do povoamento, nem com as urgências das sociedades locais, mas com os nexos econômicos, sobretudo os da economia internacional.

Pode-se distinguir entre uma fluidez virtual e uma fluidez efetiva do território. A fluidez virtual será medida em função da presença dos respectivos sistemas de engenharia. No entanto, o número e a densidade das vias podem não ser correspondidos pela frequência e densidade do seu uso. A presença dos meios produz a fluidez virtual, enquanto a fluidez efetiva é dada pelo uso efetivo dessas vias. No Brasil, a região Nordeste foi durante muito tempo um subespaço dotado de uma razoável rede rodoviária criada para minorar as consequências das secas, enquanto o uso dessa rede era limitado a certos momentos (por exemplo, as secas) e a certas funções. Um espaço pode ser denso quanto às vias, mas não fluido.

Uma simples análise estatística contentar-se-á com o enunciado dos respectivos números, isto é, dos totais que circulam. O entendimento do fenômeno, porém, exige considerar de um lado a presença de veículos, a representatividade de veículos privados e públicos e, relativamente a estes, os seus horários e tarifas; e, de outro, a amplitude e a profundidade da divisão do trabalho interna e externa à região considerada, a densidade da população, a história do povoamento, a distribuição social e geográfica das pessoas etc.

Levando-se em conta subespaços onde há uma grande circulação e outros onde esse fenômeno é menos representativo, podemos falar de espaços da fluidez e espaços viscosos (M. L. Silveira, 1996, 1999b), mas essas denominações não são autoexplicativas, exigindo compreender o conjunto de fatores subjacentes.

4. Espaços da rapidez e da lentidão

Podemos também falar de espaços da rapidez e de espaços da lentidão e de situações intermediárias, mas ainda aqui é arriscado tomar tais adjetivos como dado absoluto, autorizando simples comparações matemáticas.

Em princípio, os espaços da rapidez são, do ponto de vista material, os dotados de maior número de vias (e de vias com boa qualidade), de mais veículos privados (e de veículos mais modernos e velozes), de mais transportes públicos (com horários mais frequentes, convenientes e precisos e também mais baratos). Do ponto de vista social, os espaços da rapidez serão aqueles onde é maior a vida de relações, fruto da sua atividade econômica ou sociocultural, ou então zonas de passagem, respondendo a necessidades de uma circulação mais longínqua. Os espaços da rapidez e os da lentidão se distinguem também em função da importância da divisão do trabalho, sobretudo quando ela é interna à região, e também da variedade e da densidade dos consumos.

Pode-se assimilar a ideia de espaço da rapidez e zonas de densidade à de espaços da lentidão e zonas da rarefação? Cremos que não.

A ideia de espaços da rapidez e espaços da lentidão também pode ser cotejada com a noção de espaços do mandar e do fazer e de espaços do mandar e do obedecer, admitindo-se que o fazer sem mandar e o obedecer podem produzir a necessidade da existência de vias sem, obrigatoriamente, ostentar a mesma presença que nos espaços do mandar.

Os espaços do mandar são ordenadores da produção, do movimento e do pensamento em relação ao território como um todo. Este último, o pensamento, dá-se por meio de todas as modalidades de informação subjacentes à produção moderna. É a partir do nexo informacional que se instala o nexo circulacional, criando-se o movimento, inclusive o do próprio turismo, cujos polos receptores são mais difusos e podem ser menos poderosos que os polos emissores. Na mesma ordem de ideias, a produção que dinamiza certas áreas tem seu motor primário ou secundário em outros pontos do território nacional ou mesmo do estrangeiro.

Seja como for, a questão que se apresenta é saber para que serve ser "rápido" ou "lento" e, ao mesmo tempo, identificar as consequências econômicas, sociais e políticas da lentidão e da rapidez. Na realidade, é essencial reconhecer os processos reguladores e suas manifestações geográficas.

Os espaços dos quais se pode dizer que dão ordens são também lugares onde se superpõem divisões de trabalho que se sustentam mutuamente, de tal maneira que os espaços do mandar acabam sendo espaços da fluidez efetiva e também espaços da rapidez.

A ideia, oriunda de países desenvolvidos, segundo a qual pode haver confusão entre sistemas e redes não se aplica a países como o Brasil, onde nem a existência de redes é garantia de difusão homogênea dos fatores, nem a vida sistêmica exclui a hierarquia.

5. Espaços luminosos, espaços opacos

Chamaremos de espaços luminosos aqueles que mais acumulam densidades técnicas e informacionais, ficando assim mais aptos a atrair atividades com maior conteúdo em capital, tecnologia e organização. Por oposição, os subespaços onde tais características estão ausentes seriam os espaços opacos. Entre esses extremos haveria toda uma gama de situações. Os espaços luminosos, pela sua consistência técnica e política, seriam os mais suscetíveis de participar de regularidades e de uma lógica obediente aos interesses das maiores empresas.

Mas, de fato, como essas lógicas transcendem os lugares onde se realizam, sua presença implica quase sempre uma tendência à ingovernabilidade dos respectivos lugares. Não haveria, então, exagero em considerar tais espaços luminosos? Dito assim, isto é, sem crítica, estaríamos adotando e mesmo engrossando uma visão preconceituosa da organização do espaço, ao atribuirmos qualificação valorativa a uma característica que interessa apenas a um grupo limitado de atores.

6. Espaços que mandam, espaços que obedecem

Levando-se em consideração o acúmulo de funções diretoras em certos lugares e a sua falta na maioria dos demais, será lícito admitir que há espaços que comandam e espaços que obedecem?

Uma visão superficial do funcionamento do território levaria a responder imediatamente que sim, na medida em que as decisões, as ordens etc. são seletivamente instaladas, e todas as etapas do processo produtivo, na maior parte do espaço nacional, dependem desses insumos técnicos e políticos.

Pode-se entretanto atribuir ao lugar, em si mesmo, esse poder? Ou o poder de comando e de regulação são deferidos a entidades públicas e privadas, dotadas de força? Sem dúvida, o exercício do poder regulatório por empresas e pelo poder público não é independente dos sistemas de engenharia e dos sistemas normativos presentes em cada lugar, mas este, em si mesmo, não dispõe de nenhuma força de comando. Retomamos assim a definição do espaço como um conjunto indissociável de sistemas de objetos e de sistemas de ação, consideração indispensável para não se atribuir valor absoluto à metáfora. Tomando essa cautela, pode-se dizer que há espaços que comandam e espaços que obedecem, mas o comando e a obediência resultam de um conjunto de condições, e não de uma delas isoladamente.

7. Novas lógicas centro-periferia

Que fazer, então, de expressões constantes do vocabulário das ciências territoriais, como as noções de centro, centralidade, centro-periferia etc.? Que é ser um centro? Que fenômenos tal centro regula? Onde estão os centros? Que é hoje a centralidade e que relações ela mantém com a capacidade de estabelecer normas? Qual o papel do próprio espaço geográfico no exercício das regulações?

Ao longo da história brasileira, cada uma dessas palavras foi adquirindo significações novas. Desse ponto de vista podemos, *grosso modo*, admitir a existência de três grandes períodos da história territorial brasileira. O primeiro, que dura até a Segunda Guerra Mundial, é anterior à unificação do território e do mercado. O segundo, com o Brasil unificado, teria como fator dinâmico a indústria, e como objetivo, a construção nacional. O terceiro coincide com o processo de globalização e vige até nossos dias.

No primeiro período, tratava-se de um Brasil policêntrico. O poder encarnado no Governo Geral e depois no Vice-reinado e no Império era, sem dúvida, centralizador, mas a fraca capacidade de controle do território e a realização fragmentária da economia não permitiam ir além da construção de um Brasil arquipélago. Cada região produtora se ligava a um centro litorâneo, ou próximo dele, que assegurava as suas relações externas, enquanto as relações internas eram limitadas.

No século XIX, sobretudo na sua segunda metade, as coisas começam a tomar uma feição diferente, na medida em que a introdução da estrada de ferro vai permitir um uso mais dinâmico do território. Criam-se aí duas lógicas. Exceto na área hoje nucleada por Rio de Janeiro e São Paulo, a estrada de ferro reforça os laços privilegiados entre metrópoles regionais e sua respectiva hinterlândia, mas sem estabelecer, entre tais metrópoles, relações outras que não as permitidas pela navegação marítima. Todavia, no Sudeste criam-se, de um lado, uma rede localizada de ferrovias e, de outro, um intercâmbio baseado numa divisão territorial do trabalho. É esse o embrião do que atualmente podemos chamar de área concentrada.

Essa nova modalidade de organização do território erige Rio e São Paulo como um polo cuja relação com a periferia do país era, todavia, num primeiro momento, incompleta. Aumentam as relações dentro dessa área polarizada, enquanto as relações com o resto do país não crescem na mesma proporção. Pode-se, assim, dizer que estão lançadas as sementes não apenas de uma disparidade regional, mas também de seu aprofundamento.

Dentro da própria área concentrada, o crescimento é desigual e combinado. O Rio de Janeiro, que num primeiro momento reunia a maior parte da produção industrial, acaba por ceder esse lugar a São Paulo, onde uma atividade fabril mais diversificada não só garante um crescimento maior do conjunto, como lhe assegura uma posição hierárquica.

Como já vimos, a Segunda Guerra Mundial revela com grande força as fragilidades da organização do território, na medida em que a vulnerabilidade de uma frota marítima insuficiente e a falta de integração dos transportes terrestres criam problemas muito graves para a vida econômica e social nas diferentes regiões do país. A ideia de unificar o território pelos transportes ganha força, é objeto de uma planificação sistemática e acaba por se realizar mediante a interligação das estradas de ferro e a construção acelerada de uma rede nacional de rodovias. O crescimento industrial de

São Paulo constitui a outra peça indispensável a esse processo de integração nacional. Estavam subjacentes a essas realizações toda uma teoria de desenvolvimento e uma vontade de emancipação nacional que iriam desembocar num processo de unificação do Brasil, unificação para dentro.

A construção de Brasília acarreta, de forma direta ou indireta, juntamente com a ascensão industrial de São Paulo, a emergência de uma nova arquitetura territorial e de novas centralidades. Pouco a pouco Brasília vai retirando do Rio de Janeiro a centralidade do poder, isto é, das ordens e da natureza pública com as quais o território deveria ser regulado. São Paulo, por sua vez, vai subtraindo ao Rio de Janeiro o comando da economia, assumindo, graças a uma indústria capaz de abastecer e equipar um Brasil relativamente unificado pelos transportes, a produção das ordens econômicas e a regulação econômica do território. Brasília tende a se instalar como metrópole política, e São Paulo, como metrópole econômica, enquanto ambos esses papéis vão minguando na antiga capital imperial e republicana.

Na verdade, ainda que vista superficialmente, instala-se uma relação conflitiva entre Brasília e o Rio de Janeiro e uma relação de colaboração entre Brasília e São Paulo na medida em que uma economia de âmbito nacional necessita, para sua afirmação e expansão, da cumplicidade do poder público.

Tal cooperação e tal conflito, no nível dos centros dirigentes, eram todavia balizados por entidades nacionais: o território nacional, o equipamento do país, o mercado nacional etc.

Num terceiro período, o fator motor deixa de ser a indústria e passa a ser a informação, como afirmamos no final da década de 1970 (M. Santos, 1979), ainda que os estudiosos, num primeiro e longo momento, tenham relutado em reconhecer tal mudança. Essa demora na interpretação do movimento histórico deve-se, em parte, ao fato de que a cidade de São Paulo continua sendo, neste novo período, o polo nacional. Por outro lado, enquanto ascendem as atividades terciárias, de serviço, ainda mal reconhecidas e avaliadas, a indústria continua crescendo em terra paulista, ainda que isto se dê em velocidade menor. Nesse último período, sobretudo nas fases mais recentes, as principais atividades econômicas parecem moldar-se ao sabor de forças centrífugas, e o próprio Estado federal, que na fase anterior era marcadamente unificador, torna-se centrifugador.

A centralidade política, de certo modo, se fortalece em Brasília, a centralidade econômica se afirma mais fortemente em São Paulo. Todavia, a chamada abertura da economia permite a São Paulo e Brasília exercer apenas uma "regulação delegada", isto é, uma regulação cujas "ordens" se situam fora de sua competência territorial e deixam pequena margem para a escolha de caminhos suscetíveis de atribuir, de dentro, um destino ao próprio território nacional.

Nas condições atuais, o modelo econômico incidente sobre o território confere maior peso às forças centrífugas. Na medida em que a eficácia desse modelo passa por uma estreita cooperação por parte do Estado, este também se torna centrifugador e a sua regulação acaba por ser desreguladora. Trata-se de uma centralidade criadora de conflitos. Qual é então, nessas condições, o papel dos centros? Uma coisa é certa: nas condições atuais, tanto Brasília quanto São Paulo veem comprometido o seu papel de regulação, tornando-se, desse ponto de vista, menos "centrais", enquanto o país como um todo se torna ainda mais periférico.

8. Os quatro Brasis...

Neste ponto da história do território brasileiro, parece lícito propor, a partir das premissas levantadas aqui, uma discussão em torno da possibilidade de proparmos uma divisão regional baseada, simultaneamente, numa atualidade marcada pela difusão diferencial do meio técnico-científico-informacional e nas heranças do passado.

Cada região instala aquilo que, a cada momento, vem a constituir rugosidades diferentes. Essas rugosidades estão ligadas, de um lado, à tecnicidade dos objetos de trabalho e, de outro, ao arranjo desses objetos e às relações daí resultantes. A constante é o espaço, isto é, um conjunto indissociável, solidário, mas também contraditório, de sistemas de objetos e sistemas de ações (M. Santos, 1996).

Poderíamos assim, grosseiramente — e como sugestão para um debate —, reconhecer a existência de quatro Brasis: uma Região Concentrada, formada pelo Sudeste e pelo Sul, o Brasil do Nordeste, o Centro-Oeste e a Amazônia. (Ver no encarte de mapas: Meio técnico-científico-informacional e as regiões do Brasil — 1999, p. LXIV.)

A Região Concentrada, abrangendo São Paulo, Rio de Janeiro, Minas Gerais, Espírito Santo, Paraná, Santa Catarina e Rio Grande do Sul, caracteriza-se pela implantação mais consolidada dos dados da ciência, da técnica e da informação.

Nessa Região Concentrada do país, o meio técnico-científico-informacional se implantou sobre um meio mecanizado, portador de um denso sistema de relações, devido, em parte, a uma urbanização importante, ao padrão de consumo das empresas e das famílias, a uma vida comercial mais intensa. Em consequência, a distribuição da população e do trabalho em numerosos núcleos importantes é outro traço regional.

Atividades ligadas à globalização que produzem novíssimas formas específicas de terciário superior, um quaternário e um quinquenário ligados à finança, à assistência técnica e política e à informação em suas diferentes modalidades vêm superpor-se às formas anteriores do terciário e testemunham as novas especializações do trabalho nessa região. Esse novo setor de serviços sustenta as novas classes médias que trabalham nos diversos setores financeiros, nas múltiplas ocupações técnicas, nas diversas formas de intermediação, marketing, publicidade etc. Uma cidade como São Paulo, onde em 1971 havia 204 mil pessoas ligadas a atividades técnicas, científicas e artísticas, conta, em 1986, com 508 mil trabalhadores nessas atividades, número que pula para 1 milhão em 1997.

A cidade de São Paulo continua sendo, nesse novo período, o polo nacional. Todavia, enquanto ascendem as atividades terciárias e de serviço, a indústria continua crescendo em terra paulista, embora sua velocidade seja menor. São Paulo mantém sua posição hierárquica sobre a vida econômica nacional. Se ela perde relativamente o seu poder industrial, aumenta o seu papel de regulação graças à concentração da informação, dos serviços e da tomada de decisões. É a conjugação desses três dados que permite à metrópole paulistana renovar o seu comando em todo o território brasileiro. Desse modo onipresente no espaço nacional, mediante uma ação instantânea e diretora, pode-se falar numa verdadeira dissolução da metrópole, já que ela está em toda parte.

Mas, como as variáveis do período se difundem, a região cresce mais do que a metrópole e isso poderia ser denominado involução metropolitana. Fenômeno geral, essa involução manifesta-se na aglomeração paulistana pela emigração das atividades industriais, fenômeno do qual a desindustrialização do ABCD é emblemática, com a fuga de indústrias para outros pontos da Região Metropolitana, para o interior do estado de São Paulo e para outros estados. O Sul desponta como a região ganhadora nesse rearranjo do trabalho industrial no Brasil, pois aumenta, entre 1970 e 1990, o seu número de estabelecimentos, o pessoal ocupado e o valor da transformação industrial. A cidade de São Paulo vê engrossar o contingente de seus pobres e agora, em pleno processo de globalização, o desemprego atinge legiões, reunindo, em meados de 1999, cerca de 20% da população economicamente ativa (PEA).

Consolidam-se, outrossim, *belts* modernos destinados à produção de laranja e cana-de-açúcar no estado de São Paulo, vinculados sobretudo ao fornecimento para a produção de suco para o estrangeiro e à fabricação de álcool. Mas também reafirmam-se como modernos os cinturões de soja, trigo, algodão, milho, arroz, fumo e uva nos estados sulinos. Numerosas empresas de aviação agrícola perfazem essa agricultura moderna, permitindo o controle e a aplicação de fertilizantes e pesticidas por via aérea.

Graças aos acréscimos de ciência, técnica e informação, maiores volumes de produtos são obtidos em áreas mais reduzidas e em tempos mais curtos. Rompem-se, então, os equilíbrios preexistentes e impõem-se outros em relação à quantidade e qualidade da população, dos capitais, das formas de organização, das relações sociais.

Ao mesmo tempo que aumenta a importância dos capitais fixos (estradas, portos, silos etc.) e dos capitais constantes (maquinários, veículos, sementes, adubos etc.), aumenta também a necessidade de movimento. Crescem assim o número e a importância dos fluxos, sobretudo a circulação de dinheiro. Mas esses fluxos multiplicam-se com mais intensidade dentro da Região Concentrada, onde a divisão do trabalho é extrema e a vida de relações assume especial relevo.

Como hoje aumenta a repartição do trabalho no território, ao sabor das vocações técnicas e normativas das regiões, cresce também a necessidade de unir o trabalho segmentado. É a cooperação que une as etapas do trabalho e, assim, entretece círculos no território. Essa é outra força nova da Região Concentrada, mostrando a densidade que nela adquirem as redes de abastecimento (silos, depósitos, frigoríficos, mercados concentradores), mas também redes de outra natureza (supermercados, *shopping centers*, transportes, finanças, provedores de Internet, equipamentos e atividades ligadas à saúde, ao ensino e à cultura).

A região Centro-Oeste, constituída pelos estados de Mato Grosso, Mato Grosso do Sul, Goiás e Tocantins, é uma área de "ocupação periférica" recente. O meio técnico-científico-informacional se estabelece sobre um território praticamente "natural", ou melhor, "pré-técnico", onde a vida de relações era rala e precária. Sobre essa herança de rarefação, os novos dados constitutivos do território são os do mundo da informação, da televisão, de uma rede de cidades assentada sobre uma produção agrícola moderna e suas necessidades relacionais.

Os produtos de uma agricultura globalizada — soja, milho, algodão, arroz — são cultivados numa área que abriga as maiores densidades de mecanização agrícola (um trator para cada 8,8 habitantes agrícolas, uma máquina de colheita para cada 54,7 habitantes agrícolas), o maior consumo de fertilizantes e defensivos agrícolas e a utilização de tecnologia de ponta, como a agricultura de precisão. Beneficiada pelo valor relativamente baixo da terra, ela consegue também diminuir seus custos de trabalho com altos graus de capitalização em fixos e fluxos. Todavia o Estado participa generosamente do financiamento necessário à criação de novos sistemas de engenharia e de novos sistemas de movimento. É uma produção de alimentos que se dá em fazendas modernas dispersas, a grandes distâncias hoje facilmente franqueáveis, sob a demanda das firmas globais com sede na Região Concentrada, mesmo que os mecanismos de comando sejam pouco visíveis. Não havendo rugosidades materiais e organizacionais consideráveis, os novos objetos e as novas ações criam um espaço inteiramente novo e com grande participação na globalização.

O Nordeste, incluindo Maranhão, Piauí, Ceará, Rio Grande do Norte, Paraíba, Pernambuco, Alagoas, Sergipe e Bahia, é uma área de povoamento antigo, onde a constituição do meio mecanizado se deu de forma pontual e pouco densa e onde a respectiva circulação de pessoas, produtos, informação, ordens e dinheiro era precária, tanto em razão do tipo e da natureza das atividades (sobretudo uma agricultura pouco intensiva) como em virtude da estrutura da propriedade. Alicerçada sobretudo no trabalho, essa agricultura evidencia baixos índices de mecanização (um trator para cada 148 habitantes agrícolas e uma máquina de colheita para cada 1.373 habitantes agrícolas) se comparada com a Região Concentrada e com a região Centro-Oeste.

Herança da antiguidade da ocupação econômica, realizada no período pré-mecânico, o número de núcleos urbanos é grande em virtude da baixa mecanização do território, sua densidade é relativamente importante, mas a taxa regional de urbanização é baixa. Se as aglomerações são numerosas, a urbanização é, de modo geral, raquítica. São causas e consequências da fraqueza da vida de relações, formando um círculo vicioso.

A influência do fenômeno da globalização e a instalação do meio técnico--científico-informacional em certas manchas do território regional, como nas áreas irrigadas (o caso do vale do São Francisco), vão-se dar sobre um quadro socioespacial praticamente engessado. Essa situação abre a perspectiva de importantes fraturas na história social, com mudanças brutais dos papéis econômicos e políticos de grupos e pessoas e também de lugares.

A Amazônia, definida grosseiramente pelos estados do Pará, Amapá, Roraima, Amazonas, Acre e Rondônia, é uma região de rarefações demográficas herdadas e baixas densidades técnicas. No passado, desenvolveu-se um povoamento que levava à concentração porque a agricultura era limitada em capital, técnica e escopo.

Essa região foi também a última a ampliar sua mecanização, tanto na produção econômica quanto no próprio território (Roberto Schmidt de Almeida e Miguel A. C. Ribeiro, 1995). A vastidão deste e a necessidade de interligar seus principais lugares levam, primeiro, a um aumento do número de pontos servidos pela aviação, que tendem a ser os mesmos pontos nucleares das vias de circulação fluvial ou terrestre. Sua participação no total de cargas transportadas por via aérea no Brasil (19,4%) a situa em segundo lugar depois da Região Concentrada.

As novas hidrovias, como a Madeira–Amazonas, respondem à necessidade de escoar a soja produzida nos *fronts* de Mato Grosso e Rondônia. Esses pontos, servidos pelos transportes e comunicações, exercem um fraco papel de centralidade sobre parcelas limitadas do espaço, cujo controle depende, na maior parte, da navegação nos rios. As exceções são as áreas onde se instalam fazendas modernas, sequiosas de fluidez e exigentes de relações, levando ao rápido crescimento de núcleos urbanos tornados multifuncionais e exercendo um comando sobre vastas áreas. Essas áreas agrícolas e essas cidades-cogumelo (P. Lavedan, 1936, 1959) já constituem um indício da penetração, na região, dos nexos da globalização, sob cuja égide as conexões com as áreas mais dinâmicas do país são asseguradas mediante a disseminação dos recursos das telecomunicações modernas.

Num arranjo diferente em relação ao resto do país, sua ocupação decorre de um conhecimento fundado em modernos satélites e radares, ao passo que o inventário dos reinos vegetal e animal ainda não foi concluído.

À semelhança de um quisto, Manaus consolida sua vocação como polo industrial sob o amparo da regulação especial da Zona Franca. Lado a lado funcionam sistemas de movimento modernos e rápidos e sistemas de movimento lento, estes a serviço de atividades tradicionais. As cidades mais importantes acabam sendo o lugar da confluência entre esses sistemas locais e o traço de união com o mundo e com os centros dinâmicos do país. Elas mantêm relações esgarçadas, tardias e lentas com a hinterlândia.

9. ...e as diferenciações regionais da urbanização

Mais recentemente, todas as áreas do país conheceram um revigoramento do seu processo de urbanização, ainda que em níveis e formas diferentes, graças às diversas modalidades do impacto da modernização sobre o território. A situação anterior de cada região pesa sobre os processos recentes.

O simples exame dos números da urbanização nas diversas regiões pode dar a impressão de uma evolução contraditória. Não se trata disso. A partir do momento em que o território brasileiro se torna efetivamente integrado e se constitui como mercado único, o que à primeira vista aparece como evolução divergente é, na verdade, um movimento convergente. Há uma lógica comum aos diversos subespaços. Essa lógica é dada pela divisão territorial do trabalho em escala nacional, que privilegia diferentemente cada fração em dado momento de sua evolução. A lógica é comum, os resultados regionais e locais são diferentes.

Nas áreas pouco povoadas do Norte e do Centro-Oeste, a modernidade (referimo-nos aqui à modernidade posterior à Segunda Guerra Mundial) se implanta sobre o vazio e desse modo não encontra o obstáculo das heranças. Essas áreas ainda se mantinham praticamente pré-mecânicas até trinta ou quarenta anos atrás.

O Centro-Oeste (e mesmo a Amazônia) apresenta-se extremamente receptivo aos novos fenômenos da urbanização, já que era praticamente virgem, não possuindo infraestrutura de monta nem outros investimentos fixos vindos do passado e que pudessem dificultar a implantação de inovações. Ainda no século XIX, a região de Mato Grosso carecia de uma densa malha de cidades e de grandes cidades (A. Mamigonian, 1986). Pôde, assim, receber uma infraestrutura nova, totalmente a serviço de uma economia moderna, já que em seu território estavam praticamente ausentes as marcas dos sistemas técnicos precedentes. Desse modo, ali o novo vai dar-se com maior velocidade e rentabilidade. E é por isso que o Centro-Oeste conhece recentemente uma taxa alta de urbanização, podendo nele se instalar, de uma só vez, toda a materialidade contemporânea indispensável a uma economia exigente de movimento. Em 1996, 84,42% da população era urbana, inferior ao índice da região Sudeste (89,29%), mas superior ao Sul (77,21%), ao Nordeste (65,21%) e à média brasileira (78,36%).

Na Amazônia Legal, o índice de urbanização passa de 28,3% em 1950 para 52,4% em 1980 (L. O. Machado, 1983), e o número de núcleos urbanos duplica nesse mesmo período, subindo de 169 para 340. Em 1996, sua taxa de urbanização era de 62,35%.

O caso de Goiás é emblemático. Durante praticamente quatro séculos o estado é, do ponto de vista da produção, um verdadeiro espaço natural, onde uma agricultura e uma pecuária extensivas são praticadas ao lado de uma atividade elementar de mineração. Da construção de Goiânia, inaugurada nos anos 1930, não se conhecem sistematicamente os efeitos dinâmicos. Sabe-se, porém, que o novo urbano chega antes da modernização rural, da modernização dos transportes, da modernização do consumo e, de modo mais geral, da modernização do país. Com a redescoberta do cerrado, graças à revolução científico-técnica, criam-se as condições locais para uma agricultura moderna, um consumo diversificado e, paralelamente, uma nova etapa da urbanização, em virtude também do equipamento moderno do país e da construção de Brasília, que podem ser arrolados entre as condições gerais do fenômeno. Graças às novas relações espaço/tempo, cidades médias relativamente espaçadas (em contraste com áreas de velha urbanização, como o Nordeste) se desenvolvem com rapidez; e, assim reforçada, Goiânia pode pretender a condição metropolitana, apesar de sua proximidade de Brasília.

Outra é a realidade do Nordeste, onde uma estrutura fundiária desde cedo hostil a uma melhor distribuição de renda, a um maior consumo e a uma maior terceirização ajudava a manter na pobreza milhões de pessoas e impedia uma urbanização mais expressiva. Por isso a introdução de inovações materiais e sociais iria encontrar a grande resistência de um passado cristalizado na sociedade e no espaço, atrasando o processo de desenvolvimento. Um antigo povoamento, assentado sobre estruturas sociais arcaicas, atua como freio às mudanças sociais e econômicas, acarreta o retardamento da evolução técnica e material e desacelera o processo de urbanização. Esta se apresenta recentemente menos dinâmica no Nordeste, se comparada a outras áreas do país.

Já o Sudeste, mais "novo" que o Nordeste e mais "velho" que o Centro-Oeste, consegue, a partir do primeiro momento de mecanização do território, uma adaptação progressiva e eficiente para os interesses do capital dominante. Cada vez que há uma modernização, esta é encampada pela região. A cidade de São Paulo é um bom exemplo disso, pois constantemente abandona o passado, volta-lhe as costas e, em contraposição, reconstrói seu presente à imagem do presente hegemônico, o que lhe tem permitido, nos períodos recentes, um desempenho econômico superior, acompanhado por taxas de crescimento urbano muito elevadas.

Há, no Sudeste, a mencionada e significativa mecanização do espaço desde a segunda metade do século XIX, a serviço da expansão econômica, o que desde então contribui para uma divisão do trabalho mais acentuada e gera uma tendência à urbanização. As levas de migrantes europeus que aí desembarcavam já traziam consigo, por suas aspirações de consumo, um estimulante a uma maior divisão do trabalho nessa área, cuja incorporação econômica tardia, em relação às demandas dos países industriais, acaba por ser uma vantagem. O fato de que então a mecanização do espaço se dera sobre um quase "vazio", criando o novo técnico ao lado do novo econômico, foi outro acelerador da divisão do trabalho. Isso ocorre sobretudo no estado de São Paulo, onde, ao longo do século XX e ainda recentemente, foi possível acolher as novas e sucessivas modernizações praticamente sem trauma. Essa permanente renovação técnica serve como base material para uma permanente renovação da economia e do contexto social, ensejando uma divisão do trabalho cada vez mais ampliada e a aceleração correlata do processo de urbanização, cujos índices atuais no Sudeste são comparáveis, se não superiores, aos da maioria dos países da Europa ocidental.

Quanto à região Sul, ela reúne áreas de povoamento mais antigo, incorporadas à civilização mecânica desde fins do século XIX, e outras cuja incorporação tardia à civilização técnica lhes permitiu um desenvolvimento urbano mais rápido. Compare-se, por exemplo, a marcha da urbanização em um estado como o Paraná, sobretudo o seu norte, com o que se passou no Rio Grande do Sul. O exemplo, aliás, mostra-nos o perigo de nos atermos à análise unicamente de grandes unidades territoriais. Por exemplo, no caso das áreas "vazias", cuja incorporação à materialidade moderna é mais recente, não há como confundir situações como a de Mato Grosso do Sul com a que se verifica na Amazônia. Nesta, a colonização é mais descontínua e mobiliza relativamente menos capitais e mais trabalho, enquanto em Mato Grosso do Sul a densidade maior da ocupação é acompanhada de maior densidade capitalista e técnica. Isso ajudaria a explicar o maior desenvolvimento urbano em Mato Grosso do Sul (e também em Mato Grosso e Goiás), onde a presença de uma classe média urbana também é mais notável. A região Centro-Oeste — e particularmente Mato Grosso do

Sul e Goiás — distingue-se da Amazônia pelo fato da continuidade espacial da ocupação, feita a partir de capitais mais intensivos, com a evidência de maior composição orgânica e num subespaço onde a fluidez é maior. E na Amazônia houve, desde o século XIX, condições para a concentração da população em poucos núcleos, exatamente em função da descontinuidade e da raridade do povoamento. O que há de comum a esses subespaços é o aparecimento de um processo vigoroso de urbanização, paralelamente às novas vagas de povoamento, ao contrário do que aconteceu no resto do país, onde o povoamento precedia a urbanização.

CAPÍTULO 13

Urbanização: cidades médias e grandes

1. Introdução

Neste fim do século XX, as fronteiras econômicas se ampliam, mais áreas são ocupadas e pode-se mesmo dizer, como já o fizemos, que o território brasileiro está inteiramente apropriado. Por outro lado, a natureza recuou consideravelmente, enquanto todas as formas de densidade humana ficam mais presentes. Ainda que a sua distribuição seja desigual, há, em uma porção considerável do território, maior densidade técnica, acompanhada de maior densidade informacional.

Ao fenômeno de êxodo rural acrescenta-se também, ainda mais do que no período anterior, o êxodo urbano. Observa-se, ainda nos últimos anos, que as aglomerações urbanas nascidas das novas lógicas territoriais têm um tamanho bem maior do que nos períodos anteriores (Celso Lamparelli, 1990). Isso pode ser atribuído ao fato de as técnicas da produção e da circulação e o uso dos novos meios de transporte e informação permitirem a uma boa parcela da população vencer as mesmas distâncias em tempo menor, e desse modo torna-se menos necessária a proliferação de núcleos urbanos. Uma das razões que também levam as atuais cidades médias a ter maior população que as surgidas em épocas anteriores vem do fato das novas solicitações do consumo, tanto das famílias e do governo quanto da própria atividade agrícola. Junte-se a essas causas o fato de que, graças às facilidades de transporte e também às novas formas de organização do trabalho agrícola, um número considerável de trabalhadores na agricultura vive na cidade, que se torna um reservatório de mão de obra. Talvez seja esse um dos motivos pelos quais, a partir de certo volume demográfico, tais localidades são capazes de atrair e reter um grande número de pobres. É o caso sobretudo das metrópoles e das grandes cidades.

2. As cidades médias na encruzilhada das verticalidades e das horizontalidades

As cidades são os pontos de interseção e superposição entre as horizontalidades e as verticalidades. Elas oferecem os meios para o consumo final das famílias e administrações e o consumo intermediário das empresas. Assim, elas funcionam como entrepostos e fábricas, isto é, como depositárias e como produtoras de bens e de serviços exigidos por elas próprias e por seu entorno.

Trata-se, como indicamos em outro lugar, de uma oferta destinada a prover seja o consumo consumptivo, seja o consumo produtivo. Entre as formas de consumo consumptivo, isto é, de consumo das famílias, podemos incluir o consumo de educação, de saúde, de lazer, de religião, de informação geral ou especializada e o consumo político, na forma do exercício da cidadania. Entre as formas de consumo produtivo encontram-se, entre outras, o consumo de ciência embutida nas sementes, nos clones, nos fertilizantes etc., o consumo de consultorias e o consumo do dinheiro adiantado como crédito. As atividades urbanas estão ligadas a esses tipos de consumo, e é assim que as cidades cumprem o papel de responder às necessidades da vida de relações, que recentemente aumentaram quantitativamente e se diversificaram qualitativamente.

Na realidade, com a modernização da agricultura e a instalação de uma produção corporativa, assim como de uma circulação, distribuição e informação corporativas, a demanda cumprida pelas cidades acaba sendo majoritariamente reclamada pelas empresas, ou em todo caso tal demanda é privilegiada no estabelecimento dos planos regionais. A demanda das famílias é considerada "residual", exceto naquilo em que representa, direta ou indiretamente, uma demanda empresarial. É certo que também isso se deve à deriva ideológica que privilegia as exportações, a competitividade, a circulação fluida e, consequentemente, um equipamento territorial custoso.

É assim que as cidades constituem, cada vez mais, uma ponte entre o global e o local, em vista das crescentes necessidades de intermediação e da demanda também crescente de relações.

Os sistemas de cidades constituem uma espécie de geometria variável, levando em conta a maneira como as diferentes aglomerações participam do jogo entre o local e o global. É dessa forma que as cidades pequenas e médias acabam beneficiadas ou, ao contrário, são feridas ou mortas em virtude da resistência desigual dos seus produtos e de suas empresas em face do movimento de globalização.

Conforme já vimos, as cidades médias têm como papel o suprimento imediato e próximo da informação requerida pelas atividades agrícolas e desse modo se constituem em intérpretes da técnica e do mundo. Em muitos casos, a atividade urbana acaba sendo claramente especializada, graças às suas relações próximas e necessárias com a produção regional.

Tal produção encontra na cidade próxima muitas respostas às suas exigências em ciência, técnica e informação, incluindo uma demanda importante de bens e serviços técnicos e científicos. Dá-se também uma importante demanda de "racionalidade" a ser empregada no plantio, nos cuidados, na colheita, na armazenagem, estocagem, empacotamento, transporte e comercialização. Tal racionalidade inclui a atividade agrícola em sistemismos que se contagiam mutuamente e desse modo se difundem, produzindo tendências cumulativas à homogeneização e, outra vez, à racionalização, presididas pela cidade média próxima.

Uma das tarefas da cidade no campo modernizado é, pois, a oferta de informação — imediata e próxima — a uma atividade agrícola que, nos dias atuais, já não pode ser feita sem esse insumo, tornado indispensável. Às vezes a cidade é a produtora dessa informação, o que é o caso, por exemplo, das aglomerações onde há instituições de ensino e de pesquisa pura e aplicada. Todavia, na maior parte dos casos cabe somente à cidade transferir para o mundo agrícola informações especializadas, selecionadas pelos interessados na sua difusão. Haveria assim, e desde logo, uma diferença de qualidade na atividade dos dois tipos urbanos mencionados.

É possível que uma instituição de ensino ou pesquisa, presente numa determinada área, possa mostrar-se interessada num amplo espectro de problemas e não apenas naqueles que interessam diretamente ao seu entorno próximo. Mas é raro que esse entorno próximo não acabe tendo uma influência sobre o que fazer habitual de tais instituições.

De maneira geral, na cidade do campo a produção regional acaba por influir sobre as iniciativas dos agentes urbanos. As atividades de fabricação e serviços são, em geral, tributárias da atividade regional e, desse modo, relativamente especializadas a partir dessa inspiração. Tal especialização liga-se sobretudo às necessidades de resposta imediata e próxima às necessidades da produção, da circulação, do intercâmbio, da informação dos agentes.

A população urbana daí resultante é formada, de um lado, por agrícolas que são urbano-residentes e por pessoas empenhadas em permitir a vida de relação. De um modo geral, tais localidades reúnem atividades e profissões tradicionais e novas, abrigando também formas de burguesia e de classes médias tradicionais e modernas.

O tamanho da cidade do campo está em relação com a importância da demanda criada pelas circunstâncias anteriormente enumeradas e pela forma como se dá, numa área mais ampla, a divisão territorial do trabalho.

As zonas de agricultura moderna e os núcleos urbanos que lhes servem de centro, por meio da diversidade dos atores implicados na produção, na circulação e na distribuição, têm, apesar de suas singularidades, uma experiência comum de subordinação, da qual lhes advém a consciência da importância dos fatores externos.

Citemos, em primeiro lugar, o papel determinante de um mercado longínquo e abstrato, ao qual se adicionam a pressão "invisível" da concorrência, juntamente com os preços internacionais e nacionais, o valor externo da moeda, o custo do dinheiro, o peso da ação e dos lucros dos intermediários.

Todos esses fatores externos se acompanham de uma demanda também "externa" de "racionalidades" e das dificuldades de uma resposta.

Esse conjunto de dados de origem externa contribui para que, no lugar, o "mundo" seja confusamente enxergado até mesmo como um inimigo, como na famosa expressão do escritor Raduam Nassar (1998). Daí as ambiguidades e perplexidades criadas a partir da própria atividade econômica e social e o despertar e o florescimento, no lugar, da ideia e da necessidade de política.

As cidades médias comandam o essencial dos aspectos técnicos da produção regional, deixando o essencial dos aspectos políticos para aglomerações maiores, no país ou no estrangeiro, em virtude do papel dessas metrópoles na condução direta ou indireta do chamado mercado global. Mas isso constitui uma fonte permanente de indagações, já que a cidade regional, relé político subordinado, é também um espelho de contradições entre as preocupações ligadas à produção propriamente dita (seu lado técnico) e as ligadas à realização (seu lado político).

Como, na própria região, os atores têm, objetivamente, em virtude de suas atividades específicas na divisão do trabalho, diferenças de interesse e de visão, cria-se uma produção local, "mista", "matizada", contraditória, de ideias. É nessas condições que são gestadas visões do mundo, do país e do lugar elaboradas na colaboração e no conflito (M. Santos, 2000).

Essa elaboração de visões e de ideias, sejam elas gerais ou particularistas, constitui uma das fontes da produção, também contraditória, de ideias políticas. Estas revelam a soma e a síntese de interesses corporativos, privativistas e de interesses coletivos, que são todavia mais frequentemente apreciados a partir da própria escala local. Daí a necessidade de ultrapassar um nível de formulação baseado apenas em cogitações de ordem técnica (ou na parcela propriamente técnica do processo produtivo) e de chegar à consideração da parcela política do mesmo processo produtivo. O pensamento sugerido pela técnica, quando circunscrito ao lugar da produção propriamente dita, é em geral insuficiente e inadequado.

Na verdade, o papel das cidades médias no processo político é não apenas limitado e incompleto, mas confusamente percebido. No entanto, essas cidades produzem ideias políticas derivadas do próprio processo da produção direta. Tais ideias são, de certa forma e sob a pressão da proximidade e da vizinhança, reveladas pela mídia local — imprensa, rádio, televisão —, cuja atividade põe em contraste, de um lado, as tendências para a unificação e a homogeneização que vêm de fora da região, por via da distribuição de notícias, da publicidade geral e da difusão de ideias modernizadoras, e, de outro, as pressões exercidas pelos atores locais. O próprio mercado da mídia, segmentado, tanto na sua oferta como na sua demanda, pelo mercado local e regional, acaba fazendo desses órgãos da imprensa, do rádio e da televisão instituições sensíveis às problemáticas dos indivíduos e das empresas locais. O caso de São Carlos, examinado por Adriana Bernardes (1995), tipifica essa situação, que aliás se reproduz em outras cidades médias, mostrando a contradição entre as influências dos interesses locais e as dos interesses chamados nacionais e globais.

A cidade do campo é, muito mais do que antes, o lugar de uma sociedade compósita, complexa, dinâmica e contraditória. É talvez nessas condições que o "espírito animal" dos agentes econômicos pode, também contraditoriamente, ensejar que nelas se levante, de modo eficaz, a noção de espírito público.

As cidades médias constituem, desse modo, verdadeiros fóruns regionais, um lugar de debate entre preocupações mais imediatas e desígnios mais amplos, que, por exemplo, revelam as carências ou os constrangimentos da política local em face da política nacional e também das práticas eleitoreiras e clientelistas diante da necessidade de práticas políticas mais amplas. Assim, pode-se pensar que os atores regionais podem evoluir de um consumo político do tipo puramente eleitoral, que propõe demandas oportunísticas e individualistas, para outra situação, em que haja um consumo político autêntico, isto é, por meio de demandas mais gerais e sistêmicas.

3. Das cidades médias às grandes cidades

Nas cidades menores e médias, as oscilações sazonais podem ser bem nítidas, reduzindo as oportunidades de emprego. De modo geral, essas oscilações sazonais, relacionadas com os calendários agrícolas e estes com a especialização moderna da produção, são praticamente tão marcadas quanto eram os calendários agrícolas de estrita obediência às condições naturais.

A amplificação, a diversificação e o aprofundamento das diversas modalidades de consumo fazem das grandes cidades lugares ideais para a localização de serviços e para a distribuição dos bens, e igualmente repositórios de uma mão de obra mais especializada, sobretudo nas condições atuais da economia, com a terceirização das tarefas, dos empregos e das ocupações. A necessidade de informação, inerente a muitas das atividades constitutivas do setor quaternário, leva a uma agregação dos possíveis candidatos a empregos.

O que é válido para os níveis superiores da atividade econômica o é, também, para os seus patamares mais inferiores. Dir-se-ia que a grande cidade dispõe de uma ecologia favorável aos pobres, devida em grande parte à sua grande diversidade socioespacial.

Sem dúvida, as grandes cidades buscam adaptar-se às demandas da economia mais moderna, adequando o seu espaço construído às respectivas exigências. Isso, porém, atinge apenas uma pequena parcela do território urbano, mesmo porque os respectivos custos são muito altos, enquanto o resto da grande cidade mostra uma grande variação quanto à modernidade das infraestruturas disponíveis.

Num mundo onde a fluidez é indispensável às atividades mais poderosas e a gama de produções presentes num lugar se diferencia também por suas exigências de infraestrutura modernizada e pela necessidade de fluidez, uma relação se estabelece, no conjunto do organismo urbano, entre uma tipologia de sistemas de engenharia e uma tipologia de níveis de modernidade na produção, no emprego, na circulação, na distribuição e no consumo.

Como a grande cidade já era um lugar atrativo para os pobres desde o período anterior à globalização, esta contribui para aumentar tal atratividade.

O centro regional é mais sensível, como já sugerimos, às demandas correspondentes a atividades estacionais. Desse modo, essas localidades tornam-se menos capazes de atrair e de reter populações pobres. Na grande cidade, pode haver — e certamente há — atividades estacionais. Todavia essas atividades são muito mais numerosas, e por isso a superposição das diversas curvas de oscilação do emprego correspondente faz com que elas tendam praticamente a se superpor e anular. Essa é a razão pela qual a grande cidade se torna muito mais capaz de acolher atividades a que chamamos de circuito inferior da economia e seus respectivos agentes, entre os quais os pobres.

Pensávamos, até recentemente, que a elasticidade do circuito inferior da economia podia ser ilimitada, ou mesmo muito grande, admitindo-se que numa economia monetária sempre haveria espaço para uma circulação fecunda do dinheiro, mediante a criação de uma produção circular de ocupações. Nas condições atuais, talvez pelo fato da ampliação superlativa, tanto quantitativa como qualitativamente, da gama dos consumos, tal mecanismo parece estar sendo menos eficaz.

4. O papel da vida metropolitana: a nova riqueza, a nova pobreza

Nas condições de globalização, novas fontes de riqueza e novas razões de pobreza se estabelecem nas grandes cidades.

O número de grandes cidades aumenta. Em 1980 havia sete cidades contando entre 400 mil e 1 milhão de habitantes; em 1996 elas são 23, enquanto as cidades milionárias, que perfaziam seis em 1980, são 12 em 1996. As aglomerações com mais de 500 mil habitantes eram 14 em 1980 e são 24 em 1996. Assistimos, assim, a fenômenos aparentemente contraditórios mas na realidade complementares, isto é, o reforço da metropolização juntamente com uma espécie de desmetropolização.

Nessas áreas se dá uma criação limitada de racionalidade, sobretudo nas áreas populosas, e uma produção ilimitada de irracionalidade e escassez. O outro lado dos novos dinamismos é o que podemos chamar de involução metropolitana.

Ao mesmo tempo que os salários dos trabalhadores industriais tendem a baixar, verifica-se, ainda que com menor ímpeto, uma imigração de gente pobre proveniente de áreas rurais modernas, de áreas rurais tradicionais e de outras áreas urbanas. As grandes cidades são propícias a receber e acolher gente pobre e lhes oferecer alguma espécie de ocupação (não propriamente empregos). Mas as grandes cidades também criam gente pobre: a extrema variedade de capitais nelas presentes, tanto fixos como variáveis, assegura a possibilidade de uma extrema variedade do trabalho.

Sem dúvida, a presença de pobres e a correspondente depressão do mercado de trabalho e dos salários projetam-se no empobrecimento das respectivas municipalidades. Esse problema, aliás, é agravado com o crescente desmantelamento do estado de bem-estar, o que contribui para um empobrecimento ainda maior da população.

A metrópole é o lugar onde se dão sucessivas adaptações ao moderno sem atenção ao preexistente. Todavia, o custo do alheamento com o qual se implanta essa modernidade representa um peso sobre os outros aspectos da vida local, mediante custos públicos e privados, custos federais, estaduais e municipais. Tais adaptações ao moderno representam lógicas distantes, que incidem sobre subáreas privilegiadas mediante uma evolução que se realiza com a recusa a uma vocação própria e a um destino produzido de dentro do organismo urbano. Toda a cidade, entretanto, sofre os resultados desse processo.

Com a globalização, amplia-se a variedade de tipos econômicos, culturais, religiosos e linguísticos, multiplicam-se os modelos produtivos, de circulação e de consumo, segundo qualificações e quantidades, e também aumenta a variedade de situações territoriais.

Na realidade, tais situações se submetem a constantes mutações e encobrem uma rica, variada e sempre renovada divisão do trabalho e divisão territorial do trabalho.

Nessas condições, a metrópole está sempre se refazendo: na forma, na função, no dinamismo e no sentido. Essa riqueza do inesperado constitui a possibilidade de construção de novos futuros.

Capítulo 14

Uma ordem espacial: a economia política do território

1. Introdução

Quando falamos de ordem espacial, estamos novamente nos referindo ao espaço explicado pelo seu uso.

Cada momento da história tende a produzir sua ordem espacial, que se associa a uma ordem econômica e a uma ordem social. É necessário entender sua realidade a partir de forças que, frequentemente, não são visíveis a olho nu.

Que seria essa ordem espacial? Como defini-la? Como encontrar as categorias de análise? Como, também, individualizar empiricamente um país, no caso o Brasil, segundo tal ótica?

Propomos retomar a nossa proposta de definição do espaço como um conjunto indissociável de sistemas de objetos e sistemas de ações. Trata-se de caracterizar uma situação na qual, em cada área, os objetos tendem a exercer certas funções e os respectivos processos são, em grande parte, submetidos ao papel regulador de instituições e empresas.

2. As divisões do trabalho superpostas

O território, considerado território usado, é objeto de divisões de trabalho superpostas. Desse modo, a expressão divisão territorial do trabalho acaba sendo um conceito plural. Pode-se considerar também que cada atividade ou cada empresa produz a sua própria divisão do trabalho.

Cada empresa, cada atividade necessita de pontos e áreas que constituem a base territorial de sua existência, como dados da produção e da circulação e do consumo: a respectiva divisão do trabalho terá essa manifestação geográfica. Visto assim, o território aparecerá como uma espécie de rendilhado formado pelas respectivas topologias.

Podemos também considerar a existência de divisões do trabalho segundo lógicas escalares diversas, desde a local até a global, passando pela nacional. Simplificando, dir-se-á que certas atividades, ou empresas, ocupam o território a partir de lógicas globais, outras operam segundo lógicas que não ultrapassam as fronteiras nacionais, mas incluem vastas áreas do território, enquanto ainda outras, como as atividades do circuito inferior da economia, são limitadas a áreas menores, frequentemente intraurbanas.

Será talvez ocioso nos determos na questão de saber se se trata de divisões "particulares" do trabalho ou de divisões territoriais do trabalho particulares. Mais importante será considerar o conjunto do fenômeno um trabalho "coletivo" no território, formando *clusters*, que demarcam as conexões entre divisões do trabalho concorrentes e complementares. Vistas num dado momento de seu funcionamento e de sua evolução, elas aparecem como complementares; olhadas na sua dinâmica, são concorrentes. Na realidade, o que se verifica é uma dialética entre divisões do trabalho (sejam elas vistas do ponto de vista escalar ou de um ponto de vista das empresas) que disputam o território. Quando tomamos este como uma totalidade, chegamos à conclusão de que os circuitos de cooperação são também circuitos de competição, o que conduz à questão explicativa maior de saber quem, em determinadas circunstâncias, regula quem.

3. Um espaço corporativo, a privatização do território

À medida que o território brasileiro se torna fluido, as atividades econômicas modernas se difundem e uma cooperação entre as empresas se impõe, produzindo-se topologias de empresas de geometria variável, que cobrem vastas porções do território, unindo pontos distantes sob uma mesma lógica particularista. Os sistemas de engenharia que permitem esse relacionamento constituem recursos públicos, cujo uso privatista autoriza dizer que um novo processo ganha corpo — o da privatização do território. Ganha mais quem é mais forte.

Na medida em que essas grandes empresas arrastam, na sua lógica, outras empresas, industriais, agrícolas e de serviços, e também influenciam fortemente o comportamento do poder público, na União, nos estados e nos municípios, indicando-lhes formas de ação subordinadas, não será exagero dizer que estamos diante de um verdadeiro comando da vida econômica e social e da dinâmica territorial por um número limitado de empresas. Assim, o território pode ser adjetivado como um território corporativo, do mesmo modo que as cidades também podem ser chamadas de cidades corporativas, já que dentro delas idênticos processos se verificam.

Sem dúvida, o território como um todo e as cidades em particular acolhem uma tipologia de atividades. Muitas delas são mais fortemente relacionadas com o próprio território e, portanto, mais dependentes da sociedade próxima e das virtualidades materiais e sociopolíticas de cada área, o que permite certa horizontalização da atividade. O papel de comando, todavia, é reservado às empresas dotadas de maior poder econômico e político, e os pontos do território onde elas se instalam constituem meras bases de operação, abandonadas logo que as condições deixam de lhes ser vantajosas. As grandes empresas, por isso mesmo, apenas mantêm relações verticais com tais lugares.

Na medida em que essas firmas têm alcance global, preocupadas principalmente com parâmetros planetários, é como se o uso das condições territoriais indispensáveis pudesse permitir que se fale de uma "exportação do território".

No campo modernizado, a natureza ali presente é já uma natureza cientificamente conhecida, domada, codificada, comandada, sobre a qual, mediante as biotecnologias e o influxo do mercado, se impõe um calendário agrícola cada vez menos diretamente dependente das condições naturais e mais dependente do progresso técnico e das demandas do mercado.

A atividade é subordinada aos mandamentos das empresas: na escolha induzida das sementes e das espécies; na condução e na fiscalização dos processos; no uso do crédito oferecido, às vezes a taxas menores que as dos bancos comerciais e, na sua contrapartida, dos contratos de exclusividade. Tais empresas também oferecem assistência técnica e influenciam as formas de colheita, de coleta e de transporte. Temos assim uma produção quantitativamente ampliada em relação aos padrões técnicos e capitalistas anteriores e, de outro lado, uma circulação restrita graças ao conjunto de condições de racionalização introduzidas nas diversas áreas modernizadas por meio do nexo corporativo. Pode-se dizer que tal mecanismo conduz ao crescimento econômico, mas à custa da perda do controle de seu destino pelas regiões assim modernizadas.

A atividade agrícola moderna, sob o comando técnico-científico de grandes empresas, põe à disposição da respectiva atividade as condições encontradas em cada lugar. Na verdade, porém, não se trata de uma atividade que permita falar de horizontalidades, já que as principais etapas do respectivo processo dependem exclusivamente dos interesses dessas grandes empresas. Por isso, nessas condições, é lícito referirmo-nos à existência de verdadeiros oligopólios territoriais.

4. A lógica territorial das empresas

Cada empresa, cada ramo da produção produz, paralelamente, uma lógica territorial. Como já vimos, esta é visível por meio do que se pode considerar uma topologia, isto é, a distribuição no território dos pontos de interesse para a operação dessa empresa. Esses pontos de interesse ultrapassam o âmbito da própria firma para se projetar sobre as empresas fornecedoras, ou compradoras, ou distribuidoras. Para cada uma delas, o território do seu interesse imediato é formado pelo conjunto dos pontos essenciais ao exercício de sua atividade, nos seus aspectos mais fortes. Como já notamos, o essencial é que o conjunto de suas operações torne possível uma posição vantajosa em relação ao nível internacional no qual ela opera. Por conseguinte, o uso desses pontos do território nacional é submetido a uma lógica que, por intermédio de uma empresa global, acaba sendo uma lógica global.

Caberia aqui perguntar em que medida a existência de um mercado interno para dado produto e a participação de determinada firma nesse mercado interno modificariam essa equação. Uma lógica menos dependente do "mundo" poderia atribuir às empresas um conjunto diferente de opções, levando a outros comportamentos territoriais. Todavia, a doutrina atual da economia internacional, no que se refere aos países subdesenvolvidos, considera o mercado interno praticamente "residual", de modo que a lógica do mercado global acaba interferindo fortemente sobre o mercado interno, ou, em outras palavras, confere a este uma lógica global à qual se opõe fracamente uma lógica nacional, tanto mais débil quanto o Estado não se mostra interessado por ela.

O resultado, quanto ao território, é de novo o exercício de um controle parcial de certos pontos por lógicas que se interessam apenas por aspectos particularizados. Quanto aos outros interesses, não respondem de forma neutra a essa ação privativista, já que tal ação tem sobre eles reflexos indiretos.

A presença numa localidade de uma grande empresa global incide sobre a equação do emprego, a estrutura do consumo consumptivo e do consumo produtivo, o uso das infraestruturas materiais e sociais, a composição dos orçamentos públicos, a estrutura do gasto público e o comportamento das outras empresas, sem falar na própria imagem do lugar e no impacto sobre os comportamentos individuais e coletivos, isto é, sobre a ética. Acrescentem-se a tudo isso as inflexões exigidas da política nos planos federal, estadual e municipal para atender as necessidades de instalação, permanência e desenvolvimento das empresas. Estas estão interessadas sobretudo na produção material, isto é, são empresas dedicadas à indústria e à agricultura, mas incluem também empresas ligadas ao comércio, aos serviços, aos transportes, às finanças, à informação etc.

5. A ampliação dos contextos

As novas bases técnicas e as novas bases econômicas criam as condições materiais e políticas de uma ampliação do contexto que interessa primordialmente às atividades mais importantes. Uma empresa global tem, por definição, uma área de atuação que frequentemente envolve diversas regiões, países e continentes. A expressão transnacional é, aliás, representativa desse fenômeno. Enquanto a produção total, em determinados ramos, concentra-se em um número menor de empresas, estas se tornam capazes de utilização, a seu serviço, de um número maior de pontos e de áreas. Com o fenômeno de alargamento do contexto, aprofunda-se outro fenômeno, isto é, o uso diferencial acentuado do território.

As empresas mais poderosas escolhem os pontos que consideram instrumentais para a sua existência produtiva. É uma modalidade de exercício do seu poder. O resto do território torna-se, então, o espaço deixado às empresas menos poderosas. Os primeiros seriam, do ponto de vista da produtividade, da competitividade, "espaços luminosos", enquanto o resto do território chamar-se-ia "espaços opacos". Na verdade, as coisas não se dão de maneira tão simples. Em primeiro lugar, os pontos luminosos abrigam também atividades menos luminosas, que tanto podem ser complementares às atividades mais dinâmicas como resultar da permanência, em cada lugar, de uma sociedade desigualitária. Em segundo lugar, o que existe é toda uma gama de lugares luminosos e de lugares opacos, disputados por empresas com diferentes graus de modernidade capitalista ou organizacional.

No entanto, e de maneira geral, pode-se dizer que, do ponto de vista da economia internacionalizada, o uso diferencial do território é também um uso hierárquico. Na verdade, essa hierarquia pode não ser permanente ou sequer durável nas circunstâncias atuais da globalização. Vantagens comparativas locais, tanto as da ordem técnica como as da ordem política, podem ser rapidamente alcançadas ou perdidas, numa combinação difícil de prever com precisão, entre circunstâncias do mercado global e decisões do âmbito nacional e local.

Esse processo de construção-destruição-reconstrução de diferenciações e hierarquias conduz a frequentes desvalorizações e revalorizações de partes do território, quando o encaramos do ponto de vista da sua participação na prática de uma competitividade global. Este, aliás, é também um dos resultados do alargamento dos contextos.

6. O uso competitivo do território

O poder de uso do território é, pois, diferente conforme a importância das empresas. Tal poder tanto se exerce frente ao processo direto da produção — isto é, à sua fração técnica, segundo a qual as empresas utilizam seções do território — quanto no que se refere aos processos políticos ou à fração política da produção, constituída pela circulação, distribuição e consumo e mediante a qual o território é utilizado como um todo.

Lembremos aqui a definição de Taylor e Thrift (1982, p. 1.604) segundo a qual o poder pode ser definido como a capacidade de uma organização para controlar os recursos que lhe são necessários, mas que também são necessários a outras organizações. O uso competitivo do espaço acaba por se mostrar um uso hierárquico, na medida em que algumas empresas dispõem de maiores possibilidades para utilização dos mesmos recursos territoriais.

A noção de espaço corporativo deriva de tal mecanismo, que inclui uma utilização privilegiada dos bens públicos e uma utilização hierárquica dos bens privados. É dessa forma que maiores lucros são obtidos por alguns agentes, ainda que trabalhem sobre os mesmos bens e embora estes sejam nominalmente públicos. Quando as corporações encorajam, segundo várias formas de convicção, a construção de sistemas de engenharia de que necessitam, e quando os governos decidem realizar tais obras, o processo de produção do espaço corporativo se fortalece.

A partir desses dados, as maiores empresas passam a desempenhar um papel central na produção e no funcionamento do território e da economia. Mediante a colaboração ou a omissão do Estado, acabam por se tornar parte e juízes em conflitos de interesse com empresas menos poderosas, não mais necessitando buscar acordo com os outros níveis empresariais, pois sua hegemonia impõe uma acomodação forçada.

O próprio funcionamento das empresas globais, na busca de uma lógica planetária, é internamente normado e externamente normativo, acarretando poderosos efeitos ao entorno, mediante vetores de padronização, pragmatismo e, daí, violência. Esse entorno resulta, pois, imprevisível tanto no seu funcionamento como na sua evolução, já que o processo que o constitui depende das oscilações e caprichos de um mercado mundializado. Por isso, como já foi assinalado por Rowley e Jain (1997), a relação entre o macro e o micro se torna indispensável para conhecer as situações.

Não é o mercado como um todo que opera sobre lugares, regiões e países. De resto, haveria tal coisa, o mercado como um todo? Cada firma tem o seu próprio escopo, o seu próprio *timing*, operando assim segundo metas específicas e motivações privatistas, egoístas, sendo tais motivações, elas próprias, motivadas pelo "instinto animal" das empresas, por uma busca incessante de aperfeiçoamento e adaptação ao chamado mercado global, segundo as regras fluidas e caprichosas da competitividade. Os objetivos de tais empresas não são propriamente finalidades, porque não têm teleologia. A busca fundamental e desesperada (e cega para tudo o mais) é a procura de um lucro, uma mais--valia, que deve ser sempre maior do que no minuto anterior.

7. A guerra global entre lugares

Fala-se hoje muito em guerra fiscal, na medida em que a disputa de estados e municípios pela presença de empresas e a busca pelas empresas de lugares para se instalar lucrativamente é vista sobretudo nos seus aspectos fiscais. A realidade é que, do ponto de vista das empresas, o mais importante mesmo é a guerra que elas empreendem para fazer com que os lugares, isto é, os pontos onde desejam instalar-se ou permanecer, apresentem um conjunto de circunstâncias vantajosas do seu ponto de vista. Trata-se, na verdade, de uma busca de lugares "produtivos".

A rigor, os fundamentos dessa guerra de lugares podem ser tanto locais quanto regionais, nacionais ou mundiais. Neste último caso, tratar-se-á de uma verdadeira guerra global dos lugares, quando uma localidade, em um país ou continente, disputa a mesma atividade ou empresa frente a outro país ou continente; mas pode ser também examinada pela ótica da empresa, quando esta escolhe o lugar para se instalar e negocia a introdução, nesse lugar, de condições ainda não existentes e cuja presença fará dele um espaço ainda mais atrativo.

Essa busca de lugares produtivos pelas empresas globais, isto é, essa guerra global dos lugares, pode ter consequências sobre níveis escalares inferiores.

Considerado assim tal processo, a existência das empresas sobre um dado território acaba por ser algo que, ao mesmo tempo, é resultado e causa de uma disputa por posições hierárquicas, cabendo às empresas mais poderosas a preferência pelos lugares mais rentáveis, enquanto as demais devem ser relegadas a posições menos produtivas. Vale a pena, todavia, considerar que as exigências de produtividade espacial não são as mesmas para diversos produtos, de tal maneira que um lugar pode ser ótimo para o produto A e apenas bom, regular ou mesmo ruim para os produtos B, C ou D.

Desse ponto de vista, cada lugar, como cada região, deve ser considerado um verdadeiro tecido no qual as condições locais de infraestrutura, recursos humanos, fiscalidade, organização sindical, força reivindicatória afastam ou atraem atividades em dado momento.

Outro dado a se levar em conta é obrigatoriamente a dinâmica presente em cada lugar, já que as situações, sobretudo em tempos de globalização, não são estáveis, variando tanto mais e com maior frequência na mesma medida em que o contexto das atividades presentes, isto é, a sua escala, é mais amplo.

8. A circulação desnecessária

Herdamos da literatura marxista a ideia de produção necessária e de produção desnecessária, isto é, a produção cuja presença é capaz de assegurar o bem-estar das populações, em confronto com outra produção, destinada à exportação. Esse tema pode ser visto segundo um critério moral: a produção necessária seria a que ajuda a população a subsistir e a se desenvolver, enquanto a produção desnecessária seria não apenas excedente, mas também excessiva, acarretando para a sociedade um ônus desnecessário.

Propomos considerar que, da mesma maneira, haveria uma circulação e um intercâmbio necessários confrontando com uma circulação e um intercâmbio desnecessários, que seriam redundantes e teriam um custo social. Por exemplo, o estabelecimento de infraestruturas de custo pesado e a mobilização de veículos e serviços para assegurar tal circulação e tal intercâmbio, quando não incidem sobre o bem-estar geral da população, constituiriam uma carga para a sociedade como um todo, reduzindo-lhe as possibilidades efetivas de ampliação do seu bem-estar.

Já se vê, por aí, que estamos discutindo a questão da importância do mercado interno na ampliação do bem-estar das populações de países pobres, em contraposição à predicação da exportação como solução necessária. Poder-se-ia então, quando este último caso é o que triunfa, falar não apenas de ampliação da produção desnecessária e da circulação e do intercâmbio desnecessários, mas também da ampliação e do aprofundamento de uma divisão do trabalho desnecessária. A globalização acelera este último processo, porque faz parte do seu credo a ideia de que sem exportar é impossível modernizar-se e participar plenamente. De fato, o que resulta na prática é a vitória de uma lógica econômica a despeito das distorções de ordem social que possa acarretar. A consequente divisão do trabalho passa a ser comandada de fora do interesse social.

Em seu conjunto, os respectivos processos trazem importantes consequências para o funcionamento do espaço e sua estruturação, assim como para a retroação do próprio espaço sobre a sociedade e a economia.

9. A instabilidade do território

A instabilidade do território é uma das consequências dos processos anteriormente descritos e deve sua origem à própria turbulência do mercado global. Tal instabilidade marca as relações da empresa com o seu entorno, isto é, com outras empresas, as instituições e o próprio território, já que existe uma contínua necessidade de readaptação ao mercado e ao entorno. Cria-se assim uma permanente produção de desordem, que a cada momento é diferente da desordem precedente e da desordem seguinte. O fato de atualmente a atividade corporativa se realizar por intermédio de empresas-rede acaba por influenciar a totalidade ou partes significativas do território, por meio das redes das infraestruturas e de informação e comunicação.

Pode-se pensar que se trata apenas de um momento de rápida evolução do território, ou é de instabilidade mesmo que se trata? O resultado já sabido é que, a partir de sua origem exógena, as frações do território assim atingidas acabam por manifestar uma verdadeira crise de identidade.

10. Especializações alienígenas alienadas

Com a globalização e as exigências feitas pelo mercado global, algumas áreas do país acabam por se consagrar a atividades mais competitivas, ligadas ou não à exportação, seja na agricultura, na indústria ou ainda nas atividades-suporte, indispensáveis ao circuito total da produção.

Graças à cognoscibilidade do planeta, já mencionada, algumas regiões são reconhecidas como as mais aptas para o exercício de determinadas produções. As condições nelas presentes, ou que podem ser adrede introduzidas, favorecem uma rentabilidade maior a tal ou qual atividade ou produto, recomendando a instalação das respectivas empresas mais exigentes de produtividade. Em outras palavras, algumas zonas mais propícias para sediar atividades de nível global se tornam autênticos espaços da globalização. Como as exigências produtivas são diferentes segundo os produtos, a expressão espaço da globalização acaba por ser genérica. Na verdade, essas áreas constituem os espaços de eleição global para certos produtos. É por isso que há uma tendência à agregação de atividades similares ou complementares sobre um mesmo lugar, criando verdadeiras especializações produtivas, seja no campo, com novos lençóis agrícolas globalizados, monoprodutores ou não, seja nas cidades consagradas a certo tipo de produção industrial ou a um conjunto de produções.

Tal agregação tem efeitos econômicos importantes. Em primeiro lugar, a acumulação de atividades semelhantes ou complementares numa área cria uma espécie de efeito de massa, uma nova economia de escala que acaba por reduzir os custos globais e individuais. Em segundo lugar, a proximidade entre tais atividades produz um efeito de vizinhança que implica facilitar a difusão de informações gerais e específicas não apenas ligadas aos processos mas interessando também ao próprio funcionamento do mercado, o que representa importante vantagem comparativa.

Esses dois primeiros conjuntos de vantagens criam outros, relacionados à possibilidade de implantação, sustentação e desenvolvimento de serviços especializados locais.

Cada atividade constitui, no conjunto, um processo para as demais, um elo importante no sistema produtivo criado em determinado lugar ou área, constituindo a base socioespacial sobre a qual assenta uma determinada equação de emprego, uma determinada massa salarial, um determinado ritmo das atividades, um determinado movimento dos agentes, dos produtos, das mercadorias, do dinheiro e da informação, uma determinada estrutura de ordens e um determinado sistema de poder fundado na economia e na política. Trata-se de um verdadeiro sistema coerente, cuja base é espacial. Assim, numa pequena área pode haver acúmulo de relações que se sustentam mutuamente e tendem à criação de um produto econômico importante se comparado com outras áreas do país, levando-se em conta a superfície ocupada e a população concernida.

Tais áreas se caracterizam também pelo fato de boa parte da produção que realizam destinar-se a ser consumida em outros lugares, tanto no país como no estrangeiro.

Paralelamente, uma parte importante dos insumos intelectuais, financeiros, técnicos e políticos que asseguram o alto nível da produção local também tem origem externa em relação à área de produção direta, uma origem frequentemente distante. A velha noção marxista que opõe uma tendência à redução da arena da produção e à expansão da respectiva área de realização aplica-se amplamente aqui.

Todas essas vantagens comparativas que exaltam os índices econômicos obtidos devem, pois, ser contrastadas com o fato de a coerência e, às vezes, o brilho das atividades locais constituírem uma coerência subordinada, dependente de entidades estranhas à área e cujo processo obedece a mandamentos que não têm nem inspiração local nem preocupação com os destinos locais (exceto naquilo que corresponde ao seu interesse privativista e imediato), de modo que o processo de crescimento realizado no lugar pode ser definido como um processo alienado, o que autoriza a considerar tais atividades como especializações não apenas alienígenas, por sua origem, mas alienadas, pelo seu desenvolvimento e destino. Nesse caso, não se trata apenas de uma exteriorização ou abertura — como parece da moda atualmente —, mas de verdadeira alienação. Na realidade, é de um conjunto de alienações que se trata, cada qual atraindo e alimentando a outra.

11. As desarticulações resultantes

O fato de o território ser teatro de especializações alienadas, de uma superposição de contextos entre agentes de diferente força e de ser também não apenas o teatro de divisões de trabalho superpostas mas de uma guerra global entre empresas e lugares permite sugerir que o território é também objeto de desarticulações.

Sem dúvida, as complementaridades entre empresas com diferente nível de poder criam articulações entre elas. No entanto, como cada empresa necessita de um "espaço" próprio para a ação, resultante das suas necessidades de produção, circulação e consumo, pode-se admitir que entre os respectivos "espaços" existe uma verdadeira desarticulação, na medida em que essas diferentes topologias se sujeitam a lógicas diferentes e não raro opostas, ao menos parcialmente.

12. Desvalorizações e revalorizações do território

As mesmas razões que conduzem às desarticulações levam também a constantes desvalorizações e revalorizações do território.

O território é uno, o que significa que o seu movimento é solidário. Desse modo, desvalorizações e revalorizações obedecem a uma mesma lógica. Dir-se-ia que certas frações do território aumentam de valor em dado momento, enquanto outras, ao mesmo tempo e por via de consequência, se desvalorizam.

Como, todavia, definir esse valor? O território pode valorizar-se em dado momento para o exercício de certo nível de capital e tornar-se, paralelamente, menos valioso para os homens. De fato, a constituição de uma fração do território pode ser também diferentemente aproveitada segundo o tipo de produto. Em outras palavras, para o produto A o território se valoriza, enquanto para o produto B ele se valoriza menos ou se desvaloriza. Trata-se, pois, de um valor relativo e não absoluto, e que por isso exige qualificação, adjetivação. O exercício intelectual correspondente tem apenas a vantagem de lembrar como, em qualquer momento — mas sobretudo em condições de globalização —, o território é sensível, nervoso e objeto de numerosas mudanças de conteúdo.

13. Neoliberalismo e uso do território

A prática do neoliberalismo acarreta mudanças importantes na utilização do território, tornando esse uso mais seletivo do que antes e punindo, assim, as populações mais pobres, mais isoladas, mais dispersas e mais distantes dos grandes centros e dos centros produtivos.

O neoliberalismo conduz a uma seletividade maior na distribuição geográfica dos provedores de bens e de serviços, levados pelo império da competitividade a buscar, sob pena de seu próprio enfraquecimento, as localizações mais favoráveis. A tendência à concentração econômica agrava essa tendência. Desse modo a acumulação, em certos pontos, das respectivas atividades pode conduzir a maiores dificuldades quanto ao acesso aos respectivos produtos, sejam eles bens ou serviços. Que pensar, por exemplo, de uma educação privatizada, em que o efeito de escala leva a uma utilização melhor tanto das infraestruturas educacionais como da mão de obra docente? A mesma indagação pode ser feita quanto à produção da saúde. Pensemos também numa atividade dos correios estritamente baseada na necessidade de lucro competitivo.

Acrescentem-se à mecânica anteriormente descrita as possibilidades de seu aprofundamento com mais concentração da atividade em mãos de um número reduzido de empresas, capazes assim de impor preços altos e qualidade menor, além de um acesso mais difícil. Devemos admitir, desse modo e como consequência das práticas neoliberais, que se produzem "vazios de consumo". Estes tendem a ser tanto mais numerosos e vastos quanto mais sensíveis são os produtos e serviços.

Essa dinâmica do território pode conduzir à ampliação do êxodo rural e do êxodo urbano e a mais concentração nas grandes cidades, ainda que possa ocorrer certa redistribuição do fato metropolitano, como parece ser o caso do Brasil.

Tais exemplos permitem acrescentar uma pergunta: qual é o novo conteúdo explosivo do território hoje?

14. Forças centrífugas e centrípetas hoje

Como em todos os tempos, mas sobretudo depois que se estabelece uma lógica unitária sobre o território, agem paralelamente sobre ele forças de concentração e (forças) de dispersão. Pode-se também falar em forças centrífugas e centrípetas. O território tende a funcionar dentro de um modelo de sístoles e diástoles, um modelo combinado segundo o qual alguns dos seus pontos tendem a reunir recursos e forças, levando a fenômenos aglomerativos, enquanto em outras partes é o contrário que se verifica. Entre esses casos extremos, há toda uma gama de situações intermediárias. É assim que se estabelecem, no mapa de um país ou de uma região, hierarquias estatísticas e funcionais, juntamente com áreas de densidade e rarefação e com manchas mais ou menos dinâmicas.

Cada época produz as suas forças de concentração e de dispersão, que não podem ser confundidas com aquelas características dos momentos anteriores. Tal arquitetura vai depender da utilização combinada de condições técnicas e de condições políticas. Na época atual, o Estado neoliberal, junto com a difusão do sistema técnico comandado pelas técnicas informacionais, cria uma modalidade de centrifuguismo e centripetismo ainda uma vez combinados. De um lado (o que é diferente dos períodos anteriores), as atividades modernas tendem a se dispersar em função das virtualidades oferecidas nos subespaços, distantes dos centros estabelecidos mas cobiçados pelas grandes empresas. Por outro lado, há uma concentração de comando. Como já vimos, o comando técnico das operações produtivas pode ser relativamente disperso, relacionado de forma direta com a atividade que deve ser regulada. Mas o comando propriamente político, que inclui a regulação normativa, financeira, informacional, tende a se concentrar em um número menor de lugares, sendo que no Brasil esse papel é realizado sobretudo por São Paulo. Brasília pode criar as grandes normas impulsionadoras ou limitadoras da ação, mas o uso dessas normas está subordinado ao interesse dos agentes mais poderosos. Em outras palavras, sendo o papel ativo da regulação ligado, como é, à ação, confere ao lugar que decide dos investimentos e de sua modulação a capacidade de promover uma história da concentração e da dispersão.

Nas condições do mundo atual, o papel das finanças internacionais, decididas como estão a submeter as moedas nacionais, também representa um papel central no jogo anteriormente mencionado. O comportamento do sistema financeiro acaba por ter influência decisiva sobre a dinâmica da economia na medida em que alguns "dinheiros" são privilegiados, enquanto outros são negligenciados, arrastando uns e outros as atividades correspondentes e os lugares onde se situam.

Outro papel a ser levado em conta é o da tendência à fusão das empresas, já que esse fenômeno leva a uma redução do número de polos decisórios, a uma concentração maior dos vetores de comando e, com essa concentrização, a uma rigidez maior nas relações entre as áreas polarizadoras e áreas polarizadas.

Na medida em que as fusões de empresas tendem a ampliar a presença de capitais e de firmas globais no território, avolumam-se, ao mesmo tempo, desequilíbrios, juntamente com as novas formas de manifestação de crescimento do setor externo da economia, em detrimento do setor interno.

A orientação, hoje vitoriosa, no sentido de dar grande importância à atividade de exportação, anunciada como solução indispensável para o equilíbrio das contas nacionais, juntamente com a preocupação relativa à luta contra a inflação e que leva a uma necessidade de importar mais os bens necessários ao consumo, não apenas das empresas mas também da população, acaba por ampliar o mencionado desequilíbrio entre setor externo e setor interno.

Esse modelo leva a dois tipos de distorção. De um lado, as empresas de menor poder de concorrência e portadoras de lógicas propriamente territoriais tornam-se mais vulneráveis e, de outro, as empresas com lógicas extravertidas ampliam a sua participação no mercado interno. De certa forma, pode-se dizer que surge uma espécie de modelo externo para o setor interno.

Esse modelo está tanto mais presente quanto mais o mercado interno passa a ser objeto de uma preocupação residual. O abandono das preocupações com o mercado interno aparece como a única opção para uma participação no mercado dito global e o resultado é, frequentemente, a recessão, o desemprego e o empobrecimento das populações.

Os fenômenos anteriormente mencionados estão estreitamente relacionados com o afastamento do Estado da elaboração de políticas industriais e de outras políticas produtivas, assim como de políticas de interesse social. O próprio fato da globalização e a subordinação ao mercado dito global, conferindo um novo papel ao mercado, pode ser apontado como uma das causas do desequilíbrio do pacto federativo, já que a União precisa reunir forças mais concentradas e maciças para operacionalizar a economia globalizada. Isso tem um preço, que é o seguinte: para fazê-lo, tanto a nação quanto o território devem ser desconsiderados, enquanto o próprio Estado renuncia às funções de regulação social e privilegia o seu papel de suporte da expansão das lógicas monetaristas.

Tal evolução leva, como no caso brasileiro, a uma verdadeira supressão do discurso territorial na retórica do Estado e à desconsideração dos processos espaciais como dado tanto da dinâmica da sociedade e da economia quanto da formulação de políticas públicas.

O quadro que estamos buscando retraçar não estará completo se não fizermos menção ao fato de a emergência da globalização diminuir ainda mais a preocupação com a cidadania, já que a figura do cidadão quase sempre é confundida com a do consumidor.

A cidadania constitui uma força centrípeta, capaz de estar presente em todos os lugares onde se exerce, independentemente do tamanho. O consumismo, amparado pela informação orientada, amplia o centrifuguismo na maioria das localidades e conduz a mais concentrização (Luiz Navarro de Britto, 1986).

É assim que o conteúdo político dos lugares se rarefaz, ao mesmo tempo que se revela cada vez mais a desnaturalização do espaço, o que amplia, em virtude da exigência de abstração para entendê-lo, a possibilidade de expansão e aprofundamento de ideologias espaciais distanciadas da realidade vivida pelas populações. Tudo isso contribui para que se afirmem racionalidades alienígenas e alienadas, cuja difusão é facilitada por uma superposição, em cada lugar, de âmbitos e contextos de expressão diferente. Trata-se, na verdade, de outra forma de reconhecer a oposição entre o que é, até certo ponto, irredutível e o que é fluido ou que, até certo ponto, se deixa dissolver. As forças centrífugas constituem, em cada lugar, um dado do exercício da fluidez, ao contrário do centripetismo, inclusive a cidadania, situação que é capaz de facilitar a eclosão da vontade de entendimento das situações e de ampliação da consciência.

15. A racionalidade do espaço: da solidariedade orgânica à solidariedade organizacional

Pode-se falar em racionalidade do espaço? Essa expressão cabe a certas frações do território cujas condições materiais e políticas permitem um uso considerado produtivo pelos atores econômicos, sociais, culturais e políticos dotados de racionalidade. Na realidade, o que estamos chamando de racionalidade do espaço vem, em última instância, das ações que sobre ele se realizam; mas tal possibilidade somente se perfaz quando o próprio território oferece as condições necessárias.

Pode-se, de modo geral, dizer que nas condições históricas atuais o meio técnico-científico-informacional, seja como área contínua, mancha ou ponto, constitui esse espaço da racionalidade e da globalização. A serviço de grandes empresas privadas, o território nacional conhece, em certos lugares, uma adequação técnica e política que permite a tais empresas uma produtividade e um lucro maiores. Em última análise, trata-se de uma racionalidade privada obtida com recursos públicos. Em outras palavras, tal racionalidade representa sempre uma drenagem de recursos sociais para a esfera do setor privado.

A solidariedade orgânica resulta de uma interdependência entre ações e atores que emana da sua existência no lugar. Na realidade, ela é fruto do próprio dinamismo de atividades cuja definição se deve ao próprio lugar enquanto território usado. É em função dessa solidariedade orgânica que as situações conhecem uma evolução e reconstrução locais relativamente autônomas e apontando para um destino comum.

Já a solidariedade organizacional supõe uma interdependência até certo ponto mecânica, produto de normas presididas por interesses de modo geral mercantis, mutáveis em função de fatores do mercado. Neste último caso, os "organizadores" prosperam à custa da solidariedade interna e, frequentemente, também à custa da solidariedade no sentido ético. Em ambos os casos a solidariedade organizacional é paralela à produção de uma racionalidade que não interessa à maior parte das empresas nem da população.

BIBLIOGRAFIA

AB'SÁBER, Aziz Nacib. "Desenvolvimento econômico e impacto ambiental em áreas de Trópico Úmido Brasileiro — a experiência da CVRD". In: *Anais do I Seminário*, Secretaria Especial do Meio Ambiente (SEMA), International Waterfowl Research Bureau (IWRB) e Companhia Vale do Rio Doce, Rio de Janeiro, jul. 1987.

_____. *Amazônia. Do discurso à praxis*. Edusp, São Paulo, 1996.

ABREU, Maurício de Almeida. "A apropriação do território no Brasil colonial". In: CASTRO, Iná Elias; GOMES, Paulo Cesar da Costa e CORRÊA, Roberto Lobato (orgs.), *Explorações geográficas: percursos no fim do século*, Bertrand Brasil, 1997, pp. 1997-245.

ALMEIDA, Roberto Schmidt de; RIBEIRO, Miguel Angelo Campos. "Espaço--temporalidade dos sistemas de transportes na Amazônia brasileira". In: SANTOS, Milton; SOUZA, Maria Adélia A. de; SACARLATO, Francisco Capuano; ARROYO, Mónica. *Problemas geográficos de um mundo novo*, Hucitec-Anpur, São Paulo, 1995, pp. 40-47.

ALVES, Maria Rita Pontes Assumpção. "Um boletim eletrônico de informações para o comércio exterior. O caso da transnacional Editora e Propaganda". In: MARCOVITCH, Jacques (org.), *Tecnologia da informação e estratégia empresarial*. FEA/USP, São Paulo, 1996, pp. 81-100.

ANDRADE, Júlio M. *Feiras livres e espaço urbano*. Faculdade de Arquitetura e Urbanismo, Universidade de São Paulo, mimeo., 1968.

ANDRADE, Manuel Correia de. *A questão do território no Brasil*. Hucitec/IPESPE — Instituto de Pesquisas Sociais, Políticas e Econômicas, São Paulo-Recife, 1995.

ANUÁRIO ESTATÍSTICO DO BRASIL — IBGE. 1992, 1970, 1950, 1940, 1930 — energia elétrica.

ARAÚJO FILHO, José Ribeiro de. *Santos, o porto do café* (tese de livre-docência da cadeira de geografia do Brasil, Faculdade de Filosofia, Ciências e Letras, Universidade de São Paulo). Publicação nº 24, Fundação Instituto Brasileiro de Geografia, Rio de Janeiro, 1969.

ARBEX JR., José; SENISE, Maria Helena Valente. *Cinco séculos de Brasil. Imagens & Visões*. Ed. Moderna, São Paulo, 1998.

ARROYO, Mónica. "O processo de globalização e a integração regional". In: STROHAECKER, Tânia M.; DAMIANI, Anelisa; SCHÄEFFER, Neiva O.; BLAUTH, Nely; DUTRA, Viviane S., *Fronteiras e espaço global*, Associação dos Geógrafos Brasileiros, Seção Porto Alegre, 1998, pp. 17-27.

AZEVEDO, Thales de. *Povoamento da cidade de Salvador*. Companhia Editora Nacional, São Paulo, 1955.

BECKER, Bertha K. "A geografia e o resgate da geopolítica". In: *Revista Brasileira de Geografia*, ano 50, nº especial, tomo 2, 1988, pp. 99-125.

BECKER, Bertha K.; EGLER, Cláudio A. G. *Uma potência regional na economia--mundo*. Bertrand Brasil, Rio de Janeiro, 1993.

BERNARDES, Adriana. *Os jornais locais: o caso de São Carlos, São Paulo, Brasil*. Laboratório de Geografia Política e Planejamento Territorial e Ambiental (LABOPLAN), Departamento de Geografia, Faculdade de Filosofia, Letras e Ciências Humanas, Universidade de São Paulo, mimeo., 1995.

BERNARDES, Adriana e ALMEIDA, Eliza. *Dinâmica territorial da indústria brasileira (1880-1996)*. Relatório de pesquisa, Laboratório de Geografia Política e Planejamento Territorial e Ambiental (LABOPLAN), Departamento de Geografia, Faculdade de Filosofia, Letras e Ciências Humanas, Universidade de São Paulo, mimeo., nov. 1997, (91 p.).

BERNARDES, Adriana. *O período técnico-científico-informacional: um recorte da divisão social e territorial do trabalho brasileira no século XX*. Laboratório de Geografia Política e Planejamento Territorial e Ambiental (LABOPLAN), Departamento de Geografia, Faculdade de Filosofia, Letras e Ciências Humanas, Universidade de São Paulo, mimeo, 1999 (34 p.).

BERNARDES, Júlia Adão. *Cambios técnicos y reorganización del espacio en la región azucarera norte fluminense, Brasil (1970-1990)*. Tese de doutorado, Universitat de Barcelona, 1993.

BERNARDES, Lysia; SOARES, Maria Theresinha de Segadas. *Rio de Janeiro. Cidade e Região*. Biblioteca Carioca, Prefeitura da Cidade do Rio de Janeiro, 1987.

BOWMAN, Isaiah. *Le monde nouveau. Tableau général de géographie politique universelle.* Payot, Paris, 1928.

BRANDÃO, Maria de Azevedo. "Introdução: Cidade e Recôncavo da Bahia". In: BRANDÃO, Maria de Azevedo (org.), *Recôncavo da Bahia. Sociedade e economia em transição,* Fundação Casa de Jorge Amado, Salvador, 1998.

BRAUN, Ingo; JOERGES, Bernward. "Techniques du quotidien et macrosystèmes techniques". In: GRAS, Joerges e Scardigli, *Sociologie des techniques de la vie quotidienne.* Harmattan, Paris, 1992, pp. 69-86.

BRUM, Argemiro Jacob. *O desenvolvimento econômico brasileiro.* Vozes, Petrópolis, 1990.

BUESCU, Mircea. *Brasil: problemas econômicos e experiência histórica.* Editora Forense Universitária, Rio de Janeiro, 1985.

CALMON, Jorge. *As estradas correm para o sul, migração nordestina para São Paulo.* Empresa Gráfica da Bahia, Salvador, 1998.

CANO, Wilson (1977). *Raízes da concentração industrial em São Paulo.* T. A. Queiroz Editor, 2ª ed., São Paulo, 1981.

CASTILLO, Ricardo. *Sistemas orbitais e uso do território. Integração eletrônica e conhecimento digital do território brasileiro.* Tese de doutorado, Departamento de Geografia, Faculdade de Filosofia, Letras e Ciências Humanas, Universidade de São Paulo, 1999 (317 p.).

CASTRO, Ana Célia; NOGUEIRA, Antonio C.; SILVA, Francisco C. T. da; BICUDO, José P. W.; MOURA, Margarida M.; LINHARES, Maria Y. L.; DELGADO, Nelson G. e BESKOW, Paulo R. *Evolução recente e situação atual da agricultura brasileira; síntese das transformações.* Binagri, Brasília, 1979.

CASTRO, Josué de. *Ensaios de geografia humana.* Brasiliense, São Paulo, 1957.

CAVACO, Adriana de Sá Barcelos. "Rede urbana e a grande empresa — o espaço de atuação do grupo Arbi". In: *Revista de Pós-Graduação em Geografia,* Rio de Janeiro, ano I, vol. 1, 1997, pp. 107-131.

CENTRO DA MEMÓRIA DA ELETRICIDADE NO BRASIL. *Panorama do setor de energia elétrica no Brasil.* Rio de Janeiro, 1988.

CHOSSUDOWSKY, Michel. *The globalization of poverty: impacts of IMF and World Bank reforms.* Zed Books, Londres, 1997.

COELHO, Maria Célia Nunes e COTA, Raymundo Garcia (orgs.). *Dez anos da Estrada de Ferro Carajás.* Universidade Federal do Pará/NAEA, Belém, 1997.

COELHO, Maria Célia Nunes. "A CVRD e o processo de (re)estruturação e mudança na área de Carajás (Pará)". In: COELHO, Maria Célia Nunes e COTA, Raymundo Garcia (orgs.), *Dez anos da Estrada de Ferro Carajás*, UFPA/NAEA, Belém, 1997, pp. 51-78.

CONAC, Françoise. "L'eau dans le monde". In: BAILLY, Antoine; FERRAS, Robert; PUMAIN, Denise. *Encyclopédie de Géographie*, Economica, Paris, 1992, pp. 971-987.

CORDEIRO, Helena Kohn. "Os principais pontos de controle da economia transnacional no espaço brasileiro". In: *Boletim de Geografia Teorética*, vols. 16 e 17, Rio Claro, 1986-1987.

CORDEIRO, Helena Kohn; D. A. BOVO. *A modernidade do espaço brasileiro através da rede nacional de Telex*, Departamento de Geografia e Análise da Informação Geográfica, UNESP-Rio Claro, Rio Claro, mimeo., 1989.

CORRÊA, Roberto Lobato. "Corporação e espaço — uma nota". In: *Revista Brasileira de Geografia*, ano 53, nº 1, IBGE, Rio de Janeiro, jan.-mar./1991, pp. 137-145.

_____. "Corporação e organização espacial: um estudo de caso". In: *Revista Brasileira de Geografia*, ano 53, nº 3, IBGE, Rio de Janeiro, jul.-set./1991, pp. 33-66.

_____. "Territorialidade e corporação: um exemplo". In: SANTOS, Milton; SOUZA, Maria Adélia A. de; SILVEIRA, María Laura (orgs.). *Território: globalização e fragmentação*. Hucitec-ANPUR, São Paulo, 1994, pp. 251-256.

_____. "Os centros de gestão do território: uma nota". In: *Território*. LAGET--Universidade Federal do Rio de Janeiro, vol. 1, nº 1, Relume-Dumará, Rio de Janeiro, jul.-dez./1996, pp. 23-30.

DAVIDOVICH, Fany R. "Considerações sobre a urbanização no Brasil". In: CHRISTOFOLETTI, Antônio; BECKER, Bertha K.; DAVIDOVICH, Fany R.; GEIGER, Pedro (orgs.), *Geografia e meio ambiente no Brasil*. Hucitec, São Paulo, Rio de Janeiro, 1995.

DAVIDOVICH, Fanny; FREDRICH, Olga M. Buarque de Lima. "A configuração espacial do sistema urbano brasileiro como expressão no território da divisão social do trabalho". In: *Revista Brasileira de Geografia*, ano 44, nº 4, IBGE, Rio de Janeiro, out.-dez./1982, pp. 541-590.

DEAN, Warren. *A ferro e fogo: a história e a devastação da Mata Atlântica brasileira*. (Título original: *With broadax and firebrand. The destruction of the Brazilian Atlantic Forest*, 1995.) Tradução: Cid Knipel Moreira. Companhia das Letras, São Paulo, 1996, 1ª reimpressão, 1997.

DEFFONTAINES, Pierre. "Como se constituiu no Brasil a rede de cidades". In: *Boletim Geográfico*, ano 2, n°s 14 e 15, abril de 1944.

DIAS, Leila Christina. "Les enjeux socio-spatiaux du développement des réseaux de télécommunications au Brésil". In: *Document de Recherche du* CREDAL, n° 204, doc. n° 15, 1989, pp. 28-41.

_____. *Réseaux d'information et réseau urbain au Brésil.* L'Harmattan, Paris, 1995.

DÍAZ MUÑOZ, María Angeles. "Unas notas sobre las posibilidades docentes y aplicaciones de la Geografía del Tiempo". In: *Geografías Personales. Serie Geográfica*, n° 1. Departamento de Geografía, Universidade de Alcalá, 1991, pp. 131-163.

DURAND, Marie-Françoise; LÉVY, Jacques; RETAILLÉ, Denis. *Le monde, espaces et systèmes.* Presses de la Fondation Nationale des Sciences Politiques et Dalloz, Paris, 1992.

Eletrobrás/SIESE — Sistema de Informações Empresariais do Setor de Energia Elétrica, nov. 1996.

ELIAS, Denise. *Meio técnico-científico-informacional e urbanização na região de Ribeirão (SP).* Tese de doutorado. Departamento de Geografia, Faculdade de Filosofia, Letras e Ciências Humanas, Universidade de São Paulo, 1996.

ESPÍNDOLA, Carlos José. *As agroindústrias no Brasil. O caso Sadia.* Editora Grifos, Chapecó, 1999. (ESPÍNDOLA, Carlos José. *As agroindústrias do Oeste Catarinense: o caso Sadia.* Dissertação de mestrado, Departamento de Geografia, Faculdade de Filosofia, Letras e Ciências Humanas, Universidade de São Paulo, 1996.)

FAISSOL, Speridião. *O espaço, território, sociedade e desenvolvimento brasileiro.* IBGE, Rio de Janeiro, 1994.

FERNANDES, Ana; SANTOS FILHO, Milton; ALMEIDA, Paulo Henrique de. "A modernização do campo nos cerrados baianos". In: Espaço e Debates — *Revista de Estudos Regionais e Urbanos*, ano 8, n° 25, 1988, pp. 63-75.

FERNANDES, Florestan (1974). *A revolução burguesa no Brasil: ensaio de interpretação sociológica.* Zahar Editores, 3ª ed., Rio de Janeiro, 1981.

FIGUEIREDO, Adma Hamam de. *A distribuição do crédito e a mudança tecnológica no campo: o caso do Oeste do Paraná.* Dissertação de mestrado, Universidade Federal do Rio de Janeiro, 1985.

FIRKOWSKI, Olga Lúcia Casteghini; SAMPAIO, Silvia Selingardi. "A industrialização recente do município de Limeira em face do contexto industrial paulista". In: *Geografia*, Rio Claro, 17(1), ab. 1992, pp. 23-38.

FORAY, Dominique. "Choix des techniques rendements croissants et processus historiques: la nouvelle économie du changement technique". In: PRADES, Jacques. *La technoscience. Les fractures des discours.* L'Harmattan, Paris, 1992, pp. 57-93.

FRANÇA, Ari. La route du café et les fronts pionniers. *Guide de l'excursion* nº 3, UGI, 18ème Congrés, Rio de Janeiro, 1956.

FREYRE, Gilberto (1933). *Casa-grande e senzala.* Record, 34ª ed., Rio de Janeiro, 1998.

FRIEDMANN, Georges. *Sept études sur l'homme et la technique.* Denoel/Gonthier, Paris, 1966.

FURTADO, Celso. *Formação econômica do Brasil.* Fundo de Cultura, 2ª ed., Rio de Janeiro, 1959.

_____. *A fantasia desfeita.* Paz e Terra, Rio de Janeiro, 1989.

FURTADO, Milton Braga. *Síntese da economia brasileira.* Livros Técnicos e Científicos Editora, Rio de Janeiro, 1980.

GALVÃO, Maria do Carmo Corrêa. "Focos sobre a questão ambiental no Rio de Janeiro". In: ABREU, Maurício de Almeida (org.). *Natureza e sociedade no Rio de Janeiro*, Biblioteca Carioca, Prefeitura da Cidade do Rio de Janeiro, 1992, pp. 13-26.

GCOI — Grupo Coordenador para Operação Interligada. Planejamento Elétrico e Energético da Operação para 1996.

GEIGER, Pedro Pinchas. *Evolução da rede urbana brasileira.* Centro Brasileiro de Pesquisas Educacionais, Instituto Nacional de Estudos Pedagógicos (INEP), MEC, Rio de Janeiro, 1963.

GEORGE, Pierre. *L'ère des techniques, constructions ou destructions?* Presses Universitaires de France, Paris, 1974.

GERTEL, Sérgio. *Geografia, informação e comunicação: a imagem postal brasileira.* Dissertação de Mestrado, Departamento de Geografia, Faculdade de Filosofia, Letras e Ciências Humanas, Universidade de São Paulo, São Paulo, 1991.

GONÇALVES, Carlos Walter Porto. "Formação socioespacial e questão ambiental no Brasil". In: BECKER, Bertha Koiffmann., CHRISTOFOLETTI, Antônio; DAVIDOVICH, Fanny. R.; GEIGER, Pedro P. *Geografia e meio ambiente no Brasil.* Hucitec — Comissão Nacional do Brasil da União Geográfica Internacional, São Paulo-Rio de Janeiro, 1995, pp. 309-333.

GRAS, Alain. "Le bonheur, produit surgelé". In: GRAS, Alain e MORICOT, Caroline, *Technologies du quotidien, la complainte du progrès*. Éditions Autrement, Paris, 1992, pp. 12-31.

_____. *Grandeur et dépendance. Sociologie des macrosystèmes techniques*. Presses Universitaires de France, Paris, 1993.

GUIMARÃES, Olmária. *O papel das feiras livres no abastecimento da cidade de São Paulo*. Dissertação de mestrado, Departamento de Geografia, Faculdade de Filosofia, Letras e Ciências Humanas, Universidade de São Paulo, 1968.

HAESBAERT, Rogério. *Desterritorialização e identidade. A rede "gaúcha" no Nordeste*. Editora da Universidade Federal Fluminense, Niterói, 1997.

HOLANDA, Sérgio Buarque de (1936). *Raízes do Brasil*. Companhia das Letras, 26ª ed., São Paulo, 1995.

HUGHES, Tom P. e MAYNZ, Renate. *The development of large technical systems*. Campus Verlag, Frankfurt, 1988.

IANNI, Octávio. *Estado e planejamento econômico no Brasil (1930-1970)*. Civilização Brasileira, Rio de Janeiro, 1979.

ISNARD, Hildebert (1978). *O espaço geográfico*. Almedina, Coimbra, Lisboa, 1982.

JESUS, Gilmar Mascarenhas de. "Modernidade urbana e flexibilidade tropical: as feiras livres na cidade do Rio de Janeiro (1904-1934). In: *Geo Uerj*, nº 2, UERJ, Rio de Janeiro, dez. 1997, pp. 29-41.

JOERGES, Bernward. "Large technical systems: concepts and issues". In: MAYNZ, Renate, HUGHES, Thomas P. (orgs.). *The development of large technical systems*. Campus Verlag, Frankfurt, 1988, pp. 9-36.

KAHIL, Samira Peduti. *Unidade e diversidade do mundo contemporâneo. Holambra: a existência do mundo no lugar*. Tese de doutorado, Departamento de Geografia, Faculdade de Filosofia, Letras e Ciências Humanas, Universidade de São Paulo, 1997 (105 p.).

KATINSKY, Júlio Roberto. "Ferrovias Nacionais". In: MOTOYAMA, Shozo (org.). *Tecnologia e Industrialização no Brasil. Uma perspectiva histórica*. Unesp — Editora da Universidade Estadual Paulista e CEETEPS — Centro Estadual de Educação Tecnológica Paula Souza, São Paulo, 1994, pp. 37-65.

KAYSER, Bernard. "Les divisions de l'espace geographique dans les pays sous--développés". In: *Annales de Geógraphie*, Paris, 1966.

KOWARICK, Lúcio. *Capitalismo e marginalidade na América Latina*. Paz e Terra, 4ª ed., Rio de Janeiro, 1985.

LAMPARELLI, Celso. "A metropolização como uma das formas de urbanização". In: RIBEIRO, Ana Clara Torres e MACHADO, Denise B. P. *Metropolização e rede urbana, perspectivas dos anos 90*, IPPUR/UFRJ, Rio de Janeiro, 1990, pp. 55-59.

LAVEDAN, Pierre (1936). *Géographie des Villes*. Paris, Gallimard, 1959.

LEMOS, Amalia Inés Geraiges de. "Turismo, modernidade e globalização: São Paulo, metrópole mundial". In: RODRIGUES, Adyr A. Balastreri (org.) *Turismo e geografia. Reflexões teóricas e enfoques regionais*, Hucitec, São Paulo, 1996, pp. 238-246.

LENCIONI, Sandra. *Reestruturação urbano-industrial: centralização do capital e desconcentração da metrópole de São Paulo, a indústria têxtil*. Tese de doutorado, Departamento de Geografia, Faculdade de Filosofia, Letras e Ciências Humanas, Universidade de São Paulo, São Paulo, 1991.

LEROI-GOURHAN, André. *Milieu et techniques*. Paris, 1945.

LIMA, Luiz Cruz. *Novo espaço da produção: os tecnopolos*. Tese de doutorado, Departamento de Geografia, Faculdade de Filosofia, Letras e Ciências Humanas, Universidade de São Paulo, São Paulo, 1994.

LIMONAD, Ester. *Os lugares da urbanização — o caso do interior fluminense*. Tese de doutorado, Departamento de Estruturas Ambientais, Faculdade de Arquitetura e Urbanismo, Universidade de São Paulo, São Paulo, 1996.

LOBO, Marco Aurélio Arbage. *Estado e capital transnacional na Amazônia: o caso da Albrás-Alunorte*. Universidade Federal do Pará/NAEA/PLADES, Belém, 1996.

LOMBARDO, Magda A. *Ilha de calor nas metrópoles: o exemplo de São Paulo*. Hucitec, São Paulo, 1985.

MACHADO, Ewerton Vieira. "Turismo, Paisagem e Ambiente: o viés do desenvolvimento sustentável — algumas notas como contribuição ao debate". In: *Geosul*, Florianópolis, v. 13, nº 25, jan./jun. 1998, pp. 36-44.

MACHADO, Lia Osório. *Urbanização e monopólio do espaço: o exemplo da Amazônia*. Departamento de Geografia, Universidade Federal do Rio de Janeiro, mimeo., jul. 1984 (34 p.).

_____. *Significado e configuração de uma fronteira urbana na Amazônia*. Simpósio sobre Urbanização, Migração e Colonização na Amazônia, SBPC, Belém, 6-13 de julho, 1985.

_____. "A fronteira agrícola na Amazônia brasileira". In: BECKER, Berta K., CHRISTOFOLETTI, Antônio, DAVIDOVICH, Fanny R.; GEIGER, Pedro. *Geografia e Meio Ambiente no Brasil*. Hucitec-Comissão Nacional do Brasil da União Geográfica Internacional, São Paulo-Rio de Janeiro, 1995, pp. 181-217.

MAGALHÃES, Amílcar Armando Botelho de. *Rondon, uma relíquia da pátria*. Imprensa Nacional, Rio de Janeiro, 1946.

MAGNOLI, Miranda Maria E. M. *Espaços livres e Urbanização: uma introdução a aspectos da paisagem metropolitana*. Tese de livre-docência, Faculdade de Arquitetura e Urbanismo, Universidade de São Paulo, São Paulo, 1982.

MAMIGONIAN, Armen. "O processo de industrialização em São Paulo". In: *Boletim Paulista de Geografia*, Associação dos Geógrafos Brasileiros, São Paulo, nº 50, mar. 1976(a), pp. 83-102.

_____. "Notas sobre os frigoríficos do Brasil central agropecuário". In: *Boletim Paulista de Geografia*, nº 51, Associação dos Geógrafos Brasileiros, São Paulo, junho 1976(b), pp. 7-14.

_____. "Inserção de Mato Grosso ao mercado nacional e a gênese de Corumbá". In: *Geosul — Revista do Departamento de Geociências* — CCH, nº 1, ano 1, Editora da UFSC, 1º sem./1986, pp. 39-58.

_____. "Teorias sobre a industrialização". In: *Seleção de textos*, nº 4, Laboratório de Geografia Política e Planejamento Territorial e Ambiental, Departamento de Geografia, Faculdade de Filosofia, Letras e Ciências Humanas, Universidade de São Paulo, 1992.

MARX, Karl. *Capital, a critique of political economy*. Tradução (da 4ª ed. alemã) de MOORE, Samuel, e AVELING, Edward, Nova York, The Modern Library, 1906.

MARX, Murilo. *Cidade no Brasil, terra de quem?*. São Paulo, EDUSP/ NOBEL, 1991.

MELERO, Roberto A. Lopes. *A indústria cimenteira no Brasil*. Dissertação de mestrado, Departamento de Geografia, Faculdade de Filosofia, Letras e Ciências Humanas, Universidade de São Paulo, São Paulo, 1996.

MESQUITA, Olindina Vianna; NUNES, Eduardo P.; LÉO, Ieda Ribeiro e BRITO, Maristella de A. *Modernização da agricultura no sudoeste de Goiás*. Fundação Instituto Brasileiro de Geografia e Estatística/Empresa Brasileira de Pesquisa Agropecuária, IBGE, Rio de Janeiro, 1982.

MONBEIG, Pierre. *La croissance de la ville de São Paulo*. Institut et Revue de Geógraphie Alpine, Grenoble, 1953.

_____. (1952). *Pioneiros e fazendeiros de São Paulo*. Hucitec-Polis, São Paulo, 1984.

MONTEIRO, Carlos Augusto de Figueiredo. *Teoria e Clima Urbano* (série Teses e Monografias, nº 25). Instituto de Geografia, USP, 1976.

MORAES, Antonio Carlos Robert. *Contribuições para a gestão da zona costeira do Brasil. Elementos para uma geografia do litoral brasileiro*. Edusp, Hucitec, São Paulo, 1999. (MORAES, Antonio Carlos Robert. *Bases da formação territorial do Brasil*. Tese de doutorado, Departamento de Geografia, Faculdade de Filosofia, Letras e Ciências Humanas, Universidade de São Paulo, São Paulo, 1991.)

MOREIRA, Ruy. "O Plano Nacional de Reforma Agrária em questão". In: *Terra livre*, v. 1, ano 1, Associação dos Geógrafos Brasileiros, São Paulo, 1986, pp. 6-19.

NASSAR, Raduan. Conferência no Departamento de Língua Portuguesa. Stanford University, Stanford, 1998.

NAVARRO DE BRITO, Luiz A. *Política e espaço regional*. Nobel, São Paulo, 1986.

NEVES, Gervásio Rodrigo. "Territorialidade, desterritorialidade, novas territorialidades (algumas notas)". In: SANTOS, Milton; SOUZA, Maria Adélia A. de; SILVEIRA, María Laura (orgs.). *Território: globalização e fragmentação*. Hucitec-Anpur, São Paulo, 1994, pp. 270-282.

NOGUEIRA, Ricardo José Batista. *Amazonas: um estado ribeirinho (estudo do transporte fluvial de passageiros e cargas)*. Dissertação de mestrado, Departamento de Geografia, Faculdade de Filosofia, Letras e Ciências Humanas, Universidade de São Paulo, 1994.

OLIVEIRA, Ariovaldo Umbelino de. "A apropriação da renda pelo capital na citricultura paulista". In: *Terra Livre*, v. 1, ano 1, 1986, Associação dos Geógrafos Brasileiros, São Paulo, pp. 26-38.

OLIVEIRA, José Aldemir de. *Cidades na selva: a urbanização nas Amazonas*. Tese de doutorado, Departamento de Geografia, Faculdade de Filosofia, Letras e Ciências Humanas, Universidade de São Paulo, São Paulo, 1994.

PASTRÉ, Olivier. *L'informatisation et l'emploi*. La Découverte-Maspero, Paris, 1983.

PAVIANI, Aldo. *Brasília, a metrópole em crise, ensaios sobre urbanização*. Editora da Universidade de Brasília, Brasília, 1988.

PEITER, Paulo Cesar. *O desenvolvimento das redes elétricas de transmissão no Brasil: dos sistemas locais aos sistemas interligados*. Dissertação de mestrado,

Programa de Pós-Graduação em Geografia, Universidade Federal do Rio de Janeiro, Rio de Janeiro, 1994.

PEREIRA, José Carlos. *Formação industrial do Brasil e outros estudos*. Hucitec, São Paulo, 1984.

PEREIRA, Luís Carlos Bresser. *Empresas multinacionais e o subdesenvolvimento industrializado*. EAESP, São Paulo, 1975.

_____. (1977). *Estado e subdesenvolvimento industrializado*. Brasiliense, São Paulo, 1981.

PIMENTA, Marita Silva. *Cafeicultura e modernidade: o caso de Bom Jesus do Itabapoana—Rio de Janeiro*. Tese de Doutorado, Departamento de Geografia, Faculdade de Filosofia, Letras e Ciências Humanas, Universidade de São Paulo, São Paulo, 1995 (393 p.)

PINTAUDI, Silvana M. "Os *shopping-centers* brasileiros e o processo de valorização do espaço urbano". In: *Boletim Paulista de Geografia*, nº 65, Associação dos Geógrafos Brasileiros, São Paulo, 2º sem./1987, pp. 23-37.

PIRES, Hindemburgo Francisco. "Reestruturação inovativa e reorganização das instituições financeiras do setor Privado no Brasil". In: *Geo Uerj — Revista do Departamento de Geografia*, nº 1, Universidade do Estado do Rio de Janeiro, Rio de Janeiro, jan. 1997, pp. 65-79.

PIZYSIEZNIG FILHO, João. "Competências essenciais e a tecnologia da informação. O caso da Interchange". In: MARCOVITCH, Jacques (org.). *Tecnologia da informação e estratégia empresarial*, Faculdade de Economia e Administração, Universidade de São Paulo, São Paulo, 1996, pp. 49-64.

PORTO, Jadson; COSTA, Manoel. *A área de livre comércio de Macapá e Santana: questões geoeconômicas*. O Dia, Macapá, 1999.

PÓVOA-NETO, Helion. "Migrantes, garimpeiros e seu 'lugar' no território nacional. Itinerância e mobilidade espacial do trabalho". In: *Geo Uerj*, nº 2, Rio de Janeiro, dez. 1997, pp. 43-49.

PRADO JÚNIOR, Caio. *Formação do Brasil contemporâneo*. Brasiliense, 2ª ed., São Paulo, 1945.

_____. (1945). *História econômica do Brasil*. Brasiliense, 23ª ed., São Paulo, 1980.

QUEIROZ NETO, José Pereira de. *Pedogênese no planalto atlântico: contribuição paleogeográfica dos solos da mantiqueira norte-ocidental*. Tese de livre-docência, Universidade de São Paulo, Faculdade de Filosofia, Letras e Ciências Humanas, Departamento de Geografia, 1973.

RAFFESTIN, Claude. *Por uma geografia do poder*. (Título original: *Pour une géographie du pouvoir*, LITEC, Paris, 1980.) Tradução: Maria Cecília França. Ática, São Paulo, 1993.

RANGEL, Ignácio. "História da dualidade brasileira". In: *Revista de Economia Política*, nº 4, 1981, pp. 5-34.

RATTNER, Henrique. *Industrialização e concentração econômica em São Paulo*. Fundação Getulio Vargas, Rio de Janeiro, 1972.

REIS FILHO, Nestor Goulart. *Evolução urbana do Brasil*. Pioneira, São Paulo, 1968.

RIBEIRO, Ana Clara Torres. "Matéria e espírito: o poder (des)organizador dos meios de comunicação". In: PIQUET, R.; RIBEIRO, Ana Clara Torres. *Brasil, território da desigualdade: descaminhos da modernização*. Jorge Zahar, Rio de Janeiro, 1991.

_____. "Metrópole e fragmentação: novos rumos na análise da modernização". In: SANTOS, Milton; SOUZA, Maria Adélia A. de; SILVEIRA, María Laura (orgs.). *Território: globalização e fragmentação*. Hucitec-ANPUR, São Paulo, 1994, pp. 143-153.

RIBEIRO, Darcy. *O indigenista Rondon*. Ministério da Educação e da Cultura, Rio de Janeiro, 1958.

_____. *O povo brasileiro. A formação e o sentido do Brasil*. Companhia das Letras, São Paulo, 1995.

RICARDO, Cassiano. *Marcha para o Oeste*. Editora da Universidade de São Paulo-Martins Fontes, Rio de Janeiro, 1970.

RODRIGUES, Adyr A. Balastreri. "Percalços do planejamento turístico: o Pordetur-ne". In: RODRIGUES, Adyr A. B. (org.). *Turismo e geografia. Reflexões teóricas e enfoques regionais,* Hucitec, São Paulo, 1996, pp. 147-162.

RODRIGUES, Arlete Moysés. "A questão ambiental e a (re)descoberta do espaço: uma nova relação sociedade/natureza?". In: *Boletim Paulista de Geografia*, nº 73, AGB, São Paulo, 1994, pp. 35-71.

RODRIGUES, Cristiane Moreira. "Unisys Corporation: formação e mudanças da sua rede urbana". In: *Revista de Pós-Graduação em Geografia,* ano 1, v. 1, UFRJ, Rio de Janeiro, 1997, pp. 94-106.

RONDON, Cândido Mariano da Silva. "Conferências". Tipografia do *Jornal do Commercio*, Rio de Janeiro, 1916 (conferências apresentadas em 1915).

ROQUETTE-PINTO, Edgardo. *Rondônia*. Companhia, Editora Nacional, São Paulo, 1950.

ROSS, Jurandyr L. Sanches; e MOROZ, Isabel C. "O mapa geomorfológico do Estado de São Paulo". In: *Revista do Departamento de Geografia da Universidade de São Paulo,* nº 10, São Paulo, 1995.

ROSSINI, Rosa Ester. *Geografia e gênero: a mulher na lavoura canavieira paulista.* Tese de livre-docência, Departamento de Geografia, Faculdade de Filosofia, Letras e Ciências Humanas, Universidade de São Paulo, São Paulo, 1988.

ROWLEY, Robin e JAIN, Renuka. "Structural microeconomics of productivity efficiency and strategic alliances". In: GUPTA, S. D. *Dynamics of globalization and development.* Kleuwer, Dordrecth, 1997, pp. 261-279.

SÁ, Alcindo José de. *O espaço citricultor paulista nos anos 90: a (re)afirmação de um meio técnico-científico-informacional da globalização.* Tese de doutorado, Departamento de Geografia, Faculdade de Filosofia, Letras e Ciências Humanas, Universidade de São Paulo, São Paulo, 1998 (168 p.).

SANGUIN, André-Louis. *La géographie politique.* PUF, Paris, 1972.

SANTOS, Angela Maria Medeiros M., COSTA, Cláudia Soares e CARVALHO, Rodrigo Estrella de. "O crescimento dos *shopping-centers* no Brasil". In: BN-DES *Setorial,* 4, set./1996, pp. 221-236.

SANTOS, Milton. *Zona do cacau, introdução ao estudo geográfico.* 1ª ed. Imprensa Oficial da Bahia, Artes Gráficas, Salvador, 1955. 2ª ed. Companhia Editora Nacional, coleção Brasiliana, vol. 296, Biblioteca Pedagógica Brasileira, São Paulo, 1957.

_____. *Les villes du tiers monde.* Éditions de M.-Th. Génin, Paris, 1971.

_____. "Brazil: underdevelopment industrialized country". In: *Underdevelopment and poverty: a geographer's view,* The Latin American in Residence Lectures, University of Toronto, Canadá, 1972-1973, 1975 (70 p.).

_____. "Society and space: social formation as theory and method". In: *Antipode,* v. 9, nº1, fev. 1977, pp. 3-13. Em português: "Sociedade e espaço: a formação social como teoria e como método". In: *Boletim Paulista de Geografia* nº 54, São Paulo, jun., 1977, pp. 81-100. Em francês: "Societé et espace: la formation economique et social comme théorie et comme méthode". In: *Cahiers Internationaux de Sociologie,* v. 60, 1º de setembro, Paris, 1977, pp. 261-276

_____. "Do espaço sem nação ao espaço transnacionalizado". In: RATTNER, Henrique (org.). *Brasil 1990, caminhos alternativos do desenvolvimento,* Brasiliense, São Paulo, 1979, pp. 143-160.

_____. "Organização do espaço e organização social: o caso de Rondônia". In: *Boletim Carioca de Geografia,* ano XXXII, Rio de Janeiro, 1982, pp. 51-77.

_____. *Espaço e método*. Nobel, São Paulo, 1985.

_____. *O espaço do cidadão*. Nobel, São Paulo, 1987.

_____. "Meio técnico-científico e urbanização: tendências e perspectivas". In: *Resgate* 3, 1991.

_____. *A urbanização brasileira*. Hucitec, São Paulo, 1994(a).

_____. *Técnica, espaço, tempo: globalização e meio técnico-científico-informacional*. Hucitec, São Paulo, 1994(b).

_____. *Por uma economia política da cidade: o caso de São Paulo*. Hucitec-Educ, São Paulo, 1994(c).

_____. *A natureza do espaço. Técnica e tempo. Razão e emoção*. Hucitec, São Paulo, 1996.

_____. *Por uma outra globalização. Do discurso único à consciência universal*. Record, Rio de Janeiro, 2000.

SANTOS, Milton; RIBEIRO, Ana Clara Torres. *O conceito de região concentrada*. Universidade Federal do Rio de Janeiro, IPPUR e Departamento de Geografia, mimeo., 1979.

SANTOS, Milton; SILVEIRA, María Laura. "De uma geografia metafórica da pós-modernidade a uma geografia da globalização". In: *Cultura Vozes*, nº 4, ano 91, v. 91, jul.-ago./1997, pp. 14-30.

SANTOS FILHO, Milton (coord.). *O processo de urbanização no oeste baiano*. SUDENE, Recife, 1989.

SANTOS, Wilson dos. *Cidades locais, contexto regional e urbanização no período técnico-científico. O exemplo da região de Campinas-SP*. Tese de doutorado, Departamento de Geografia, Faculdade de Filosofia, Letras e Ciências Humanas, Universidade de São Paulo, São Paulo, 1989.

SAWAYA, Silvio Barros. "Os núcleos urbanos de apoio rural: Rondônia". Faculdade de Arquitetura e Urbanismo, Universidade de São Paulo, mimeo., 1982.

SCHERER, Rebeca. *Descentralização e planejamento urbano no município de São Paulo*. Tese de doutorado, Faculdade de Arquitetura e Urbanismo, Universidade de São Paulo, São Paulo, 1987.

SEABRA, Manoel F. G. *As cooperativas mistas do estado de São Paulo*. Instituto de Geografia, Universidade de São Paulo, 1977.

SILVA, Augusto César Pinheiro da. "Gestão e território: o caso da empresa Fleischmann & Royal no noroeste fluminense". In: *Território*, LAGET — Universidade Federal do Rio de Janeiro, ano 2, nº 3, jul.-dez./1997, Garamond, Rio de Janeiro, 1997, pp. 53-75.

SILVA, Cátia Antônia da. "Cidade, informação e cultura: a inserção no mercado de filmes em videocassete no espaço urbano brasileiro". In: SANTOS, Milton; SOUZA, Maria Adélia de; SCARLATO, Francisco; ARROYO, Mónica. *O novo mapa do mundo. Fim de século e globalização,* Hucitec-Anpur, São Paulo, 1993.

SILVA, Marcos Aurélio da. *A indústria de equipamento elétrico do nordeste catarinense: um estudo de geografia industrial.* Dissertação de mestrado, Departamento de Geografia, Faculdade de Filosofia, Letras e Ciências Humanas, Universidade de São Paulo, 1997.

SILVA NETO, Manuel Lemes da. *Implicações da aceleração contemporânea na escala local: o caso do Estado de São Paulo.* Tese de doutorado, Faculdade de Arquitetura e Urbanismo, Universidade de São Paulo, 1998.

SILVA, Sylvio Bandeira de Mello; SILVA, Barbara-Christine Nentwig. "Globalização e reestruturação territorial no Estado da Bahia". In: *Geografia,* v. 21, nº 2, AGETEO, Rio Claro, 1996, pp. 67-85.

SILVEIRA, María Laura. "Concretude territorial, regulação e densidade normativa". In: *Experimental,* ano 1, nº 2, Laboratório de Geografia Política e Planejamento Territorial e Ambiental, Departamento de Geografia, Faculdade de Filosofia, Letras e Ciências Humanas, Universidade de São Paulo, mar./1997, pp. 35-45.

_____. "Uma situação geográfica: do método à metodologia". In: *Território,* Laboratório de Gestão do Território (LAGET), Universidade Federal do Rio de Janeiro, ano 4, nº 6, jan.-jun./1999(a), pp. 21-28.

_____. *Um país, uma região. Fim de século e modernidades na Argentina.* Fapesp-Laboplan, USP, São Paulo, 1999(b). (SILVEIRA, María Laura. *Um país, uma região. Fim de século e modernidades na Argentina.* Tese de doutorado, Departamento de Geografia, Faculdade de Filosofia, Letras e Ciências Humanas, Universidade de São Paulo, 1996, 379 p.)

SIMONDON, Gilbert (1958). *Du mode d'existence des objets techniques.* Aubier, Paris, 1989.

SOFFIATI, Arthur. "Agricultura e meio ambiente em Campos". In: *Evolução da agricultura em Campos-RJ, mudança tecnológica e relações de produção,* Faculdade Cândido Mendes, Campos, mai./1987, pp. 51-74.

SOUZA, Maria Adélia Aparecida de. "Regionalização: tema geográfico e político — o caso paulista". In: *Boletim Paulista de Geografia,* nº 50, Associação dos Geógrafos Brasileiros, São Paulo, mar./1976, pp. 103-134.

_____. *Cidades médias e desenvolvimento industrial — uma proposta de descentralização metropolitana*. Série Estudos e Pesquisa, 17, Secretaria de Economia e Planejamento do Estado de São Paulo, São Paulo, 1978.

_____. *A identidade da metrópole: a verticalização em São Paulo*. Hucitec-Edusp, São Paulo, 1994.

SPOSITO, Eliseu Savério. "Fluxos e localização industrial". In: MELO, Jayro Gonçalves (org.), *Região, cidade e poder*, GASPERR, Universidade Estadual Paulista/FCT, Presidente Prudente, 1996, pp. 69-96.

SPOSITO, Maria Encarnação Beltrão. *O chão arranha o céu: a lógica da reprodução monopolista da cidade*. Tese de doutorado, Departamento de Geografia, Faculdade de Filosofia, Letras e Ciências Humanas, Universidade de São Paulo, São Paulo, 1991.

_____. "Espaços urbanos: territorialidades e representações". In: SPOSITO, Eliseu Savério (org.). *Dinâmica econômica, poder e novas territorialidades*, GASPERR, Universidade Estadual Paulista/FCT, Presidente Prudente, 1999, pp.13-29.

SUZUKI, Júlio César. "Na busca dos momentos, a descoberta da transição: o estudo da urbanização de Rondonópolis — MT". In: *Geousp*, Revista de Pós-graduação em Geografia, Departamento de Geografia, Faculdade de Filosofia, Letras e Ciências Humanas, Universidade de São Paulo, nº 1, 1997, p. 65-71.

SZMRECSÁNYI, Maria Irene de Q. F. *A apropriação e organização do espaço na economia cafeeira: contrastes entre o Vale do Paraíba e o Oeste paulista (1800-1930)*. Faculdade de Arquitetura e Urbanismo, Universidade de São Paulo, São Paulo, mimeo., 1983.

SZMRECSÁNYI, Tamás. *O planejamento da agroindústria canavieira do Brasil (1935-1975)*. Hucitec-Unicamp, São Paulo, 1979.

TARDE, Gabriel. *Les lois de l'imitation, étude sociologique*. Félix Alcan, Paris, 1921.

TAVARES, Celso Vicente Mussa. *Padrões de localização de bancos privados no Brasil*. Dissertação de mestrado, Universidade Federal do Rio de Janeiro, 1996 (177 p.).

TAYLOR, M. J. e THRIFT, N. J. "Industrial linkage and the segmented economy: 1. Some theoretical problems". In: *Environment and planning A*, v. 14, 1982, pp. 1.601-1.613.

TRINDADE JÚNIOR, Saint-Clair Cordeiro da. "Faces da urbanização: a dinâmica metropolitana de Belém no contexto da urbanização amazônica". In: *Experimental*, Laboratório de Geografia Política e Planejamento Territorial e

Ambiental, Departamento de Geografia, Universidade de São Paulo, ano 2, nos 4-5, set./1998.

VAINER, Carlos B. e ARAÚJO, Frederico Guilherme B. de. *Grandes projetos hidrelétricos e desenvolvimento regional.* CEDI — Centro Ecumênico de Documentação e Informação. Rio de Janeiro, 1992.

VARGAS, Milton. "Construção de estradas". In: MOTOYAMA, Shozo (org.). *Tecnologia e industrialização no Brasil. Uma perspectiva histórica.* Unesp, Editora da Universidade Estadual Paulista e CEETEPS — Centro Estadual de Educação Tecnológica Paula Souza, São Paulo, 1994(a), pp. 137-156.

_____. "Construção de portos". In: MOTOYAMA, Shozo (org.). *Tecnologia e Industrialização no Brasil. Uma perspectiva histórica,* Unesp — Editora da Universidade Estadual Paulista e CEETEPS — Centro Estadual de Educação Tecnológica Paula Souza, São Paulo, 1994(b), pp. 67-84.

VASCONCELOS, Pedro de Almeida. "Cultura, religião e escravidão na Bahia (1549-1888)". In: *Espaço e Cultura,* no 4, jun./1997, pp. 8-18.

VIEIRA, Sheila. *Indústria de alta tecnologia. Reflexos da reserva de mercado e do neoliberalismo em Florianópolis.* Programa de Pós-graduação em Geografia, Universidade Federal de Santa Catarina, Florianópolis, 1996.

WHITEHEAD, Alfred North. *An enquiry concerning the principles of natural knowledge.* Cambridge University Press, Cambridge, 1919.

YAMASHITA, Yoshie. *Colônia Esperança-Arapongas, PR (Aspectos da organização do espaço agrário).* Dissertação de mestrado, Departamento de Geografia, Faculdade de Filosofia, Letras e Ciências Humanas, Universidade de São Paulo, São Paulo, 1976.

ESTUDOS DE CASO

Os sistemas de engenharia e a tecnicização do território. O exemplo da rede rodoviária brasileira

MARCOS XAVIER

Introdução

A base material do território passa por profundas mudanças. Entre elas destaca-se a implantação de diversos sistemas de engenharia, como portos, barragens, estradas de rodagem, usinas hidrelétricas e equipamentos de telecomunicações, que são multiplicados e sobrepostos de forma articulada e em escalas cada vez mais amplas, possibilitando a integração do território e seu uso seletivo, graças à unificação técnica e organizacional desses sistemas.

Neste texto, é analisada a evolução de um destes sistemas em particular, o sistema rodoviário, sua participação na tecnicização do território, os objetivos que justificaram, ao longo do século XX, sua construção e seu papel na criação de um novo sistema de "proximidade prática" (Pierre Lévy, 1995, p. 22) resultante das diferentes acessibilidades de cada homem, firma ou instituição aos meios de transporte e comunicações.

Tal processo é verificado ao longo de três períodos: o primeiro momento, entre a segunda metade do século XIX e os anos 1930, quando se dá uma integração parcial do território; o segundo período, marcado pela mecanização e integração do território e pela formação de um mercado nacional unificado, entre o final da Grande Guerra e o início da década de 1960, e o terceiro período, formado pelas modernizações realizadas após 1964 que integram o país ao movimento de internacionalização levando à criação de um espaço nacional da economia internacional.[1]

As redes locais: a materialidade de uma integração incompleta

A integração parcial do território polarizado por São Paulo marcou uma importante mudança para o país, que até então era formado por um arquipélago de subespaços que evoluíam segundo lógicas próprias.[2]

Segundo Caio Prado Júnior (1974, p. 157), essa integração marcou uma nova distribuição das atividades produtivas no país, tendo como centro de gravidade principal o avanço do cultivo de café no oeste paulista. Importantes mudanças na configuração do território formaram o suporte sobre o qual se deu essa nova distribuição. Houve um grande aparelhamento técnico, destacando-se as estradas de ferro, a navegação a vapor internacional e de cabotagem, além da navegação fluvial, a rede telegráfica e os cabos submarinos.

---

1. Na segunda metade da década de 1960, o Programa de Ação Econômica do Governo (1964-1966) procurou reintegrar o subsistema econômico brasileiro ao sistema capitalista mundial (Octavio Ianni, 1971). Entre seus principais objetivos, estava a formação de um mercado de consumo para bens duráveis, favorecendo a implantação das indústrias desse setor no país. Com a crise de 1973, nova etapa de modernizações é imposta ao território. Segundo Antonio B. de Castro (1985, p. 28) "diante do transtorno das contas externas verificadas no ano de 1974, o Brasil optou pelo crescimento-com-endividamento". Esse crescimento seria gestado por meio do II Plano Nacional de Desenvolvimento (1974), que priorizava a implantação de novos setores, a criação e adaptação de tecnologias para modernizar a economia, o ajustamento às novas realidades da economia mundial e uma nova etapa de esforço para integração nacional.

2. Ver Paul Singer, *Desenvolvimento econômico e evolução urbana*, Edusp, São Paulo, 1968, p. 8; Caio Prado Júnior, *História econômica do Brasil*, Ed. Brasiliense, São Paulo, 1974, p. 225; Wilson Cano, *Desequilíbrios regionais e concentração industrial* (1930-1970), Campinas, Global Editora, 1985 p. 63; Milton Santos, *A urbanização brasileira*, Hucitec, São Paulo, 1993, p. 26, e Manuel Correa de Andrade, "Comércio internacional e ocupação do território no Brasil" (1930-1972), Recife, mimeo., 1994, pp. 198-199.

O desenvolvimento técnico e a administração desses sistemas se deram de forma fragmentada, com a utilização de técnicas externas operacionalizadas por grandes empresas americanas e europeias. A constituição de empresas internacionais para a construção de ferrovias e para a geração de energia elétrica é testemunho dessa forma de somar ao território os instrumentos necessários à produção.

A distribuição espacial das primeiras estradas de rodagem não foi indiferente a essa situação. Conforme Milton Vargas (1991, p. 137-56), as estradas de rodagem representavam nesse momento pequenos investimentos pontuais, sendo a maioria *caminhos de terra*,[3] enquanto as ferrovias atendiam a demanda da economia agroexportadora ligando os locais de produção aos portos.[4] As maiores e mais importantes estradas de então eram vias carroçáveis que se distribuíam em duas áreas do território brasileiro. A primeira era delimitada por estradas encontradas nos estados das atuais regiões Sudeste e Sul, articulados em torno de São Paulo, e a segunda era constituída por um conjunto de estradas que partiam do litoral em direção ao interior da região Nordeste (Moacir Silva, 1949, p. 56).

As ferrovias compunham o transporte preponderante, mas as rodovias, sobretudo após a chegada do automóvel no início do século XX, cumpriam importante papel local ao propiciar a ligação entre as fazendas e as estações ferroviárias.

Ao longo da década de 1930 e início da década de 1940, quando o país conhecia um primeiro crescimento industrial significativo, deslocando o centro dinâmico da economia para o mercado interno, a extensão das es-

---

3. Os destaques foram: Calçada do Lorena, construída entre 1788 e 1790, que subia a serra do Cubatão (São Paulo); Rio de Janeiro–São Paulo, construída em 1810; Estrada do Comércio, que atravessava a serra do Mar em direção ao Vale do Paraíba e ao oeste de Minas Gerais, construída em 1844; Cia. União e Indústria, entre Petrópolis e Juiz de Fora, construída em 1864, e Estrada Recife–São Francisco, construída em 1880.

4. Em 1854, foi inaugurada a primeira ferrovia brasileira, Estrada de Ferro Mauá, construída no Rio de Janeiro, com uma extensão de 14,5 quilômetros. Entre 1875 e 1888 foram construídos 6.438 quilômetros de estradas de ferro, que se expandiam de forma radial a partir dos portos de Santos, Rio de Janeiro, Salvador e Recife, somando-se outras estradas em Minas Gerais, Alagoas, Ceará, Rio Grande do Sul, Rio Grande do Norte, Paraíba, Paraná Santa Catarina e Espírito Santo (Moacir M. F. Silva, 1954, p. 14).

tradas foi mais que duplicada. Esse aumento concentrou-se entre os anos de 1930 e 1937, destacando-se a região Sudeste, cujo aumento correspondeu a 56,2% do total do país (Tabela 1).

TABELA I

EXTENSÃO DA REDE RODOVIÁRIA POR GRANDES REGIÕES — KM

REGIÕES	1930[1]	1937[2]	1943[2]
Norte	671,0	1.412,0	2.457,0
Nordeste	29.188,5	45.219,1	57.962,0
Sudeste	46.043,6	95.002,0	108.106,0
Sul	27.079,0	42.986,8	74.229,0
Centro-Oeste	10.260,8	15.716,0	33.946,0
Brasil	113.249,9	200.336,3	276.700,0

Fontes: 1. *Anuário estatístico do Brasil*; Instituto Nacional de Estatística, 1936.
2. SILVA, Moacir M. F., *Geografia dos transportes no Brasil*, IBGE, Rio de Janeiro, 1949.

A diversificação dos fluxos levada a cabo pela crescente urbanização, o fascínio das elites paulistas pelas competições e passeios e a adoção de uma política rodoviarista levaram à construção das primeiras rodovias modernas no estado de São Paulo, reforçando os laços entre as regiões Sudeste e Sul.[5] Segundo Pierre Monbeig (1952, 1984), além das ações governamentais, também eram realizados pequenos investimentos por "homens de negócio" que viam nas estradas de rodagem e no caminhão uma possibilidade de ampliar o raio de abrangência das ferrovias e de valorização das terras.

Enquanto isso, na região Nordeste, a crescente construção de estradas de rodagem atendeu as necessidades geradas pela seca. Após 1932, como nota Manuel C. de Andrade (1994, p. 198), a Inspetoria Federal de Obras Contra as Secas passou a construir rodovias na região atingida pelo flagelo com a fina-

5. Moacyr Marques (1978) nota que entre 1920 e 1950 o estado já tinha substituído linhas férreas por rodovias construídas nos mesmos traçados por onde estas deveriam passar.

lidade de fornecer postos de trabalho e de reter a mão de obra local. Para tanto, foi formulado pelo mesmo órgão, em 1931, o Plano Rodoviário do Nordeste.

Nesse período se deu a construção de importantes rodovias modernas: a Rodovia Padre Anchieta, ligando a capital paulista ao litoral, a Via Anhanguera, ligando São Paulo à cidade de Jundiaí, e a rodovia Presidente Dutra entre São Paulo e Rio de Janeiro. Destacam-se também importantes troncos rodoviários no Nordeste — a Rodovia Transnordestina, Fortaleza–Teresina, a Central do Rio Grande do Norte, a Central do Ceará, a Central de Pernambuco e a Central da Paraíba.

Os caminhos abertos pela Constituição de 1937, que amplia a capacidade de intervenção do Estado na economia do país, e a criação de toda uma tecnoestrutura (Octavio Ianni, 1971, p. 4) incluem uma maior atenção às rodovias. Os primeiros planos oficiais com o objetivo de formular um sistema rodoviário nacional surgem nesse momento: o Plano do Departamento Nacional de Estradas de Rodagem, criado em 1937, e os Planos Rodoviários Nacionais, em 1944/1946, que incluíam a criação de uma estrutura político-administrativa de financiamento, execução e fiscalização, de conservação e de normas técnicas.

As rodovias tornaram-se um dos principais instrumentos para a formação de um mercado nacional unificado e para a circulação exigida pela nova divisão territorial do trabalho que se esboçou nas próximas décadas.

A formação do mercado nacional: as rodovias e a integração do território

A formação da rede rodoviária nacional tem como marco sua participação na instrumentalização do território a partir da Segunda Guerra Mundial, para atender o processo de industrialização associado aos grandes projetos nacionais. Sua criação correspondeu à configuração de uma nova circulação engendrada pela vida de relações do país a partir desse momento.

O fortalecimento de uma ideologia do desenvolvimento fomenta nos países periféricos uma industrialização incipiente e dependente. A industrialização, nesse contexto, se dá como sinônimo de desenvolvimento a partir das décadas de 1940 e 1950, marcando a atuação forte e centralizada do Estado como planejador e executor de grandes projetos de intervenção nas bases materiais do território e na produção industrial.[6] As condições políticas e organizacionais impulsionaram a industrialização e a formação de um mercado interno, elaborando uma nova lógica social, econômica e territorial para o país, que prevalecerá a partir desses anos (Milton Santos, 1993). Para tanto, o Plano de Reaparelhamento Econômico (1951-1954) e o Plano de Metas (1956-1961) ativam uma nova etapa de modernizações, priorizando as redes de transporte necessárias à articulação inter-regional.

A centralização da produção e a tendente unificação técnica e organizacional das infraestruturas resultaram na constituição de sistemas de engenharia articulados com o nível nacional. Nesse contexto, as estradas de rodagem foram escolhidas como principal meio para a realização dos fluxos de mercadorias e pessoas no país. Caberia a elas integrar as zonas de fraco povoamento e produção para constituir um mercado unificado comandado por São Paulo. O resultado foi a formação da rede rodoviária nacional por meio da articulação das redes municipais e estaduais com os grandes eixos rodoviários federais.

A pequena participação dos sistemas de engenharia pretéritos na configuração territorial das regiões Norte e Centro-Oeste e o anseio de integrá-las ao resto do país favorecem o início da adesão rápida de novas infraestruturas. Como nota Milton Santos (1993, p. 61), nessas regiões pôde instalar-se de uma só vez toda a materialidade contemporânea indispensável a uma economia exigente de movimento. Embora tenham tido um crescimento significativo, será na próxima fase de modernizações que a rede rodoviária dessas regiões conhecerá um maior investimento. Essas regiões correspondiam, juntas, à menor participação no total da rede rodoviária brasileira ao longo desse período, 5,5% das estradas existentes em todo o país em 1952 (Tabela 2).

---

6. Segundo Ricardo Bielschowsky (1995, p. 250), o início do desenvolvimentismo (associação entre desenvolvimento e industrialização sob uma gestão centralizada do Estado) no período de 1930-1945 correspondeu principalmente a uma primeira e limitada tomada de consciência da problemática industrial por parte de uma nova elite técnica, civil e militar que então se instalava nas instituições de orientação e controle implantadas pelo Estado centralizador pós-1930.

TABELA 2

EVOLUÇÃO DA REDE RODOVIÁRIA BRASILEIRA SEGUNDO
AS GRANDES REGIÕES — 1952-1964 — KM

	Norte	Nordeste	Sudeste	Sul	Centro-Oeste	Brasil
1952	3.205	67.464	140.084	77.643	13.751	302.147
1955	5.310	95.541	184.124	134.462	39.277	459.714
1961	6.502	115.508	182.957	137.414	56.129	499.550
1964	7.804	117.648	209.657	157.188	56.213	548.510

Fonte: *Anuário estatístico do IBGE.*

A maior parte das construções fica nas regiões Sudeste, Sul e Nordeste correspondendo à primeira etapa de integração do território, interligando o eixo Norte–Sul do país. A extensão e a densidade da rede rodoviária segundo as grandes regiões são reveladoras desta distribuição, que é, também, qualitativamente desigual (Tabelas 3 e 4).

TABELA 3

EVOLUÇÃO DA REDE RODOVIÁRIA PAVIMENTADA
SEGUNDO AS GRANDES REGIÕES — KM

	Norte	Nordeste	Sudeste	Sul	Centro-Oeste	Brasil
1955	58	615	2.066	390	4	3.133
1961	467	2.146	8.783	2.060	677	14.133
1964	988	3.284	11.207	2.528	723	18.730

Fonte: *Anuário estatístico do IBGE.*

TABELA 4

EVOLUÇÃO DA EXTENSÃO DA REDE RODOVIÁRIA
BRASILEIRA PELA ÁREA TERRITORIAL SEGUNDO AS GRANDES REGIÕES
— 1952-1964 — KM POR 1.000 KM²

	Norte	Nordeste	Sudeste	Sul	Centro-Oeste	Brasil
1955	1,5	61,4	199,2	235,4	20,8	54,0
1961	1,8	74,7	197,9	239,5	29,8	58,6
1964	2,2	75,6	226,8	273,2	29,8	64,4

Fonte: *Anuário estatístico do IBGE.*

Esse investimento maciço expande o sistema rodoviário brasileiro por todo o território. A articulação entre o desenvolvimento industrial do país e, em particular, a instalação de um parque automobilístico concentrado em São Paulo consolidam esse sistema como a principal via de transporte, tornando o sonho rodoviarista do início do século XX uma realidade nacional.

A fluidez do território: as rodovias e o meio técnico-científico-informacional

A segunda metade da década de 1960 é marcada por grandes planos nacionais de desenvolvimento, que levam a cabo mais uma etapa de modernizações do território com a finalidade de integrar o país ao movimento de internacionalização.

O Programa de Ação Econômica do Governo (1964-1966), segundo Octavio Ianni (1971), procurou reintegrar o subsistema econômico brasileiro ao sistema capitalista mundial. Entre seus principais objetivos estava a formação de um mercado de consumo para bens duráveis, favorecendo a implantação de indústrias desse setor no país.

Segundo Antonio B. de Castro (1985, p. 28), "diante do transtorno das contas externas verificadas no ano de 1974, o Brasil optou pelo crescimento-com-endividamento". Esse crescimento seria gestado por intermédio do II Plano Nacional de Desenvolvimento (1974), priorizando a implantação de novos setores, a criação e a adaptação de tecnologias para modernizar a economia, o ajustamento às novas realidades da economia mundial e uma nova etapa de esforço para a integração nacional.

As mudanças mais significativas dessa nova etapa foram o crescimento do mercado interno, graças ao aumento da população como um todo e da classe média em particular, ao aumento das demandas do mercado externo e da exportação de produtos agrícolas e industrializados, à modernização do campo e ao aumento do consumo, propagado pela publicidade e facilitado pelo crédito.

Instala-se nesse período uma dinâmica particular, que leva à formação do meio técnico-científico-informacional que abrange três subprocessos. Enquanto se transforma a configuração territorial com o desenvolvimento do sistema de transporte, telecomunicações e energia, podemos observar uma mudança na estrutura da produção material, que passa a abranger todo o território e torna-se mais intensa e diversificada, levando a mudanças na circulação e no consumo. A essas mudanças soma-se o desenvolvimento de novas formas de produção e consumo não materiais. Juntos, esses processos levam à maior integração do território e constroem as bases de sua fluidez (Milton Santos, 1993, p. 39). Essa fluidez possibilitou que o espaço nacional se tornasse um terreno propício para os capitais internacionais. Daí novas temporalidades hegemônicas, exigentes de uma frenética circulação, poderem instalar-se no território brasileiro.

O movimento de descentralização da produção atinge muitas zonas e pontos longínquos do território nacional, que passam a ser envolvidos pelo nexo da modernização capitalista. "O país conhece uma ocupação periférica. A decisão geopolítica de estimular a industrialização em diversas regiões e ocupar o território com projetos de colonização teve influência relevante nesse processo, mas o próprio mercado jogou papel fundamental, viabilizado pelas novas infraestruturas de transportes e comunicações, assim como pela superestrutura dos mecanismos reguladores, sob o comando do

Estado e dos agentes hegemônicos da economia, por meio dos intermediários financeiros" (Milton Santos, 1993, p. 44).

Houve um acelerado ritmo de expansão das redes federal e estadual pavimentadas. Com a valorização do automóvel[7] e do transporte rodoviário de carga, autopistas rápidas e modernas participam da constituição de uma verdadeira fluidez do território, integrando seus diversos subespaços a uma única lógica.[8] A esse movimento soma-se também o crescimento da extensão das estradas municipais responsáveis pela circulação local e pela articulação desta com os níveis intra e inter-regional.

O sistema formado, desigualmente distribuído, concentra-se nas regiões Sudeste e Sul. Tal concentração se dá devido a um processo circular, no qual a divisão territorial do trabalho mais intensa gera uma maior necessidade de circulação, que encontra resposta na difusão dos transportes, que permitem, por sua vez, uma maior especialização e distribuição das funções produtivas. Tal processo circular leva a uma maior densidade do meio técnico em uma área contígua do território, denominada por Milton Santos e Ana Clara Torres Ribeiro (1979) de "Região Concentrada".

As demais regiões possuem menores densidades e conhecem uma modernização mais recente, causada pela maior amplitude do intercâmbio com a Região Concentrada do país, pela dinâmica da urbanização e pela modernização da agricultura, que intensificam a circulação intra e inter-regional.

Esse desenvolvimento desigual do sistema rodoviário, por um lado, leva a um aumento periférico das vias de circulação dado pelos rumos da ocupação do território e, por outro, perpetua uma circulação mais fluida e densa nas áreas de ocupação mais antiga. A rede é expandida, mas aprofunda as diferenças regionais (Tabelas 5, 6 e 7).

---

7. Para Jean Baudrillard (1989, p. 74), o automóvel comporta a convivência entre um sistema subjetivo de necessidades e um sistema objetivo de produção. As sensações de felicidade, suspensão da existência e irresponsabilidade (Baudrillard, J., 1989, p. 75), a aventura e o jogo (Henri Lefebvre, 1991, p. 111) somam-se na formação de um perfil social do motorista, que se insere na constituição da psicosfera nacional.

8. "Essa lógica é dada pela divisão territorial do trabalho em escala nacional, que privilegia diferentemente cada fração do território a um dado momento de sua evolução" (Milton Santos, 1994b, p. 61), articulando sua evolução particular ao movimento do todo.

TABELA 5

EVOLUÇÃO DA REDE RODOVIÁRIA BRASILEIRA SEGUNDO AS
GRANDES REGIÕES — 1964-1997 — KM

	Norte	Nordeste	Sudeste	Sul	Centro-Oeste	Brasil
1964	7.804	117.648	209.657	157.188	56.213	548.510
1971	26.505	307.668	412.825	333.569	137.158	1.217.725
1981	42.556	384.381	449.174	332.328	192.245	1.400.584
1991	67.732	396.192	479.085	336.349	224.687	1.504.045
1997	96.723	396.859	479.585	460.557	224.953	1.658.677

Fonte: *Anuário estatístico do Instituto Brasileiro de Geografia e Estatística* (IBGE) (1965, 1972, 1982, 1992) e *Anuário estatístico dos transportes,* 1999, da Empresa Brasileira de Planejamento de Transporte (GEIPOT).

TABELA 6

EVOLUÇÃO DA REDE RODOVIÁRIA PAVIMENTADA SEGUNDO
AS GRANDES REGIÕES — 1964-1997 — KM

	Norte	Nordeste	Sudeste	Sul	Centro-Oeste	Brasil
1964	988	3.284	11.207	2.528	723	18.730
1971	1.993	13.340	29.715	8.871	2.701	56.619
1981	4.500	25.602	32.793	18.765	7.793	89.449
1991	8.378	40.506	51.478	26.776*	16.801	143.703
1997	9.475	41.763	52.574	29.820	17.204	150.836

Fonte: *Anuário estatístico do Instituto Brasileiro de Geografia e Estatística* (IBGE) (1965, 1972, 1982, 1992) e *Anuário estatístico dos transportes,* 1999, da Empresa Brasileira de Planejamento de Transporte (GEIPOT).
*Há uma diferença entre as somas das partes e total da rede do estado do Paraná em 1991 de 235 km.

TABELA 7

EXTENSÃO DE RODOVIAS PAVIMENTADAS POR QUILÔMETRO
QUADRADO SEGUNDO AS GRANDES REGIÕES — 1964-1997 — KM

	Norte	Nordeste	Sudeste	Sul	Centro-Oeste	Brasil
1964	2,2	75,6	226,8	273,2	29,8	64,4
1971	0,5	8,6	32,1	15,3	1,5	6,6
1981	1,2	16,3	35,4	32,5	4,1	10,5
1991	2,2	26,0	55,7	46,1	10,4	16,9
1997	2,5	26,8	56,9	51,8	10,7	17,7

Fonte: *Anuário estatístico do Instituto Brasileiro de Geografia e Estatística* (IBGE) (1965, 1972, 1982, 1992) e *Anuário estatístico dos transportes*, 1999, da Empresa Brasileira de Planejamento de Transporte (GEIPOT) (org. Marcos Xavier).

Essa fluidez do território, acentuada na Região Concentrada, aumenta a acessibilidade físico-financeira dos indivíduos e aprofunda a distribuição produtiva, beneficiando a ação das grandes corporações. Tal benefício tende a ser ampliado com a crescente artificialização do território e a adoção de formas de gestão e administração comprometidas com a competitividade e que tende a criar novas e reforçar velhas desigualdades regionais.

O atual projeto modernizador, como nota Adriana Bernardes (1996), beneficia duplamente as grandes corporações. Por um lado, os grandes capitais utilizam os objetos técnicos em seus respectivos circuitos espaciais de produção e, por outro, lucram com a própria produção e modernização dos objetos nos setores em que o Estado as transfere para a iniciativa privada. A viabilização dessa transferência do capital social para os capitais privados se dá pelas reformas normativas, tornando privado não apenas o uso do território, mas sua própria concepção e gestão.

O movimento e a velocidade são impostos para a conquista de ganhos de produtividade e competitividade e convertem os sistemas de transporte em vetores logísticos fundamentais para as atividades mais modernas. O processo de deterioração gerado pelo recuo de investimentos públicos e o crescente fluxo de tráfego leva à perda de velocidade, ou seja, de fluidez, levando a uma disfunção (Fanny Davidovich, 1994) em relação às atividades modernas. As melhores rodovias do país se tornam, então, alvo dos programas de privatização.

Há também, em meio às inovações técnicas, uma tendência à sofisticação das rodovias mais modernas, tornando-as sistemas de circulação com crescente conteúdo em informação[9] à disposição das racionalidades hegemônicas impostas ao território.

Considerações finais

A formação do sistema rodoviário brasileiro participou do processo de artificialização desigual do território e criou parcela importante das condições necessárias a uma vida de relações mais complexa e abrangente em atendimento a finalidades precisas do Estado e das grandes empresas.

Isso foi possível graças à indissociabilidade entre a circulação, a produção e o consumo e as bases materiais do território. Por um lado, a maior complexidade da divisão territorial do trabalho leva inevitavelmente ao aumento dos equipamentos capazes de concretizar as ligações entre os lugares; por outro, essas mesmas próteses são responsáveis pela possibilidade de especialização da produção, graças às proximidades práticas possíveis devidas às técnicas de transportes e comunicações disponíveis.

Ao longo desses períodos, a formação e o aperfeiçoamento técnico do sistema rodoviário brasileiro constituíram uma rede desigual tanto em extensão quanto em densidade e qualidade. Essa rede possibilitou a expansão e a

---

9. Em São Paulo, o processo de concessão da Nova Dutra incorpora uma rádio FM exclusiva para usuários, postos de socorro, controle de imagens por câmeras de televisão, contagem de tráfego, detectores de velocidade, peso e condições climáticas etc. Estas são apenas as mais recentes inovações previstas. Também são estimuladas outras categorias de uso, como a exploração publicitária e os seguros de vida com pagamento incluído nos pedágios.

interiorização da ocupação de nosso território e as ligações necessárias para a formação de um mercado unificado. Imprimiu a materialidade de um tempo múltiplo e desigual verificado na disposição dos sistemas de engenharia e na força que o Estado, os homens e as firmas possuem para utilizá-los.

As desigualdades regionais brasileiras são acentuadas na medida em que, em nome da competitividade, investidores privados procuram apenas os lugares que lhes garantam rentabilidade. Dessa forma, as atuais modernizações tendem a concentrar-se nas áreas onde o meio técnico-científico-informacional é mais denso.

O processo de privatização dos transportes e os novos investimentos nesse setor apontam para essa mesma tendência, e a Região Concentrada tende a continuar ampliando sua rede, tornada mais densa e rápida, chegando a um novo patamar de desigualdade em relação às possibilidades de uso do território brasileiro.

Bibliografia

ANDRADE, Manuel Correia de. *Comércio internacional e ocupação do território no Brasil* — 1930/1972 (mimeo.), Recife, 1994.

BAUDRILLARD, Jean. *O sistema dos objetos.* 2ª ed., São Paulo, Perspectiva, 1989.

BERNARDES, Adriana. *América Latina: Globalização e integração regional. O Mercosul e o novo recorte territorial* (mimeo.). São Paulo, 1996, pp. 1-20.

BIELSCOWSKY, Ricardo. *Pensamento econômico brasileiro — o ciclo do desenvolvimentismo, 1930-1964.* Contraponto, Rio de Janeiro, 1995.

CASTRO, Antonio B. de; SOUZA, Francisco E. P. de. *A economia brasileira em marcha forçada.* Paz e Terra, São Paulo, 1985.

CANO, Wilson. *Desequilíbrios regionais e concentração industrial (1930-1970),* Campinas, Global Editora, 1985.

DAVIDOVICH, Fanny. "Cenários para o planejamento da gestão ambiental, macrovetor circulação — Programa Nacional do Meio Ambiente". Ministério do Meio Ambiente e da Amazônia Legal (mimeo.). 1994, pp. 1-50.

DERSA. *Sistema em números,* São Paulo, 1994.

DNER/MVOP. *Plano Quinquenal de Obras Rodoviárias Federais, 1956-1960.* Rio de Janeiro, 1956.

DNER — Diretoria de Planejamento — Divisão de Planos e Programas. *Classificação funcional do sistema rodoviário do Brasil — 1978*. Rio de Janeiro, 1979.

IANNI, Octavio. *Estado e planejamento econômico no Brasil (1930-1970)*. Rio de Janeiro, Civilização Brasileira, 1971.

IBGE. *Anuário estatístico do Brasil,* anos 1953, 1962, 1972, 1982, 1993, 1995.

_____. *Estatísticas históricas do Brasil*. Séries Econômicas, Demográficas e Sociais. Rio de Janeiro, 1987.

_____. *Brasil em números, vol. 2*. Rio de Janeiro, 1993.

IBGE/CNG. *I Centenário das ferrovias brasileiras*. Serviço Gráfico do IBGE. Rio de Janeiro, 1954.

LÉVY, Pierre. *O que é virtual*. São Paulo, Editora 34, 1995.

LEFEBVRE, Henri. *A vida cotidiana no mundo moderno*. São Paulo, Ática, 1991.

MARQUES, Moacyr. "A estruturação da rede terrestre de São Paulo". In*: Boletim Paulista de Geografia,* nº 55, AGB/São Paulo, 1978.

MINISTÉRIO DOS TRANSPORTES E DEPARTAMENTO NACIONAL DE ESTRADAS DE RODAGEM. *Plano Nacional de Viação*, Rio de Janeiro, 1973.

_____. *Anuário estatístico dos transportes*. 1987.

MONBEIG, Pierre. (1952). *Pioneiros e fazendeiros de São Paulo*. São Paulo, Hucitec-Polis, 1984.

PRADO JÚNIOR, Caio. *Formação do Brasil contemporâneo*. São Paulo, Brasiliense, 1987 (1ª ed., 1942).

_____. *História econômica do Brasil*. São Paulo, Brasiliense, 1974 (1ª ed., 1945).

SANTOS, Milton; Ribeiro, Ana Clara Torres. "O conceito de região concentrada". Universidade de Federal do Rio de Janeiro, IPPUR e Departamento de Geografia, 1979 (mimeo.).

_____. *A urbanização brasileira*. São Paulo, Hucitec, 1993.

_____. *Técnica, espaço, tempo*. São Paulo, Hucitec, 1994.

SINGER, Paul. *Desenvolvimento econômico e evolução urbana*. São Paulo, Nacional/EDUSP, 1968.

SILVA, Moacir M. F. "Geografia das estradas de ferro brasileiras em seu primeiro centenário (1854-1954)". In: *I Centenário das Ferrovias Brasileiras*, IBGE, Rio de Janeiro, 1954.

_____. *Geografia dos transportes no Brasil*. IBGE/Conselho Nacional de Geografia, Rio de Janeiro, 1949.

VARGAS, Milton. "Construção de estradas". In: MOTOYAMA, Shozo (org.). *Tecnologia e industrialização no Brasil*. São Paulo, Ed. Unesp, pp. 137-156, 1994.

Telecomunicações, informática e informação e a remodelação do território brasileiro

CILENE GOMES

Telecomunicações, informática e informação no Brasil

A remodelação do território brasileiro, em razão da implantação das telecomunicações e dos sistemas de informática e informação, deve necessariamente recobrar o processo histórico dos anos 1960, quando o empreendimento coube à direção do Estado, e nos anos 1990, quando o grande negócio da privatização veio estabelecer o novo marco de expectativas.

No período inicial, deu-se a constituição de um sistema nacional de serviços interurbanos e internacionais, sob a égide do governo militar e desenvolvimentista, com o novo Ministério das Comunicações (criado em 1967) e as diversas participações empresariais. Para esse empreendimento, concorreram a Empresa Brasileira de Telecomunicações (Embratel), as operadoras estaduais e os laboratórios do Centro de Pesquisa e Desenvolvimento (CPqD), da empresa Telecomunicações Brasileiras (Telebras), e ainda universidades públicas, indústrias locais, empresas multinacionais, consórcios estrangeiros etc.

Finalmente, nos anos 1980 e 90, ao se desencadearem sucessivas mudanças de ordem global nos planos tecnológico, econômico, institucional ou normativo, podemos situar as reestruturações com a privatização das telecomunicações no mundo, na América Latina e, em particular, no

Brasil. Novas determinações foram delineadas, por meio de negociações e regulamentações internacionais, no sentido de uma política industrial mais flexível e de mercados menos limitados, abrindo espaço para novos e vultosos investimentos requeridos pela busca das mais novas gerações de tecnologias e objetos.

Na preparação das novas implementações, foram empreendidos estudos técnicos e coleta de dados a respeito das experiências de diversos países na privatização, viagens e seminários organizados para a busca de possíveis investidores, o Acordo de Cooperação Técnica (1995-1997) entre o Ministério das Comunicações e a União Internacional de Telecomunicações, consultorias especializadas — em suma, todo um espectro da produção e do intercâmbio de matérias informacionais, bastante significativo da evolução da sociedade da informação. Cumpre ainda destacar o novo papel de supervisão e regulação que coube ao Estado, com a recente instituição da Agência Nacional de Telecomunicações (Anatel); mas também a transformação do CPqD em fundação privada, os processos de cisão das operadoras estaduais e de constituição de novas empresas controladoras das mesmas e as repartições do território para a atuação e/ou concessão dos novos empreendedores. Todo um patrimônio da União foi objeto de privatização.

Os sistemas técnicos em evolução

Os sistemas técnicos podem ser equiparados aos moldes de uma certa forma de agregação das atividades econômicas e sociais e, portanto, de uma dada reorganização do espaço geográfico. Na conformação do sistema nacional de telecomunicações, consideraremos inicialmente o conjunto dos sistemas de transmissão e as plataformas de comutação; as redes do serviço de telefonia e de comunicação de dados; e, ainda, as configurações do sistema Internet e a mais recente proposta de constituição de uma infraestrutura nacional da informação. Ondas de rádio, comunicações via satélite e sistema óptico de transporte constituem as variações técnicas básicas para a transmissão de sinais à distância. No Brasil, esses sistemas foram sendo implantados e aperfeiçoados, respectivamente, desde os anos 1960, 80 e 90.

Contando com a implantação de seus troncos de ligações interestaduais e estações repetidoras dispostas a distâncias variáveis, o sistema de rádio pode ser hoje parcialmente estimado pelos 23,9 mil quilômetros de micro-ondas e 232,5 mil quilômetros de canais de frequência existentes em 1997 e por uma base digital de operações em contínuo progresso.

Embora as transmissões domésticas via satélite Intelsat já constituíssem uma realidade a partir do final dos anos 1960 e o Brasil também pudesse dispor, a partir de 1980, das bases técnicas de mais um consórcio internacional para as comunicações marítimas, o Inmarsat, e ainda, mais recentemente, viesse participar de outros convênios ou contratos para diferentes operações via satélite, como o convênio feito com a Nahuelsat, é com o lançamento de seus próprios satélites da série Brasilsat, em meados dos anos 1980, que a visualização inicial do sistema brasileiro de satélites pode se perfazer.

Com essa disponibilidade, o sistema amplia a cobertura nacional para os serviços de telecomunicações prestados e possibilita as transmissões de novos serviços, graças ao conjunto de equipamentos envolvidos, entre eles o numeroso conjunto de estações terrestres e suas antenas, que inclui, além das unidades complexas que supõem as estações de Tanguá (RJ), Guaratiba (RJ) e Morungaba (SP), 39 estações ao longo da costa e às margens do rio Amazonas, aproximadamente oitenta estações para telefonia, sistemas especiais para comunicação de dados e televisão, tecnologias especiais de interesse corporativo etc.

Aos sistemas de transmissões em operação no país acrescenta-se ainda o mais atual sistema de fibra óptica, que responde não só pela qualificação tecnológica dos sistemas de cabos submarinos para comunicações intercontinentais, mas também por uma distribuição de cabos, no território nacional, que cobre toda a extensão litorânea e áreas próximas de Belém a Porto Alegre, mas já ramificando-se pelas áreas mais urbanizadas do país. Se em 1997 essa configuração básica podia ser traduzida pelos 9.300 quilômetros de segmentos ópticos instalados e pelos 415,7 mil quilômetros de fibras utilizadas, os processos para novas expansões estão sendo estimados em acréscimos bastante significativos, sobretudo considerando-se as novas escalas de localização alcançadas.

Nessa composição inicial de tecnologias e equipamentos distintos, algumas outras constatações devem ser inventariadas. Para ressaltar a convergência das telecomunicações com os sistemas de informática, é preciso, ao menos, chamar a atenção para os processos de automatização e digitalização implícitos na evolução das diferentes plataformas técnicas, já que apontam para as tendências da integração de serviços e de aplicações multimídias, e é preciso mencionar também as novas soluções em sistemas privativos, comunicações móveis e enfim, pessoais.

Nesse sentido, seria impensável retratar adequadamente o suporte técnico para as transmissões sem supor a pertinência desses processos de automatização dos sistemas de funcionamento e de digitalização dos sinais. Ao contrário, pois, se de fato, em 1997, duas eram as dezenas de troncos digitalizados do sistema de ondas de rádio, como não estimar para os sistemas de satélites e de transporte óptico a mutação tecnológica que um *chip* e a linguagem numérica codificada podem desencadear?

Ainda com referência à contínua expansão dos novos meios constituídos para a telefonia, alguns dados gerais podem ser revistos, inicialmente, para que se constate a tendência nítida, nos anos 1990, de equipamentos cada vez mais digitalizados, como é o caso dos troncos de longa distância e das centrais de comutação e, se bem que em ritmo mais lento, o dos terminais fixos. Se essa relativa lentidão na digitalização dos terminais fixos contribuiu para que os percentuais de terminais digitais (fixos e móveis) das plataformas estaduais variem entre 50% e 100%, maior destaque merecem as centrais digitais Trópico RA, desenvolvidas pelo CPqD em parceria com a indústria nacional, que atendem à rede pública de telefonia e aumentam a proporção das linhas de acesso e o número de terminais instalados. Os terminais Trópico RA, em dois anos, até 1998, passaram de 1,5 milhão a 4 milhões de unidades.

Nesse mesmo contexto de um processo modernizador conducente ao uso das mais novas tecnologias digitais associadas aos sistemas computadorizados e de padronização da informação, uma outra base técnica tende a se constituir — tendo a rede telefônica digital como um dos seus componentes básicos, ao lado do sistema de fibra óptica —, voltada para as mais altas velocidades, para os serviços de faixa larga, para os acessos de redes corporativas e bancos de dados públicos, para os sistemas on-line etc. No intuito de restituir aos futuros desenvolvimentos a sua origem, podemos incluir nesse universo, entre outros sistemas de objetos técnicos, a Multirrede Digital, as Redes Digitais de Serviços Integrados e a Rede de Transporte Multisserviços.

Entre outros avanços tecnológicos no sistema de telefonia com base em recursos de automatização, importa considerar também, no espectro de produtos do CPqD da Telebras, não só os serviços públicos de mensagens (centrais de recados), mas sobretudo o desenvolvimento do sistema de telefones públicos a cartão indutivo, que foram sendo implantados desde meados dessa década, alcançando em 1998 o total de 320 mil unidades instaladas em todo o país, junto a uma média de 30 milhões de cartões consumidos ao mês.

Um fato característico desse progresso técnico é a estreita interdependência funcional dos sistemas de telecomunicações e informática. A comunicação de dados e a Internet são duas constituições técnicas que exemplificam bem a tendência para um melhor tratamento e domínio da informação.

Desde fins dos anos 1970 os serviços de comunicação de dados no país mantêm-se em contínua expansão, dadas as demandas crescentes advindas com a informatização. Os sistemas Transdata e Renpac constituem as duas modalidades básicas desse transporte de dados entre dois ou mais pontos devidamente equipados. Implantadas pelas empresas do sistema Telebras, diferem pelo tipo de acesso, pelo tempo de duração das transferências, pelas velocidades destas últimas e pelo volume de tráfego que possibilita, mas, tendencialmente, funcionam adotando tecnologias abertas (ou não proprietárias), o que confere maior compatibilidade entre equipamentos de origens diversas.

Embora mais recentemente novas opções em serviços de comunicação de dados tenham surgido com a Multirrede Digital, a utilização de satélites e outros sistemas que operam em mais altas velocidades, a Renpac se firmou de modo bastante expressivo, como mostra o número crescente de acessos dedicados ativados pela rede, passando de um total de 2.207 em 1990 a 19.022 em 1996, e ainda, como se pode constatar pela evolução do tráfego de informações, passando de 2 bilhões de segmentos em 1989 a 142,4 bilhões em 1997.

Apoiado em certas plataformas de telecomunicações, o sistema Internet encontra-se em processo de expansão no Brasil desde o final dos anos 1980. Graças às iniciativas da comunidade acadêmica e do Ministério de Ciência e Tecnologia na instituição da Rede Nacional de Pesquisa (RNP), e persistindo no objetivo de possibilitar o acesso das redes de pesquisa e ensino do país ao sistema de redes interligadas (que supõe a constituição global da Internet), o sistema dispõe de ao menos uma estrutura funcional, incluindo o seu *backbone* — com 26 pontos de presença em todo o país e diversas linhas de conexão nacionais e internacionais.

Mas também vem evoluindo rapidamente no sentido de aumentar ainda mais a sua capilaridade, com a integração de novas redes estaduais e pela concepção de sistemas metropolitanos de alta velocidade, com acesso inicialmente limitado a algumas dezenas de instituições públicas e privadas, abrigando atividades como a telemedicina, a tele-educação, a criação de bibliotecas virtuais e outras aplicações possíveis.

O inventário do sistema de integração à rede mundial de computadores inclui o seu uso comercial, com a ativação de novos circuitos entre os *backbones* da RNP e da Embratel, a exploração dos serviços por esta última empresa (desde o final de 1994 e início de 1995), a atuação das operadoras estaduais e dos provedores de acesso e ainda, dada a total reconfiguração de agentes, com a entrada de empresas concorrentes.

Nesse movimento de reacomodação para os novos tempos, poderíamos equiparar às futuras sobreposições de sistemas técnicos cada vez mais unificados os propósitos da constituição de uma supervia informacional global e, por conseguinte, no contexto brasileiro, a iniciativa do Ministério das Comunicações ao instituir (em 1997) grupos de trabalho para estudos e propostas concernentes aos desafios e implicações que o projeto de uma infraestrutura nacional da informação deve suscitar.

Para completar esse quadro geral dos sistemas de telecomunicações, devemos ressaltar, no contexto de uma evolução positiva do número de terminais telefônicos fixos em serviço, a surpreendente expansão da telefonia celular e a emergência de novos sistemas ou objetos também fundados no conceito tecnológico do celular e em outras tecnologias da comunicação móvel. Esse equipamento da telefonia convencional alcançava o total de 17.888.211 unidades em 1996, tendo aumentado aproximadamente 3,6 vezes em relação ao total verificado em 1980. A isso corresponde um acréscimo de 18.564 localidades atendidas pelo serviço telefônico desde 1980, chegando a 22.249 localidades em 1996.

Podemos considerar, junto à difusão dos sistemas informáticos na última década, a introdução do telefone celular na vida cotidiana de certos segmentos da sociedade como uma das formas instrumentais mais visíveis para a agilização do trabalho e a comunicação pessoal. Tanto no primeiro quanto no segundo caso, a nova condição material veio se estabelecer como resultado de uma força de impulsão sem precedentes.

Representando a mais nova opção de acesso para certas atividades ou situações, a expansão da telefonia celular pode ser observada a partir dos planos iniciais de implantação e ampliação do serviço estatal (Banda A) e das primeiras regulamentações para as concessões à iniciativa privada (Banda B). Em 1990 apenas duas eram as cidades contempladas, o Rio de Janeiro e Brasília. Em 1993 muitas outras unidades da Federação implantam a inovação, que, todavia, é concentrada nas regiões Sudeste e Sul do país.

Um crescimento numérico significativo instalou-se em poucos anos no sistema celular. De uma quantidade aproximada de 600 mil acessos em serviço e de 349 estações radiobase em 1994, chegou-se, em 1997, a 4 milhões de acessos e 3.289 estações em serviço, distribuídos em 1.351 municípios.

Alguns outros indicadores dessa implantação recente podem ainda ser descritos, cabendo destacar, no início da exploração dos serviços prestados pelas empresas privadas; os projetos de digitalização da planta celular, entre outras escolhas e desenvolvimentos tecnológicos; as instalações específicas destinadas ao meio urbano rural, às áreas de maior densidade de tráfego, como certas áreas metropolitanas, às rodovias e a áreas de sombra. Os novos grupos concessionários ou controladores das antigas operadoras estaduais compõem o novo pano de fundo da concorrência.

Finalmente, restaria levar em conta outros sistemas técnicos que têm conquistado espaço, aliás também por uma profusa divulgação publicitária. Tais seriam: o sistema conhecido como *wireless local loop*, ou acesso local sem fio, que é o sistema para a utilização exclusiva (garantida pela Anatel) das empresas-espelho, em cidades com mais de 50 mil habitantes; o telefone pré-pago a cartão de crédito; sistemas para locação e uso durante viagens a dezenas de países europeus; sistemas especializados de comunicação móvel, como o sistema *metrophone*, para uso dos funcionários de uma empresa interessada qualquer, e ainda outros sistemas de comunicação pessoal que já começam a despontar com a promessa de inúmeros novos acessos e serviços.

A constituição ampliada do meio técnico-científico--informacional

Com base nesse percurso de sistemas técnicos implantados, vejamos então a sua distribuição geográfica peculiar, estabelecendo uma organização territorial do trabalho mediante diversas constituições do meio técnico-científico--informacional. Para isso, será preciso considerar, a partir de meados dos anos 1970, a nítida tendência à localização do meio técnico-científico informacional para além da Região Concentrada, de modo que hoje essa constituição ampliada abarca o território como um todo.

As primeiras linhas telegráficas marcaram a virada do século XX no país e uma certa integração do território já se podia esboçar pelas interligações existentes. Nos anos 1930, a telefonia era quase um privilégio das cidades do Rio de Janeiro, São Paulo e Porto Alegre (e já dispondo de suas primeiras centrais automáticas). Depois, os serviços de radiocomunicações passaram a ser objeto de regulamento, antes que uma ampla modernização viesse se impor no transcorrer das décadas sucessivas à Segunda Grande Guerra. Então o país conhece a nova fase dos grandes projetos à base do empreendimento industrial, incluindo as prioritárias engenharias dos transportes, da energia e das telecomunicações, que iriam possibilitar a implantação do novo centro nacional, em Brasília.

Nesse impulso de desenvolvimento econômico e urbano é que a situação ainda bem precária das telecomunicações viria tornar-se um dos marcos de sua institucionalização e um dos trunfos para o Estado autoritário.

Os sistemas de telecomunicações são mais densos nas regiões Sudeste e Sul do país não somente pelas estações terrestres e seus centros de operações (nos estados do Rio de Janeiro e de São Paulo) para transmissões via satélite, mas pelos circuitos de interligação do sistema de rádio, que abrangem muitas cidades, e ainda pelo sistema de transporte óptico nacional, que se ramifica pelo interior dos diversos estados. Redes independentes foram integradas para a configuração inicial do *backbone* da Rede Nacional de Pesquisa e aí se encontram 14 dos 22 centros de roteamento da espinha dorsal para acesso à Internet via Embratel, além da maior concentração dos provedores de acesso para o mesmo fim. Os estados dessas regiões responderam juntos, em 1996, pela maior parcela (14 mil) do total de 19 mil acessos ativados da Renpac no país; e responderam também pelo considerável equipamento do serviço telefônico fixo, atendendo em 1996 a 12,4 mil localidades (dentre as 22,2 mil atendidas no total do país) e do serviço móvel celular, que em 1997 cobria a maior parte de municípios do país, 539 na região Sudeste e 296 na região Sul.

No que se refere à faixa dos estados do litoral (do Pará ao Rio Grande do Sul), mais o estado de Minas Gerais, ao longo dos últimos decênios vieram abrigar as maiores densidades de terminais telefônicos em serviço. Mais recentemente é também por toda a extensão litorânea que o moderno sistema de transmissão óptica se constitui, unindo diversas cidades e capitais.

Avançando para o Centro-Oeste, essa mesma rede de transporte óptico estende ramificações nos estados de Goiás, Tocantins e Mato Grosso do Sul, sendo que nos dois primeiros o mais significativo destaque são os anéis interurbanos. O mesmo se pode constatar nos estados de Minas Gerais, São Paulo e Santa Catarina. Nessa tendência às transmissões baseadas em sistemas de fibra óptica, a Bahia também aparece como um dos estados investidores, com vistas a ampliar a telefonia móvel no interior do estado. Aliás, dadas as mais novas plataformas digitais e ópticas, as antigas operadoras TeleBahia e TeleGoiás são outros dois referenciais das modernas telecomunicações no país.

Devemos também fazer referência às estações costeiras, que servem ao serviço móvel marítimo e se prolongam pelas margens do rio Amazonas, juntando-se ao numeroso conjunto de outras estações terrestres instaladas em muitas das localidades da Amazônia, que servem às transmissões nacionais via satélite, ao serviço do telefone e da televisão.

À parte essa concentração de equipamentos integrantes do sistema de satélites, e junto aos *links* nacionais da RNP, que interligam Brasília a várias cidades aí localizadas, os centros de roteamento da Embratel e as poucas interligações do sistema de rádio existentes, a região Norte ainda constitui a porção menos atendida pelos serviços básicos de telecomunicações, como ocorre com a telefonia fixa. Em 1996, os terminais móveis celulares passaram talvez a representar uma opção mais acessível para os habitantes da região, quando totalizaram a segunda parcela mais importante (21%) do total de 679.319 terminais em serviço na região, depois dos terminais residenciais (57%).

Um outro dado interessante é que, precisamente em função da relativa insuficiência do serviço telefônico convencional, a região Nordeste, além de apresentar maiores densidades do serviço telefônico que o Centro-Oeste (com exceção de Goiás como um todo e, sobretudo, do Distrito Federal) e também adotar a telefonia celular de modo igualmente representativo (com idênticos 21% dos 2.628.698 terminais em serviço na região em 1996), é a região que concentrava em 1996, e depois do Sudeste, a segunda maior quantidade de telefones de uso público em serviço (58.502) e cartões indutivos produzidos (20% do total) no país.

Também não podemos esquecer que as regiões Nordeste e Centro-Oeste abrigam alguns centros de roteamento da Embratel. Na região Centro-Oeste, os estados de Mato Grosso e de Mato Grosso do Sul destacam-se, em 1996, com percentuais de terminais não residenciais em serviço (20% do total de terminais na região) equiparáveis, relativamente, a outros importantes estados do país, por exemplo, o Paraná (20,4%).

A remodelação do território: observações iniciais

A título de uma breve conclusão para este texto, pode-se dizer que a remodelação do território brasileiro depende, no mínimo, de duas linhas de abordagem. O primeiro ponto deve ater-se à situação ainda bastante deficitária dos serviços e sistemas de telecomunicações no país. E o segundo ponto diz respeito ao conjunto dos novos agentes envolvidos na elaboração de metas e compromissos, no que importa à nova divisão do território que o processo de privatização está vindo estabelecer.

Para se ter uma ideia das situações contrastantes do Brasil, do total de 39.681.870 domicílios particulares permanentes existentes em 1996, apenas 25,5% deles dispunham de telefones. Nesse mesmo ano, enquanto 30,3% dos domicílios urbanos podiam contar com o telefone, somente 4,5% dos domicílios localizados em área rural dispunham desse bem. Hoje, os 16% mais ricos possuem 81% dos telefones residenciais, enquanto os 57% mais pobres têm em mãos apenas 2% das linhas.

Se as expectativas em relação aos serviços foram crescentes nas últimas décadas, a satisfação de certos beneficiários preferenciais se contrapõe, ainda, aos interesses não contemplados de uma boa parcela da sociedade. Contrasta esse grande déficit de linhas telefônicas com a exigência cada vez maior de acesso e uso da informação na sociedade atual.

Quanto ao segundo objeto de averiguação, duas observações podem ser derivadas a partir da nova organização empresarial do setor. A primeira delas leva a supor uma ação bem particularizada sobre o território, já que ao encargo das novas concessionárias e empresas-espelho correspondem certas demarcações territoriais, quer em vista do serviço telefônico fixo comutado (quatro regiões), quer para a prestação do serviço móvel celular das Bandas A e B (dez áreas de concessão). Quais as lógicas e estratégias de uso do território que daí se depreenderão?

A segunda e última observação atenta mais para o fato de que, antevisto um novo período para o desenvolvimento das telecomunicações e serviços de informação, por intermédio das metas, prescritas pela Anatel, de uma melhor distribuição geográfica dos serviços e de novos padrões tecnológicos de qualidade, restaria a indagação a respeito do suposto caráter social forte dessa fase de reestruturação institucional e produtiva em curso.

Por fim, se esses dois condicionantes podem parecer ainda bastante insuficientes para uma visão mais integral da remodelação do território propriamente dita, ainda assim estes seriam alguns referenciais para que a análise da situação possa desenvolver-se.

Bibliografia

EMBRATEL. *Relatório anual*, 1997.

IBGE. *Anuários estatísticos do Brasil*, 1987, 1991, 1994 e 1997.

_____. *Pesquisa Nacional por Amostra de Domicílios (PNAD)*, 1997.

_____. *Pesquisa de padrão de vida*, 1996-1997.

MINISTÉRIO DAS COMUNICAÇÕES. *Programa de Recuperação e Ampliação do Sistema de Telecomunicações e do Sistema Postal (PASTE)*, versão de 1997.

Ministério das Relações Exteriores. *Brasil em foco* (CD-Rom). Brasília, Assessoria de Comunicação Social, 1996.

Revista Nacional de Telecomunicações (RNT). São Paulo, Tele Press Editora, 1980-90.

TELEBRÁS. *Glossário de termos técnicos de telecomunicações*. Brasília, 1990 (2ª ed.).

Os sistemas de movimento do território brasileiro
FABIO BETIOLI CONTEL

Dentre as diversas bases técnicas que se vão incorporando ao território e dotando cada região de novas qualidades materiais e possibilidades organizacionais, queremos destacar os *sistemas de movimento do território*, isto é, o *conjunto indissociável de sistemas de engenharia (fixos) e de sistemas de fluxos (materiais ou imateriais) que respondem pela solidariedade geográfica entre os lugares.* A nova importância adquirida pelo fenômeno geral da *movimentação* no território, seja de mercadorias, de pessoas, de ondas eletromagnéticas ou de informações, cuja raiz está na maior intensidade da divisão territorial do trabalho, parece requerer da disciplina geográfica um novo conjunto de conceitos que deem conta dessa realidade atual.[1]

Dada a definição de *sistemas de movimento*, podemos classificá-los em quatro principais tipos, a exemplo do que se conhece por "modais" dos transportes: o *sistema de movimento rodoviário*, o *ferroviário*, o *aquaviário* e o *aeroviário*. Com essa classificação estamos privilegiando os deslocamentos dos *fluxos materiais* no território, pois o fenômeno da movimentação dos *fluxos informacionais* (do tipo *ondas de rádio e televisão,*

---

1. Adverte-nos François Plassard (1993) que na história de nossa disciplina a questão do movimento no território tem sido tratada sob o "rótulo" da *geografia dos transportes*, que, por sua vez, foi sempre um capítulo do temário geral da *geografia econômica*. Essa divisão parece não dar conta da nova relevância adquirida pelo fenômeno da circulação na vida do espaço geográfico.

ligações telefônicas, transmissão de dados binários, entre outros) requer, por si mesmo, um estudo à parte.[2]

Pela seleção de algumas variáveis importantes, como o número de passageiros transportados e/ou quilômetros percorridos por cada sistema, as quantidades de carga por ele movimentadas, foi possível observar a formação, no território brasileiro, de áreas de *maior densidade de movimentação desses fluxos*, a presença de *circuitos especializados*, bem como a *sucessão de sistemas técnicos no território* ao longo de sua história.

O sistema de movimento aquaviário

O *sistema de movimento aquaviário*, fundamental na era pré-técnica do território brasileiro (1500-1870), é composto basicamente por três subsistemas: a *navegação interior* (ou *hidroviária*), a *navegação de cabotagem* e a *navegação de longo curso* (ou *marítima*). Esse sistema de movimento tem como características principais: do ponto de vista *econômico*, o baixo custo relativo de transportes e a grande *capacidade de carga*; do ponto de vista *topológico*, possui grande rigidez, pois depende da existência das "hidrovias" para circular; do ponto de vista *temporal*, também apresenta desvantagens com relação a todos os outros sistemas de movimento, pois não autoriza velocidades altas em seus deslocamentos.

Com relação ao subsistema de movimento de *cabotagem*, que até o *período técnico* do território brasileiro (1870-1950) cumpria também a função essencial de transporte "longitudinal" de passageiros (já que a urbanização brasileira era essencialmente litorânea nessa época), a cabotagem vem conhecendo, desde a década de 1950, outros tipos de atribuições. É o caso

---

2. A *circulação*, destarte, diz respeito aos fluxos materiais, sendo os *fluxos imateriais* relacionados com os fatos de *comunicação* (Silva, 1949). Claude Raffestin também se refere à "[...] circulação cada vez que se trate de transferência de seres e de bens *lato sensu*, enquanto [...] comunicação à transferência de informação" (1993:200). Para um belo estudo da evolução dos fluxos informacionais no território brasileiro, consultar Leila Dias (1995).

do transporte do *petróleo* (e seus derivados) e de certos tipos de *alimentos*.[3] Já com relação à *navegação interior* (que diz respeito à movimentação de embarcações pelas diferentes bacias hidrográficas do território brasileiro), a circulação não tem importância equivalente à dos subsistemas de *cabotagem* ou (principalmente) de *longo curso*. Esse subsistema, porém, constitui parte essencial da vida regional nos estados do Rio Grande do Sul e na Bacia Amazônica.[4] Apenas um subsistema de movimento aquaviário conseguiu acompanhar a evolução das modernas tecnologias do setor, a saber, a *navegação de longo curso*.

Por constituir-se no "(...) veículo quase exclusivo do comércio exterior" (Araújo Filho, 1969, p. 6), responsável pela movimentação dos fluxos eminentemente ligados à economia mundial, o subsistema de navegação de longo curso recebeu investimentos consideráveis desde a década de 1970 (Barat, 1996), permitindo seguir a contento a evolução tecnológica do período, como frisamos anteriormente. Essa evolução, porém, não foi homogênea em todo o território, como nos mostra a tabela a seguir.

---

3. Na movimentação da indústria *petroquímica*, os três principais geradores e consumidores de fluxos são os "polos petroquímicos": o baiano (polo de Camaçari), o paulista (interligando a Grande São Paulo, Paulínia e o porto de São Sebastião) e o polo de Triunfo (RS). No caso do deslocamento dos alimentos, grande parte da produção dos estados da região Sul do país (como é o trigo, o feijão, o arroz) é "exportada" para as regiões Norte/Nordeste; assim como, na direção contrária, há considerável movimentação (de sal, principalmente). Ver os estudos do Geipot (1991, 1997).

4. Os subsistemas de movimento hidroviário são divididos em cinco (para efeito de controle do Ministério dos Transportes), quais sejam: a Bacia Amazônica, a Bacia do São Francisco, a Bacia do Sudeste, a Bacia Leste e a Bacia do Prata. As mais importantes, pela quantidade de fluxos movimentados, são a Bacia Amazônica, que cuida do transporte de passageiros e cargas entre as cidades de Belém, Manaus e Porto Velho (principalmente), permitindo a circulação de fluxos não hegemônicos nessa parte do território (Davidovich, 1994); a Bacia do Sudeste, responsável pela ligação hidroviária entre boa parte das principais cidades produtoras de grãos do interior do estado gaúcho (Estrela, Charqueadas, Canoas, Triunfo) com os portos de Rio Grande e de Porto Alegre.

TABELA 1:

EVOLUÇÃO DA TONELAGEM EXPORTADA – LONGO CURSO (EMBARQUE)

Portos	1973		1985		1998	
	Toneladas	%	Toneladas	%	Toneladas	%
Região Norte	2.940.628	4,5	4.258.635	3,0	7.767.251	3,4
Região Nordeste	3.716.309	5,6	6.937.926	4,8	50.536.828	23,3
Região Sudeste	54.212.811	82,0	115.390.854	80,5	133.413.854	62,0
Região Sul	5.257.602	7,9	16.745.721	11,7	24.554.834	11,3
Região Centro-Oeste	—	—	—	—	—	—
Região Concentrada	59.470.413	90,0	132.136.575	92,2	157.968.688	73,3
TOTAL	66.127.350	100	143.333.136	100	216.272.767	100

Fonte: *Anuário estatístico portuário*, 1977, 1985, 1993, e GEIPOT, *Anuário estatístico dos transportes*, 1999.

Com relação ao *embarque* de longo curso (que no ano de 1996 representou 70% da movimentação nos nossos portos, contra 30% do *desembarque* de longo curso (*Anuário estatístico portuário*, 1996), circularam pelas regiões Sul e Sudeste sempre cerca de 90% dos totais das exportações brasileiras. Apenas no último período verificado (1998) é que observamos uma mudança nessa tendência *geoeconômica*: o aumento da importância relativa (e absoluta) da região Nordeste, principalmente pela entrada em operação do Porto de Itaqui (MA), que eleva a participação da região de 5,6% (1973) para 23,5% em 1998. A movimentação nesse grande fixo do sistema de movimento respondeu, sozinha, por 20% dos totais nacionais no ano de 1998, sendo responsável, portanto, pela quase totalidade da movimentação da região Nordeste. Já o porto de Tubarão (ES) conheceu uma diminuição sensível de sua importância relativa. No início da década de 1970, o porto respondia por 62% dos totais de carga exportada em todo o território brasileiro, para chegar em 1998 a 31,5% da movimentação.

Um bom índice da modernização do sistema de movimento aquaviário são os *fluxos de contêineres*. Utilizados pelas cargas que necessitam de um acondicionamento especial, por serem produtos frágeis e de "valor agregado" maior (automóveis, eletroeletrônicos, alimentos sofisticados etc.), esse tipo de transporte é altamente representativo dos fluxos desse *período técnico-científico-informacional*. A tabela a seguir mostra a evolução regional do movimento dos portos brasileiros, indicando perda ou ganho de importância relativa dentro do *sistema de movimento aquaviário* total.

TABELA 2:

EVOLUÇÃO REGIONAL DA MOVIMENTAÇÃO DE CONTÊINERES

Portos	PESO (t)					
	1977	%	1991	%	1998	%
Região Norte	35.398	6,8	329.374	3,5	855.799	4,3
Região Nordeste	13.329	2,6	508.619	5,5	2.008.395	10,0
Região Sudeste	469.904	88,4	6.627.693	72,7	11.551.463	57,7
Região Sul	10.858	2,2	1.661.391	18,3	5.592.610	28,0
Região Centro-Oeste	—	—	—	—	—	—
Região Concentrada	480.762	90,6	8.289.084	90,9	17.144.073	85,6
TOTAL	529.489	100	9.127.077	100	20.008.267	100

Fonte: Portobras, *Anuário estatístico portuário*, 1977 e GEIPOT, *Anuário estatístico dos transportes*, 1995, 1999.

A região Sul do país foi a que mais se destacou na absorção desses fluxos sofisticados. O complexo portuário de Paranaguá, que representava 1% da movimentação total de contêineres no Brasil em 1977, passa a absorver 6,2% em 1998. Vêm em seguida outros importantes portos dessa região, como Rio Grande (RS), Itajaí (SC) e São Francisco do Sul (SC).[5]

---

5. O porto de Santos, que movimentava 74% do total nacional de contêineres (1977), passa para 61% em 1991, para chegar em 1996 com 45% desses totais. Nas regiões Norte e Nordeste,

O sistema de movimento ferroviário

A formação do *sistema de movimento ferroviário* do território brasileiro data do período de 1870-1940, como nos mostra Flávio Saes (1981), *período técnico* do território brasileiro. Até essa época, os dois principais tipos de sistemas de movimento eram justamente o *ferroviário*, que cuidava dos deslocamentos "latitudinais" dos fluxos, e a *navegação de cabotagem*, que o completava, cuidando dos deslocamentos longitudinais de pessoas e mercadorias, como já frisamos. Como nos mostram os estudos de Josef Barat (1978, 1996), apesar da modernização conhecida pelas atividades produtivas (que são as grandes geradoras de fluxos materiais no território), o sistema de movimento ferroviário não foi capaz de conduzir às novas solidariedades regionais que se formavam no espaço brasileiro, principalmente por dois motivos: 1) as diferenças técnicas (relativas ao tamanho das bitolas das linhas férreas — largura entre os trilhos), que impediam em vários pontos de interseção o transbordo eficiente, cada vez mais exigido pela vida de relações do território; 2) o próprio traçado das linhas (sua *topologia*), que ligava as regiões interioranas às cidades portuárias (para a exportação de produtos primários), reflexo da estrutura produtiva "extravertida" imposta ao Brasil pela divisão internacional do trabalho. Com essa configuração, tornava-se impraticável uma solidariedade territorial minimamente coesa.

O desenvolvimento recente desse sistema de movimento (1970 — atualidade) é um exemplo claro da formação de *espaços da globalização* no território brasileiro. Algumas ferrovias, constituídas por sistemas técnicos modernos (alcançando níveis de produtividade equiparados aos padrões internacionais), instaladas em pontos selecionados do território, servem com eficiência à movimentação de grandes quantidades de fluxos, estes ligados a atividades hegemônicas da economia. O complexo produtivo Itaqui–Carajás, especializado no transporte de minérios para exportação, é o retrato exato dessa

---

cujas porcentagens sobre os totais nacionais, somadas, só ultrapassaram 10% em 1994 (13%), revelam a fragilidade dessas porções do território com relação à absorção desses fluxos modernos.

realidade: um *sistema de movimento* praticamente *unifuncional*,[6] cujo grande volume movimentado serve apenas ao tipo de *solidariedade organizacional* imprimida desde a sua concepção, na década de 1970. Na região Sudeste, outra grande prótese do território se destaca no conjunto nacional, a E. F. Vitória–Minas, também de propriedade da CVRD (privatizada recentemente), está cumprindo papel semelhante ao da E. F. Carajás. Para visualizarmos o crescimento da importância desses dois sistemas de engenharia, vejamos como se comportaram as ferrovias na história recente do território:

TABELA 3:

TRANSPORTE FERROVIÁRIO DE CARGAS NO BRASIL (EM TONELADAS)

	1970		1990		1997	
	T	%	T	%	T	%
Estrada de Ferro Carajás (CVRD)	—	—	34.536	14,6	49.257	18,4
Estrada de Ferro Vitória–Minas (CVRD)	28.830	38,0	90.339	38,4	106.860	40,0
Estrada de Ferro da Mineração Rio do Norte	—	—	8.327	3,6	9.627	3,5
Rede Ferroviária Federal (RFFSA)	33.075	43,5	75.210	32,0	86.282	32,2
Fepasa	11.373	15,0	18.297	7,8	13.079	4,9
Outros	2.699	3,5	8.418	3,6	2.690	1,0
Totais (Brasil)	75.977	100	235.127	100	267.795	100

Fonte: Geipot, *Anuário estatístico dos transportes*, 1971, 1991, 1998.

---

6. Além da "unifuncionalidade" representada pelo transporte quase exclusivo de minérios, em reportagem intitulada "Os donos da linha", a *Revista Ferroviária* mostra também a concentração do *controle dos fluxos ferroviários* por algumas poucas empresas: "(...) A lista dos catorze maiores clientes da operadora possui empresas das áreas de minério de ferro, produtos siderúrgicos e insumos, derivados de petróleo e álcool e cimento. Nas suas mãos estão 64% de toda a TKU gerada no ano passado e 58% das toneladas úteis" (1992, p. 12).

Há, portanto, clara predominância dos fluxos ligados à atividade mineiro--exportadora em duas redes ferroviárias específicas do território, que movimentam atualmente cerca de 60% das cargas ferroviárias do país. Mencionemos também o *transporte ferroviário de passageiros urbanos nas regiões metropolitanas brasileiras* (principalmente em São Paulo, Rio de Janeiro e Recife), que cumpre função essencial de deslocamento diário da população das periferias às regiões centrais da cidade. Esse fenômeno de *metropolização do transporte ferroviário de passageiros* está se consumando desde o início da década de 1970, sendo, às vezes, a única opção para grande parte das populações dessas cidades.[7]

O sistema de movimento rodoviário

A superação das ferrovias pelo sistema de movimento rodoviário tem sua origem ainda na década de 1920, como tão bem o notou Pierre Monbeig em seu *Pioneiros e fazendeiros de São Paulo*. A complementaridade existente entre os sistemas ferroviário e rodoviário no avanço da "franja pioneira", principalmente no estado de São Paulo, no início dessa "marcha" (1984, pp. 195-201), vai dando lugar à hipertrofia do sistema rodoviário (quando, por princípio, este deveria servir como fonte de "linhas alimentadoras" das "linhas tronco" compostas pelo sistema de movimento ferroviário). Assevera ainda o geógrafo Moacir Marques que "(...) as rodovias, correndo paralelamente às estradas de ferro, não tiveram problemas para superá-las, especialmente após a década de 1950, quando se começou a implantar estradas de rodagem mais adequadas e a importar indústrias produtoras de caminhões e automóveis" (1978, p. 65).

---

7. Josef Barat indica uma lógica circular perversa que impede a melhoria generalizada desse sistema de movimento nas metrópoles: por transportarem, principalmente, população de baixa renda, é impossível cobrar maiores taxas de utilização desse transporte para investimentos em sua melhoria; as classes mais altas acabam "refugiando-se" nos automóveis particulares; e por fim boa parte da população se utiliza da locomoção via ônibus, esta sim muito rentável aos empresários do setor, com níveis de prestação de serviço "aceitáveis" (Barat, 1978). A falta de um *sistema de ações* a longo prazo, isto é, uma política racional de investimento/desenvolvimento desse transporte ferroviário suburbano, está desenvolvida em Baer, Kerstenetzky e Simonsen (1962).

Em função da intensificação de sua base produtiva e do consequente aumento da divisão territorial do trabalho, a vida do território vai-se pautando por um aumento considerável na *quantidade* e na *qualidade dos respectivos fluxos*. Como nos mostra Josef Barat (1978, 1996), a opção explícita por parte do governo federal em favor da rodoviação para a condução desses fluxos (cujo resultado decisivo foi a implantação, a partir de 1956, do parque industrial automotivo brasileiro) tornou os automóveis (que por definição levam vantagem sobre os outros modais em função de sua maior *flexibilidade*) (Merlin, 1991) duplamente importantes no que se refere ao território: são, eles próprios, geradores de fluxos (sendo objetos técnicos que necessitam de vias para circular) e são também condição de movimentação de outros bens de consumo, como meio de transporte desses bens.

Para surpreendermos no território essa evolução desigual dos *sistemas de objetos* (neste caso os *veículos automotores*) e dos *sistemas de atores* de cada região (isto é, a *população* de cada porção do território), outro índice de análise do qual nos valemos foi a *densidade dinâmica rodoviária,* isto é, o quociente entre a *população* de cada estado e o *número de veículos* nele existentes.[8]

TABELA 4

EVOLUÇÃO REGIONAL DA DENSIDADE DINÂMICA
RODOVIÁRIA (TOTAIS/BRASIL)

	POPULAÇÃO/VEÍCULOS					
	1920	1946	1950	1970	1985	1994
Região Norte	1.520	711	467	63	35	20
Região Nordeste	786	750	445	94	29	18
Região Sudeste	110	130	81	20	7	5
Região Sul	133	194	94	24	7	5

8. Dado ser impossível uma análise de cada ação individual por meio da utilização de cada objeto técnico (cada veículo automotor), o coeficiente entre a população de cada estado e o número de veículos automotores nos mostra os potenciais de utilização desse aspecto do sistema de movimento rodoviário, fator que, apesar do alto grau de generalidade, nos pode indicar com alguma segurança a vantagem de cada região no contexto do território. O conceito de densidade dinâmica foi inspirado no trabalho de Moacir Silva, *Geografia dos transportes do Brasil* (1949).

Região Centro-Oeste	355	285	281	44	12	5
Região Concentrada	117	142	88	22	7	5
BRASIL	181	210	126	30	10	6,5

Fonte: IBGE, *Anuário estatístico do Brasil*, 1936, 1947, 1951, 1971, 1995, e GEIPOT, *Anuário estatístico dos transportes* (1973, 1995), IBGE, *Anuário estatístico do Brasil* (1936, 1947,1951), *Anuário do Transporte Rodoviário de Carga*, nº 1 (1996).

A vida do território revelada pelos dados estatísticos indicou, em primeiro lugar, o fato de a *composição técnica* das condições de circulação nas regiões Sul e, principalmente, Sudeste ter sido, desde a década de 1920, superior às dos outros estados do conjunto da nação. Isso nos permite inferir que toda a atividade produtiva no Sul do país contou com maiores possibilidades de fluidez, o que, mais ainda hoje, pesa a favor do seu desenvolvimento, muitas vezes em detrimento das regiões Norte e Nordeste.[9] Outro fato que nos mostrou as *densidades dinâmicas* diz respeito à entrada de cada estado na "modernidade" da circulação no território: na década de 1950 os estados do Rio de Janeiro e de São Paulo já possuíam cerca de um veículo para cada 57 habitantes, enquanto a média brasileira era de 126 *per capita*. Na década de 1970 existe já um maior equilíbrio, e, dada a aceleração do crescimento da densidade na região Norte, esta passa de 467 veículos (1950) para vinte veículos por habitante (1994).

O sistema de movimento aeroviário

Dada a utilização maciça da aviação na Primeira, mas principalmente na Segunda Guerra Mundial, a tecnologia desse sistema de movimento conhece

---

9. Outra importante significação da maior densidade de rodoviação nessas regiões diz respeito ao autofinanciamento desse sistema de movimento. É sabida a importância das políticas públicas de fomento da rodoviação, desde pelo menos a década de 1930 (Xavier, 1997). O fato é que a grande presença de veículos acaba por gerar maiores quantidades de impostos arrecadados e, consequentemente, maiores investimentos nas infraestruturas de circulação e controle desse sistema de movimento, processo que acaba por favorecer, reiteradamente, as condições de circulação em algumas parcelas do espaço nacional.

uma enorme evolução nos três termos da equação da *qualidade dos meios de transporte*: a *velocidade* das aeronaves é cada vez maior; sua *capacidade de carga* aumenta também sensivelmente (Merlin, 1991); e talvez a mudança principal, que diz respeito ao aumento da *segurança dos voos* (Pépin, 1956). As taxas de crescimento dos passageiros após esse período (1945 a 1975), no Brasil, ultrapassam os 1.000%, índice que mostra a relevância adquirida por esse sistema de movimento na condução dos fluxos nacionais.

Essas melhorias técnicas permitiram a banalização desse sistema de movimento em boa parte do mundo, fato que não foi diferente no Brasil. As densidades dos fluxos, evidenciadas pelas quantidades de passageiros por estado, permitem-nos visualizar, primeiramente, a formação da *Região Concentrada* (a soma das regiões Sul, Sudeste e também do Distrito Federal, como propõem o geógrafo Milton Santos e a socióloga Ana Clara Torres Ribeiro [1979]). A movimentação de passageiros nessa porção do território revelou sempre uma concentração de fluxos em torno dos 70% (mais precisamente, 64,3% em 1998, 71,4% em 1986, e 79,2% em 1975) dos totais nacionais, como nos mostra a tabela a seguir.

TABELA 5

PASSAGEIROS EMBARCADOS EM VOOS NACIONAIS

	1945		*1975*		*1986*		*1998*	
Brasil	274.672	100	6.512.649	100	15.508.850	100	26.273.148	100
Região Concentrada	209.373	76,2	5.162.250	79,2	11.078.124	71,4	16.917.965	64,3
Região C.-Oeste	11.126	4,0	749.373	11,5	1.787.463	11,5	3.060.333	11,7
Distrito Federal	—	—	523.521	8,0	1.257.438	8,1	2.149.873	8,18
Região Nordeste	46.387	16,8	815.093	12,5	2.828.920	18,2	4.609.072	17,6
Região Norte	18.912	6,8	535.306	8,2	1.601.806	10,3	1.685.778	6,6
Região Sudeste	162.464	59,1	3.751.262	57,6	7.755.602	50,0	13.609.315	51,9

Rio de Janeiro	86.186	31,3	1.560.246	23,9	3.050.461	19,6	3.715.994	14,2
São Paulo	58.756	21,3	1.733.626	26,6	3.741.440	24,1	7.930.505	30,1
Região Sul	35.783	13,0	661.615	10,2	1.535.059	10,0	3.308.650	12,2

Fonte: IBGE, *Anuário estatístico do Brasil* (1945) e DAC, *Anuário do transporte aéreo* (1975, 1986, 1995), GEIPOT, *Anuário estatístico dos transportes* (1999).

A tabela nos mostra, em primeiro lugar, a emergência da liderança do estado de São Paulo quanto ao fluxo de passageiros. O estado do Rio de Janeiro, que concentrava cerca de 31,3% dos fluxos em 1945, passa a responder por 23,9% em 1975 e 19,6% em 1986, chegando aos 14,2% em 1998. Enquanto isso, São Paulo aumenta sua participação, indo de 21,3%, em 1945, para 26,6% em 1975, e terminando o ano de 1998 com 30,1% dos totais nacionais.

Helena Kohn Cordeiro e Francisco Ladeira lembram que, nesse tipo de transporte, "(...) mais de 95% dos passageiros eram empresários e executivos" (1994, p. 284) no início da década de 1990, principalmente nos voos regionais, mas também nos nacionais. A qualidade dos fluxos (isto é, dos passageiros) nos mostra que esse sistema de movimento é responsável pelo deslocamento dos vetores organizacionais do território: por meio dele, principalmente, é que se reconhecem, no Brasil e no mundo, as *regiões do mandar* e as *regiões do fazer*, como propõe o geógrafo Milton Santos (1994, 1996).

Nos estados brasileiros desprovidos de um sistema de movimento de *domínio terrestre*[10] bem desenvolvido, e nos quais não há cidades consideradas economicamente rentáveis para os voos regionais regulares, foram utilizadas outras formas de locomoção, e uma delas foi o chamado *serviço de táxi aéreo*. A tabela a seguir nos mostra a sua respectiva evolução no território.

---

10. Henry Cavaillés, num bonito texto, propõe três tipos de *domínio* pelos quais se dão os fluxos no espaço: o terrestre, o aquático e o aéreo (1940).

TABELA 6

TÁXI AÉREO: EVOLUÇÃO DOS QUILÔMETROS PERCORRIDOS

	QUILÔMETROS PERCORRIDOS					
	1975	1975	1990	1990	1995	1995
	km	%	km	%	km	%
Região C.-Oeste	5.930.027	15,9	5.231.143	9,3	1.708.107	6,1
Região Nordeste	3.813.983	10,3	8.676.521	15,2	6.175.188	22,4
Região Norte	8.711.037	23,2	3.972.139	7,1	4.453.112	16,2
Amazonas	2.470.883	6,5	320.927	0,5	1.328.474	4,8
Pará	5.685.694	15,0	2.370.308	4,1	2.036.377	7,3
Região Sudeste	14.562.030	38,8	34.117.079	60,0	14.272.756	51,8
Rio de Janeiro	4.003.688	10,6	6.229.702	11,0	4.242.350	15,3
São Paulo (total)	4.510.676	12,0	11.766.984	20,71	8.309.039	30,1
São Paulo (RMSP) (interior)	— —	— —	8.588.633 3.178.351	15,11 5,6	5.879.696 2.429.343	21,3 8,8
Minas Gerais	5.816.944	15,5	15.820.663	27,8	1.284.723	4,6
Região Sul	4.457.039	11,8	4.806.987	8,4	970.634	3,5
Região Concentrada	24.949.096	66,5	44.155.209	77,7	16.951.497	61,4
BRASIL	37.474.116	100	56.803.869	100	27.579.797	100

Fonte: DAC, *Anuário do transporte aéreo* (1975, 1986, 1995).

O que notamos, em primeiro lugar, é a perda de importância dessa modalidade no ano de 1990. Esse fenômeno pode ser creditado a dois fatores: as linhas rentáveis de táxi aéreo passaram a constituir *rotas regulares* de *empresas de voos regionais*, como nos mostra Gílson Garófalo (1982), deixando de constar nas estatísticas como voos de tipo "táxi aéreo"; em segundo lugar, há um desenvolvimento significativo do sistema de movimento rodoviário, fator que, principalmente na região Norte, contribuiu para a substituição de parte dos fluxos aéreos pelos rodoviários. Vale destacar também que, de "expansor das fronteiras agrícolas", o subsistema de táxi aéreo passa a ser utilizado para o deslocamento rápido e eficiente de grandes empresários e altos diretores de empresas, como nos lembram também Cordeiro e Ladeira (1994). Em 1955 a Região Metropolitana de São Paulo (RMSP) se responsabilizava por 21,3% dos totais nacionais. Há, pois, uma nítida concentração de fluxos. O próprio interior paulista, com 8,8% da movimentação nacional, supera estados como Minas Gerais, Pará e Amazonas, regiões de dimensões muito maiores, mas que não demandam a mesma fluidez de fluxos sofisticados.

Considerações finais

A análise dos *sistemas de movimento do território brasileiro* (principalmente nesse *período técnico-científico-informacional*) permite entender a forma com que as diferentes porções do território brasileiro se foram inserindo tanto na divisão territorial (nacional) do trabalho quanto na divisão internacional do trabalho, de acordo com a *densidade da vida de relações* que as caracteriza, levando as diversas porções do território a abrigar funções *subordinadas* ou de *controle* do território como um todo.

A maior densidade do movimento material nas regiões Sul e Sudeste, com índices raramente menores que os 70% do total nacional, exemplifica a formação e consolidação da chamada Região Concentrada, onde o meio técnico-científico-informacional, proposto por Milton Santos (1993, 1994), tem presença praticamente contínua.

No caso específico do *sistema de movimento aquaviário*, observamos o aumento da importância da região Sul do país, com absorção dos fluxos de *longo curso* e de *contêineres*, com perda da importância relativa dos portos da região Sudeste. A *navegação de longo curso* permite-nos também verificar que: 1) nas regiões Norte/Nordeste há casos de inserção passiva nos processos econômicos do sistema territorial, a partir da presença de vetores verticais que levam à obediência unilateral, como no caso do complexo Itaqui–Carajás, onde o comportamento do território acaba por ser relativamente alienado; 2) nas regiões Sul e Sudeste, o exemplo é o da entrada e saída de fluxos menos sofisticados, ainda que também hegemônicos (como o petróleo — e demais granéis líquidos e minérios — e demais granéis sólidos), bem como de produtos de *maior valor agregado* (como no caso dos *contêineres*).

O quadro atual do *sistema de movimento ferroviário* sugere também a formação de *verticalidades* e *horizontalidades* no território. No caso do escoamento da produção de gêneros alimentícios nas regiões Sul e Sudeste (principalmente), como também para o deslocamento diário de milhares de trabalhadores, usuários do modal ferroviário nas grandes metrópoles brasileiras, vão se configurando *horizontalidades* no território. São atividades com menor densidade técnica empregada e baixa capacidade de investimentos, porém condizentes com a reprodução da vida de boa parte da população brasileira.

No caso da formação de *verticalidades* no território, parte dessa mesma malha ferroviária que transporta os gêneros alimentícios em geral (somada às ferrovias ligadas diretamente ao transporte de minérios) contribui, nos chamados *corredores de exportação*, para a formação de *solidariedades organizacionais* no território. Esse circuito de produção e escoamento (que, no caso dos alimentos, diz respeito principalmente ao cultivo da soja e de seus derivados, destinados à exportação) compõe-se de um conjunto de sistemas de engenharia modernos, adequados às vicissitudes do mercado mundial hegemônico e contando com apoio técnico e financeiro constante do governo federal (Geipot, 1991, 1997).

A mudança do padrão de circulação no território, com as novas atividades econômicas (ligadas à *industrialização* e à formação de um setor urbano de *serviços* importante), provocou a aceleração dos ritmos de vida e uma necessidade de maior fluidez na movimentação de pessoas e mercadorias, com o expressivo crescimento (evidenciado nas tabelas) dos fluxos dos *sistemas de movimento rodoviário* e *aeroviário* no período posterior à Segunda Guerra Mundial.

O desenvolvimento do *sistema rodoviário*, devido sobretudo ao governo federal, inclui a utilização, após a sua modernização depois de 1950, de antigas vias de circulação de veículos de tração animal, com a incorporação de novas regiões às atividades da economia brasileira.

Merece realce o fato de as cidades onde inexistiam sistemas de movimento terrestre ou aquaviário desenvolvidos terem sua integração territorial completada pelo *sistema de movimento aeroviário*. Este permitiu a integração literalmente "por cima" do território, expandindo o meio técnico-científico de maneira pontual, diferentemente do que ocorre no Sul e no Sudeste do país, onde há continuidade do povoamento. Nesse sentido, a máxima formulada por Moacir Silva ainda na década de 1940, dizendo que "(...) o avião voa, sobrevoa, mas não povoa" (1949), parece ganhar forte significado no período atual. Esse sistema de movimento é responsável pela atuação "cirúrgica" empreendida no território pelas grandes empresas transnacionais, pois elas podem explorá-lo sem o comprometimento de modificá-lo horizontalmente.

Bibliografia

ARAÚJO FILHO, José R. de. *Santos. O porto do café*. Rio de Janeiro, FIBGE, 1969.

BAER, Werner; KERSTENETZKY, Isaac; SIMONSEN, Mário H. "Transporte e inflação: Um estudo da formulação irracional de política no Brasil". In: *Revista Brasileira de Economia*, ano 16, nº 4, dez. 1962, pp. 159-174.

BARAT, Josef. *A evolução dos transportes no Brasil*. Rio de Janeiro, IBGE/IPEA, 1978.

_____. "O setor de transportes". In: AFFONSO, Rui; SILVA, Rui (orgs.). *Federalismo no Brasil. Empresas estatais e federação*. São Paulo, Fundap, 1996, pp. 203-283.

CAVAILLÉS, Henri. "Introduction à une géographie de la circulation". In: *Annales de Géographie*, nº. 280, Paris, 1940, pp. 170-182.

CORDEIRO, Helena Kohn; LADEIRA, Francisco. "O espaço aéreo favorece a desterritorialidade?". In: SANTOS, Milton; SOUZA, Maria Adélia de; SILVEIRA, María Laura. *Território. Globalização e fragmentação*. São Paulo, Hucitec/ANPUR, 1994, pp. 283-295.

DAVIDOVICH, Fanny. "Cenários para o planejamento da gestão ambiental — Macrovetor Circulação". Brasília, Ministério do Meio Ambiente e da Amazônia Legal, mimeo., nov. 1994.

DIAS, Leila. *Réseaux d'information et réseau urbain au Brésil*. Paris, L'Harmatann, 1995.

GARÓFALO, Gílson de Lima. *O mercado brasileiro de transporte aéreo regional*. São Paulo, IPE/USP, 1982.

GEIPOT. *Estudo dos fluxos das principais mercadorias movimentadas. Granéis líquidos, produtos químicos e petroquímicos*. Brasília, 1991.

_____. *Corredores de transporte. Proposta de ações para adequação de infraestrutura e racionalização do transporte de granéis agrícolas*. Brasília, 1997.

MARQUES, Moacir. "Estruturação da rede viária terrestre de São Paulo". In: *Boletim Paulista de Geografia*, nº 55, AGB/São Paulo, 1978, pp. 47-73.

MERLIN, Pierre. *Géographie, Économie et planification des transports*. Paris, PUF, 1991.

MONBEIG, Pierre. *Pioneiros e fazendeiros do estado de São Paulo*. São Paulo, Hucitec/Polis, 1984.

OS DONOS DA LINHA *Revista Ferroviária*, São Paulo, nº 8, ano 53, 1992.

PÉPIN, Eugène. *Géographie de la circulation aérienne*, Paris, Librairie Galimmard, 1951.

PLASSARD, François. "Les réseaux des transports et de comunication". In: BAILLY, A.; FERRAS, R. e PUMAIN, D. *Encyclopédie de Géographie*, v. 2, Suíça, Ed. Economica, 1993, pp. 551-574.

RAFFESTIN, Claude (1980). *Por uma geografia do poder*. São Paulo, Ática, 1993.

SAES, Flávio Azevedo M. de. *As ferrovias de São Paulo (1870-1940)*. São Paulo, Hucitec, 1981.

SANTOS, Milton. *A urbanização brasileira*. São Paulo, Hucitec, 1993.

_____. *Técnica, espaço e tempo*. São Paulo, Hucitec, 1994.

_____. *A natureza do espaço*. São Paulo, Hucitec, 1996.

SANTOS, Milton; RIBEIRO, Ana Clara T. *O conceito de Região Concentrada*. Universidade Federal do Rio de Janeiro, IPPUR e Departamento de Geografia, 1979, mimeo.

SILVA, Moacir M. F. da. *Geografia dos transportes no Brasil*. Rio de Janeiro, IBGE/CNG, 1949.

TRAVASSOS, Mário. *Introdução à geografia das comunicações brasileiras*. Rio de Janeiro, Livraria José Olympio Editora, 1942.

XAVIER, Marcos. *O sistema rodoviário brasileiro. Um elemento técnico do território*. São Paulo (trabalho individual de graduação), Departamento de Geografia, FFLCH/USP, nov. 1997.

Sistemas técnicos-agrícolas e meio técnico-científico-informacional no Brasil

SORAIA RAMOS

As recentes e sucessivas transformações verificadas nos espaços agrícolas,[1] na maioria dos países, nos obrigam a buscar novas interpretações que expliquem as atuais características do capitalismo no campo, ou seja, a instauração de uma nova racionalidade como forma de otimização dos lucros. Essa racionalidade se traduz na produção agrícola por políticas que favoreceram superposições de tecnologias, derivadas sobretudo de pesquisas científicas, e inovações na gestão e no controle da produção sob o comando de grandes empresas.[2]

Ainda que o homem sempre tenha se servido de técnicas para a produção no campo, o que se registra, neste momento, é a sofisticação e a complexidade da organização técnica (Ortega y Gasset 1963; Ellul, 1968).

Ao observar uma área de produção agrícola qualquer, a qual manteve o plantio de uma mesma cultura por um longo período, podemos não notar, à primeira vista, as diferenças entre a paisagem atual e as paisagens antecedentes. Do mesmo modo, uma única espécie cultivada ao mesmo

---

1. Jean Brunhes (1962, p. 156), referindo-se especialmente à França, já observava que há transformações não apenas de ordem material ditadas pelo processo de industrialização agrícola. Além das transformações econômicas, o autor aponta as de ordem moral e social.

2. Um importante exemplo de concentração do meio técnico-científico em uma área nos é dado por Denise Elias (1996), quando aponta a região de Ribeirão Preto, no estado de São Paulo, como lugar funcional de uma produção agroindustrial globalizada.

tempo em regiões diferentes do Brasil pode apresentar aparentemente mais semelhanças do que diferenças. No entanto, um exame mais atento revela que por trás da aparente similaridade na paisagem de um mesmo cultivo, em tempos e lugares diversos, há um novo sistema de produção. Por trás de uma paisagem rural há novas dinâmicas espaciais, há uma outra organização produtiva que na maioria das vezes não são perceptíveis num primeiro momento. Cresce a artificialidade das áreas em razão de um novo conteúdo técnico, que possibilita novos usos do território.

Desse modo, uma das possíveis maneiras de se compreender as mudanças na feição do campo pode ser dada pela análise de seus sucessivos sistemas técnicos e seu crescente grau de sofisticação e complexidade organizativa, que ao lado de outras atividades e ações não propriamente agrícolas compõem as diferentes configurações territoriais, assinalando épocas distintas de sua história. Este pode ser um caminho para perceber os diferentes usos que se faz do território e que reflete o grau de inserção de determinada área em uma economia globalizada.

A produção agrícola, seguindo o processo de urbanização e industrialização, insere-se cada vez mais na lógica industrial de produção. Para manter os níveis de rendimento desejados, essa atividade precisa elevar constantemente a sua produtividade e, para tanto, adotar novas tecnologias de produção e organização.

Esses novos consumos técnicos no campo exigem maiores somas de investimentos, o que ocasionará um processo de modernização sem alteração da estrutura agrária. Somente alguns proprietários serão verdadeiramente beneficiados pelas inovações introduzidas nos métodos de cultivo.

A facilidade para obtenção de crédito oficial, instrumento de política agrícola da década de 1970, por parte de alguns produtores irá garantir a mudança da base técnica. O crédito rural estava amparado em taxas de juros negativas, subsidiando os investimentos, o custeio e a comercialização das safras, ou seja, todas as fases da produção agrícola (Ruegg, 1991).

De maneira geral, a modernização do campo ocorre primeiramente com a mecanização da produção, observada pela utilização crescente de arados, aspersores, colheitadeiras, pulverizadores e tratores. Em um segundo momento, a novidade decorrerá da utilização dos derivados da indústria química; fertilizantes, agrotóxicos: herbicidas, inseticidas, fungicidas e corretivos para o solo, que se dá paralelamente ao desenvolvimento da biotecnologia e da engenharia genética.[3]

Ultimamente, com os avanços na chamada "agricultura de precisão",[4] é possível realizar, por meio das informações obtidas via satélite, um verdadeiro mapeamento e conhecimento detalhado do terreno, combinando-se o uso do GPS[5] com as inovações mecânicas e químicas. Com isso se torna possível aumentar cada vez mais a produtividade de certas culturas em menor tempo e espaço.[6]

Ao mesmo tempo como fator motivador e como condição para essas transformações na dinâmica espacial brasileira, temos as políticas nacionais que direcionaram o processo de modernização do espaço agrário. A ação do Estado será decisiva quando da implantação de infraestruturas e da criação de instituições técnicas, financeiras e administrativas que subsidiarão o novo ritmo de produção, circulação e consumo.

---

3. A partir dos anos 1980, com a queda verificada na oferta de crédito agrícola no Brasil e o crescimento da preocupação com o meio ambiente no mundo, diminui o uso de insumos químicos na agricultura e ocorre um avanço maior na área da biotecnologia. De acordo com essa tendência, está havendo até mesmo um grande desenvolvimento da chamada *agricultura orgânica*, que produz alimentos sem agrotóxicos.

4. Graças às novas tecnologias, o produtor rural pode, além de examinar de antemão as condições climáticas, prever safras, acompanhar e monitorar o desenvolvimento de suas culturas. A "agricultura de precisão" "permite otimizar o uso de insumos agrícolas e criar mapas de aplicação localizada de insumos que levam em consideração a variabilidade espacial encontrada no campo" e "permite ainda construir bancos de dados espaciais e temporais importantes no desenvolvimento de técnicas visando o uso racional da terra com consequente redução de custos e impactos ambientais" (revista *Fator Gis*, 21, 1997).

5. GPS — Global Positioning System — constitui-se numa constelação de satélites que fornecem coordenadas geográficas precisas para orientar a aplicação localizada de insumos.

6. A respeito das novas tecnologias da informação na organização e uso do território, mais particularmente o *monitoramento agrícola e ambiental* e a *agricultura de precisão*, cf. Ricardo Castillo, 1999.

MILTON SANTOS E MARÍA LAURA SILVEIRA

Fixos e fluxos no espaço agrícola

Com a difusão da ciência e das inovações tecnológicas, os espaços agrícolas tendem a se especializar e a se tornar cada vez mais complexos. Por um lado avolumam-se os fixos, base da nova organização, e por outro aumenta o dinamismo dos fluxos (Santos, 1988; 1996), revelando a intensificação das relações mantidas com áreas mais e mais longínquas.

Para que isso ocorresse no Brasil, várias ações foram acontecendo de modo paralelo e complementar, principalmente na década de 1960, preparando as condições para a inserção dos novos componentes técnicos na agricultura brasileira, por meio da regulamentação de diversas leis e a criação de programas e órgãos para o setor.

Assim, por exemplo, em 1965 é regulamentada a primeira Lei de Sementes do país, que seria alterada, em 1977, de acordo com o Plano Nacional de Sementes, objetivando incentivar a produção e a utilização de sementes melhoradas, além de criar instrumentos de proteção ao consumidor de sementes por meio da fiscalização e da produção de sementes e mudas certificadas em todo o território nacional pelo Ministério da Agricultura (Gambelli, 1988, p. 17).

Outra importante mudança se dará em 1959, decorrente da política de industrialização de Juscelino Kubitschek, que estimulará a implantação de fábricas de tratores no país. Demonstrando um dos aspectos da adesão aos novos métodos de produção, temos que de 1.700 tratores existentes nos estabelecimentos em 1920 o Brasil chega a possuir, em 1970, 166 mil unidades, localizadas, nesse período, na *Região Concentrada* (Sul e Sudeste), principalmente no estado de São Paulo. Nas últimas décadas, mais do que o crescimento do número de tratores por estabelecimento, tem havido a adoção de exemplares cada vez mais potentes.

Entre 1960 e 1970, o emprego de fertilizantes químicos e de agrotóxicos[7] também se expande, com a ajuda de financiamentos públicos. A

---

7. Enquanto os países desenvolvidos proibiam a aplicação de um crescente número de insumos químicos em suas lavouras, a década de 1970 assinala o auge do uso de agrotóxicos no

criação, em 1966, do Funfertil (Fundo de Estímulos Financeiros ao Uso de Fertilizantes e Suplementos Minerais) faz parte da campanha publicitária para a disseminação espacial e o emprego dos novos insumos.

As grandes obras destinadas à irrigação, abarcando desde os diversos tipos de equipamentos para irrigar até os canais construídos para o escoamento da água, configuram outros objetos criados com o propósito de integrar os *sistemas técnico-agrícolas.*

Os primeiros projetos de irrigação no Brasil datam do início do século, mas se davam de forma pontual através do território. Em 1945 o governo federal transforma a antiga IFOCS (Inspetoria Federal de Obras Contra as Secas), de 1919, no DNOCS[8] (Departamento Nacional de Obras Contra as Secas) e cria o DNOS (Departamento Nacional de Obras de Saneamento). A partir da década de 1970 é que o governo passa a se direcionar mais fortemente para programas de irrigação, por meio da atuação da Codevasf (Companhia de Desenvolvimento do Vale do São Francisco), implantando os perímetros públicos irrigados. Em 1986 são instituídos o Proine (Programa de Irrigação do Nordeste) e o Proni (Programa Nacional de Irrigação).

Em 1960, a área irrigada do Brasil estava em torno de 460 mil hectares, sendo que 63% estavam concentrados na região Sul. Dez anos depois, ela saltava para quase 800 mil hectares irrigados. Atualmente, o número de terras irrigadas ultrapassa os 3 milhões de hectares, crescimento que foi fruto da atuação do Estado, como nos mostra a tabela a seguir.

Brasil, chegando o governo a criar, em 1975, o PNDA (Programa Nacional de Defensivos Agrícolas), na expectativa de elevar a produção e o consumo interno e ao mesmo tempo diminuir as importações desses insumos (Ferrari, 1986).

8. Em verdade, a atuação do governo federal na promoção de projetos de irrigação se justifica, em grande parte, pelo combate às secas periódicas registradas no Polígono das Secas, o que leva à criação de diversos órgãos públicos.

TABELA 1

BRASIL — GRANDES REGIÕES — ÁREA IRRIGADA (HA)

REGIÃO	ÁREA IRRIGADA (HA)							
	1960		1970		1985		1996	
	total	%	total	%	total	%	total	%
Norte	67	0,01	5.420	1,0	43.242	2,20	83.023	2,66
Nordeste	52.772	11,43	115.971	14,0	366.831	18,71	751.887	24,09
Centro-Oeste	2.027	0,44	14.579	2,0	63.220	3,22	260.953	8,36
Sudeste	116.285	25,19	185.183	23,0	599.564	30,59	929.189	29,77
Sul	290.399	63,0	474.663	60,0	886.963	45,25	1.096.592	35,13
Brasil	461.550	100,0	795.815	100,0	1.959.824	100,0	3.121.644	100,0

Fonte: Censo Agropecuário: 1960, 1970, 1985 e 1996 — IBGE.

Acompanhando o aumento da circulação de produtos agrícolas, cresce também a necessidade de estocar e transportar adequadamente a mercadoria. Como exemplo, nota-se a ampliação da malha rodoviária nacional e o aperfeiçoamento do setor de armazenagem a partir da criação da Cibrazem (Companhia Brasileira de Armazenagem) em 1963.

Em 1975 tínhamos no país, aproximadamente, 10 mil unidades armazenadoras, com capacidade para 38 milhões de toneladas; em 1995 as unidades aumentam para 15 mil, enquanto a capacidade estática se eleva para 91 milhões de toneladas. Isso evidencia uma alteração mais na qualidade dos postos armazenadores do que propriamente na sua quantidade.

Os dados da Tabela 2 mostram também que, se por um lado a região Sul se mantém ao longo dos anos com a maior quantidade e capacidade das unidades armazenadoras, por outro observamos que, na região Centro-Oeste, mais expressivo do que o simples aumento no número de armazéns foi o crescimento da capacidade armazenadora, que de 6% do total do país salta para 29%.

TABELA 2

BRASIL — GRANDES REGIÕES — NÚMERO E CAPACIDADE
ESTÁTICA DAS UNIDADES ARMAZENADORAS

Região	NÚMERO E CAPACIDADE ESTÁTICA								
	1975			1985			1995		
	N°	%	Capacidade	%	N°	%	Capacidade	%	N°	%	Capacidade	%
N	113	1,05	230.000	0,60	237	1,49	578.000	0,87	463	2,98	1.725.500	1,89
NE	1.386	12,89	2.359.000	6,15	1.829	11,56	3.349.000	5,04	1.201	7,75	4.796.448	5,25
CO	746	6,94	2.231.000	5,81	2.001	12,64	9.766.000	14,69	2.816	18,17	26.618.845	29,14
SE	3.226	30,01	11.527.000	30,06	3.881	24,53	17.641.000	26,55	2.425	15,65	16.908.190	18,51
S	5.278	49,10	21.996.000	57,36	7.871	49,75	35.109.000	52,84	8.589	55,43	41.270.217	45,19
Brasil	10.749	100,0	38.343.000	100,0	15.819	100,0	66.443.000	100,0	15.494	100,0	91.319.200	100,0

Fonte: Deplan, Difusão de Cadastro e Informação, Cibrazem e Conab, 1996.

A pesquisa científica na agricultura brasileira

A atuação de políticas públicas no desenvolvimento de incentivos à pesquisa agrícola ocorre desde o século XIX, com a criação, em 1877, da primeira escola de agronomia do Brasil, em Cruz das Almas, Bahia. Outros exemplos são: em 1883, a criação da Escola Superior de Agricultura Eliseu Maciel de Pelotas (RS); em 1887, da Estação Agronômica de Campinas (SP) (em 1892, Instituto Agronômico de Campinas) e, em 1901, da Esalq de Piracicaba (SP) (Escola Superior de Agricultura Luiz de Queiroz). Porém, a criação em 1938 do Cnpea (Centro Nacional de Ensino e Pesquisas Agronômicas) é um marco de uma atuação mais efetiva por parte do governo federal para a promoção das atividades de ensino e pesquisa agrícola no país (Rivaldo, 1986; Freitas, 1986). Após a Segunda Guerra Mundial haverá uma proliferação de cursos e instituições de ensino em ciências agrárias, sob a influência do modelo norte-americano (Malavolta, 1979-81).

A partir dos anos 1960 há sucessivas mudanças na política de ensino e pesquisa agrícola. Em 1962 cria-se o Departamento de Pesquisas e Experimentação Agropecuária, que em 1973 será substituído pela Embrapa (Empresa Brasileira de Pesquisa Agropecuária), que passa a coordenar e a executar a investigação agropecuária em todo o país (Alves, 1980). A política seguida desde então foi a de implantar diversos centros e unidades de pesquisa agropecuária de modo descentralizado através do território, com a coordenação da sede da Embrapa, localizada em Brasília. Atualmente a Embrapa mantém 39 unidades situadas em vinte unidades da federação, resultado da interiorização dos centros de pesquisa que contribui para a integração de todo o território ao modelo de desenvolvimento agrícola hegemônico, ao difundir internamente as tecnologias geradas nos países desenvolvidos e, num segundo momento, pela elaboração ou coordenação de iniciativas internas, principalmente no campo das inovações biológicas.

A atuação da ciência na agricultura, enquanto saber instrumentalizado, tem colaborado, por exemplo, para o atendimento das exigências de mercado quanto à padronização dos produtos agrícolas por meio de variedades melhoradas, uniformizando-se o tamanho, a cor, a forma e o sabor dos produtos.

O Estado brasileiro, na promoção e no desenvolvimento da pesquisa agropecuária, tem sofrido fortes influências por parte de alguns grupos de interesse mais bem articulados. Isso tem se refletido no encaminhamento e na execução dos projetos de pesquisa. Contudo, é pela atuação pública que se pode garantir o acesso às novas tecnologias a uma parte maior da sociedade, de acordo com suas reais necessidades, bem como manter o controle sobre as novas tecnologias geradas.

Creditização do território: os recursos para a agricultura

Desde o início do século XX observa-se uma preocupação por parte do governo em criar meios — como, por exemplo, em 1937, a Carteira de

Crédito Agrícola e Industrial (Creai) do Banco do Brasil — destinados ao fomento da produção e da modernização das atividades agrícolas. Inicia-se a substituição dos intermediários, nas operações de crédito aos produtores rurais, por uma política creditícia oficial. No entanto, os resultados obtidos com o Creai se mostraram insatisfatórios (Paiva et al., p. 124). Nessa fase, o número de agências do Banco do Brasil é insuficiente e os recursos oficiais disponíveis não atendem a demanda dos agricultores.

A institucionalização do crédito rural no Brasil data de 1965, quando o governo federal aumentou os estímulos, incentivando a modernização agrícola e facilitando o acesso à aquisição dos novos insumos técnicos e intelectuais. O decreto 58.380, de 10/05/66, regulamenta a lei 4.829 de 1965 e estabelece os objetivos do crédito rural. Entre eles estavam: estimular investimentos rurais, favorecer o custeio da produção e comercialização, fortalecer produtores rurais e incentivar a modernização. De fato, esses incentivos provocaram o aumento do consumo de agrotóxicos e a expansão das grandes empresas agropecuárias, pois os empréstimos eram cedidos aos produtores mediante a compra dos novos insumos.

Os produtores rurais se viam obrigados a endividar-se com o SNCR (Sistema Nacional de Crédito Rural), adquirindo os novos insumos para se manterem competitivos no mercado. A compra pelo agricultor desses insumos é condição para seu acesso aos recursos, já que o Manual de Crédito Rural estipulava que 15% do orçamento do custeio seria utilizado no emprego de agrotóxicos, serviços de aviação agrícola, fertilizantes, sementes melhoradas, eletricidade etc. (Hathaway, 1986). Tal fato vem reforçar a ideia de que a política de crédito rural dos anos 1960-70 beneficiou sobretudo as multinacionais do setor químico presentes no Brasil.

Segundo Guedes Pinto (1981) e Simon (1992), a quantidade de crédito está diretamente relacionada com o tamanho da propriedade, sendo os grandes proprietários os maiores beneficiários. A repartição desigual também ocorre quando se analisa o tipo de produto beneficiado — a maior parte se direcionando às culturas integradas aos complexos agroindustriais.[9] Do mesmo modo, em relação à distribuição entre as regiões do país, há uma concentração dos recursos creditícios na porção Sul/Sudeste.

A condução da política de Crédito Rural pelo governo federal parece nos indicar dois aspectos da criação de espaços da globalização no território brasileiro. De um lado, há uma "creditização" do território, em virtude da maior necessidade de capital adiantado no campo e a consequente expansão do sistema bancário. Por outro lado, a modernização das atividades agropecuárias foi induzida — pelos interesses dos grandes grupos hegemônicos — e concentrada em algumas propriedades e regiões.[10]

Ultimamente, com a escassez de crédito oficial disponível para a maior parte dos agricultores, tem crescido o número de financiamentos vinculados a empresas ligadas à atividade agropecuária, como por exemplo a Perdigão e a Du Pont (*Gazeta Mercantil*, 1998, 1999). Isto tem contribuído para que a produção no campo esteja cada vez mais voltada aos interesses privados de grandes empresas.

Últimas considerações

Para a elaboração deste estudo partimos da premissa segundo a qual uma periodização do processo de modernização agrícola no Brasil pode ser entendida mediante a análise histórica dos diferentes usos do território, realizados a partir de densidades técnicas desiguais.

---

9. Graziano da Silva (1996) chama a atenção para o fato de que a partir dos anos 1970 já não é possível falar da agricultura como um bloco homogêneo — um único setor agrícola. Diferentemente de autores que falam em complexo agroindustrial, esse autor prefere trabalhar com o conceito de complexos agroindustriais, no plural, para designar as várias dinâmicas agrícolas próprias a cada produto em particular.

10. Analisando-se o Anuário do Crédito Rural do período que vai do início dos anos 1970 até hoje, apenas nove estados — Rio Grande do Sul, Santa Catarina, Paraná, São Paulo, Minas Gerais, Goiás, Mato Grosso, Mato Grosso do Sul e Bahia — vêm concentrando mais de 80% do valor total dos financiamentos concedidos a produtores e cooperativas no país. A participação dos demais estados é inexpressiva para o conjunto.

No momento atual, o uso do espaço agrícola é marcado pela incorporação e interdependência de novos objetos técnicos, regulados por normas que facilitam seu controle e funcionamento. Os exemplos abordados mostram que a integração do território nacional se fez, de um lado, por meio da unificação das técnicas, mas se deu também com a centralização das decisões sob o comando do Estado e das grandes firmas.

Se as décadas de 1960 e 1970 correspondem ao aprofundamento da modernização agrícola no Brasil, com acréscimo de novos objetos ao território, as de 1980 e 1990 parecem ser, principalmente, de sofisticação desses objetos e de sua expansão para áreas antes não incluídas nesse processo. Apesar de as regiões Sul e Sudeste ainda deterem no presente a maior quantidade desses sistemas técnicos, a região Centro-Oeste e algumas áreas da região Nordeste, acompanhando a expansão do meio técnico-científico, acolhem os equipamentos de modernização agrícola e, pelo fato de terem poucos fixos do período anterior, estão aptas a receber mais facilmente os novos conteúdos técnicos.

O peso dos novos componentes técnicos no campo permite diminuir e até mesmo eliminar muitas consequências de condições naturais adversas, mas ao mesmo tempo acentuam-se distorções na sociedade, fruto da imposição de inovações técnicas e ganhos cada vez mais concentrados. O progresso técnico permite, ainda que potencialmente, outras formas de utilização do território, um novo uso do tempo e do espaço.

Os impactos do atual período sobre o território transformam espaços agrícolas tradicionais em novas regiões agrícolas, como a produção de frutas irrigadas em diversos pontos do Nordeste — Petrolina (PE), Juazeiro (BA) e Vale do Açu (RN) —, a produção de soja em Balsas, sul do Maranhão, e o café irrigado do oeste baiano; também o plantio de uva consorciado com soja em Primavera do Leste (MT). Essas experiências têm modificado a paisagem rural e urbana dessas regiões ao atrair empresas de implementos e insumos agrícolas, de transporte, pesquisa, melhoramento genético etc.

Assim, a expansão do meio técnico-científico-informacional na formação socioespacial brasileira se dará com variações, no tempo e no espaço, decorrentes de decisões políticas do Estado e das empresas. O resultado disso são densidades técnicas desiguais, como assinala Milton Santos (1994), havendo as "áreas opacas" — menos densas em conteúdo técnico, e as "áreas luminosas" —, todas, entretanto, subordinadas a uma mesma lógica.

Bibliografia

ALVES, E. R. A. *A Embrapa e a pesquisa agropecuária no Brasil*. Departamento de Informação e Documentação, Brasília, 1980.

BRUNHES, Jean. *Geografia humana*. Fundo de Cultura, Rio de Janeiro, 1962.

CASTILLO, Ricardo. *Sistemas orbitais e uso do território: integração eletrônica e conhecimento digital do território brasileiro*. Tese de doutorado, Departamento de Geografia, Faculdade de Filosofia, Letras e Ciências Humanas, Universidade de São Paulo, São Paulo, 1999.

ELIAS, Denise de Souza. *Meio técnico-científico-informacional e urbanização na região de Ribeirão Preto*. Tese de doutorado, Departamento de Geografia, Faculdade de Filosofia, Letras e Ciências Humanas, Universidade de São Paulo, São Paulo, 1996.

ELLUL, Jacques. *A técnica e o desafio do século*. Paz e Terra, Rio de Janeiro, 1968.

FERRARI, Antenor. *Agrotóxicos: a praga da dominação*. Mercado Aberto, 2ª ed., Porto Alegre, 1986.

FREITAS FILHO, F. e outros. *O modelo institucional da pesquisa agropecuária do Ministério da Agricultura: fundamentos e razões*. Departamento de Difusão e Tecnologia, Brasília, 1986.

GAMBELLI, Luiz Antonio. *Manual do comerciante de sementes*. Associação dos Comerciantes de Sementes e Mudas, São Paulo, 1988.

GRAZIANO DA SILVA, José. *A nova dinâmica da agricultura brasileira*. Universidade de Campinas, Campinas, 1996.

GUEDES PINTO, Luís C. *Notas sobre a política de crédito rural*. Universidade de Campinas, Campinas, 1981.

HATHAWAY, D. *Pragas e venenos: agrotóxicos no Brasil e no Terceiro Mundo*. Ed. Vozes, OXFAM, FASE, Petrópolis, 1986.

ORTEGA Y GASSET, José. *Meditação da técnica*. Livro Ibero-Americano Limitada, Rio de Janeiro, 1963.

MALAVOLTA, Eurípedes. "As ciências agrícolas no Brasil". In: FERRI, M. G., MONTOYAMA, S. *História das ciências no Brasil*. EDUSP, São Paulo, 1979-81.

PAIVA, Rui M.; SCHATTAN, S.; FREITAS, C. F. T. de. *Setor agrícola do Brasil: comportamento econômico, problemas e possibilidades*. Forense Universitária, 2ª ed., Rio de Janeiro; EDUSP, São Paulo, 1976.

RIVALDO, O. F. *Estratégias para o fortalecimento do sistema brasileiro de pesquisa agropecuária*. Departamento de Difusão de Tecnologia, Embrapa, Brasília, 1986.

RUEGG, E. F. *Impactos dos agrotóxicos sobre o ambiente, a saúde e a sociedade*. Ed. Icone, São Paulo, 1991.

SANTOS, Milton. *Metamorfose do espaço habitado*. Hucitec, São Paulo, 1988.

_____. *A urbanização brasileira*. Hucitec, São Paulo, 1993.

_____. *Técnica, espaço, tempo*. Hucitec, São Paulo, 1994.

_____. *A natureza do espaço: técnica e tempo. Razão e emoção*. Hucitec, São Paulo, 1996.

SIMON, E. J. *A modernização da agricultura brasileira e o papel do crédito agrícola*. Tese de doutorado, Faculdade de Economia e Administração, Universidade de São Paulo, São Paulo, 1992.

Anuário do Crédito Rural. Banco Central, Brasília.

Censo Agropecuário IBGE. IBGE, Rio de Janeiro.

Jornal *Gazeta Mercantil*. São Paulo.

Revista *Fator Gis*, nº 21, Sagres Editora, Curitiba, 1997.

Refuncionalização da metrópole no período técnico-científico-informacional e os novos serviços

ELIZA ALMEIDA

A inserção do Brasil na nova divisão internacional do trabalho, do pós--Segunda Guerra, conduziu a uma acelerada transformação no uso do território, que se refletiu principalmente na consolidação da urbanização do país. A ocupação intensiva e extensiva da nação foi regida por uma nova lógica de organização econômica. Concomitantemente ao processo de mundialização, temos o fenômeno da metropolização, cujos nexos podemos relacionar com a difusão das modernizações ocorridas no país.

Entre 1950 e 1970, sob a égide do Estado, foram elaboradas políticas de planejamento econômico que edificaram as novas bases técnico-científicas do território. O conteúdo do meio geográfico se modifica, com adição dos novos sistemas de engenharia que permitiram a interligação das diferentes regiões do país. O movimento no interior do território se intensifica, ligado a uma nova divisão social e territorial do trabalho, acompanhada pela redistribuição das atividades econômicas e da população.

As modernizações e urbanização do território brasileiro

Os impactos das modernizações se refletiram numa rápida evolução dos índices de urbanização. Em 1950, essa taxa era de 36,15% sobre o total da população do país. Em 1960 representava 44,67%, e em 1970 alcançava o percentual de 55,92%. Num intervalo de apenas vinte anos, metade da população do país residia em áreas urbanas. Em 1996 esse percentual já era de 78,40%.

O ritmo acelerado da urbanização da sociedade, resultado das modernizações seletivas do território, levou, por um lado, à intensificação dos fluxos de pessoas, bens e mercadorias e, por outro, ao próprio crescimento das metrópoles. A concentração de recursos econômicos, a presença de um mercado de trabalho privilegiado e as promessas de realização de consumo direcionaram os fluxos migratórios para esses centros mais dinâmicos, delineando-se o processo de metropolização.

Podemos verificar as diferentes formas de participação das metrópoles no jogo que se trava quando muda a composição técnica do território. A situação de cada uma, no contexto nacional, será ditada pelas condições históricas herdadas e presentes. A densidade dos novos sistemas de objetos e ações, a rapidez no ajuste das exigências do período, o tamanho da população, a concentração dos recursos econômicos, o dinamismo das atividades econômicas, as facilidades de circulação, a intensidade da vida de relações e, em especial, as articulações externas e internas ao país acabaram por eleger, na década de 1970, nove regiões metropolitanas.[1] Contudo, cabe reconhecer que somente São Paulo e Rio de Janeiro, ambos localizados na região Sudeste, mereceriam os títulos de metrópole nacional, no início da década de 1970, graças à espessura da divisão social e territorial do trabalho, ligadas a uma importante atividade industrial e financeira. "Trata-se da parte do território nacional mais organicamente envolvida nos circuitos internacionais modernos e, assim, mais aberta aos impulsos das inovações técnicas e culturais" (Ana Clara Torres Ribeiro; 1996, p. 18).

No atual período técnico-científico-informacional, os países periféricos foram convocados a participar de uma nova ordem que se estabeleceu na segunda metade do século XX, quando um novo projeto de modernidade se impôs por todas as partes do planeta.

---

1. As nove regiões institucionalizadas foram: Belém, Fortaleza, Recife, Salvador, Belo Horizonte, Rio de Janeiro, São Paulo, Curitiba e Porto Alegre.

Dentro desse contexto, assistimos à ampliação do meio técnico-científico-informacional que ocorre graças à adoção de um mesmo conjunto de objetos técnicos que estão, hoje, presentes em uma escala planetária. É por meio desse conjunto que se realiza a produção, a circulação, o trabalho, enfim todas as ações humanas. Engendra-se, assim, uma nova geografia dos lugares com a sobreposição dos novos sistemas de objetos técnicos que muitas vezes se somam aos preexistentes (rodovias, aeroportos, portos, hidrelétricas, estradas de ferro, fábricas, bancos, universidades, pontes), formando arranjos espaciais específicos. Graças à difusão das redes de informação, esse sistema é, cada vez mais, interdependente, articulando diversas regiões do mundo e, especialmente, possibilitando um comando endógeno aos lugares.

A partir da década de 1980 acontece a urbanização do território, advinda da crescente artificialização do meio geográfico. A difusão do meio técnico-científico-informacional incorporou novas áreas do interior do país, como as regiões Norte e Centro-Oeste.

A tendência à difusão das modernizações desenha no território a Região Concentrada, uma extensa área que abrange, *grosso modo*, as regiões Sul e Sudeste, além de parcelas consideráveis dos estados de Mato Grosso do Sul e Goiás, cujos aportes de ciência, tecnologia e informação tendem a ocorrer de maneira contígua. A divisão territorial do trabalho se aprofunda nessa porção do território, multiplicando os fluxos de todas as ordens.

Paralelamente a essa difusão, constatamos nas últimas décadas que a rede urbana se tornou muito mais complexa devido à dispersão das atividades econômicas. Esse movimento conduziu, de um lado, a um ritmo mais lento do crescimento das cidades milionárias e, de outro, ao crescimento das cidades médias e locais. No país eram 104 cidades com mais de 20 mil habitantes. Esse número se eleva para 493 em 1980, alcançando o total de 1.377 em 1991 (Denise Elias, 1997). Por outro lado, tínhamos 16 cidades com mais de 100 mil habitantes em 1950. Em 1991 eram 188, atingindo 208 em 1996.

Na Região Concentrada, o estado de São Paulo e, em particular, a metrópole paulista receberam mais intensamente os vetores modernos, conseguindo adaptar-se velozmente às novas demandas, organizando e reorganizando continuamente os processos produtivos na indústria, no comércio, na agricultura e nos serviços. O poder de atração que a cidade paulistana continua a exercer é realizado, hoje, especialmente por meio do papel de comando, que abarca, sobretudo, a gestão, a administração e as grandes transações financeiras e econômicas. É importante assinalar que esse papel está indissociavelmente ligado ao poder político dos atores hegemônicos que têm garantido o progresso técnico para o pleno exercício de suas atividades. As grandes inovações do período foram e têm sido incorporadas à metrópole e, como enfatiza Adriana Bernardes (1997, p. 01), "as transformações da base material de São Paulo face aos impactos da atual vaga de modernizações parecem conformar um arranjo intimamente associado com a concretização das bases técnicas e políticas da globalização no Brasil". Não obstante a cidade de São Paulo centralizar as decisões, o meio técnico-científico se estende pelos demais estados da Região Concentrada, autorizando a dispersão das atividades econômicas, tais como a indústria, o comércio especializado, os novos serviços de saúde e educação, entre outros. As solicitações de uma agricultura modernizada também exerceram forte influência no processo de urbanização do interior, fazendo crescer a demanda de profissionais, produtos e comércios especializados. As novas condições do espaço geográfico não ocorrem de forma contígua, nas regiões Norte e Nordeste, aparecendo apenas como manchas ou pontos. As metrópoles dessas regiões constituem-se, então, como espaços privilegiados, pois têm incorporado mais rapidamente as novidades do período.

É exatamente essa compreensão que permite estabelecer a distinção entre as metrópoles do país. No final dos anos 1980, podemos reconhecer que todas as metrópoles brasileiras passam a ter um conteúdo marcadamente nacional. Criam-se subespaços especializados e de forte sinergia, onde não apenas temos o acúmulo das inovações, como também assistimos ao jogo político comandado pelos atores hegemônicos, que ora concorrem com o poder do Estado, ora o têm como aliado para a realização dos seus interesses, possibilitando que se travem relações de nível superior tanto no âmbito nacional como internacional. O novo conteúdo das metrópoles é revelador do processo de modernizações seletivas que o país conheceu.

Congressos e feiras — os novos serviços

O aprofundamento da divisão social e territorial do trabalho gerou o desenvolvimento da produção material, que modificou as estruturas industriais, de circulação e do próprio consumo. Emergem novas formas de consumo não materiais, cujos nexos estão relacionados com a inserção no mercado global. Essas mudanças têm repercutido nas alterações das cidades brasileiras.

Dentro dessa perspectiva é que podemos compreender a expansão dos congressos e das feiras, atividades associadas à produção moderna e que têm crescido principalmente nas grandes metrópoles do centro-sul do país. Segundo informações da Embratur (Empresa Brasileira de Turismo), a capital do Rio de Janeiro, entre 1985 e 1989, era a cidade que mais realizava esse tipo de eventos, e hoje essas atividades têm se concentrado sobretudo na capital paulista.

TABELA 1

NÚMERO DE CONGRESSOS EM ALGUMAS CIDADES BRASILEIRAS

Ano	Cidades que mais realizaram congressos					
	Cidade	Nº	Cidade	Nº	Cidade	Nº
1985	Rio de Janeiro	46	São Paulo	19	Porto Alegre	05
1986	Rio de Janeiro	44	São Paulo	20	Salvador	08
1987	Rio de Janeiro	57	São Paulo	24	Brasília	04
1988	Rio de Janeiro	47	São Paulo	19	Porto Alegre	06
1989	Rio de Janeiro	56	São Paulo	26	Porto Alegre	05

Fonte: Embratur: 1985,1986,1987,1988 e 1989.

Durante o ano de 1995, o Instituto Brasileiro de Informação em Ciência e Tecnologia (IBICT), responsável pela organização do calendário de eventos científicos, contabilizou a realização de 857 congressos em todo o país. A região Sudeste concentrou 60,21% desse total. Considerando-se a Região Concentrada, verifica-se que 85% desses eventos foram realizados nessa parcela do território, coincidindo com as áreas onde as solicitações do setor produtivo por ciência e tecnologia têm sido maiores, mostrando a forte articulação entre pesquisa e inovação tecnológica (Tabela 2).

TABELA 2

NÚMERO DE CONGRESSOS REALIZADOS NO BRASIL — 1995

	1995	%
Norte	13	1,52
Nordeste	114	13,30
Sudeste	516	60,21
Sul	154	17,96
Centro-Oeste	60	7,00
Brasil	857	100

Fonte: IBICT, 1995.

Considerando-se somente a Região Sudeste, constata-se que as metrópoles de São Paulo e do Rio de Janeiro reuniram, em 1995, 73% dos congressos realizados, o que revela a concentração geográfica dessas atividades modernas nas principais metrópoles do país.

TABELA 3

NÚMERO DE CONGRESSOS REALIZADOS NOS ESTADOS

DA REGIÃO SUDESTE — 1995

	São Paulo	Minas Gerais	Rio de Janeiro	Espírito Santo	Total
Capital	237	55	140	7	439
Interior	45	22	7	3	77
Total	282	77	147	10	516

Fonte: Instituto Brasileiro de Informações em Ciência e Tecnologia (IBICT), 1996.

Em relação às feiras, houve um crescimento de 50% entre 1993 e 1995. Segundo a Ubrafe (União Brasileira das Feiras), responsável pela realização de feiras de médio e grande porte, a capital paulista tem sediado cerca de 90% desses eventos.

TABELA 4

NÚMERO DE FEIRAS REALIZADAS PELA UBRAFE

	1993		1994		1995	
São Paulo	42	95,45%	54	90%	57	86,06%
Rio de Janeiro	—	—	01	1,66%	03	4,69%
Minas Gerais	—	—	02	3,33%	01	1,56%
Mato Grosso do Sul	02	4,55%	02	3,33%	01	1,56%
Santa Catarina	—		—	—	02	3,12%
Pernambuco	—		01	1,66%	—	—
Total	44	100	60	100	64	100

Fonte: Ubrafe, 1993, 1994 e 1995.

Palco privilegiado para o fechamento de negócios que envolvem, em geral, elevadas somas de dinheiro, as feiras são também o veículo de uma nova racionalidade que se impõe paulatinamente ao mercado. A aquisição de novos produtos e serviços tende a mudar o padrão tecnológico e organizacional dos diferentes setores produtivos, condição essencial para que ocorra a intensificação do processo de globalização da economia. Visitados por um enorme público,[2] esses eventos são poderosos instrumentos que antecipam a aceitação dessa nova lógica que invade, pouco a pouco, o cotidiano de milhares de pessoas e empresas. A psicosfera[3] criada a partir desses ambientes enaltece a inovação e acelera a obsolescência prematura dos objetos

2. A feira de informática Condex, que tem sido realizada, nos últimos anos, na cidade de São Paulo, reúne em média 100 mil pessoas por ano. A feira de Utilidades Domésticas (UD), também realizada em São Paulo, recebeu 420 mil visitantes em 1998.

3. Psicosfera é o resultado das crenças, desejos, vontades e hábitos que inspiram comportamentos filosóficos e práticos, as relações interpessoais e a comunhão com o universo (Milton Santos: 1994, p. 32).

técnicos, das práticas de organização das empresas, das normas. Oferecendo ao público uma gama enorme de novos produtos, que vão desde simples aparelhos domésticos até máquinas monitoradas por satélites, os eventos acabam por fortalecer a chegada dos vetores modernos.

Tais eventos têm movimentado outros setores, como o de hotéis, que, nesses últimos anos, não têm crescido apenas em função do turismo de lazer. A indústria hoteleira brasileira mostra que, entre 1993 e 1995, as maiores demandas de hotéis no país estiveram relacionadas com os negócios, ao passo que as atividades de turismo ocuparam uma posição secundária.

A cidade de São Paulo desponta, nesta década, como um importante centro para a realização desses eventos.[4] A capital paulista, no intervalo de quatro anos, dobrou o número de passageiros do tráfego aéreo, passando de 6.247.564 em 1993 para 12.978.931 em 1997. Na cidade do Rio de Janeiro, nesse mesmo intervalo, esse número se elevou de 4.312.521 para 5.906.565 (*Anuário estatístico dos transportes* — Geipot). Esse aumento na metrópole paulista poderia estar relacionado com o crescimento do número de eventos que a cidade passou a abrigar. Desde 1995, quando o Mercosul começou a vigorar, até 1997, tivemos um acréscimo de 20 a 25% no fluxo de argentinos, paraguaios e uruguaios para o país (*Gazeta Mercantil*, 02 e 03/03/1998).

O crescimento do número de congressos e feiras desencadeou ainda a expansão da rede hoteleira. O Banco Nacional de Desenvolvimento Econômico (BNDES), em 1996, financiou 60% dos US$ 7 milhões gastos para a ampliação do hotel da rede Deville, construído junto ao Aeroporto Internacional de São Paulo, em Guarulhos (*Gazeta Mercantil*, 16/11/1998). O setor privado, além de contar com a colaboração no financiamento para a ampliação ou mesmo construção dos empreendimentos, beneficia-se, ainda, com os serviços urbanos oferecidos pelo poder público. O desenvolvimento desses setores é proclamado como uma saída para o crescimento econômico, uma vez que mantém vínculos com diversos setores, como as redes de hotelaria, as companhias aéreas, as agências de viagem, os restaurantes, os *shoppings centers* e as casas de *shows*.[5]

---

4. Nos primeiros três meses de 1999, a cidade de São Paulo atraiu 11 novos congressos e simpósios nacionais e internacionais de grande porte.

5. Segundo informações da São Paulo Convention & Visitors Bureau (SPCVB), o setor de eventos gera, por ano, 186 mil empregos diretos e indiretos (*Gazeta Mercantil*, 16/11/1998).

TABELA 5

GRANDES REGIÕES BRASILEIRAS – SEGMENTAÇÃO DA DEMANDA DA INDÚSTRIA HOTELEIRA – HOTÉIS CINCO E QUATRO ESTRELAS

Hotel	Segmentos	1991			1992			1993			1994		
		Região Sudeste/Sul	Região Nordeste	Região Norte/Centro-Oeste	Região Sudeste/Sul	Região Nordeste	Região Norte/Centro-Oeste	Região Sudeste/Sul	Região Nordeste	Região Norte/Centro-Oeste	Região Sudeste/Sul	Região Nordeste	Região Norte/Centro-Oeste
Cinco Estrelas	Negócios	50,9	24,7	52,3	49,5	27,7	38,7	44,2	16,9	34,6	53,5	16,4	36,0
	Turistas individuais	18,0	17,9	6,7	19,5	16,2	14,2	17,9	29,1	6,3	14,0	30,4	7,5
	Grupos de turistas	16,3	28,3	8,8	12,9	42,6	12,3	12,4	30,3	29,7	8,0	31,1	16,5
	Convenções	9,6	13,1	12,8	5,4	11,0	7,8	11,0	11,9	12,0	7,5	8,7	18,5
	Outros	2,8	15,4	2,6	8,5	0,9	16,2	11,9	5,3	1,7	16,5	7,3	14,0
Quatro Estrelas	Negócios	55,0	35,0	51,4	53,1	—	49,2	56,9	10,0	40,0	48,8	—	—
	Turistas individuais	14,9	20,0	8,8	15,6	—	15,8	11,3	25,0	20,4	13,7	—	—
	Grupos de turistas	11,2	25,0	5,0	9,5	—	13,5	15,0	55,0	20,3	16,5	—	—
	Convenções	7,5	8,5	12,2	14,3	—	9,0	13,1	5,0	6,0	12,4	—	—
	Outros	8,4	10,0	14,0	6,2	—	2,5	2,5	0,0	11,0	6,8	—	—

Fonte: Indústria Hoteleira Brasileira: 1993, 1994 e 1995.

A intensificação da divisão social e territorial do trabalho exerce pressão para a alteração dos usos da cidade paulista. A refuncionalização de subespaços da metrópole, realizada sob a tutela do poder público e do mercado, é ditada pela riqueza gerada por esses novos setores. No entanto, a apropriação dessas riquezas é extremamente seletiva. De modo geral, as metrópoles brasileiras têm se adaptado às necessidades e aos interesses dos novos agentes econômicos, e o poder público tem exercido um papel primordial, seja por intermédio do setor financeiro ou das políticas de planejamento.[6]

Luiz Cruz Lima (1997, p. 107), analisando as modernizações do estado do Ceará, mostra as recentes transformações urbanas ocorridas na capital: "Alargam-se e pavimentam-se ruas e avenidas, armam-se cenários alegres e iluminados para os turistas, na faixa litorânea e no quadrante nordeste, onde o capital imobiliário investe pesadamente em prédios suntuosos. É a feição da modernidade cada vez mais presente em Fortaleza, ou melhor, num pedaço da cidade. Do lado oposto, no entanto, na grande parcela do oeste e sul do município, instalam-se os principais construtores da cidade, numa paisagem contrastante de favelas e bairros pobres dos trabalhadores. Por isso, há um movimento pendular entre as duas bandas da cidade, entre o ocidente, o lado pobre, e o oriente, a porção em que se concentram mais as classes média e alta de Fortaleza." A pobreza urbana mostra a contraface desse processo de modernização, que é, ao mesmo tempo, concentrador e excludente. As políticas públicas acabaram por perpetuar o desvio de recursos que deveriam ser gastos para solucionar os problemas de saúde, educação, saneamento e moradia de milhares de pessoas.[7] Em 1987 moravam em favelas, na cidade de São Paulo, 815.452 pessoas (8,9% do total da

---

6. A SPCVB prestou assistência técnica à prefeitura de São Paulo para conquistar novos eventos internacionais (*Gazeta Mercantil*, 29/03/1999).

7. "Em 1995, a Pontifícia Universidade Católica divulgou uma pesquisa intitulada *Mapa de Exclusão/Inclusão Social da Cidade de São Paulo*. Neste, os 96 distritos que compõem o município de São Paulo foram classificados, segundo 49 indicadores de qualidade de vida, equidade social, desenvolvimento humano, renda, emprego e indigência. Constatou-se que 73 desses distritos, que abrigavam 7,9 milhões de pessoas, eram "zonas de exclusão", contra os 23 que apresentavam indicadores favoráveis e reuniam uma população de 1,7 milhão de habitantes" (URBS, ano 01, nº 3, nov./97).

população do município). A população favelada em 1993 era de 1.901.894 (19,3% do município central da região metropolitana). A lógica de ocupação do espaço urbano que de modo geral favorece os grandes grupos econômicos e parcelas da população, somada à distribuição seletiva das infraestruturas e do equipamentos urbanos, induz ao crescimento das periferias urbanas, à melhor expressão da segregação socioespacial a que são submetidas partes das cidades e a grande maioria de seus habitantes. A seletividade dos investimentos privados e, principalmente, dos investimentos públicos é a matriz da desigual valorização das cidades.

Já no século XXI, o desafio que se impõe é o de entendermos o conteúdo geográfico do cotidiano, a fim de empreendermos mudanças que possam reverter em benefício de toda a sociedade. A utopia do desenvolvimento tecnológico é, hoje, uma realidade, um convite para uma ação que rompa com uma política econômica que abandonou o conjunto da sociedade e se tornou servil aos interesses de um número reduzido de atores sociais. Mas uma ação transformadora passa necessariamente pela compreensão do território usado, visto como uma totalidade, fazendo-se e refazendo-se continuamente pelo uso diferenciado de todos os homens, firmas e capitais.

Bibliografia

BERNARDES, Adriana. "A metrópole renovada: informação, forma urbana e os eventos do presente. (Considerações sobre o caso de São Paulo.)" Simpósio multidisciplinar internacional "O pensamento de Milton Santos e a construção da cidadania em tempos de globalização". Bauru, UNESP, 24 a 27/07/1997.

_____. O fato metropolitano na América Latina: flexibilidade em tempos de rigidez. In: CARLOS, Ana Fani (org.). *Ensaios de geografia contemporânea. Milton Santos obra, revisitada.* São Paulo, Hucitec, 1996.

ELIAS, Denise. "Revolução urbana no Brasil: metropolização e involução metropolitana". *Territorios en Redefinición — Lugar y Mundo en América Latina.* 6º Encuentro de Geógrafos de América Latina. Buenos Aires, 17-21 mar. 1997.

LIMA, Luis Cruz. "A industrialização recente do Ceará: Uma introdução". In: *Experimental*. Ano 3, n° 3, set. 1997.

RIBEIRO, Ana Clara Torres. *Urbanidade e vida metropolitana*. Rio de Janeiro. Jobran Editora, 1996.

SANTOS, Milton. *Técnica, espaço, tempo — globalização e meio técnico-científico- -informacional*. São Paulo, Hucitec, 1994.

Alguns nexos entre a atividade publicitária e o território brasileiro

LÍDIA ANTONGIOVANNI

Os séculos XIX e XX são marcados por um número crescente de inovações técnicas que transformaram profundamente a organização das sociedades. Correspondendo às necessidades dos poderes vigentes, tais inovações permitem que novas formas de produção e de acumulação sejam implementadas.

As transformações no processo produtivo engendradas com o capitalismo industrial e as crescentes necessidades de expansão dos mercados fazem com que ao processo produtivo (produção, circulação, distribuição e consumo) sejam incorporadas novas atividades racionalizantes que envolvem a concepção, o controle, a coordenação, a previsão, o marketing e a propaganda.[1] Tais trabalhos estão envolvidos no setor dos chamados serviços superiores e tornaram-se, nas últimas décadas, autonomizados. Permitem, além do planejamento antecipado, a ampliação do consumo por meio da criação crescente de novas necessidades.

Uma das atividades que vêm no encalço dessa ampliação do consumo é a publicidade. Esta vai estabelecer-se, com sua complexidade atual, com autonomia, compondo-se como um ramo da economia, principalmente após a Segunda Guerra Mundial, com a aceleração do desenvolvimento técnico-científico-informacional.

---

1. Milton Santos, *Espaço e método*, 1985, p. 3.

Como ativadora do mercado, da sociedade de consumo, a publicidade é um dos vetores da vertiginosa aceleração contemporânea, em que um dos elementos centrais é o império das imagens. Na produção da imagem, recurso por excelência da publicidade, estão envolvidos, de forma complexa, elementos técnicos e subjetivos.[2]

Segundo Ana Clara Torres Ribeiro (1988, p. 128), "o período histórico de constituição da rede moderna de comunicação é, também, o período de expansão de novos circuitos de intercâmbio que se encontram situados entre a produção e o consumo final. Estes circuitos constituem, por sua vez, esferas de produção posicionadas nos campos da comunicação e cultura, ou melhor, na produção e na circulação de mensagens, imagens e informação".

A publicidade está inserida num complexo conjunto de atividades, um campo que tem sido, frequentemente, denominado comunicações e que engloba gigantescos grupos que estão se formando no mundo mediante processos de aquisições, fusões, *joint ventures*, associações — entre outros processos de concentração de empresas —, reunindo grupos de publicidade, marketing, pesquisa de mercado e, em alguns casos, veículos de comunicação tais como televisão, rádios, jornais e editoras, bem como empresas produtoras de informações especializadas.[3]

Buscamos, aqui, compreender alguns nexos da produção publicitária no Brasil no período atual.[4] Nos últimos trinta anos, o total de agências

---

2. Segundo Daniel Bougnoux (1994, p. 167), a publicidade não pode ser subestimada, tamanha a sua complexidade, pois está "situada na intersecção da problemática marxista (o fetichismo da mercadoria) e freudiana (a máquina do desejo) da sociologia (os "modos de vida") e dos estudos de semiologia e de retórica (política do texto e da imagem, arte de persuadir e manipulação do imaginário em geral) (...) A publicidade é o estágio estético da mercadoria".

3. A. Mattelart (1994, p. 225) ressalta que há uma lógica de diversificação das atividades publicitárias que se estende muito além da publicidade midiática para abranger setores bem diversos, como o *marketing*, o *sponsoring*, a comunicação institucional ou ainda o *lobbying*. Enquanto a fragmentação dos mercados de massa e o passo da obsolescência programada se aceleram, os produtores têm de estabelecer perceptíveis diferenças entre os produtos, dando uma incrível ênfase ao *design*, à embalagem e à publicidade.

4. Estamos tomando como período atual o da aceleração do desenvolvimento científico-técnico--informacional, correspondendo ao pós-Segunda Guerra Mundial e, em particular, a partir da década de 1980, quando tal fenômeno atinge, de forma mais acentuada, o Terceiro Mundo.

de propaganda distribuídas pelo território nacional foi multiplicado quatro vezes: de 427, em 1968, para 1.600 em 1997 (*Anuário Brasileiro de Propaganda*, 1968; *Anuário de Mídia/Agências*, 1997).

As agências de publicidade são um elo fundamental na relação entre anunciantes, agências, consumidor e mídias. Hoje, poucas empresas criam e administram suas próprias propagandas e, desse modo, a maioria está diretamente ligada às agências. Estas últimas trabalham com pesquisa de mercado, criação, produção de propaganda (seja impressa, em filme ou em outras mídias), bem como com estratégias de divulgação. Usualmente, muitos desses serviços são terceirizados, especialmente os relacionados com a monitoração (de veiculação) e a pesquisa de mercado, que são feitas por especialistas (P. Martin, 1990, p. 36).

O novo Código de Autorregulamentação Publicitária Brasileiro,[5] de 1997, dá preferência às agências no que respeita à negociação dos espaços publicitários junto aos meios de comunicação (os chamados veículos). As agências de publicidade, com o novo código, passaram a ser as únicas a desfrutar descontos especiais concedidos pelos veículos de comunicação, o que praticamente inviabiliza a negociação direta do anunciante com a mídia.

Isso significa, então, dar às agências de publicidade um papel central no chamado "tripé da indústria da publicidade", em cujo topo estariam os consumidores.

Segundo D. A. Leslie (1995, p. 413), "as agências de publicidade desempenham um papel importante não apenas na mediação da estratégia econômica dos clientes, mas também definindo culturalmente as fronteiras geográficas e a identidade dos consumidores".

A estratégia de ação é pautada, então, nos resultados de pesquisas muitas vezes globais e voltadas para a detecção de segmentos de consumidores. Tais estudos, por vezes, balizam campanhas globais de um produto/marca, diferenciando-se apenas pelo idioma ou, ainda, por estratégias específicas

---

5. Esta nova autorregulamentação é assinada pela ABAP (Associação Brasileira de Agências de Propaganda), ABERT (Associação Brasileira de Emissoras de Rádio e Televisão), ANJ (Associação Nacional de Jornais), Central de Outdoors, além de várias emissoras de rádio e televisão e, por fim, sancionada pelo presidente da República.

conforme as regiões — como, por exemplo, campanhas para a América Latina.[6] Esses delineamentos (globais) de segmentos de consumo buscam propiciar os elementos que permitem adaptar as campanhas aos costumes locais, porém obedecendo às necessidades de acumulação das empresas globais.[7]

A integração do território e, consequentemente, do próprio mercado repercutiu amplamente na atividade publicitária. Como as modernizações no país, nas últimas décadas, se deram seletivamente, temos hoje subespaços com diferentes densidades técnicas. A concentração dessa atividade está, portanto, subordinada à própria lógica da organização territorial.

O investimento regional em publicidade pode elucidar-nos essa questão. A Tabela 1 nos mostra o investimento regional em publicidade no Brasil, agregado para os principais meios de comunicação de massa: televisão, jornal, rádio e *outdoor* para o ano de 1997 (negociados por intermédio das agências ou diretamente com o veículo de comunicação).

Em termos gerais, podemos verificar um mercado em que os maiores investimentos estão direcionados para o Sudeste, que concentrava, em 1997, 70,9% dos capitais, seguido pela região Sul, que possuía uma participação relativa de 13,8%. Verificamos, outrossim, que nas demais regiões do país os investimentos em publicidade foram bem mais modestos.

Podemos também ressaltar a importância relativa das agências de publicidade, pois os investimentos são prioritariamente feitos via agências (84,1% do total), e não diretamente com os meios de comunicação (15,9% do total).

A distribuição dos investimentos publicitários nos principais meios revela os profundos desequilíbrios regionais do país, "herança deixada por um

---

6. Em 1985, a Saatchi & Saatchi (uma das grandes agências de publicidade) realizou idêntica propaganda para a British Airways em 46 países, em 34 diferentes línguas. Os elementos centrais dessa campanha foram as noções de multiculturalismo e de cidade global (D. A. Leslie, 1995, p. 413).

7. Para A. Mattelart (1994, p. 254), "o papel reservado à publicidade e ao *marketing* no estabelecimento do vínculo entre o local e o global é justamente um ponto decisivo da estratégia de globalização".

movimento particular de ocupação do território, marcado pela sucessão de grandes 'ciclos' econômicos e pelo caráter espacialmente concentrado do processo de industrialização. Nesse contexto, modelos de inserção competitiva que privilegiassem grupos muito restritos de atividades produtivas acabariam necessariamente ampliando tais desequilíbrios, na medida em que somente algumas regiões conseguiriam de fato se engajar na nova dinâmica econômica do país" (Luís Lopes Diniz Filho 1997, p. 104).

TABELA 1

BRASIL E GRANDES REGIÕES — 1997

INVESTIMENTO REGIONAL EM PUBLICIDADE NOS PRINCIPAIS MEIOS DE COMUNICAÇÃO DE MASSA: TELEVISÃO, RÁDIO, JORNAL E *OUTDOOR*

Grandes regiões	*Em milhões de US$*			*Em %* (sobre os totais para o país)		
	direto	agências	total	direto	agências	total
Norte*	9,1	75,7	84,8	1,0	1,5	1,4
Centro-Oeste	63,3	271,0	334,3	6,7	5,4	5,6
Nordeste	61,3	426,6	487,9	6,5	8,5	8,2
Sul	122,7	699,0	821,7	13,0	14,0	13,8
Sudeste	687,7	3.521,8	4.209,5	72,8	70,5	70,9
Brasil	944,1	4.994,1	5.938,2	100,0	100,0	100,0

*Para a região Norte estão considerados somente os investimentos em televisão e *outdoor*. Fonte: *Anuário de Mídia*, 1998/1999. Editora Meio & Mensagem, São Paulo, Rio de Janeiro, pp. A39, A44 (Sul e Sudeste), A37, A49 (Norte, Nordeste, Centro-Oeste)].

Em relação à distribuição das agências de propaganda no Brasil, em 1997 (Tabela 2), podemos verificar a primazia da região Sudeste. Do total de 1.600 agências, temos 1.105, ou seja, 69,06%, concentradas nessa região. O Sul ocupava naquela data o segundo lugar, tendo uma participação relativa de 16,68%, seguido pelo Nordeste, que possuía 7,06%. O Centro-Oeste e o Norte ostentam um percentual de 5,06% e 2,12%, respectivamente. Podemos constatar pelo menos três grandes patamares de distribuição de agências no país. Com 15 a trinta agências temos os estados da Bahia, Ceará, Pernambuco, todos pertencentes à região Nordeste. O Pará, na região Norte, e os estados de Goiás, Mato Grosso do Sul, Mato Grosso e o Distrito Federal, na região Centro-Oeste; e nesse patamar podemos incluir ainda o Espírito Santo, na região Sudeste. Num segundo patamar temos os estados com 50 a 150 agências, incluindo o Paraná, Santa Catarina e o Rio Grande do Sul, que fazem parte da região Sul; e, finalmente, na região Sudeste, temos os estados de Minas Gerais e Rio de Janeiro. Num terceiro patamar aparece o estado de São Paulo, com 825 sedes, representando 51,65% do total.

Uma análise mais detalhada nos permite verificar, ainda, que na maior parte dos estados do Norte, Nordeste e Centro-Oeste do país as agências estão prioritariamente concentradas nas capitais. Todavia, quando averiguamos as regiões Sudeste e Sul, podemos constatar uma participação significativa do interior nos estados de Minas Gerais, Paraná, Santa Catarina e Rio Grande do Sul, além da grande participação do interior do estado de São Paulo. Tal fato está intimamente relacionado com uma região onde os acréscimos técnico-científico-informacionais foram maiores que no restante do país. Essa porção do território nacional é constituída pelos estados das regiões Sul e Sudeste, abrangendo também as porções mais tecnificadas dos estados do Mato Grosso do Sul e de Goiás. Essa Região Concentrada (M. Santos, 1993), polo emissor de mensagens, não é homogênea, apresentando particularidades, como o estado de São Paulo, cuja vocação é o comando, sobretudo pela cidade de São Paulo, de vastas porções do país mediante o controle da informação.

Outro dado que vem afirmar essa posição é a distribuição das sedes das maiores agências de publicidade (Tabela 3). Em 1999, entre as sedes das trinta maiores, 25 estavam no estado de São Paulo, sendo que as 18 primeiras estavam também no estado de São Paulo. Ainda, tínhamos duas com sede no Rio de Janeiro; duas em Minas Gerais e uma no Paraná.

Além disso, pelo sistema atual do IBOPE,[8] as pesquisas de medição de audiência têm fortes referências em São Paulo, e, a partir destas, determinam-se os parâmetros dos preços de anúncios segundo os horários e a audiência. São monitoradas permanentemente dez capitais. Mas apenas em São Paulo há o sistema minuto a minuto — por eles denominado *tempo real* — por meio de um aparelho que, instalado na TV, informa qual canal está sendo sintonizado. Já no Rio de Janeiro existe este sistema, mas os dados são recolhidos somente uma vez por dia; em Porto Alegre eles são recolhidos três vezes por semana. Para Curitiba, Florianópolis, Belo Horizonte, Brasília, Recife, Fortaleza e Salvador, um caderno é deixado com o espectador, que irá anotando os programas a que está assistindo. Em outras trinta cidades o sistema de caderno é feito uma vez por ano, sob encomenda (*Folha de S.Paulo*, 25/02/97). Segundo Arlindo Machado (1990, p. 18), "em termos sociais, essas pesquisas indicam apenas um sintoma, mas não refletem o volume de respostas culturais e políticas que a comunidade dos telespectadores estaria apta a dar se houvesse mecanismos mais legítimos de *feedback*", servindo, portanto, muito mais para justificar os gastos em anúncios. Assim, como o sistema utilizado em São Paulo é o mais avançado, as opiniões dali provenientes estão sempre em grande evidência, fazendo com que o mercado se volte para o paulistano. Isso retira forças de outros lugares e, de certo modo, desconsidera a grande diversidade regional do país.

Helena Cordeiro (1993) destaca alguns pontos relevantes da organização do espaço brasileiro em favor de São Paulo, garantindo-lhe esse papel primaz no comando do território e que tem repercutido na concentração da atividade publicitária. A maior intensidade do tráfego de telex, das chamadas de sistema telefônico nacional e internacional e do consumo da remessa de pacotes de dados por telemática[9] evidencia um modelo extremamente concentrador da informação na cidade de São Paulo.

Como assevera Milton Santos (1994, pp. 32-33), "a publicidade ilustra bem a ideia de polo mundial: São Paulo é centro difusor de interesses

---

8. O IBOPE é um dos principais institutos de pesquisas de opinião e de mercado do Brasil.

9. Leila Dias, 1995.

publicitários de inúmeras marcas e firmas transnacionais. O seu papel de *relais* de outras metrópoles é assegurado pelo fato de que a publicidade deve ter um sabor local para ser digerida e as mensagens de natureza global exigem um tratamento específico, condizente com a sociedade receptora. Esse papel de elaboração publicitária reúne, mais uma vez em São Paulo, o caráter nacional e internacional de sua função metropolitana".

A publicidade é atividade concentradora de inteligência. A ideia de criação é central nessa atividade. Entretanto, tal atividade é subsidiada principalmente por estudos sobre o mercado consumidor (classificação de classes de consumo). Assim, tal criatividade é fundada na razão empresarial. Esta se realiza mediante comandos informados, a partir de ações hegemônicas que pretendem unificar, e não unir. Esses comandos têm hoje um papel fundamental na segmentação do território, no aprofundamento da divisão social e territorial do trabalho. Uma das atividades organizadoras desse comando unificado é a própria atividade publicitária, que tende a produzir, cada vez mais, os fluxos de informação que se superpõem aos fluxos de matéria.

TABELA 2
DISTRIBUIÇÃO DAS AGÊNCIAS DE PROPAGANDA NO BRASIL EM 1997

Região/Estado	Nº de agências	Região/Estado	Nº de agências	Região/Estado	Nº de agências	Região/Estado	Nº de agências	Região/Estado	Nº de agências	BRASIL Total
Sudeste	1.105	Nordeste	113	Norte	34	Sul	267	Centro-Oeste	81	1.600
São Paulo	*825*	*Alagoas*	*6*	*Acre*	—	*Paraná*	*111*	*Goiás*	*25*	
São Paulo	641	Maceió	6	Rio Branco	—	Curitiba	79	Goiânia	24	
Interior	184	Interior	—	Interior	—	Interior	32	Interior	1	
Rio de Janeiro	*151*	*Bahia*	*20*	*Amapá*	—	*Santa Catarina*	*54*	*Mato Grosso do Sul*	*15*	
Rio de Janeiro	143	Salvador	17	Macapá	—	Florianópolis	26	Campo Grande	15	
Interior	8	Interior	3	Interior	—	Interior	28	Interior	—	
Minas Gerais	*102*	*Ceará*	*25*	*Amazonas*	*9*	*R. G. do Sul*	*102*	*Mato Grosso*	*11*	
Belo Horizonte	74	Fortaleza	25	Manaus	9	Porto Alegre	71	Cuiabá	11	
Interior	28	Interior	—	Interior	—	Interior	31	Interior	—	
Espírito Santo	*27*	*Maranhão*	*3*	*Pará*	*23*			*Distrito Federal*	*30*	
Vitória	22	São Luís	3	Belém	22			Brasília	30	
Interior	5	Interior	—	Interior	1					
		Paraíba	*9*	*Rondônia*	*1*					
		João Pessoa	8	Porto Velho	1					
		Interior	1	Interior	1					
		Pernambuco	*28*	*Roraima*	—					
		Recife	23	Boa Vista	—					
		Interior	5	Interior	—					
		Piauí	*5*	*Tocantins*	*1*					
		Teresina	5	Palmas	1					
		Interior	—	Interior	1					
		R.G. do Norte	*16*							
		Natal	16							
		Interior	—							
		Sergipe	*1*							
		Aracaju	1							
		Interior	1							

Fonte: *Anuário de Mídia/Agências*, 1997. Tabela 2.

TABELA 3
BRASIL — 1999 — SEDES DAS TRINTA MAIORES* AGÊNCIAS DE PUBLICIDADE

Classificação	Agências de Publicidade	Estado (sede)
1	Mc Cann Erickson	SP
2	DM9DDB	SP
3	J. Walter Thompson	SP
4	Salles/DMB&B	SP
5	Fischer América	SP
6	DPZ	SP
7	Leo Burnett	SP
8	Almap BBDO	SP
9	Young & Rubicam	SP
10	Standard Ogilvy	SP
11	F Nazca	SP
12	Ammirati Puris Lintas	SP
13	W/Brasil	SP
14	Z+G Grey	SP
15	Agnelo Pacheco	SP
16	Propeg	SP
17	Carillo, Pastore	SP
18	Solução	SP
19	Contemporânea	RJ
20	Talent	SP
21	SMP & B	MG
22	FCB Siboney	SP
23	Lowe Loduca	SP
24	Le, Lara	SP
25	Master	PR
26	Full Jazz	SP
27	Denison Brasil	SP
28	Artplan	RJ
29	DNA Propaganda	MG
30	Guimarães Profis	SP

*Segundo a receita operacional líquida. Fonte: Balanço Anual da Gazeta Mercantil, 30 jun. 1999, ano 23, nº 23 (pp. 323-324)

Bibliografia

ANUÁRIO BRASILEIRO DE PROPAGANDA, 1968.

ANUÁRIO DE MÍDIA/AGÊNCIAS. São Paulo, Rio de Janeiro, Ed. Meio & Mensagem, 1997.

BOUGNOUX, Daniel. *Introdução às ciências da informação e da comunicação.* Petrópolis, Vozes, 1994.

CORDEIRO, Helena Kohn. "A 'cidade mundial' de São Paulo e o complexo corporativo do seu centro metropolitano". In: SANTOS, M.; SOUZA, M. A.; SCARLATO, F.; ARROYO, M. (orgs.). *O novo mapa do mundo. Fim de século e globalização.* São Paulo, Hucitec-Anpur, 1993, pp. 318-331.

DIAS, Leila. *Réseaux d'information et réseau urbain au Brésil.* Paris, L'Harmattan, 1995.

DINIZ FILHO, Luís L. "O papel das formações territoriais no contexto da globalização: Notas de caráter geográfico-político sobre o caso brasileiro". Experimental, ano 1, nº 2, São Paulo, Laboplan/Departamento de Geografia/ USP, 1997, pp. 101-110.

Gazeta Mercantil. Balanço anual, ano 22, nº 23, 30 jun. 1999, pp. 323-324.

LESLIE, D. A. "Global scan: The globalization of advertising agencies, concepts, and campaigns". In: *Economic Geography*, v. 71 (4), out., 1995, pp. 402-426.

MACHADO, Arlindo. *A arte do vídeo*, São Paulo, Brasiliense, 1990, 2ª ed.

MARTIN, Perry. "The internationalisation of advertising". In: *Geoforum*, v. 21, nº 1, 1990, pp. 35-50.

MATTELART, Armand. *International Advertising*, 1994.

RIBEIRO, Ana Clara Torres. *Rio-Metrópole: A produção social da imagem urbana.* Tese de doutoramento, Faculdade de Filosofia, Letras e Ciências Humanas, Departamento de Ciências Sociais, área de sociologia, São Paulo, 1988.

SANTOS, Milton. *Espaço e método.* São Paulo, Nobel,1985.

_____. *A urbanização brasileira.* São Paulo, Hucitec, 1993.

_____. *Por uma economia política da cidade.* São Paulo, Hucitec/Educ, 1994.

A nova divisão territorial do trabalho brasileira e a produção de informações na cidade de São Paulo (as empresas de consultoria)

ADRIANA BERNARDES

1. Apresentação

O Brasil em "marcha forçada", como o denominou A. B. de Castro (1985), modernizou-se seletivamente nas últimas décadas. Os planos de desenvolvimento integraram a economia, o território e ampliaram as classes médias, mas à custa de uma *urbanização corporativa* e da ausência de direitos civis. O meio técnico, antes quase restrito a São Paulo e sua região de influência, tornou-se técnico-científico e se expandiu para o Sul e o Sudeste do país. Hoje, quando esse meio geográfico se valoriza com a implantação de objetos e ações informacionais hegemônicos, as tendências parecem indicar uma modernização ainda mais alheia, conservadora e seletiva.

Nesse contexto, o ritmo das acelerações tem sido brutal para a cidade de São Paulo. Não obstante sua industrialização ter ocorrido praticamente nos últimos cem anos, a cidade assiste agora a um franco processo de renovação de seu conteúdo geográfico ante a emergência de uma divisão do trabalho fundada na informação.

Daí nos preocuparmos com a densidade informacional de São Paulo, no intuito de reconhecer o contexto que faz dessa metrópole, hoje, um lugar das forças operantes, isto é, um lugar onde atuam as forças que possuem o comando político do moderno sistema produtivo. Seria, propriamente, um lugar apto a viabilizar as formas do *acontecer hierárquico* que, segundo Milton Santos (1996, p. 132), resultam da "tendência à racionalização das atividades e se faz sob um comando, uma organização que tendem a ser concentrados".

A volumosa produção e circulação de informações a partir de São Paulo pode ser apreendida como uma busca de fluidez, isto é, como uma forma de conduzir o alargamento dos contextos da globalização na formação socioespacial brasileira. Como explica M. Santos (1996, p. 202), esse alargamento dos contextos designa uma notável expansão do intercâmbio, cuja base são as "novas possibilidades de fluidez" no território, onde se instalam verdadeiras solidariedades organizacionais que, balizadas pelas técnicas da informação, nos obrigam a rever as lógicas que tecem os atuais edifícios regionais.

2. Informação e nova divisão social e territorial do trabalho

A informação, segundo P. Nora (1976, p. 186), ao perder seu caráter de operar simples "cadeias de transmissão", transformou-se num "saber organizado, vindo reestruturar o quadro preestabelecido no qual se insere", adquirindo, no dizer de M. E. Gonçalves (1994:13), a qualidade funcional de *elemento estruturante*, pois "não se trata de informar e comunicar", mas do exercício de uma "atividade econômico-social e no quadro das relações de mercado".

Os sistemas produtivos contemporâneos, particularmente as hegemônicas corporações globais, dependem de conhecimentos estratégicos para que possam criar, por meio daqueles lugares escolhidos, um cenário mundial de competitividade. A informação, nesse contexto, se define como um recurso estratégico, utilizado de forma seletiva e hierárquica, ainda que circule mundialmente em volumosas quantidades.

Um novo fenômeno geográfico seria, então, o fato de o funcionamento da economia e do território advir das novas formas de cooperação: a informação organizacional, que passou a mobilizar a racionalização dos sistemas produtivos.[1] E é desse modo que a informação se torna o próprio motor da divisão social e territorial do trabalho (M. Santos, 1996).

As atividades produtoras de informação, para efeito de classificação, podem ser agrupadas no denominado setor quaternário da economia, que envolve, por sua vez, os seguintes elementos:[2]

a) *Produção e distribuição de informações*
- produção de conhecimento e invenção: laboratórios, *consultorias*, *softwares* etc.
- distribuição e comunicação de informações: bases de dados, BBSs, rádios, TVs, jornais etc.
- pesquisa e coordenação de mercados: marketing, publicidade, associações profissionais etc.

b) *Infraestrutura da informação*
- tratamento e transmissão de dados.
- fabricação de bens informacionais.

c) *Suporte das atividades informacionais*
- edifícios inteligentes, laboratórios, centrais de telecomunicação etc.

Em face, então, da demanda por competitividade dos sistemas produtivos hegemônicos e do correlato imperativo da busca de novos mercados e luga-

---

1. Genericamente, poderíamos dizer que existem, hoje, quatro grandes tipos de informações estratégicas às empresas: a informação sobre negócios (consultoria, *marketing*), a informação metamorfoseada em dinheiro (as finanças e seus instrumentos modernos), a informação enquanto imagem (publicidade) e a informação tecnológica (pesquisa pura e aplicada).

2. Essa classificação está baseada em M. Porat (1976). Este autor retirou dos setores clássicos da economia atividades ligadas à produção e distribuição de informações e as reagrupou no setor quaternário; em 1976 propôs o termo "economia da informação" ao avaliar as volumosas transformações da sociedade norte-americana em face do crescimento dessas novas atividades (A. Malin, 1994).

res, a produção de informações à racionalização das grandes organizações emerge como a atividade contemporânea por excelência, vindo redefinir e criar trabalhos especializados. Identificar esse setor informacional e sua função nos lugares nos permitiria pôr em evidência a natureza do período atual, bem como sua trama geográfica.

2.1 A expansão desigual das atividades técnicas e científicas no Brasil: uma primeira aproximação

Ao acolher, com vigor, a atual divisão do trabalho, a formação socioespacial brasileira entrecruza novos e velhos elementos, recriando uma divisão interna particular. A antiga organização do território, em consonância com as atuais lógicas políticas e econômicas, leva a uma forte concentração das atividades quaternárias justamente naqueles lugares com maior possibilidade para expandir os nexos do meio técnico-científico, tornando-o, por conseguinte, também informacional.

Ora, no Brasil a evolução das *atividades técnicas, científicas e afins* nos últimos decênios tem sido notável. Podemos, primeiramente, observar que no país tais atividades apresentaram um crescimento contínuo ao longo dos últimos vinte anos, saltando de 2.402.372 pessoas ocupadas em 1976 para 5.241.031 em 1995.

Na Região Concentrada encontram-se hoje cerca de 66% das pessoas ocupadas em atividades técnicas e científicas do país. Ainda que tenha ocorrido um decréscimo relativo nesse montante (em 1976 representava 71,4%), os números absolutos indicam, sob este aspecto, a modernização que sofreu essa fração do território brasileiro.

Mas, se a Região Concentrada se define por ser a área onde o meio técnico-científico é tendencialmente mais contíguo (M. Santos e A. C. T. Ribeiro, 1979), há também, no território, outros pontos de modernizações: o Nordeste do país assiste, no período considerado, a um forte crescimento (relativo à participação no total do país) das atividades técnicas e científicas. Os números absolutos são elucidativos: de 453.090 pessoas ocupadas em 1976, para 1.221.455 em 1995. Acreditamos que o dinamismo do lugar resulte sobretudo das metrópoles de Salvador, Recife e Fortaleza, que acolhem, juntamente com as demais regiões metropolitanas do país, modernos serviços, novos setores industriais, novas formas do consumo, do crédito, do lazer, que, entre outros, demandam a presença de inúmeros profissionais especializados.

TABELA 1

PESSOAL OCUPADO EM ATIVIDADES TÉCNICAS, CIENTÍFICAS E AFINS
BRASIL E GRANDES REGIÕES (1976-1995)

	1976		1985		1990		1995	
	Nº abs.	%	*Nº abs.*	%	*Nº abs.*	%	*Nº abs.*	%
Brasil	2.402.372	100,0	3.573.683	100,0	4.666.796	100,0	5.241.031	100,0
Norte	129.518*	5,4	106.812	3,0	174.132	3,7	76.054	1,4
Centro-Oeste			242.529	6,7	349.036	7,5	344.175	6,5
Nordeste	453.090	18,8	786.673	22,0	1.030.925	22,1	1.221.455	23,3
Sul	431.107	17,9	521.443	14,6	667.329	14,3	798.856	15,2
Sudeste	1.285.256	53,5	1.916.226	53,6	2.445.374	52,4	2.648.932	50,5

*Neste ano os dados para as regiões Norte e Centro-Oeste estão agregados.
Fonte: IBGE-PNAD.

Quanto ao Sudeste, notamos que houve, nas décadas de 1980 e 1990, contínua expansão das ocupações em tais atividades,[3] sem, todavia,

---

3. Para termos uma ideia, em 1970 apenas 3.470 pessoas trabalhavam com processamento de dados no Brasil; tal montante saltou para 76.152 em 1985. E já em 1990, cerca de 45 mil pessoas se ocupavam com análise de sistemas, estando, desse total, 77% concentrados no Sudeste do país. Do mesmo modo, no Sudeste, em 1990, os técnicos em eletrônica e telecomunicações somavam um total de 64.548 pessoas ocupadas, os técnicos em agronomia e biologia, 46.353, e os desenhistas técnicos 52.890 (FIBGE, Censo dos Serviços, 1970 e 1985. *Anuário RAIS*, 1990).

haver alteração de monta na distribuição entre as unidades territoriais componentes da região. É no estado de São Paulo que encontramos, em 1995, 50,3% dos empregos técnicos e científicos do Sudeste, vindo em seguida os estados do Rio de Janeiro (24,3%), Minas Gerais (20,2%) e Espírito Santo (3,2%).

É significativa a expansão da nova divisão do trabalho em São Paulo, tanto no interior do estado quanto na região metropolitana. Mas, ao que parece, prevalecem funcionalidades diferenciadas entre o interior e a metrópole; no primeiro caso teríamos a ampliação da densidade informacional, porém mais atrelada à operacionalização técnica da produção (sobretudo atendendo aos ditames das modernas especializações fabris, agrícolas, financeiras e de consumo), enquanto no segundo caso teríamos o exercício do comando político da produção, e nesse sentido a escala de atuação da metrópole paulista amplia-se para o mundo e para o país.

TABELA 2

PESSOAL OCUPADO EM ATIVIDADES TÉCNICAS, CIENTÍFICAS E AFINS
ESTADO DE SÃO PAULO (1976-1995)

	1976		1985		1990		1995	
	Nº abs.	%	Nº abs.	%	Nº abs.	%	Nº abs.	%
Sudeste	1.285.256	—	1.916.226	—	2.445.374	—	2.648.932	—
Estado SP	662.943	100,0	974.107	100,0	1.277.279	100,0	1.384.939	100,0
RMSP	408.144	61,6	580.548	59,6	760.096	59,5	762.451	55,0
Interior	254.799	38,4	393.559	40,4	517.183	40,5	622.488	45,0

Fonte: IBGE-PNAD.

A Região Metropolitana de São Paulo (RMSP) tende, portanto, a permanecer como o lugar por excelência, no território brasileiro, das atividades superiores, além de abrigar um volumoso contingente das atividades técnico-científicas de caráter mais banal. Entre 1970 e 1995, na RMSP, somaram-se mais 557.550 empregos em atividades técnicas e científicas.

Mas é preciso ainda avançar com a análise da nova divisão territorial do trabalho se nosso intuito é apreender as tarefas voltadas para a produção, propriamente, da informação. Trata-se, pois, de investigar as ações que interferem na organização das múltiplas parcelas técnicas do trabalho distribuídas no território nacional, ou seja, exatamente aquelas ligadas à crescente racionalização dos circuitos produtivos hegemônicos, tais como as firmas de consultoria, publicidade, marketing, pesquisa e desenvolvimento tecnológico, entre outras.

2.2 São Paulo, metrópole onipresente: as consultorias e as mercadorias organizacionais

O processo, em curso desde o pós-guerra, de integração da economia e do território ensejou as bases técnicas que, casadas com as regulamentações estatais do período, levaram a uma significativa dispersão das modernizações pelo país nas décadas mais recentes. No entanto, as variáveis mais novas, principalmente aquelas atreladas à produção imaterial, apresentam-se concentradas e novamente é São Paulo o lugar mais privilegiado.[4] Poderíamos, talvez, falar em hipertrofia das variáveis relacionadas com o atual papel de comando de São Paulo.[5]

Ao passo que várias cidades brasileiras alcançam funções de metrópoles nacionais, São Paulo torna-se, então, uma *metrópole onipresente* (M. Santos,

---

4. Segundo H. K. Cordeiro (1993: 320), "desenvolveu-se no país, ao mesmo tempo, uma desconcentração do sistema produtivo e o fortalecimento da concentração do sistema de gestão do setor transacional da economia (correspondente ao setor quaternário) em poucos pontos do território, passando a Região Metropolitana de São Paulo a ser o centro-líder do conjunto metropolitano brasileiro".

5. Ao contrário do Brasil, países como os EUA e Canadá conhecem, internamente, uma vigorosa divisão do trabalho metropolitana relacionada com os serviços superiores (S. Sassen, 1991; C. Abbott, 1996; B. Marchand e A. Scott, 1991; M. E. Hepworth, 1989, entre outros).

1993: 92) no território brasileiro,[6] por ser o lugar da criação e do controle das informações.

Ora, diante da enorme diversidade de firmas *produtoras de informação*, atuando na cidade de São Paulo, estariam, então, as empresas de consultoria, especializadas em comercializar aquilo que, parafraseando Boaventura dos Santos (1995), poderia ser denominado *mercadoria organizacional*.

O crescimento de tais empresas indica mudanças substanciais na divisão do trabalho contemporânea, transformando determinadas metrópoles em verdadeiros "complexos corporativos" (J. N. Marshall, 1994; P. Wood, 1996; W. R. Goe, 1996). Como afirmou J. N. Marshall (1994), forças de aglomeração no coração das grandes metrópoles produziram e integraram um complexo corporativo de *headquarters*, finanças e fornecimento de serviços aos negócios.

Segundo R. Cohen (1981), a nova divisão internacional do trabalho reflete transformações na economia mundial ligadas a fatores como a expansão mundial da manufatura (compreendendo volumosas transações entre subsidiárias), a formação de um sistema financeiro global e, por fim, a expansão internacional das corporações dos serviços.[7]

Nesse contexto, o forte crescimento das empresas de consultoria, sobretudo a partir dos países anglo-saxões, na década de 1970, foi uma resposta às exigências de empresas globais que não mais sobrevivem sem informações especializadas voltadas à gestão. Conformar-se-ia, também na esfera da racionalização dos negócios, aquilo que se pode chamar de *unicidade técnica*,

---

6. Segundo L. Dias (1995: 1140-41), o fato de São Paulo ser, agora, o principal nó das redes de informações tem efeitos importantes no conjunto da rede urbana brasileira. Cidades locais e médias da região Norte, bem como metrópoles da região Nordeste e cidades milionárias do interior do estado de São Paulo, entre outras, mantêm a maior parte de suas transações diretamente com São Paulo. Além disso, a Região Metropolitana do Rio de Janeiro possui hoje apenas um terço da capacidade da Região Metropolitana de São Paulo para produzir, coletar, armazenar e distribuir informações.

7. Conhecidas como *big six*, as empresas transnacionais de consultoria — Andersen Consulting, Price Waterhouse/Coopers & Lybrand, Peat Marwick, Ernest & Young e Delloitte Touche — monopolizam esse setor do mercado mundial. Tais empresas seguiram, nas últimas décadas, as outras corporações clientes, transnacionalizando-se, e desse modo conformam também os hegemônicos sistemas de ações do período.

isto é, haveria uma arquitetura informacional específica, com tendências globais, servindo às ações empresariais.[8]

F. Gallouj (1994: 34) afirma que a crescente demanda por consultoria é determinada pelas características da economia contemporânea: "complexidade, incerteza e riscos". Ainda, para P. Stern e P. Tutoy (1995), as grandes empresas industriais, de serviços e financeiras são "sofisticadas" pelo uso que fazem da consultoria, na medida em que as corporações passaram a falar a mesma linguagem dos consultores, tirando o máximo proveito de suas intervenções. Como assinalou Y. Bordeleau (1986), a consultoria é uma análise sistemática de processos, baseada em fatos e via métodos científicos, ou seja, consiste numa atividade típica do período atual.

Recentemente, gabinetes de auditoria, escritórios de contabilidade e de advocacia, serviços de informática, agências de informação, sociedades de comunicação, bancos, institutos de planejamento econômico, entre outros, aproximaram-se da área da consultoria, evidenciando significativa expansão do setor. Segundo J.-P. Détrie (1989:8), é significativo o atual crescimento de empresas especializadas, vindo conformar aquilo que denomina "o domínio da intervenção técnica precisa". E, por isso, um autor como H. Laborit (1973:69) já ressaltava a emergência de um período de dominação tecnocrata, baseada em um alto grau de abstração do conhecimento profissional.

Ainda que algumas empresas que atuam hoje como consultoras estejam no Brasil desde o início do século XX,[9] somente com o advento da industrialização nacional é que haverá uma demanda efetiva por mercadorias organizacionais, isto é, uma demanda por aportes para a racionalização dos negócios. E hoje o novo contexto político, que parece buscar no "modelo da globalização" novas formas de regulação da economia e do território, requalifica os conteúdos do sistema produtivo nacional, dinamizando ainda mais os circuitos produtivos de informações.

---

8. Para P. Wood (1996: 662), a *consultancy culture* representa um "indício de uma larga influência afetando o estilo de administração corporativa moderna".

9. Como nos casos das empresas que chegaram para apoiar os investimentos ingleses no começo do século XX: a Deloitte Touche, no Brasil desde 1911, e a Price Waterhouse, aqui presente desde 1921.

No Brasil, os serviços de assessoria e consultoria apresentam um perfil de distribuição do pessoal ocupado com nítida concentração nas metrópoles da Região Concentrada (83%) e com polarização nas cidades de São Paulo (cerca de 37%) e Rio de Janeiro (18%).

TABELA 3

SERVIÇOS DE ASSESSORIA, CONSULTORIA E ORGANIZAÇÃO E ADMINISTRAÇÃO DE EMPRESAS. PESSOAL OCUPADO — BRASIL E SUBDIVISÕES — 1992

	nº absoluto	%
Brasil	113.910	100,0
Região Concentrada	94.350	83,0
Estado de São Paulo	42.034	37,0
RMSP	33.487	29,5
Interior	8.547	7,5
Estado do Rio de Janeiro	21.256	18,6
RMRJ	20.754	18,2
Interior	502	0,4

Fonte: *Anuário RAIS*, 1992.

Entre as gigantes empresas do setor de consultoria,[10] cuja escala de atuação compreende todo o planeta, existem ricos mercados locais onde pequenas empresas também operam de modo mais personalizado. Este seria o caso da cidade de São Paulo, pois, além de sediar os escritórios regionais do Brasil das

---

10. Em 1997 foi anunciada a fusão entre a Coopers & Lybrand e a Price Waterhouse. A nova empresa tornou-se, a partir de então, a maior consultora-auditora mundial, reunindo 135 mil funcionários e 8.500 sócios e perfazendo 13 bilhões de faturamento anual. Além de prestarem serviços nos segmentos mais tradicionais, criaram setores específicos para gestão de risco internacional, planejamento tributário global, negócios entre países e seguros (*Gazeta Mercantil*, 19/09/98).

grandes empresas globais desse ramo, ela acolhe uma enorme variedade de pequenas e médias firmas de consultoria cuja atuação é, no máximo, nacional.

Das dez principais *consultorias de gestão* no mundo, todas têm escritórios regionais na cidade de São Paulo, existentes, com pequenas exceções, desde o início da década de 1970. Ao passo que, em 1995, este ramo da consultoria cresceu mundialmente 18% e movimentou um mercado da ordem de US$ 50 bilhões, estima-se que o mercado brasileiro de consultorias cresceu cerca de 60% somente no ano de 1996 (*Gazeta Mercantil*, 1997).

O moderno ramo da informática (junção indústria-serviços) apresenta, também, um expressivo crescimento no Brasil. Em 1980 existiam, em São Paulo, apenas vinte empresas do ramo. Após 15 anos este número saltou para 6 mil firmas. Entre as duzentas maiores empresas do ramo da informática, 80% estão no Sudeste, sendo que desse total 102 firmas estão na Região Metropolitana de São Paulo.[11]

TABELA 4

DISTRIBUIÇÃO DAS DUZENTAS MAIORES EMPRESAS

DE INFORMÁTICA — BRASIL — 1992/1993

	nº abs.	%
Brasil	200	100
Sudeste	158	79,00
Estado de São Paulo	128	64,00
Município de São Paulo	83	42,00
Demais municípios da RMSP	19	9,5
Interior do estado	26	13,00

Fonte: *Anuário de Informática*, 1992/1993.

11. No país encontram-se empresas que comercializam sistemas de rede de computadores que distribuem informações entre micros e estações de trabalho (*Downsizing*); computadores domésticos; o chamado setor periférico (impressoras, discos rígidos, fax, *scanners* etc.); comunicação de dados; serviços de terceirização (*outsourcing*); consultoria em tecnologia da informação (TI).

A chegada das tecnologias da informação ao Brasil, sobretudo na década de 1990, tem causado uma verdadeira revolução nos sistemas produtivos, que automatizam fábricas, estoques, distribuição, coordenação, logística e terceirizam parte da organização. Parcelas do território têm sido, portanto, informatizadas na medida em que tanto os novos objetos (fixos) quanto as ações (fluxos) são tributários dos sistemas técnico-informacionais. Como consequência, aceleram-se os fluxos de toda ordem, sobretudo nas áreas mais densamente urbanizadas onde essa modernidade se instala.

É nesse contexto que as grandes empresas passaram a depender de *consultoria em tecnologia de informação* aplicada à gestão.[12] Segundo Moulaert & Djellae (1990: 258), essas empresas têm um papel fundamental no crescimento econômico, perceptível nas mudanças de produtos, na divisão técnica do trabalho, nas mudanças institucionais, entre outras. Ora, entre as 15 principais consultorias de informática no Brasil,[13] 11 encontram-se em São Paulo, duas no Rio de Janeiro e somente uma em Porto Alegre (*Informática Exame*, 1996).

A adesão do país aos princípios normativos que regem o chamado mercado global,[14] ou seja, aos sistemas normativos postulados pelas poderosas corporações globais — Banco Mundial, Fundo Monetário Internacional e Organização Mundial do Comércio —, afeta outrossim a expansão dos escritórios que prestam *consultoria jurídica* e comercializam informações sobre controle cambial dos países, barreiras alfandegárias, carga tributária, legislação de patentes, fusões e aquisições e mercados suprarregionais, entre outros.

---

12. Como assevera P. Daniels (1993), os serviços baseados na produção e distribuição de conhecimento e informação designam a habilidade dos países para adaptar e ampliar a aplicação de avançadas tecnologias em processos de produção e responder, mais eficazmente, às forças competitivas nos mercados globais.

13. Entre as principais consultorias de informática no Brasil estão a Price Waterhouse, a Origin, a Coopers & Librand, KPMG, IBM Consulting Group, Andersen Consulting, Stefanini Consultoria, Oracle, EDS, entre outras.

14. Segundo A. Leyshon (1992), a falência do sistema normativo de Bretton Woods significou o início de uma era de regulação puramente econômica. Por isso M. L. Silveira (1997) diz ser a chamada desregulação uma forma renovada de regulação, criada no intuito de normatizar a globalização da economia.

TABELA 5

MAIORES ESCRITÓRIOS DE ADVOCACIA NO MUNDO

E NO BRASIL — 1998

Os maiores do Brasil		Os maiores do mundo	
Escritórios	Nº de advogados	Escritórios	Nº de advogados
Pinheiro Neto	180	Baker & Mackenzie (EUA)	2.300
Tozzini, Freire, Teixeira e Silva	130	Clifford Chance (Inglaterra)	1.795
Damarest e Almeida	112	Evershelds (Inglaterra)	1.290
Trench, Rossi e Watanabe	93	Jones, Day, Reavis & Pogue (EUA)	1.191
Machado, Meyer, Sendacz e Ópice	88	Skadden, Arps, Slate, Sendacz e Ópice	1.125

Fonte: *O Estado de S. Paulo*, janeiro de 1999.

Não admira, então, que diante do atual modelo político-econômico o debate sobre a chamada competitividade sistêmica dos países assuma enormes proporções no Brasil.[15] E, como consequência, os sistemas de telecomunicações, de transportes, de energia, de ensino qualificado e financeiro, entre outros, tendem a ser ainda mais racionalizados para poderem atuar de forma conjunta e atender às demandas de fluidez por parte das grandes empresas.

Tornou-se, pois, necessário adaptar e criar novas soluções para as empresas que deparam com a competitividade em escala planetária. As grandes firmas nacionais e estrangeiras no Brasil estão se adaptando ao sistema nor-

15. Para G. Dupas, a contribuição que os países emergentes podem dar nessa atual fase da economia mundial seria garantir justamente essas condições de *competitividade sistêmica* — conhecida como custo-país, que "acaba por ser uma condição fundamental tanto para a prosperidade das empresas quanto para a decisão das transnacionais de investir pesadamente no país". É nesse sentido que vêm sendo revistas as normatizações sobre carga tributária, legislação trabalhista, custos dos serviços públicos, qualificação da mão de obra, produção de infraestrutura adequada (*Gazeta Mercantil*, 1995).

mativo internacional de qualidade, que hoje envolve toda a cadeia produtiva. Como consequência, surgiram no país inúmeras empresas que informam o modo de obter o selo de qualidade nas agências credenciadas pelo governo brasileiro, que respondem ao Instituto Nacional de Metrologia (Inmetro) e à Associação Brasileira de Normas Técnicas (ABNT).

Os laboratórios, por sua vez, que oferecem e calibram equipamentos para as empresas, têm assistido ao aumento crescente dos serviços prestados, bem como passaram a prestar consultoria. Tais serviços encontram-se disponíveis somente na Região Concentrada, pois aí se localizam 100% (45) dos laboratórios brasileiros com essa especialização: desse total, 50% estão no estado de São Paulo; 16 na RMSP e seis no interior do estado.[16]

Institutos de pesquisa e desenvolvimento tecnológico como o IPT fazem parte, hoje, desse complexo produtor de informações tecnológicas. O IPT (Instituto de Pesquisas Tecnológicas), sediado na cidade de São Paulo, atendeu em 1994 a 22 mil empresas, entre as quais se destacam: Petrobras, CVRD, Itautec, CESP etc.[17]

Entre as empresas certificadas no Brasil,[18] 89,1% encontram-se na Região Concentrada, 61,6% das quais no estado de São Paulo, onde se destacam grandes empresas dos ramos de eletrônica, química, mecânica, transporte, atividades imobiliárias, entre outras (Furquim Jr., 1996). Existem cerca de quinhentas empresas de *consultoria em sistemas de qualidade* no Brasil, sendo que trezentas estão no estado de São Paulo.[19]

---

16. Centro Brasileiro de Qualidade, Segurança e Produtividade.

17. O IPT produz e transfere informações tecnológicas envolvendo pesquisas nas áreas de geologia, engenharia civil, mecânica e eletricidade, química, produtos florestais e têxteis, metalurgia, economia e engenharia de sistemas, transportes, entre outros (dados obtidos junto ao próprio Instituto, 1997).

18. No *ranking* mundial dos países que obtiveram o certificado, o Brasil ocupa o 17º lugar, somando um total de 1.092 empresas certificadas (Furquim Jr., 1996).

19. Na cidade de São Paulo (no edifício World Trade Center) encontra-se o recém-criado Centro Brasileiro de Qualidade, Segurança e Produtividade (QSP), associado à International Standartization Organization (ISO), com sede na Suíça. O clube QSP oferece consultoria, treinamento, cursos, seminários e periódicos aos seus associados no país, tais como Banco de Boston, Banco Bamerindus, Gessy Lever, Volkswagen, Camargo Correa etc.

Nossa insistência no tema da informação advém justamente do fato de a informação, em suas múltiplas faces, ter adquirido o estatuto de motor da atual reorganização dos sistemas produtivos. A produção de informações, fundada na racionalidade técnica e científica do período, vai mediar a realização dos eventos do presente, assegurando sua duração e interferindo na escala temporal do acontecer.

Como assinalou P. Wood (1996: 661), os consultores são especialistas estratégicos importantes porque promovem, nos lugares, "a adaptação de modelos espaciais de produção e comercialização". As informações em geral, especialmente as informações estratégicas produzidas e organizadas pelos consultores, circulam nos territórios nacionais e no mundo como fluxos de conhecimento sobre gestão dos sistemas produtivos (agrícolas, industriais, serviços), tendências de mercado (consumo), normatizações diversas (regulações), mercados supranacionais, logística de transporte e comunicação, energia, produtividade dos lugares (equipamentos, pessoal qualificado, universidades etc.), monetarização, relações trabalhistas, entre outros. É nesse sentido que compreendemos que as formas de ação das consultorias contribuem também para o alargamento dos contextos do atual processo de globalização, sendo mesmo uma condição para a implantação das redes globais nos diversos lugares.

Há, sem dúvida, um forte impacto desses fluxos de conhecimento sobre a remodelação dos territórios no intuito de torná-los produtivos. Aceleram-se os fluxos de movimento de mercadorias, creditício, consumo e notícias de toda ordem, que, entre outros, irão demandar maior aporte de informações nos lugares e dos lugares. Trata-se, ao que parece, de uma organização espacial diferenciada da pretérita. Daí P. Vieille (1974, 22) considerar que a compreensão da organização do espaço na era do capitalismo da organização deve passar necessariamente pela apreensão da variável informação.[20]

---

20. Nas palavras do autor, a informação fornece hoje "um exemplo muito bom dos problemas reencontrados quando tentamos buscar os mecanismos de espacialização, após o desmantelamento dos mecanismos fundamentais da espacialidade anterior" (P. Vieille, 1974, 22).

3. Constituição dos espaços da racionalidade: aportes a uma nova regionalização?

As lógicas das ações informacionais do período tendem, pois, a ser verdadeiras "formas de racionalidade", sistemas de poder, tendendo a interferir em todas as esferas da vida social, permitindo às empresas hegemônicas agirem, segundo L. Karpik (1978, 46), como "verdadeiros governos privados". Para o autor, esses "governos privados estendem-se nos territórios onde as empresas operam, formando poderosos campos de competitividade".

Esses seriam, pois, os novos "meios de ação", para usar uma expressão de H. Isnard (1978, 6); os meios que conformam a racionalização de frações do território, na medida em que a força de uma informação imbuída de intencionalidades representa o próprio conteúdo dos objetos e das ações contemporâneas. Daí ser tão importante investigar a produção e o controle das informações que irão elaborar verticalmente, naqueles lugares eleitos, o melhor arranjo horizontal dos elementos, tecendo uma aproximação "excessivamente rápida entre sistema técnico e sistema social" (A. C. T. Ribeiro, 1997, 9).[21]

A nova regionalização e as desigualdades recriadas passam também a ser produzidas por meio dos níveis de racionalidade presentes no território. Constituir-se-iam agora verdadeiros *espaços da racionalidade* (M. Santos, 1996). Hoje, "a inserção da racionalidade no campo da dominação" (M. Maffesoli, 1978, 145) envolve, para além das instâncias política, econômica e cultural, também o espaço geográfico, transformando-o num "campo de ação instrumental". M. Sorre (1957) já nos advertia que os avanços da artificialização do meio geográfico implicariam uma forte "despersonalização do mundo".

Os *espaços da racionalidade* seriam os espaços produzidos e organizados segundo as lógicas do *acontecer hierárquico*, sob a égide das técnicas informacionais, de verticalidades, de razões globais, que impõem uma ordem alheia,

---

21. Para a autora, essa racionalidade instrumental é passível de ser compreendida a partir das reflexões da nova base técnica "estendida nas práticas administrativas e gerenciais".

instrumental e pragmática ao funcionamento dos lugares. Configuram-se regiões edificadas por crescentes solidariedades organizacionais, onde um comando remoto da parcela técnica da produção se faz cotidianamente. São, pois, os espaços mais produtivos para as redes hegemônicas.[22] Daí a força com que o meio técnico-científico-informacional, em suas escalas local, regional e nacional, atrai capitais e designa a hierarquia entre lugares.

Diríamos que, no caso brasileiro, a Região Concentrada e, particularmente, o estado de São Paulo seriam os lugares, por excelência, das formas do acontecer hierárquico; aí desenhar-se-iam os mapas dos espaços da racionalidade contemporânea, entrevistos nas modernizações técnicas e informacionais dos sistemas de objetos e dos sistemas de ações.

A cidade de São Paulo assume, portanto, um papel estratégico, pois é o lugar sede da produção e do controle da nova vaga de modernizações que reorganiza o território nacional.

Entretanto, as razões globais relacionam-se dialeticamente com a existência de temporalidades locais que criam conflitos e resistências. Os atuais eventos hegemônicos são tributários de uma dialética do território. Nesse sentido, concordamos com T. dos Santos (1994: 72) quando ele anuncia que a questão territorial constitui um fator de moderação às tendências a "pensar o mundo como se estivéssemos num planeta totalmente integrado". As modernizações, sobretudo para o Terceiro Mundo, continuam incompletas e reprodutoras de desigualdades.

Bibliografia

ABBOTT, C. "The Internationalization of Washington, D. C.". *Urban Affairs*, v. 31 (5), maio, 1996, pp. 571-594.

BORDELEAU, Y. *La function de conseil auprés des organisations*. Paris, Chotard et Associés (Éditeurs), 1986.

---

22. Por isso P. Veltz (1993) reclama atenção para aquilo que denomina "competitividade territorial"; para o autor, hoje, "a grande escolha da arquitetura organizacional e as grandes escolhas estratégicas subentendidas comandam, mais e mais, um jogo global sobre localizações".

CASTRO, Antonio de B. *A economia brasileira em marcha forçada*. Rio de Janeiro, Paz e Terra, 2ª ed., 1985.

COHEN, R. B. "The new international division of labor, multinational corporations and urban hierarchy". In: Dear, Michael; Scott, Allen, J. *Urbanization & urban planning in capitalist society*, Nova York, Methuen, 1981, pp. 287-315.

CORDEIRO, H. K. "A cidade mundial de São Paulo e o complexo corporativo de seu centro metropolitano". In: Santos, M. et al. (orgs.). *O novo mapa do mundo. Fim de século e globalização*. São Paulo, Hucitec/Anpur, 1993 pp. 318-331.

CORRÊA, R. L. "Os centros de gestão do território: uma nota. *Revista Território*. 1(1). Rio de Janeiro, Laget-UFRJ, 1996, pp. 23-30.

DANIELS, Peter W. *Service industries in the world economy*, Blackwell, Oxford, UK & Cambridge, EUA, 1993.

DÉTRIE, Jean-Pierre. "Paysages du Conseil". *Revue française de Gestion*. nov./ dez. 1989.

DIAS, Leila. "Redes de telecomunicações e metrópole: Ordem e desordem no papel hegemônico de São Paulo". *Anais do VI Encontro Nacional da Anpur*. Brasília, 1995, pp. 1.137-1.143.

FURQUIM, Jr. L. *A formação territorial brasileira. O poder das normas*. Trabalho de graduação individual. Geografia-USP-São Paulo, 1996.

GALLOUJ, Faiz. "Les déterminants de l'innovation dans les activités de conseil". *Revue Française du Marketing*, nº 149, 1994, pp. 33-51.

GOE, Richard W. "An examination of relationship between corporate spatial organization, restructuring, and external contracting of producer services within a metropolitan region". *Urban Affairs*, v. 32 (1), set., 1996, pp. 23-45.

GONÇALVES, Maria Eduarda. *Direito da informação*. Coimbra, Livraria Almedina, 1994.

HEPWORTH, M. E. *Geography of the information economy*. Londres: Belhaven Press, 1989.

ISNARD, H. "O espaço do geógrafo". *Boletim Geográfico*, 36 (258-259), Rio de Janeiro, 1978, pp. 5-16.

KARPIK, Lucien. "Organizations, Institutions and History". In: Karpik, L. (org.). *Organization and Environment*. Londres, Sage Publications, 1978, pp. 15-68.

LABORIT, Henri. *Societé informationelle. Idées pour l'autogestion*. Paris, CERF, 1973.

LEYSHON, Andrew. "The transformation of regulatory order: Regulating the global economy and environment". *Geoforum*, v. 33(3), 1992, pp. 249-267.

MAFFESOLI, M. *Lógica da dominação*. Rio de Janeiro, Zahar, 1978.

MALIN, Ana B. "Economia e política da informação. Novas visões da história". *São Paulo em Perspectiva*, v. 8(4), out./dez., São Paulo, Fundação Seade, 1994 (pp. 9-18).

MARCHAND, B.; SCOTT, A. "Los Angeles en 1990: une nouvelle capitale mondiale". *Annales de Géographie*, nº 560, 1991, pp. 406-426.

MARSHALL, J. N. "Business reorganization and development of corporate services in metropolitan areas". *The Geographical Journal*, v. 160 (1), 1994.

MOULAERT, F. et al. "La localization des firmes et conseil en haute technologie". In: BENKO, Georges (dir.). *La dynamique spatiale de l'économie contemporaine*. Éditions de l'Espace Européen, 1990, pp. 255-292.

NORA, Pierre. "O retorno do fato". In: Le Goff, Jacques e P. Nora (orgs.). *História: novos problemas*. Rio de Janeiro, Francisco Alves, 1976, pp. 179-193.

PORAT, M. U. *The information economy*. Califórnia, Stanford, 1976.

RIBEIRO, Ana Clara T. "Mudanças culturais e a ação estimulada pela técnica". In: Simpósio Multidisciplinar Internac. *O pensamento de Milton Santos e a construção da cidadania em tempos de globalização*. AGB-Bauru/UNESP, 24-27 de jul. 1997, 12 p.

SANTOS, Boaventura de Souza. "A construção multicultural da igualdade e da diferença". VII Congresso Brasileiro de Sociologia, UFRJ, set. 1995, 56 p., mimeo.

SANTOS, Milton; RIBEIRO, Ana Clara T. *O conceito de Região Concentrada*. Rio de Janeiro, UFRJ, IPPUR e Departamento de Geografia, 1979, mimeo.

_____. "São Paulo: un centre à la périphérie". In: Durand, M.-F.; Levi, J. e Retaillé, D. (orgs.). *Le monde, espaces et systémes*. Paris, Dalloz, 1992, pp. 307-317.

_____. *A urbanização brasileira*. São Paulo, Hucitec, 1993.

_____. *Técnica espaço tempo. Globalização e meio técnico-científico informacional*. São Paulo, Hucitec, 1994a.

_____. *Por uma economia política da cidade*. São Paulo, Hucitec/Educ, 1994b.

_____. "O retorno do território". In: Santos, M.; Souza, M. A.; Silveira, M. L. (orgs.). *Território: globalização e fragmentação*. São Paulo: Hucitec/Anpur, 1994c.

_____. *A natureza do espaço. Técnica e tempo. Razão e emoção*. São Paulo, Hucitec, 1996.

SANTOS, Theotonio dos. *Revolução centífico-técnica e capitalismo contemporâneo*. Petrópolis, Vozes, 1983.

SASSEN, Saskia. *The global city: New York, London, Tokyo*. Princeton University Press, 1991.

SILVEIRA, María Laura. "Concretude territorial, regulação e densidade normativa". *Experimental*, ano 1, nº 2, Laboplan. Geografia-USP, mar. de 1997, pp. 35-45.

SORRE, Max. *Rencontres de la géographie et de la sociologie*. Paris, Librairie Marcel Rivière, 1957.

STERN, P. e TUTOY, P. *Le métier du consultant: Principes, méthodes, outils*. Paris, Les Éditions d'Organization, 1995.

VELTZ, Pierre. "D'une géographie des coûts à une géographie de la organisation. Quelques thèses sur l'évolution des rapports entreprises/territoire." *Révue Économique*. v.44(4), 1993.

VIEILLE, Paul. "L'espace global du capitalisme d'organisation". *Espaces et Société*, nº 12, maio de 1974, pp. 3-32.

WOOD, Peter. "Business services, the management of change and regional development in the UK". *Transaction of the Institute of britsh Geographers*, v. 21(4), 1996, pp. 644-665.

Uma história de movimentos

MARIA ANGELA FAGGIN PEREIRA LEITE

Introdução

A história de um território é uma história de movimentos. É a história do seu espaço e das suas paisagens. Sendo história, envolve ações, é história de objetos qualificados e de sua articulação no território, diretamente, mas também de seu valor relativo no espaço, de sua relação específica nos lugares, de sua representação na paisagem. É uma história de apropriação e uso.

Apropriar-se do território e utilizá-lo efetivamente implica construir um sistema de comunicações e de transportes que permita à sociedade o livre movimento das ideias e das coisas. Esse movimento, sempre sujeito a limitações físicas, institucionais ou culturais (Kolars e Nysten, 1974, p. 113), é o grande responsável pela solidariedade entre os elementos do espaço nas diversas escalas do território. Por outro lado, a continuidade e a contiguidade da distribuição desses elementos sobre o território revelam o processo lógico de sua organização e sugerem uma lógica para a sua apropriação. É assim que evoluem conjuntamente os processos de dispersão e de concentração.

Paisagem e formas da paisagem

Vista como um conjunto de objetos, é facilmente confundida com o anti-espaço ou com o não lugar, é apenas uma possibilidade ou uma oportunidade para a manifestação dos eventos. É o processo de qualificação, o uso que a sociedade faz, por meio de suas ações, desse conjunto de objetos, que acrescenta a eles um conteúdo cultural, tornam-nos veículos de transmissão de práticas sociais. Tais objetos, ou conjuntos de objetos qualificados, para efeito da presente discussão, serão aqui referidos como forma da paisagem.[1]

As formas da paisagem, então frequentemente tomadas como atos finais, conclusões de um processo espacial de complexas negociações entre as diferentes instâncias da sociedade, acréscimos materiais destinados a permitir a modernização e o desenvolvimento, são, na verdade, condições para a existência dos lugares, valorizações de sua história, mediações entre situações percebidas e realizadas. As formas da paisagem não correspondem, portanto, a uma ideia de finalização, mas a uma ideia de transformação. Mais ainda, estão, necessariamente, impregnadas de conteúdo existencial, são formas de identidade e de memória.

As formas da paisagem refletem, em certa medida, dois modos de pensar a relação espaço/sociedade: um externo e um interno. O primeiro dá precedência à espacialização em detrimento dos conteúdos que ela explicita, isto é, privilegia as categorias estáticas de estar, existir, permitir; o segundo debruça-se sobre a ação em seu significado unitário, a ação como causa e consequência da espacialização, isto é, privilegia a ideia de mobilidade, criatividade, participação.

Muitas vozes para interpretar o mesmo objeto

As metrópoles são esses lugares de concentração, lugares complexos, manifestações particulares do fenômeno urbano, que favorecem a floração de uma multiplicidade de atividades localmente complementares (M. Santos, 1994,

---

1. Para Milton Santos (1996, p. 267), "os objetos que constituem o espaço geográfico atual são intencionalmente concebidos para o exercício de certas finalidades, intencionalmente fabricados e intencionalmente localizados". Assim, podemos considerar que a todo objeto corresponde uma "ação qualificadora", que o diferencia dos demais, transformando-o em forma única, passível de identificar um determinado lugar.

p. 19). A multiplicidade de funções eficientes que a metrópole desempenha leva à concentração financeira, econômica, cultural, informacional, que se traduz em alterações da função urbana, em modificações brutais da lógica interna da cidade, mas também em uma surpreendente operação de estranhamento, que é condição para a superação do hábito. Em que pesem as inúmeras diferenças entre os processos de metropolização por que passaram as cidades mundiais, existe uma raiz comum entre elas, que é o fato de que, em um determinado momento de sua história, elas extravasam seus limites locais para se tornarem pontos de interesse e de convergência de atividades econômicas, de comando financeiro, de concentração da produção científica e cultural e do desenvolvimento de todas as formas de comunicação, o que lhes confere capacidade crescente de gerar fluxos indispensáveis ao trabalho produtivo. Independentemente das características particulares que o processo de metropolização adquire em cada situação específica, de modo geral as metrópoles, por meio de mecanismos de concentração e dispersão, ou de criação e difusão, ganham, por essas suas potencialidades de estruturação do território, o dom da onipresença, o poder de comando e a capacidade de organização dos espaços da produção e do consumo.

Mas as metrópoles são também, essencialmente, os lugares da pobreza. São os lugares onde os subespaços da deseconomia, mais lentos ou menos receptivos ao gigantismo das economias globalizadas, são continuamente redefinidos para permitir viabilizar os novos processos produtivos. É por isso que, nas palavras de Milton Santos (1994, p. 49), "os pobres e a economia pobre se instalam dentro das metrópoles e, às vezes, no seu centro, nas áreas abandonadas pelas atividades mais poderosas".

O vigor desse processo perverso de urbanização em escala metropolitana, que desenraíza e, frequentemente, elimina formas consolidadas de sociabilidade é, também, fator de acirramento das contradições entre classes sociais, cuja expressão mais perfeita está no cotidiano metropolitano imperfeito, objeto privilegiado da cobiça dos planos de políticas públicas de desenvolvimento.

Partindo, quase sempre, do equipamento seletivo de alguns subespaços da metrópole, essa urbanização corporativa que se oculta por trás de certo tipo de intervenção urbana constrói uma representação peculiar da história do território, a da modernização e da concentração de bens e serviços, que favorece a economia hegemônica, as classes sociais hegemônicas e a separação cada vez mais absoluta entre as partes que compõem e justificam a existência da metrópole como um complexo de atividades localmente complementares.

É assim que esse particular processo urbano, no caso brasileiro, tece uma paisagem metropolitana de isolamento e solidão que, se desafia constantemente nossa necessidade de criar referências estáveis e duradouras, também nos oferece inesperadas oportunidades para a reestruturação de suas formas.

Italo Calvino, em *As cidades invisíveis*, afirma que "de uma cidade, não aproveitamos as suas sete ou setenta e sete maravilhas, mas a resposta que dá às nossas perguntas ou às perguntas que nos colocamos para nos obrigar a responder, como Tebas na boca da Esfinge". A busca dessas respostas nos leva a descobrir nas metrópoles brasileiras a essência polifônica a que se refere M. Canevacci (1993) ao comparar a cidade a um coro que canta com uma multiplicidade de vozes autônomas que se cruzam, relacionam-se e sobrepõem-se umas às outras, isolam-se ou contrastam-se. Mas também a polifonia como escolha metodológica de dar muitas vozes para a representação do mesmo objeto. A metrópole é lida e interpretada utilizando vozes autônomas — o decifrar das crenças —, mas é representada somando, por meio do refinamento do olhar, de maneira sincrônica ou simultânea, suas diversas vozes, compondo um mapa que, obviamente, não coincidirá com seu território.

As metrópoles que conformam o território brasileiro foram sempre, ao longo de suas histórias, lidas, interpretadas e representadas com base em muitas vozes, diversas e copresentes, que tanto nos permitem refinar o olhar como nos impedem de decifrar completamente o sentido cultural das crenças, hábitos e comportamentos de seus moradores. As formas de suas paisagens, resultantes desse processo múltiplo de qualificação, revelam suas inúmeras contradições e imprevistos. Mas revelam também o embate permanente entre território e lugar como responsável por uma mobilidade inesperada, que redesenha suas histórias de apropriação e uso.

O dado e o conquistado

A paisagem de um lugar não é um fato, mas um processo que, estudado ao longo de muitas décadas, destaca e ilumina os conflitos de sua formação.

O conhecimento da realidade que nos impressiona os sentidos, a leitura da continuidade ou descontinuidade dos fenômenos urbanos, a compreensão das relações públicas e privadas que se estabelecem entre a sociedade e seu lugar de vida, o acompanhamento da negociação que se desenvolve entre o natural e o construído para moldar a paisagem das cidades, tudo contribui para alimentar a ideia de mobilidade, criatividade e participação, essencial ao processo de construção dos lugares. Mas o sentido pleno de um lugar só é revelado quando contrastado com a dinâmica do território onde ele se inscreve, com o significado dos movimentos desse território que, ao mesmo tempo, determinam e são determinados pela apropriação dos lugares.

A paisagem do Recife,[2] tão estreita e afetivamente vinculada à existência do rio Capibaribe, abriga uma miríade de relações econômicas, sociais e culturais guiadas pela unidade rio/cidade, que para V. Chacon (1959, p. 9) é uma "unidade geográfica, histórica, econômica, sociológica, poética e sentimental". Recife respondeu, ao longo de sua história, aos eventos econômicos e políticos vinculados à mobilidade do território brasileiro, com surtos de expansão e de estagnação próprios de um desenvolvimento irregular, que começa com sua dependência funcional em relação a Olinda, base da produção econômica do cultivo e fabricação de açúcar: "Fruto da invasão holandesa, Recife permanece estagnada durante um século e meio (1650 a 1800), para retomar seu crescimento num período em que a ressurreição do Setor de Mercado Externo no Nordeste marca o fim da dependência unilateral da cidade com um único produto — o açúcar. Recife continuará a ser a cidade do açúcar por muito tempo, porém o papel desse produto nunca mais será tão decisivo na vida da cidade" (P. Singer, 1977, p. 285).

---

2. As cidades do Recife, Belo Horizonte e Brasília foram selecionadas para esta discussão por suas características de formação paisagística que, não sendo exclusivas delas, são bastante representativas das múltiplas formas de qualificação a que estão sujeitos os diversos lugares de um território.

Se durante os pouco mais de vinte anos de ocupação holandesa o Recife se restringiu aos limites do plano urbanístico da Ilha de Santo Antônio, a Mauritzstadt, ao fim do regime colonial a cidade, nas palavras de Evaldo Cabral de Mello, "extravasa os limites herdados do período nassoviano (...) e incorpora a várzea do Capibaribe (...) num movimento de dispersão que parece estar ligado à disposição dos proprietários dos antigos engenhos de se desfazerem de suas terras" (M. Souto Maior, 1992, p. 196). Em vista da péssima conjuntura que pesava sobre o açúcar, os grandes proprietários dos engenhos preferiam lotear suas terras para abrigar casas de campo que, assim, contribuíram para reforçar a já sólida relação dos moradores com o rio.

Se o transporte fluvial, desde o século XVI, já assegurava as comunicações entre o Recife e Olinda e entre o Recife e os engenhos da várzea do Capibaribe, o aparecimento dos arrabaldes, resultantes do loteamento das terras dos engenhos, vai dar-lhe um realce inusitado. "O isolamento dos subúrbios, sua localização ribeirinha e a falta de caminhos fizeram da canoa, durante muito tempo, o recurso que, sem ser o único, era o mais cômodo ou o mais fácil" (E. C. de Mello, 1992, p. 199).

Recife é uma das poucas cidades brasileiras que se edificaram de frente para o rio e mesmo quando, com a aceleração do fluxo comercial e da expansão urbana, as estradas passaram a determinar que as construções se voltassem para elas, "a rotina do habitante de casa, de chácara ou de sítio ficou assim proustianamente dividida entre os lados: o lado da estrada, que era agora o lado nobre; e o lado do rio, que era o dos fundos" (E. C. de Mello, 1992, p. 199).

A articulação particular entre o sistema de objetos e o sistema de ações que conforma a paisagem dos lugares, em sintonia com a apropriação do território, no caso do Recife, resultou em formas de paisagem que, em certa medida, representavam, nos subúrbios da cidade, a vitória do público sobre o privado. Mello, ao descrever algumas disputas entre a especulação imobiliária e o interesse público, afirma que os portos fluviais da cidade "constituíram a primeira contestação do morador de subúrbio à privatização a que os usos do rio vinham sendo submetidos pela burguesia endinheirada das chácaras e sítios das margens. Muitas das velhas ruas de arrabalde, perpendiculares ao rio, nasceram precisamente para proporcionar o acesso dos portos fluviais à crescente população suburbana" (E. C. de Mello, 1992, p. 206).

Quando, no fim do século XIX, surgem as primeiras condições favoráveis à industrialização, a distribuição espacial dessas atividades, no início, obedece às articulações econômicas preexistentes, aproveitando as vias de comunicação e as ligações comerciais preestabelecidas (P. Singer, 1977, p. 362). Mas não apenas isso. Naquele momento, a modernização que acompanhava e, frequentemente, se confundia com o progresso técnico e científico, reclamava a construção de uma identidade nacional e de um projeto unificado para o país, mas também de um sistema de difusão cultural que permitisse sua inserção no cotidiano das cidades e, nas primeiras décadas do século XX, o Estado lançou-se a essa tarefa, promovendo e incentivando o urbanismo moderno.

A elaboração do plano urbanístico do Recife data de 1935 e foi também nesse ano que Burle Marx iniciou a recuperação e a criação de uma série de praças, jardins e parques na cidade. Para Lúcio Costa (1995, p. 116), no Brasil, "foram justamente aqueles poucos que lutaram pela abertura para o mundo moderno os que mergulharam no país à procura das suas raízes, da sua tradição". Se nas praças preexistentes a atuação de Burle Marx foi no sentido de preservar os usos consolidados, nos novos espaços públicos ele se dedicou a representar, em seus projetos, o "mergulho modernista à procura da tradição". Partindo do "recato quase mourisco do Recife, cidade acanhada, escondendo-se por trás dos coqueiros (...) cidade sem saliências nem relevos que deem na vista, toda ela num plano só, achatando-se por entre as touças de bananeiras, os sapotizeiros, as jaqueiras das casas mais afastadas" (G. Freyre, 1992, p. 237), Burle Marx expôs seu conceito de modernidade, que apostava na capacidade dos espaços livres públicos de revelar a essência das tradições de formação e uso da paisagem do Recife. Para isso, valeu-se da relação que a cidade guardava com o rio Capibaribe e que sedimentou, através dos séculos, o uso intenso de seus espaços públicos por todas as classes sociais.

Essa característica está presente ainda hoje na paisagem da metrópole, na quase impossibilidade de segregação entre a pobreza instalada no interior do centro de comando das atividades controladas, a exemplo das demais metrópoles brasileiras, pelas camadas hegemônicas da sociedade local. E, na medida em que cada segmento da sociedade tem sua própria história de esquecimento e redescoberta da memória da cidade, a paisagem do Recife revela a construção, por meio dessa polifonia, da história de inserção da cidade no movimento do território brasileiro.

Foi esse mesmo movimento global do território que sugeriu, nos últimos anos do século XIX, a necessidade de criar, em Minas Gerais, uma estrutura urbana capaz de desempenhar um papel de centro econômico agregador das inúmeras áreas produtoras do estado; Ouro Preto exercia, então, havia pouco mais de um século, as funções de capital administrativa, jamais tendo conseguido desempenhar também, nesse período, o papel de capital econômica. Em Minas, a ausência de saída para o mar fez com que as funções de centro econômico das áreas produtoras do período colonial fossem sempre exercidas por cidades situadas fora de seu território.[3] Paul Singer (1997, p. 204 e ss.) discorre longamente sobre a multiplicidade de setores de produção existentes, já no século XVIII, em Minas Gerais, e sua influência sobre o povoamento dos inúmeros vales que se irradiam, separados entre si, dos elevados divisores de água da paisagem mineira. Sua argumentação destaca o fato de que, em certa medida, Minas foi recorrentemente cativo de um Setor de Mercado Externo, que alterava as suas características e sua localização a cada período de reestruturação econômica do território brasileiro. Essas transformações, em certa medida, acentuavam as forças centrífugas de povoamento e dilaceramento do território mineiro, numa multiplicidade de regiões autônomas e atraídas por polos externos de crescimento. Ouro Preto, nesse quadro, restringia-se cada vez mais ao papel de Sede da Administração, e seu afastamento das áreas mais ativas do Setor de Mercado Externo, em fins do século XIX, acentuava ainda mais sua alienação da vida econômica do estado. "Ora, a unidade econômica é quase sempre marcada pela presença de um centro

---

3. Para Paul Singer (1997, p. 199), "na Economia Colonial, a economia de mercado é representada, sobretudo, pelo Setor de Mercado Externo, o que significa que as unidades produtivas locais se ligam a um mercado que se encontra além-fronteiras e, no caso do Brasil, além-mar".

que entrelaça as diferentes partes de um todo. Deveria parecer lógico criar esse centro mediante a mudança de Capital (...) No fundo, era uma ilusão, embora frequente e compreensível, a de tomar efeito pela causa e supor que, criado o centro urbano, a economia da província naturalmente convergiria para ele e, deste modo, transformasse a Capital política também em Capital econômica" (P. Singer, 1977, p. 215).

Belo Horizonte surge, em 1897, na concepção de Aarão Reis, como cidade moderna, planejada com generosidade, procurando contrapor ao traçado barroco de Ouro Preto a racionalidade positivista da malha ortogonal, de horizontes amplos, rasgados por avenidas largas e arborizadas, *boulevards*, parque e praças de gosto marcadamente francês. Cidade republicana, apontando para os novos tempos, Belo Horizonte reproduz o poder das elites, enquadrando uma área administrativa que expulsa de seu interior as camadas populares. "Os primeiros ocupantes eram integrantes das camadas médias, pois eram, ou funcionários públicos transferidos de Ouro Preto — a antiga capital — ou proprietários de imóveis nessa cidade ou no antigo Arraial do Curral del-Rei, totalmente desapropriado para a construção da nova capital, ou ainda pioneiros que se aventuraram a comprar os primeiros lotes vendidos em hasta pública. Só mais tarde, à medida que a cidade se formava e se constituía como uma capital, é que vieram a alta e média burguesia, ou seja, os altos funcionários e comerciantes e, posteriormente, os grandes industriais (...) As camadas populares foram alojadas fora da área planejada" (F. Villaça, 1998, pp. 119-120).

Nascida para ser o centro político-administrativo do estado, Belo Horizonte, em 1910, experimenta um crescimento industrial surpreendente (P. Singer, 1977, p. 235 e ss.), com consequente crescimento demográfico. O plano original, de crescer de dentro para fora, "do espaço central ordenado, moderno e dominante, para os espaços periféricos, dominados, do urbano para o suburbano" (R. Monte-Mór, 1994, p. 32), foi, assim, invertido pela população operária, à qual foi negada a inserção no plano urbanístico da cidade. E foi assim que à construção planejada da cidade se associou a expansão suburbana por manchas descontínuas de ocupação, numa desordem que, ao contrariar a racionalidade do planejado, criava novos e imprevistos usos das estruturas propostas, resultando em formas da paisagem que sugeriam, aos olhos do estado, uma modernidade capaz de revelar a tradição que a cidade não conhecia. No início dos anos 1940, Juscelino Kubitschek recorreu ao arquiteto Oscar Niemeyer para projetar o Conjunto Arquitetônico da Pampulha, composto de quatro edifícios — Igreja de São Francisco, Museu de Arte, Casa de Baile e Iate Club —, que guardavam uma "relação dialógica entre o passado, a tradição e a vontade de assegurar um futuro que alcançasse ressonância mundial (...) representando a reinstalação da vontade de progresso e desenvolvimento no cinquentenário da fundação da Capital" (R. Monte-Mór, 1994, p. 37).

Ao contrário de Recife, não se tratava, aqui, de difundir princípios de modernidade no cotidiano de Belo Horizonte, mas de reforçar a modernidade contida na ideia de cidade planejada para atender as necessidades do desenvolvimento econômico do estado, e cujo crescimento inesperado prenunciava o progresso ilimitado.

Uma das formas de entender a ânsia de modernidade contida nas propostas de renovação urbana, tão caras aos governantes brasileiros, é vê-la como um discurso sobre o administrador atento aos processos sociais, que vê na arquitetura e no urbanismo os instrumentos de concretização das mudanças desejadas. Esse tipo de proposição, de longa tradição na cultura ocidental, estará vigorosamente presente na argumentação de Juscelino Kubitschek, já então presidente da República, que, combinando a mitologia do Novo Mundo e as teorias de desenvolvimentismo formuladas na década de 1950, associava a fundação de Brasília à fundação de um novo Brasil, apresentando-a como "agente civilizador do Planalto Central, como prenunciadora de um desenvolvimento invertido, no qual a Capital cria a civilização sobre a qual exerce radiosa soberania" (J. Holston, 1993, p. 24).

A formação espacial de Brasília, entretanto, contém na sua estrutura os mesmos traços característicos dos processos sociais que fundamentam a estrutura das demais cidades brasileiras e que evidenciam o caráter desigual e excludente das formações dominadas por relações capitalistas de trabalho. Sua estrutura inicial é semelhante à do canteiro de obras, isto é, a cidade foi construída com base na ordenação proposta pelo projeto do Plano Piloto. Desde o início, portanto, está presente a seletividade espacial, porque, enquanto o Plano Piloto contemplava apenas o funcionalismo público e a pequena burguesia, as cidades-satélites — inexistentes na concepção original — formavam-se para atender a pressão exercida pela população de trabalhadores da construção civil. "A intervenção do Estado, através da Novacap — Companhia Urbanizadora da Nova Capital —, no sentido de evitar a consolidação das alternativas de moradia adotadas pelos trabalhadores menos qualificados — sublocações e invasões —, expressa, na verdade, a lógica do capitalismo monopolista na produção e reprodução do espaço, sob a égide do Estado. Em nome da ordem, respaldado por um plano urbanístico que entendia a cidade como uma unidade funcional (...) luta-se contra o espontaneísmo e a desordem, simbolizados pelos acampamentos e invasões" (N. Campos, 1991, p. 100).

As sucessivas "limpezas" efetuadas nos acampamentos e favelas para desconcentrar, em direção à periferia, às cidades-satélites, a população de baixa renda tiveram como contrapartida a concentração, no Plano Diretor, da população de maior renda, resultando numa seletividade espacial que não só segregava as classes sociais, como negava os próprios princípios urbanísticos defendidos na Memória Descritiva do Plano Piloto: "O agrupamento [das quadras residenciais] de quatro em quatro propicia num certo grau a coexistência social, evitando-se assim uma indevida e indesejável estratificação (...) Neste sentido deve-se impedir a enquistação de favelas tanto na periferia urbana quanto na rural. Cabe à Companhia Urbanizadora prover dentro do esquema proposto acomodações decentes e econômicas para a totalidade da população" (L. Costa, 1991, p. 293).

A seletividade espacial foi ainda além da segregação das classes sociais, resultando, nas palavras de Paviani (1991, p. 123), "numa configuração socioespacial segmentada: de um lado o espaço dado — que se materializa no espaço do controle, do paternalismo e do assistencialismo por parte da classe dominante — e do outro o espaço conquistado, resultante do sucesso do operariado em sua luta por melhores condições de moradia, de transporte público e de infraestrutura".

O discurso que justificava a transferência dos trabalhadores para as cidades-satélites enfatizava que eles "moravam da maneira mais precária:

barracões de madeira velha, de lata, de folhas de zinco, de sacos de cimento. Não havia fossas; nem água. Promiscuidade e falta de higiene" (E. Silva, 1985, p. 322). Mas, na verdade, sua transferência favorecia a concretização de ideologia de Brasília como experiência urbana absolutamente singular, "com a possibilidade teórica de tratar as diferenças sociais de forma condigna" (L. Costa, 1991, p. 327). Na raiz dessa visão urbanística estava a superquadra, um quadrado de 280 por 280 metros, onde o "chão é público — os moradores pertencem à quadra, mas a quadra não lhes pertence — e é esta a grande diferença entre a superquadra e o condomínio (...) não há lugar para os preconceitos que normalmente existem na classe média das cidades de origem (...) e é daí que vai surgir uma geração nova, uma maneira de viver nova, que vai gerar nova cultura" (L. Costa, 1991, p. 326-327).

A política paternalista exercida pelo Estado por meio da Novacap, para controlar o crescimento indesejável da cidade, trouxe como primeira consequência o rompimento do conceito de chão público: para persuadir os operários a transferir-se para Taguatinga, a primeira cidade-satélite de Brasília, a Novacap alojou, em dez dias, cerca de 4 mil pessoas em terrenos demarcados, de modo que cada qual ocupasse, de início, seu próprio lote, onde o barracão, localizado na parte posterior do terreno, deixasse a metade anterior livre para a construção em alvenaria.

O conceito de liberdade sem constrangimento e de segurança proporcionada pela visibilidade contínua, assegurada pelos pilotis (L. Costa, 1991, p. 326), ficava, assim, limitado ao Plano Piloto. No resto da cidade, o lote inicialmente demarcado isolou-se, numa defesa extremada contra o espaço público sem projeto, território inimigo e perigoso, ou avançou rapidamente sobre esse espaço formal e inútil, privatizando-o definitivamente.

Recife, Belo Horizonte e Brasília apresentam em comum o fato de que, em diferentes momentos da história do território brasileiro, o modo de pensar a estrutura ou as relações de produção em escala nacional exigiu a concepção e a implementação de projetos urbanos de grande vulto que, imaginava-se, trariam consigo modificações significativas para as diversas dimensões da vida social.

Nos três casos, a estrutura urbana proposta foi, porém, submetida à qualificação social, resultando em formas de paisagem que não apenas alteraram o conceito inicial, como introduziram uma mobilidade criativa e imprevista ao processo de apropriação e uso desses lugares.

A ideologia presente em cada proposta de renovação ou de construção/reconstrução da cidade, em cada um dos três exemplos discutidos, apontava sempre para uma imagem ideal de cidade, em que a alteração da rotina impossibilitaria a reprodução das aflições do cotidiano urbano do país. Esses ideais de cidade, porém, ao se construírem sobre o mesmo modelo concentrador que marca, desde sempre, a história do território brasileiro, geraram estruturas urbanas injustas e seletivas, que só fizeram reproduzir e ampliar as aflições que se pretendia combater e eliminar. Não cabendo à sociedade, em nenhum dos casos, avaliar e decidir sobre o que lhe era proposto, restou a alternativa de, partindo dos objetos existentes, qualificá-los para criar uma anticidade, não como negação da cidade, mas como recusa de certos modos de ser da cidade proposta.

Bibliografia

CANEVACCI, M. *A cidade polifônica*. São Paulo, Studio Nobel, 1993.

CHACON, V. *O Capibaribe e o Recife*. Secretaria de Educação e Cultura de Pernambuco, 1959.

COSTA, L. *Lúcio Costa, registro de uma vivência*. São Paulo, Empresa das Artes, 1995.

HOLSTON, J. *A cidade modernista: uma crítica de Brasília e sua utopia*. São Paulo, Companhia das Letras, 1993.

PAVIANI, A. (org.). *A conquista da cidade*. Brasília, Ed. UnB, 1991.

SANTOS, M. *Técnica, espaço e tempo*. São Paulo, Hucitec, 1994.

_____. *A natureza do espaço*. São Paulo, Hucitec, 1996.

SINGER, P. *Desenvolvimento econômico e evolução urbana*. São Paulo, Companhia Editora Nacional, 1977.

SOUTO MAIOR, M.; DANTAS SILVA, H. (orgs.). *Recife, quatro séculos de sua paisagem*. Recife, Fundação Joaquim Nabuco/Prefeitura da Cidade, 1992.

SOUZA, L.; NEHMY, A. (orgs.). *Belo Horizonte, espaços e tempos em construção*. Belo Horizonte, Cedeplar, 1994.

VILLAÇA, F. *Espaço intraurbano no Brasil*. São Paulo, Studio Nobel, 1998.

ÍNDICE DE MAPAS

Tráfego aéreo regional — Empresa Interbrasil — 2000
Tráfego aéreo regional — Empresa Nordeste — 2000
Tráfego aéreo regional — Empresa Meta — 2000
Tráfego aéreo regional — Empresa Pantanal — 2000
Tráfego aéreo regional — Empresa Passaredo — 2000
Tráfego aéreo regional — Empresa Penta — 2000
Tráfego aéreo regional — Empresa Presidente — 2000
Tráfego aéreo regional — Empresa Rico — 2000
Tráfego aéreo regional — Empresa Rio Sul — 2000
Tráfego aéreo regional — Empresa TAF — 2000
Tráfego aéreo regional — Empresa TAM (TAM Regional) — 2000
Tráfego aéreo regional — Empresa Tavaj — 2000
Tráfego aéreo regional — Empresa Total — 2000
Tráfego aéreo regional — Empresa Trip — 2000
Empresas de aviação agrícola no Brasil — 1975
Empresas de aviação agrícola no Brasil — 1990
Empresas de aviação agrícola no Brasil — 1995
Densidade de automóveis em relação à população no Brasil — 1950
Densidade de automóveis em relação à população no Brasil — 1970
Densidade de automóveis em relação à população no Brasil — 1996
Os dez maiores portos importadores no Brasil — 1996
Os dez maiores portos exportadores no Brasil — 1996

Encarte 2

Distribuição geográfica das agências bancárias no Brasil — 1997
Densidade de agências bancárias em relação à população — 1997
Densidade de agências bancárias em relação à superfície — 1997
Distribuição geográfica das agências do Banco do Brasil — 1997
Distribuição geográfica das agências do Banco Excel Econômico S.A. — 1997
Distribuição geográfica das agências do Banco Itaú — 1997
Distribuição geográfica das agências da Caixa Econômica Federal — 1997
Compensação de cheques e outros papéis por praças financeiras — Dez./1996
Cidades com mais de 20 mil habitantes — 1940

Cidades com mais de 20 mil habitantes — 1950
Cidades com mais de 20 mil habitantes — 1960
Cidades com mais de 20 mil habitantes — 1970
Cidades com mais de 20 mil habitantes — 1980
Cidades com mais de 20 mil habitantes — 1991
Cidades com mais de 20 mil habitantes — 1996
Cidades com mais de 100 mil habitantes — 1940
Cidades com mais de 100 mil habitantes — 1950
Cidades com mais de 100 mil habitantes — 1960
Cidades com mais de 100 mil habitantes — 1970
Cidades com mais de 100 mil habitantes — 1980
Cidades com mais de 100 mil habitantes — 1991
Cidades com mais de 100 mil habitantes — 1996
Difusão das cidades com mais de 500 mil habitantes — 1940
Difusão das cidades com mais de 500 mil habitantes — 1950
Difusão das cidades com mais de 500 mil habitantes — 1960
Difusão das cidades com mais de 500 mil habitantes — 1970
Difusão das cidades com mais de 500 mil habitantes — 1980
Difusão das cidades com mais de 500 mil habitantes — 1991
Difusão das cidades com mais de 500 mil habitantes — 1996
Difusão do fenômeno cidades milionárias — 1940, 1950 e 1960
Difusão do fenômeno cidades milionárias — 1970
Difusão do fenômeno cidades milionárias, inclusive regiões metropolitanas — 1980
Difusão do fenômeno cidades milionárias, inclusive regiões metropolitanas — 1991
Difusão do fenômeno cidades milionárias, inclusive regiões metropolitanas — 1996
Conflitos de terra no Brasil — 1997
Distribuição geográfica das instituições de ensino superior — 1996
Distribuição geográfica das instituições públicas de ensino superior — 1996
Distribuição geográfica das instituições particulares de ensino superior — 1996
Localização das universidades comunitárias — 1998
Distribuição geográfica dos cursos superiores — 1996
Meio técnico-científico-informacional e as regiões do Brasil — 1999

ÍNDICE DE ASSUNTOS

Dispersão
das modernizações, 263-264
material da produção, 142, 152, 154,
163, 164, 170, 219, 280
processo de, 154, 164, 217, 219, 263-
-264

Diversidade regional, 31, 33, 34

Divisão(ões) do trabalho, 22, 28, 29,
30, 38, 39, 46, 50, 57, 76, 91, 99,
118, 139, 152, 153, 173, 178, 179,
189, 213, 217, 231, 235, 264, 264,
265, 267, 271, 272, 273, 280, 286,
293, 297, 299-300, 308, 311, 312,
372, 399, 423, 426, 427, 430
desnecessária, 235, 307, 307
dialética entre, 177, 272, 300, 439
divisão internacional do trabalho,
271, 380, 399, 430
divisão interurbana do trabalho,
147, 152, 180, 213
divisão intraurbana do trabalho, 213
divisão social do trabalho, 28, 31,
104, 105, 231, 399, 400, 403,
408, 418, 424, 425
divisão territorial do trabalho, 19,
23, 28-29, 31, 38, 39, 57, 82, 90,
105, 110, 112, 115, 116, 129, 130,
132, 146, 148, 151, 153, 153, 155,
156, 165, 178, 180, 192, 217, 219,
231, 272, 276, 284, 292, 297,
299-300, 343, 348, 351, 367,
375, 380, 399, 400, 401, 403,
408, 418, 423-439
e formação socioespacial, 29
e informação, 23, 426
e recursos naturais, 265
espessura da, 173

pretéritas, 151, 152, 437

Economia de aglomeração, 147, 309,
313, 356

Economia de escala, 309

Empresa(s)
agroalimentares, 71, 77, 98, 117,
129-130, 140, 142, 156, 165
automobilísticas, 54, 69, 120, 122,
125, 174, 201-202
como ator político, 104, 122, 265,
266, 301, 306, 308
competição entre, 122, 160, 173,
300, 303, 308, 311
competição pelo espaço, 107, 129,
160, 191-192, 264, 300, 306,
308, 311
de cervejas, 171-173
de consultoria, 109, 231, 423-439
de eventos, 405-407
de publicidade, 411-420, 429
de refrigerantes, 171-173
e emprego, 45, 310
e fluidez, 74-75
e infraestrutura, 85-86
e orçamento público, 303
e poder, 69
globais, 109, 148, 149, 166, 195,
201-202, 264, 265, 266, 267-
-258, 281, 301, 302, 303-304,
305, 307, 314, 382, 385, 393,
424, 430, 432-433
incorporadoras, 163, 228, 406
topologias das, 22, 72, 86, 119, 163,
164, 165, 166, 170, 171-172, 175,
199, 202, 301, 302, 311

coloniais, 42-43
costeiras, 55, 83
dissolução da, 22, 152, 217, 218, 220, 296
e conteúdo nacional, 429-430
e difusão das modernizações, 179
e novos serviços, 23, 403
econômica, 53, 262, 277
incompletas, 55
industrial, 50, 54, 220
informacional, 220
nacional, 42, 400, 402, 429
onipresente, 22, 279, 428, 429-430, 445
política, 53, 277
refuncionalização da, 220, 399, 408
regionais, 55, 213, 276

Metropolização
e desmetropolização, 22, 213, 217, 218, 218, 220, 296, 313
processo de, 207, 212-213, 217, 218, 220, 399, 400, 445

Mídia, 235, 252-253, 263
e publicidade, 23, 84, 130, 231, 235, 248, 251, 263, 279, 294, 347, 411-418, 420, 425, 429
manipulação da, 52, 56, 413

Mobilidade, 224, 447, 455
de comandos, 188, 224, 262, 444, 447

Modernizações, 90, 91, 399, 439, 449
alheia, 423
conservadora, 423
da agricultura, 22, 58, 65, 76, 93, 97, 110, 118, 128-152, 155, 178,

182, 199, 199, 200, 211, 237, 238, 240, 264, 280, 285, 290, 291, 292, 347, 348, 386, 387, 393, 394, 395, 402, 439
da economia nacional, 52
das comunicações, 58, 89
desiguais, 130
do aparelho estatal, 52
dos sistemas de movimento, 91, 177
e automação, 91, 92, 119, 149, 197, 358, 359, 434
no campo, 238, 347
seletiva, 130, 400, 409, 414, 423
territoriais, 74, 283, 285, 347

Movimento(s)
do todo, 19, 32, 304, 305, 450-451
e períodos, 368, 371, 372
história dos, 258, 443, 447
migratórios, 48-50, 58-59, 222-225, 286, 296-297

Natureza, 30
e reprodução harmoniosa, 37, 38
e tempos lentos, 35, 37, 38
recuo da, 75, 128, 209, 289
reinvenção da, 97, 100, 101, 114, 128, 140
unidade da, 35

Níveis de vida, 51, 52, 161, 175, 188, 209, 236, 254, 315

Normas, 90, 109, 118, 119, 122, 123, 124, 126, 127, 128, 134, 141, 142, 143, 148, 149, 154, 157, 164, 167, 168, 169, 185, 193, 194, 195, 262, 265, 271, 275, 299, 300, 305, 314, 317, 343, 350, 388, 395, 406, 413, 434

ÍNDICE ONOMÁSTICO

SOBRE OS AUTORES

Adriana BERNARDES. Doutora em geografia humana pela USP. Professora da Unicamp, pesquisadora do CNPq, coordena o grupo de pesquisa "Círculos de Informações, Urbanização e Território", vinculado ao Geoplan-IG-Unicamp desde 2008.

Cilene GOMES. Pós-doutoranda e professora colaboradora do Programa de Planejamento Urbano e Regional da Univap. Coordenadora do Projeto Observatório da Região do Vale do Paraíba e Litoral Norte (CNPq, Universal) desde 2014.

Eliza ALMEIDA. Doutora em geografia humana pela USP. Atua nos cursos de licenciatura e bacharelado em geografia no IGDEMA/UFAL desde 2008.

Fabio Betioli CONTEL. Realizou estágio de pós-doutorado na School of Geography da Universidade de Oxford. Docente do Departamento de Geografia da FFLCH/USP desde 2008. Diretor da Associação dos Geógrafos Brasileiros – Seção São Paulo (AGB/SP).

Lídia ANTONGIOVANNI. Pós-doutora em geografia humana na UFES. Professora da UFFS no curso de licenciatura em geografia.

Marcos XAVIER. Doutor em geografia pela Unicamp. Professor adjunto IV do Instituto das Cidades da Unifesp.

Maria Angela FAGGIN PEREIRA LEITE. Pós-doutora em Proggettazione Urbana no Politecnico di Milano. Professora titular da FAUUSP. Foi diretora do Instituto de Estudos Brasileiros da USP (2010-2014).

María Laura SILVEIRA. Doutora em geografia humana pela USP. Pesquisadora principal do Conicet no Instituto de Geografia da Universidade de Buenos Aires (UBA) e professora no mestrado em políticas ambientais e territoriais e no doutorado em geografia na UBA.

Este livro foi composto na tipografia Adobe Garamond Pro,
em corpo 12/15,5, e impresso em papel off-white no
Sistema Cameron da Divisão Gráfica da Distribuidora Record.